Jahrhundert *Blicke*

Jahrhundert *Blicke*
auf Kempten 1900 - 2000

Herausgeber
Franz-Rasso Böck
Ralf Lienert
Joachim Weigel

Verlag Tobias Dannheimer
Allgäuer Zeitungsverlag Kempten

Die Herausgeber und Verlage danken der Stadt Kempten (Allgäu), besonders Oberbürgermeister Dr. Ulrich Netzer sowie Kulturreferent und Stadtschulrat Hans Grob. Auf ihre Anregung und durch ihre Unterstützung ist dieses Werk entstanden.

Die Deutsche Bibliothek - CIP-Einheitsaufnahme

Jahrhundertblicke auf Kempten : 1900 - 2000 / Hrsg.: Franz-Rasso Böck ... - Kempten : Dannheimer ; Kempten : Allgäuer Zeitungsverl., 1999
  ISBN 3-8881-035-3

© Allgäuer Zeitungsverlag GmbH Kempten 1999
und
© Verlag Tobias Dannheimer GmbH Kempten 1999

Alle Rechte vorbehalten
ISBN 3-88881-035-3

Herstellung: AZ Druck und Datentechnik GmbH Kempten

Umwelthinweis: Dieses Buch wurde auf chlorfrei gebleichtem Papier gedruckt. Die Einschrumpffolie (zum Schutz vor Verschmutzung) ist aus umweltschonender und recyclingfähiger PE-Folie.

Jahrhundert *Blicke*

Ein Jahrtausend geht zu Ende und gibt Anlaß zu Rückschau und Blick nach vorne ins 21. Jahrhundert.
Gemeinsame Vorstellung von Oberbürgermeister, Kulturreferat und Autoren ist es, nicht eine umfassende Geschichte Kemptens im 20. Jahrhundert als Fortschreibung der Stadtgeschichte von 1989 zu erarbeiten (gleichwohl werden wichtige Bereiche der Zeit nach 1945 vertieft), sondern eine Auswahl wesentlicher Vorgänge und Entscheidungen zu schildern, die auch das 21. Jahrhundert beeinflussen werden.
Dies bedeutet den Verzicht auf eine flächendeckende Darstellung der gesamten Ereignisgeschichte. So kann und soll z.B. auf die auch für Kempten so einschneidenden Geschehnisse der beiden Weltkriege und des Dritten Reiches nicht näher eingegangen werden. Zum einen, weil sie in der „Geschichte der Stadt Kempten" (1989) und darüber hinaus in der „Geschichte der Juden in Kempten" (1998) ausführlich behandelt worden sind, zum anderen, weil diese Ereignisse, so sehr sie das 20. Jahrhundert geprägt haben, keinen unmittelbar entscheidenden Einfluß auf das 21. Jahrhundert mehr haben. Selbstverständlich sind die mit den Kriegen und der Nazi-Herrschaft verbundenen Dimensionen menschlichen Leids niemals wirklich „abgeschlossen".
Ebenso steht außer Frage, welch wichtigen Beitrag im Vorfeld, beim Durchsetzen und Zustandekommen wichtiger Entscheidungen oft die Vereine leisten: Die Stadt Kempten hat viele lebendige Traditionen, und das breitgefächerte Vereinswesen steht hier mit an erster Stelle. Es ist freilich unmöglich, jeden der rund 250 Vereine mit den jeweiligen Führungspersönlichkeiten einzeln vorzustellen, nur eine Seite pro Verein ergäbe ein eigenes Buch in der Stärke dieser Dokumentation!
So sehr also Leistungen mit dem Wirken von Persönlichkeiten verbunden sind, können doch nicht alle hier gewürdigt werden.
Zum Millennium hin wird das 20. Jahrhundert in Kempten gleichsam unter dem Brennglas gebündelt dargestellt, die Summe des Wesentlichen dargeboten, nicht im Sinne einer „muffigen" historischen Retrospektive, sondern einer lebendigen, zukunftsorientierten Zusammen- und Vorausschau.

Was ist gemeint mit „das Wesentliche"?

Hier soll es nicht nur um zentrale Weichenstellungen gehen, sondern etwa auch um interessante Neuerungen, deren Auswirkungen, Etablierung und Überleben heute noch nicht eingeschätzt werden können. So geht es beispielsweise beim Thema „Schule" nicht darum, eine Auflistung vorhandener Einrichtungen zu geben, sondern neue Typen, Formen und Entwicklungen von Schule darzustellen.

Und „Kultur" umfaßt heute eben nicht mehr nur den traditionellen Begriff und Kanon kultureller Einrichtungen und Veranstaltungen, sondern auch neue Formen kulturellen Engagements, deren Beständigkeit noch nicht vorhergesehen werden kann.

Wenn heute in der Kulturwerkstatt am Hauptbahnhof junge Leute eine „fette Party" feiern, so klingt das nicht nach dem Kulturbegriff, wie wir ihn kennen. Gleichwohl gehört diese Party zur jungen kulturellen Szene in Kempten. Der bewußte Mut zur Lücke steht im Gegensatz zu den vielfältigen, schon im Vorfeld von verschiedenen Seiten an die Autoren herangetragenen Wünschen auf Vollständigkeit, was denn alles „auf keinen Fall fehlen" dürfe: Im Sinne der Zielsetzung werden aber selbst wesentliche Aspekte fehlen müssen.

Die Autoren haben selbstverständlich gründlich gearbeitet, aber keine wissenschaftliche Darstellung im engeren Sinne mit Anmerkungsapparat in Form von Fußnoten beabsichtigt. Das Buch wird durch ein ausführliches Inhaltsverzeichnis und einen Anhang mit Personenregister erschlossen, der auch eine Auswahl der wichtigsten Quellen und der wichtigsten Literatur auflistet. In erster Linie aber soll das Buch lesbar und anschaulich sein, erzählen, nicht mit einem Universum an Details den Leser langweilen. Jeder Autor hat freilich seine individuelle Schreibweise und eigene Sicht der Dinge, was denn wesentlich ist und den „roten Faden" in der Fülle der Geschehnisse ausmacht.

Kempten, im September 1999

Leitlinien politischer Gestaltung

„Kontinuität, dichtes Gewebe des Schicksals, spätes Zahlen für Sünden der Väter, ist immer; Neuschöpfung, Entscheidung, Freiheit, Schuld der Lebenden ist auch immer."
Diese Worte Golo Manns charakterisieren auch für Kempten treffend die fließenden Übergänge, das zyklische Werden und Vergehen in der Geschichte, die ja trotz hilfreicher Einteilung in Epochen nie statisch ist: Vergangenheit, Gegenwart und Zukunft greifen sich immer wiederholend und bedingend ineinander.
Wenn wir davon schreiben, welche Ereignisse und Entscheidungen im Kempten des 20. Jahrhunderts so bedeutsam gewesen sind, daß sie auch ins 21. Jahrhundert hineinleuchten, ja es mitbedingen, mitbestimmen und mitgestalten, so bliebe dieses 20. Jahrhundert ohne die Vorbedingungen des 19. Jahrhunderts unverständlich.

Vereinte und einige Stadt Kempten

Und in der Tat war das 19. Jahrhundert eines der entscheidendsten in der Geschichte Kemptens überhaupt: Nach Jahrhunderten der Feindschaft, Koexistenz und bedingten Kooperation stand die 1818 durch das bayerische Gemeindeedikt diktierte Vereinigung von Alt- und Neustadt eigentlich nur auf dem Papier. Wie hätte die „Zwangsehe" auch gleich mit Leben erfüllt sein können? Der Weg zu einem neuen Selbstverständnis städtischer Einheit, ganz zu schweigen städtischer Identität war weit. Obwohl die Bürger bei offiziellen Anlässen wie dem Besuch König Ludwigs I. 1829 interne Verbundenheit zu demonstrieren wußten, gab es noch bis Ende des 19. Jahrhunderts rechtliche und wirtschaftliche Differenzen. Erst 1844 fiel die Zollgrenze zwischen Alt- und Neustadt, bis 1869/70 gab es getrennte Wochenmärkte, und erst 1908 konnte man sich entschließen, eine gemeinsame Kandidatenliste für die Gemeindewahlen aufzustellen. Freilich haben in der Bevölkerung immer schon auch geschäftliche, verwandtschaftliche und persönliche Verbindungen bestanden, die weniger registriert worden sind als die jahrhundertealten Gegensätze. Die nach dem Zweiten Weltkrieg einsetzende Bevölkerungsbewegung mit der Eingliederung tausender von Heimatvertriebenen, die Industrie und Wirtschaftsexpansion und auch das Oekumenedenken haben endgültig den inneren Wandel im Sinne einer gesamtkemptischen Identität der Bürgerschaft bewirkt, mag Kempten auch heute noch das Erscheinungsbild einer „Doppelstadt" zeigen.
So war es kein Wunder, daß das Hauptziel des Kemptener Bürgermeisters der Jahrhundertwende, Adolf Horchler (Amtszeit 1881-1919), darin bestehen mußte, „aus Kempten-Altstadt und Kempten-Neustadt endlich einmal eine

einzige Stadt zu machen". Dies fand seinen Niederschlag zunächst und vor allem im städtebaulichen Konzept des Bürgermeisters, denn für ein Zusammenwachsen mußte die baulich noch immer abgekapselte Altstadt mit teilweise rigorosen Eingriffen in die gewachsene Baustruktur erst aufgebrochen werden. Für die Anlage der „Freitreppe" als Verbindung zwischen der tiefer gelegenen Altstadt und der Neustadt (wenn auch auf altstädtischem Gebiet innerhalb der ehemaligen Stadtmauern gelegen, aber wirtschaftlich und persönlich sollten „oben" und „unten" ja zusammenkommen) mußten zwei Häuser abgebrochen werden. So kann man sagen, daß der Abbruch des Klostertores als Trennungssymbol schon 1811 und der Bau der Freitreppe als Symbol der Einheit 1902/03 baugeschichtlich gleichsam Anfang und Ende eines Jahrhunderts markieren, in dem die 1818 offiziell vollzogene Vereinigung von Alt- und Neustadt innerlich erst noch verarbeitet werden mußte.

Neben Stadterneuerung und -planung betrieb das Stadtoberhaupt energisch die Realisierung einer städtischen Infrastruktur (Kanalisierung, Pflasterung, Straßenbeleuchtung, Wasserversorgung, Müllabfuhr, Gasfabrik, Elektrizitätswerk), die den Anforderungen des sich beschleunigenden Verstädterungsprozesses gewachsen war. Als Verwaltungsfachmann leistete der Bürgermeister ein gewaltiges Arbeitspensum am Schreibtisch und versuchte durch Vorschriften, Statuten und Instruktionen das Leben „seiner" Stadt straff zu ordnen.

Das besondere Interesse des vielseitigen Stadtoberhauptes galt schließlich Geschichte, Numismatik und Archäologie. Auf dem Gebiet der Münz- und Medaillenkunde galt Bürgermeister Horchler als ausgewiesener Fachmann, der nicht nur sammelte, sondern auch bestimmte und seine Forschungsergebnisse veröffentlichte. Adolf Horchler war erster Vorsitzender (1884-1908) des von ihm mitbegründeten Alterthumsvereins Kempten (heute Heimatverein), der seit 1888 den „Allgäuer Geschichtsfreund" herausgibt. Bürgermeister Horchler unterstützte tatkräftig die Ausgrabungen auf dem Lindenberg, die ihm zahlreiche Münzen für seine quantitativ wie qualitativ beachtliche Sammlung lieferten.

Seine Sammlung war Vorarbeit und Grundstock für das 1925 eröffnete „Allgäuer Heimatmuseum". Hier also beginnen planmäßige Organisation und Gestaltung der Kemptener Museumsgeschichte, die mit dem Allgäu-Museum ins 21. Jahrhundert weist, ein einzigartiger „roter Faden" Kulturgeschichte Kemptens im

Blick ins Allgäuer Heimatmuseum

20. und 21. Jahrhundert, Tradition und Kontinuität, Fortschritt und Innovation. Der Initiative des Bürgermeisters sind auch die erste Aufstellung der naturwissenschaftlichen Sammlung Reiser, die Katalogisierung der Stadtbibliothek und die Neuorganisation des Stadtarchivs zu verdanken.

Kempten Metropole des Allgäus

Auf derartigen Grundlagen ließ sich aufbauen. Das nicht gerade bescheidene Ziel seines anspruchsvollen Nachfolgers Dr. Otto Merkt (Amtszeit 1919-1942) bestand schlicht darin, das nun endlich wirklich vereinte und einige Kempten zur „Metropole des Allgäus" zu machen.
Wie Adolf Horchler war Otto Merkt ein glänzender Verwaltungsfachmann und Organisator, wie sein Vorgänger auch besonders historisch interessiert und dazu noch wirtschaftspolitisch sehr versiert.
Mit seinen Impulsen und Aktivitäten wurde Dr. Merkt tatsächlich zum Gestalter Kemptens als Allgäu-Metropole. Ein Hauptanliegen des gebürtigen Kempteners bestand in einer vorausschauenden Grundstückspolitik, um für die Stadt einen angemessenen Bodenvorrat zu sichern: „Grundstücke muß man kaufen, wenn sie feil sind, nicht wenn man sie braucht...Die Gemeinde, die vorwärts strebt, kann nie genug Grund haben." In diesem Zusammenhang stehen auch die energischen Bestrebungen nach Erweiterung des Stadtgebietes. Mit der Eingemeindung des südlichen Teils der Gemeinde St. Lorenz wurde 1935 die Kreisfreiheit Kemptens begründet.
Mit der „Gemeinnützigen Baugenossenschaft" konnten preiswerte Wohnungen geschaffen werden. Das von Karl Böhm und Dr. Merkt geschaffene „Allgäuer Überlandwerk" (AÜW) stellte den Strombedarf für Stadt und Industrie sicher. Die Stadt- und Kreissparkasse wurde zu einem modernen Geldinstitut ausgebaut. Daneben begründeten die Butter- und Käsebörse, das Haus der Milchwirtschaft, die Allgäuer Tierzuchthalle, die Herdebuchgesellschaft und der Spitalhof den Ruf Kemptens als Hauptstadt des Allgäus ebenso wie die vom Stadtoberhaupt geförderten kulturellen Einrichtungen Allgäuer Heimatmuseum, Stadtarchiv und Stadtbibliothek. Genauso kümmerte sich der Oberbürgermeister um Kempten als Garnisons- und Schulstadt.
Das gesellschaftliche Leben hat Dr. Merkt als Vorsitzender des Historischen Vereins Allgäu mit Vorträgen, Führungen und Ausstellungen bereichert. Bei Wind und Wetter suchte er nach Resten von Burgen, Straßen oder Pestfriedhöfen; sein „Kleines Allgäuer Burgenbuch" legt davon Zeugnis ab. Er initiierte auch tausende von Gedenksteinen und -tafeln im ganzen Allgäu, die ein umfassendes Bild der Heimatgeschichte vermitteln.
Gerade seine „Täfele" haben die Erinnerung an Oberbürgermeister Merkt bis heute wach gehalten. Auf seine Initiative wurden 1934/35 für Schwaben auch die ersten hauptamtlichen Stellen von Bezirksheimatpflegern geschaffen, die

mit dem Obergünzburger Benefiziaten Barthel Eberl für Gesamtschwaben und Dr. Dr. Alfred Weitnauer speziell für das Allgäu besetzt wurden. Alfred Weitnauer hat ein treffendes Porträt seines Mentors, Lehrers und Mitstreiters verfaßt. Der Oberbürgermeister engagierte sich zudem im Vorstand der Alt-Katholischen Gemeinde, der er Grundbesitz für den Bau einer eigenen Kirche hinterließ, die schließlich 1993 gebaut werden konnte. „Verheiratet" aber war der überzeugte Junggeselle neben seinem Bürgermeisteramt mit der Akademischen Ferienvereinigung Algovia, der er über 40 Jahre vorstand.

Dr. Merkt galt als typischer Allgäuer „Mächeler", was soviel wie Bastler oder Tüftler bedeuten mag. Bei Oberbürgermeister Merkt schwingt jedoch mehr im „Titel" Mächeler mit. Wo sein Dickschädel nicht auf Anhieb Erfolg hatte, versuchte er es auf Umwegen mit listigen kleinen Machenschaften. Schließlich wurde das „Mächeln" ein von ihm bevorzugtes und meisterhaft gehandhabtes taktisches Instrument, mit dem er den eigenen Stadtrat und die Bürgerschaft nicht nur beeindrucken konnte, sondern sie auch im Griff hatte.

Der ausgesprochene Machtpolitiker Dr. Merkt hat sich immer als Hüter seiner Stadt Kempten verstanden, ganz gleich, wer weiter oben das Sagen hatte. Mehrmals wurde er verhaftet: 1919 vom revolutionären Arbeiter- und Soldatenrat, 1933 erstmals von den Nazis, weil er sich weigerte, die Hakenkreuzfahne auf dem Rathaus zu hissen, und 1945 von den Amerikanern. Mit dem bewußt kalkulierten Parteieintritt konnte er sich nach seinem anfänglichen Konfrontationskurs lange halten, mußte aber 1942 doch noch den Oberbürgermeister-Sessel räumen.

Der Persönlichkeit Merkt ging es in erster Linie um Ausübung und Erhaltung persönlichen Einflusses, persönlicher Gestaltung auf der Grundlage politischer Macht, in keiner Weise um Parteipolitik. So war er in der Durchsetzung seiner Ziele ungleich freier, als es heutzutage ein Oberbürgermeister sein kann, der bei aller überparteilicher Amtsführung doch in aller Regel einer Partei angehört und vor allem aufgrund der heute wesentlich differenzierter ausgestalteten demokratischen Strukturen und Spielregeln eingebunden ist in ein Geflecht von Ansprüchen, Sachzwängen, Abhängigkeiten, Rücksichtnahmen und Kompromissen. Dazu kommt der heute immer größer werdende Einfluß von Medien und Öffentlichkeit, die, seismographisch wachsam, rasch, rücksichtslos und auch persönlichkeitsbezogen Kritik üben.

Insofern können die Bürgermeister Horchler und Merkt kein Vergleichsmaßstab für ihre Amtsnachfolger nach 1945 sein. Dr. Merkt konnte noch eher politische Ziele, ja vielleicht Visionen (will man den hierzulande seit der Hitler-Zeit politisch mehr negativ besetzten Begriff überhaupt verwenden) entwerfen und realisieren. Sein politisches Testament von 1942 ist mit allen nur denkbaren Themen der Stadtpolitik und -entwicklung heute so verblüffend aktuell wie damals. Vieles davon ist verwirklicht.

Was gab Oberbürgermeister Merkt im Schlußwort seinen Nachfolgern mit auf den Weg? „Das Amt des Bürgermeisters birgt zwei ganz verschiedene Aufgaben in sich. Er soll einerseits verwalten und andererseits gestalten. Ein schlechter Bürgermeister, der sich damit begnügt, das Vorhandene zu verwalten, anders ausgedrückt, den täglichen Einlauf zu erledigen und die Befehle der vorgesetzten Stelle zu vollziehen. Das ist wichtig, aber doch nur die kleinere Hälfte. Der beste Bürgermeister ist derjenige, der am weitesten, am richtigsten in die Zukunft blickt, deswegen das Neue, das kommen wird, frühzeitig erkennt, in oft jahrelangem Bemühen vorbereitet und rechtzeitig unter Überwindung aller entgegenstehenden Schwierigkeiten durchführt. Dabei muß er wohl überlegen, was am notwendigsten sei, muß den günstigsten Zeitpunkt für eine jede Sache finden... und muß vor allem die finanzielle Kraft seiner Gemeinde bedenken, die bei Wahrung des Vorhandenen allzuviel Neues gleichzeitig nicht gestattet. Deswegen alle Möglichkeiten ins Auge fassen, ihre Vorteile und Nachteile planend überlegen und die dringendste, reifste, günstigste zur Tat werden lassen – jedes Jahr eine."

Wohnungsnot, Schulstadt, Eingemeindung und Kultur

Bereits in den ersten Nachkriegsjahren fielen zwei für die Entwicklung Kemptens wesentliche Entscheidungen, die in erheblichem Maße auch ins 21. Jahrhundert hineinwirken werden:

Zur Intensivierung des Wirtschaftslebens riefen Oberbürgermeister Dr. Georg Volkhardt (Amtszeit 1948-1952) und Bürgermeister Albert Wehr 1949 die erste „Allgäuer Festwoche" ins Leben, die sich in ihrer Grundkonzeption Wirtschaft - Kultur - Geselligkeit jahrzehntelang bewährt hat und sich größ-

Treffen von heimatvertriebenen Schlesiern 1950 in der Tierzuchthalle

ter Beliebtheit erfreut, nun aber zur Jahrtausendwende vor neuen Herausforderungen steht, sei es inhaltlich in Form einer „Frischzellenkur" oder ökonomisch-ökologisch-finanziell im Hinblick auf eine schon seit 1962 diskutierte Verlegung der Festwoche aus dem Herzen der Stadt an die Peripherie.

Stiller, unbemerkter, aber nicht weniger bedeutsam vollzog sich bereits 1945/46 die Konstituierung der Vorläufergremien des heutigen Stadtjugendrings Kempten. Es mag eine Binsenweisheit sein, daß es ohne Jugend auch in Kempten keine Zukunft, kein 21. Jahrhundert gibt, aber gerade heute gilt es, einmal darüber nachzudenken.

Angesichts der Arbeitslosigkeit und des politischen Desinteresses junger Leute hat es sich der Stadtjugendring zu einer Hauptaufgabe gemacht, die Jugend politisch zu interessieren, zu Engagement, Mitarbeit und Übernahme von Verantwortung zu motivieren, um der gefährlichen Brisanz einer „Null-Bock-Mentalität" entgegenzuwirken. In diesen Bereich gehört auch die 1969 begonnene Jugendarbeit des Stadtjugendamtes mit der noch jungen Abteilung „Streetwork". Die Streetworker geben Einzelhilfe und -beratung, kümmern sich um die Probleme Jugendarbeitslosigkeit, Konflikte mit Polizei und Gerichten, aber auch Drogen. Besonders wichtig ist deshalb die Präventionsarbeit der Streetworker an den Schulen.

Trotz einer drückenden Last wirtschaftlicher Zwänge und Fragen war es Oberbürgermeister August Fischer (Amtszeit 1952-1970) ein besonderes Anliegen, „Kempten als Stadt schöner und gewinnender zu machen", ein stimmiges, harmonisches Gesamtkonzept politischer Gestaltung zu entwickeln.

Sein erstes wesentliches Ziel mußte freilich der „Großkampf gegen die Wohnungsnot" sein, und hier wurden mit der Gründung der stadteigenen Baugesellschaft „Sozialbau" langfristig Akzente gesetzt. In engem Zusammenhang mit der Wohnungs- und Baupolitik der Sozialbau Kempten standen zunächst

Breakdancer beim Markt der Möglichkeiten der Kemptener Jugend

In den Kemptener Jugendtreffs werden auch Computerkurse angeboten

die Integration tausender von Heimatvertriebenen und später auch die Projekte der Altstadtsanierung, für die Kempten 1963 „Studien- und Modellvorhaben des Bundes zur Stadt- und Dorferneuerung" wurde. Hinsichtlich des wirtschaftlichen Aufschwungs muß gesagt werden, daß die Integration der Heimatvertriebenen die Stadt keineswegs nur vor Probleme und Herausforderungen stellte, sondern daß es ohne das Engagement der Heimatvertriebenen auf allen Ebenen des wirtschaftlichen und gesellschaftlichen Lebens kein Wirtschaftswunder – 1948 zählte man bereits 202 von Heimatvertriebenen gegründete Betriebe – gegeben hätte und das Kulturleben merklich ärmer geblieben wäre.

Was die Flächensanierungen, denen manche historische Bausubstanz zum Opfer fiel, betrifft, ist es aus heutiger Sicht müßig, darüber zu streiten, in welchem Verhältnis Erfolge und Fehlgriffe stehen. Menschliche, wirtschaftliche und verkehrstechnische Notwendigkeiten mußten im Vordergrund stehen, und alle Sanierungsplanung geschah damals in guter Absicht, man hatte es sich nicht leicht gemacht. Zweckmäßige Bauten können nicht immer optisch und architektonisch attraktiv sein.

Die 1970 eröffnete Fußgängerzone, die erste ausgebaute in Bayerisch-Schwaben, steht mit ihrer Umgestaltung in der Aktualität der Ereignisse. Im Jahr 2000 wird ihre Neugestaltung gefeiert werden.

Im Zuge der Konzepte von Bau-, Wirtschafts- und Verkehrspolitik wurden in den fünfziger und sechziger Jahren ganze Stadtteile mit den dazugehörigen Kirchengemeinden neu erschlossen: Thingers, Bühl, Steufzgen, Franzosenbauer.

Daneben entstanden aber auch Altenheime, Kindergärten, Spielplätze und nicht zuletzt ein zeitgemäßes, längst erforderliches neues Stadtkrankenhaus am Reichelsberg, das größte Bauprojekt Kemptens seit der fürstäbtlichen Residenz im 17. Jahrhundert. 1988 wurden die Kemptener Krankenhäuser von Stadt und Land in einem Zweckverband zusammengeschlossen.

Eine besonders gut angenommene Einrichtung ist das 1977 eröffnete „Haus der Senioren". Im Oktober 1998 konstituierte sich hier ein 22-köpfiger Seniorenbeirat, der sich als Interessenvertretung aller Seniorinnen und Senioren in Kempten versteht.

Ein Kernpunkt der Verkehrsplanung nach 1960 war der Bau des „Mittleren Ringes" – eine vorausschauende Planung angesichts der Verkehrsprobleme unserer Tage!

Wesentlich war auch, daß die Bundesbahn den Kemptener Sackbahnhof aufgab – der Verlust der schönen alten Gebäude, ein kostbares Stück Architekturgeschichte, schmerzt freilich bis heute. 1969 konnte 1,2 km südlich der neue Hauptbahnhof in Betrieb genommen werden, womit der direkte Anschluß an das Eisenbahnnetz der Bundesrepublik ermöglicht wurde.

Mit den Neubauten für drei Gymnasien, aber auch für Volksschulen und Berufsschulen begründete und festigte Kempten seinen Ruf als Schulstadt, der unter Oberbürgermeister Fischers Nachfolger Dr. Josef Höß (Amtszeit 1970-1990) weiter ausgebaut werden konnte. Als besonders wichtiges Projekt ist hier die 1978 eröffnete Fachhochschule Kempten für Technik und Wirtschaft zu nennen, gleich 1979 folgte als weiteres herausragendes Projekt der Bau des Beruflichen Schulzentrums auf dem einstigen Bahnhofsgelände.

Der Vereinigungsprozeß von Sankt Mang und St. Lorenz mit Kempten drohte den teils scharfen verbalen Verlautbarungen zufolge ähnlich schwierig und zäh zu verlaufen wie die Vereinigung von Kempten Alt- und Neustadt selbst. Daß die Entwicklung aber überwiegend harmonisch verlief, lag an drei Faktoren: Nicht nur die Stadt Kempten, sondern auch die bisher selbständigen politischen Gemeinden sahen neben manchen Hindernissen auch Vorteile in der neuen Verbindung. Hinzu kam, daß sich Oberbürgermeister Dr. Höß persönlich in der Bevölkerung für den Zusammenschluß einsetzte, und vor allem blieb die Stadt darauf bedacht, das gewachsene Eigenleben der neuen Stadtteile zu erhalten. Natürlich wurden auch im Falle Kemptens im Zuge der Gebietsreform historische Strukturen zerschlagen. Positiv ist zu sehen, daß sich nun attraktive Möglichkeiten boten, neue Siedlungsgebiete, Gewerbeflächen und Erholungsgebiete zu erschließen.

Die Stadtsanierung wurde an der Sutt, an der Stadtmauer und besonders unter der Burghalde fortgeführt. Bausünden und Fehlentwicklungen früherer Jahre sollten nun durch einen neuen Flächennutzungsplan und eine „Gestaltungsverordnung" vermieden werden. In allen Fragen der Gestaltung der Altstadt treten seit 1980 die „Freunde der Altstadt Kempten" auf den Plan, die sich rasch als ernstzunehmender Partner der städtischen Baubehörden etablierten. Die fachgerechte Sanierung und Restaurierung historischer Gebäude und Ensembles spielt eine bedeutende Rolle in der Bau- und Kulturpolitik. Neben Rathaus und Freitreppe sind vor allem die „reichsstädtische Münze", das Stadtarchiv, die Stiftsmälzerei (Sing- und Musikschule) und der Marstall zu nennen, der seit 1990 Alpinmuseum und Alpenländische Galerie als Zweigmuseen des Bayerischen Nationalmuseums beherbergt.

Im Zusammenhang mit diesen Initiativen stand 1982 auch die Einrichtung einer archäologischen Abteilung beim Kulturamt, um das alte Thema Cambodunum grabungstechnisch, forschungsgeschichtlich und nicht zuletzt auch rekonstruierend (Archäologischer Park Cambodunum APC) unter neuesten Methoden und Fragestellungen wieder aufzugreifen und voranzutreiben. Einen zunehmenden Stellenwert beanspruchen

Reichsstädtische Münze

seit den siebziger Jahren auch Umweltschutz und Umweltpolitik. Bereits 1975 konnte eine Müllverbrennungsanlage in Betrieb genommen werden. 1992 folgte eine Biomüll-Kompostieranlage, 1996 wurde das Müllheizkraftwerk neu gestaltet, nun das modernste in der Bundesrepublik. 1998 wurde in Kempten das größte Holzheizkraftwerk in Bayern als Pilotprojekt des Zweckverbandes für Abfallwirtschaft fertiggestellt. Mittels einer Biotop-Kartierung konnten 400 schützenswerte Objekte im Stadtbereich ausgewiesen werden, darunter vor allem der Schwabelsberger Weiher. Unter den neuen Grünanlagen ist der Engelhaldepark besonders hervorzuheben. Seit 1992 gibt es ein eigenes Umweltamt und seit 1996 den Umweltpreis der Stadt Kempten.

Renovierte Stiftsmälzerei

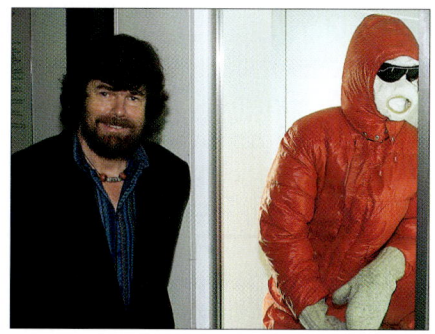

Der Bergsteiger Reinhold Messner neben seiner Himalaya-Ausrüstung im Alpin-Museum

Schon zu Beginn des 20. Jahrhunderts hat es in Kempten einen „Verein für Fraueninteressen" gegeben; hier ist ein Engagement angedeutet, das sich in den letzten Jahrzehnten und besonders in der Gegenwart quantitativ wie qualitativ bemerkenswert entwickelt hat. Unter einer Fülle von Initiativen und Einrichtungen sei die 1989 eröffnete Gleichstellungsstelle für Frauen der Stadt Kempten genannt.

1990 wurde mit Lisl Zach erstmals eine Frau zur Dritten Bürgermeisterin gewählt. Eine Entscheidung für das 21. Jahrhundert ist im europäischen, ja weltweiten Kontext auch in Kempten die Begründung mehrerer Städtepartnerschaften (Bad Dürkheim, Quiberon, Trient, Sopron, Sligo) gewesen. Die Kritik an den Städtepartnerschaften bezieht sich vor allem darauf, daß sie „eigentlich nur auf dem Papier" stünden und zuviel Geld kosteten. Dazu muß freilich gesagt werden, daß hier keinesfalls „nur" gesellige Fahrten und Veranstaltungen auf dem Programm stehen, sondern daß es sich um Verständnis und Freundschaft fördernde und vertiefende Begegnungen handelt, wozu Sprach-Übungskreise und Lerngemeinschaften entscheidend beitragen.

Wie sonst soll ein einiges Europa Zukunft haben, wenn nicht die Menschen selbst Nachbarschaft und Freundschaft pflegen? Eine neue Initiative europäi-

Das Kemptener Wahrzeichen, die Burghalde, soll im 21. Jahrhundert saniert werden.

scher Regionen ist die 1997 gegründete „Euregio via salina", in der sich das Allgäu, das Außerfern (Tirol), das Kleinwalsertal (Vorarlberg) und die Grenzgemeinden des Bregenzerwaldes zur grenzüberschreitenden Gemeinschaftsarbeit in Tourismus und Kultur zusammengeschlossen haben. Als bisher einzigartiges Projekt in Europa entsteht derzeit ein „Euregio-Lexikon". Hierher gehört natürlich auch das freundschaftliche Miteinander mit den ausländischen Mitbürgern in Kempten. Seit 1983 hat das „Haus International" mit dem Ausländerbeirat vielfältige Initiativen ergriffen und Zeichen gesetzt. Ein neues Projekt in diesem Zusammenhang ist die Einrichtung eines eigenen Treffs für jugendliche Aussiedler in Räumen der ehemaligen Prinz-Franz-Kaserne. Unter Betreuung zweier Fachkräfte sollen die Jugendlichen dort für die Integration besser vorbereitet werden. Denn die Eingliederung jugendlicher Aussiedler ist sehr schwierig. Während ihre Eltern zum Teil noch deutsch sprechen und kleinere Kinder sich leichter über Kindergarten und Schule eingliedern lassen, bilden die 15 bis 24jährigen eine Problemgruppe. Um sie für die deutsche Gesellschaft zu öffnen, müssen erst sprachliche und kulturelle Barrieren abgebaut werden. Beratung und Hilfe schließen auch den Weg zum Arbeitsamt oder die Bewältigung von Konflikten in Schule und Beruf ein. Getragen wird das Projekt vom katholischen Jugendsozialwerk München, die Kosten übernimmt für zunächst zwei Jahre das Arbeitsamt Kempten. Die Stadt Kempten beteiligt sich an der Renovierung der Räume sowie den laufenden Betriebskosten.

Modern verwalten und gestalten – auf in die Zukunft

Seit den neunziger Jahren ist die öffentliche Hand zu einem Sparkurs gezwungen, der zwar wohl verwalten, aber immer schwieriger gestalten, ja Akzente setzen läßt. Gleichwohl ist für Kempten insgesamt eine schwungvolle, initiative Politik festzustellen, die viele Projekte angeht und auf den Weg bringt und auch schon realisiert hat.

Eine Wertung, eine Beurteilung dieser Gegenwart ist freilich noch nicht mög-

Blick vom Zentralhaus auf die Innenstadt zwischen Stadtpark und Rathaus

lich, vieles ist im Fluß, kann hinsichtlich der Auswirkungen noch nicht wirklich eingeschätzt werden. Interessant und spannend ist diese Zeit allemal. Verkehrspolitik und Stadtplanung, Soziales, Wirtschaft und Modernisierung der Stadtverwaltung stehen im Vordergrund.
Unter Oberbürgermeister Dr. Wolfgang Roßmann (Amtszeit 1990-1996) wurde die Neugestaltung des Rathausplatzes umgesetzt, der dadurch erfreulich an Belebung, Flair und überregionaler Beliebtheit gewann. Als wesentliche Teile des Innenstadtkonzeptes zur Regelung der Verkehrsprobleme wurden 1994 zunächst ein Parkleitsystem und 1995 die Zentrale Umsteigestelle (ZUM) am Albert-Wehr-Platz realisiert.
In diesen Jahren ließ die Sozialbau Kempten u.a. auch die Anlage „Integriertes Wohnen" unter der Burghalde entstehen; dieses Modellvorhaben wurde mit dem „Deutschen Städtebaupreis" ausgezeichnet.
1995 konnte auch das schon länger projektierte neue Verwaltungsgebäude der Stadt Kempten am Rathausplatz eröffnet werden. Neue Entwicklungschancen und städtebauliche Möglichkeiten eröffneten sich auf dem freigewordenen Areal der Prinz-Franz-Kaserne an der Rottachstraße; nicht allein für Ämter und Behörden, hier haben auch der Kleinkunstverein „Klecks", seit 1985 Veranstalter des mittlerweile deutschlandweit bekannten „Kemptener Jazzfrühlings", und der Radio-Sender-Allgäu RSA eine Bleibe gefunden.
Erfolgreiche Initiativen waren auch im Sozialbereich zu verzeichnen: Es gelang nicht nur, genügend Kindergartenplätze zu schaffen, sondern statistisch sogar eine Versorgung von mehr als 100 Prozent zu erreichen.
Einen besonderen Stellenwert nimmt die Betreuung und Förderung Behin-

derter ein; Projekte wie „Villa Viva", „Haus Lichtblick", die Tagesklinik der Jugendpsychiatrie, aber auch schulische Einrichtungen, Werkstätten und behindertengerechte Wohnungen konnten realisiert werden.

Unter Oberbürgermeister Dr. Ulrich Netzer (Amtszeit seit 1996) stehen die Konzepte einer Neugestaltung des Bereichs „Alter Bahnhof"/August-Fischer-Platz/Gelände Allgäuer Zeitungsverlag mit vielfältigen Nutzungsmöglichkeiten sowie die Um- und Neugestaltung der historischen Bereiche Residenzplatz/Hildegardplatz, aber auch der Fußgängerzone Fischerstraße mit an erster Stelle der Kommunalpolitik. Nicht minder wichtig sind die wirtschaftspolitischen Initiativen, sichtbare Zeichen dafür sind das 1997 eingerichtete „Amt für Wirtschaftsförderung und Stadtentwicklung" der Stadt Kempten und das ebenfalls 1997 eröffnete Gründerzentrum „Cometa Allgäu" (seit 1998 „Cometa Allgäu Technopark").

Landesausstellung „Bürgerfleiß und Fürstenglanz" im Sommer 1998

Das neue Verwaltungsgebäude konzentriert nicht nur die städtischen Ämter besser als bisher rund ums Rathaus, sondern steht auch für die geplante Umstrukturierung der Verwaltung im Inneren, das Stichwort für diesen Prozeß heißt „Modernisierung der Stadtverwaltung", die nur als effektiver Dienstleistungsbetrieb den Anforderungen der Zukunft gewachsen sein kann. Diese Modernisierung beinhaltet neue Instrumente u.a. der Mitarbeiterführung und Problemlösung, wie wir sie aus der freien Wirtschaft und dem Management bereits kennen.

Gleichzeitig leben kulturelles Engagement und Geschichtsbewußtsein in modernem Gewand, zeitgemäß organisiert, kräftig auf. Die letzten Jahre sahen die Sanierung der Mühlberghäuser („Haus Lichtblick"), die sich im Licht archäologischer Untersuchungen als älteste noch stehende Häuser Kemptens aus dem Mittelalter entpuppten. 1998 bot Höhepunkte wie die Landesausstellung „Bürgerfleiß und Fürstenglanz", aber auch die Wiedereröffnung des Kornhauses mit den „Schwäbischen Kulturtagen". 1999 hat das „Allgäu-Museum" als neugestaltetes Erlebnismuseum Besucherrekorde gebrochen. Was für ein „roter Faden" von den musealen Anfängen im späten 19. Jahrhundert bis hinein ins 21. Jahrhundert, ins neue Jahrtausend!

Die Entscheidungen der Gegenwart können in ihren Auswirkungen auf das 21. Jahrhundert zwar noch nicht eingeschätzt, aber nur schwer unterschätzt werden.

Von ihnen hängt die Zukunft Kemptens ab – nicht mehr, nicht weniger.

Fast eine „Wiedervereinigung"

Der lange Weg zum größeren Kempten

Erregter Ausruf in öffentlicher Sitzung des Gemeinderats von Sankt Mang anno 1949: „Wir werden Sankt Mang mit Barrikaden am Durchlaß verteidigen!" Doch 22 Jahre später, als die Entscheidung über die Gebietsreform gefallen ist und damit die 154jährige Unabhängigkeit zweier vor allem im 20.Jahrhundert aufblühender Landgemeinden endet, erklärt Oberbürgermeister Dr. Josef Höß in öffentlicher Kemptener Stadtratssitzung: „Den Bürgern unserer vergrößerten Stadt aus den Gemeinden Sankt Mang und St. Lorenz strecken wir die Hand entgegen..."

Wer denkt heute noch daran, daß der Stadtweiher bis 1934 keineswegs zur Stadt gehörte, daß Mariaberg und Lotterberg nebst Stiftallmey erst 1935 kemptisch wurden und der Seggersbogen sogar erst 1937. Welch ein Weg, bis dann vor nahezu drei Jahrzehnten, 1972, die beiden Nachbargemeinden Kemptens vollends mit der Stadt zusammengeführt wurden! Daß diese sogenannte Wiederzusammenführung gelang, ohne bittere Emotionen aufkommen zu lassen, in aller Sachlichkeit und weitgehend in Harmonie, darf angesichts vorausgegangener, von Konflikten überschatteter Jahrzehnte als Beispiel vorausschauender Kommunalpolitik mit den Bürgern und für die Bürger gelten. Und vielleicht auch als ein zwar kleines, aber positives Beispiel für ei-

Er hieß schon Stadtweiher, als er noch nicht zur Stadt gehörte. Das Bild vom September 1934 zeigt die freie Landschaft bis hin zum Buchenberg

ne Wiedervereinigung größeren Stils. Denn so seltsam es klingen mag, um eine Art Wiedervereinigung handelte es sich in der Tat: Schon 1935 hatte der damalige Oberbürgermeister Dr. Otto Merkt dieses 55 Jahre später so aktuell gewordene Wort benutzt. Anderorten jedenfalls war die bayerische Gebietsreform keineswegs so glatt über die Bühne gegangen wie hier im Herzen des Allgäus.

Geburtsstunde zweier Gemeinden

Doch wie kam es zu dieser Entwicklung? Wir blenden fast 200 Jahre zurück. Am 25. Januar 1811 hatte Bayerns Regierung die Reichs- und die Stiftsstadt Kempten zwangsvereinigt. Zum Stadtgebiet gehörten zunächst weite Flächen der Umgebung, nämlich die angrenzenden Landbezirke beiderseits der Iller. Aber gut sieben Jahre später, am 21. Juli 1818, erfuhr die Großkemptener Herrlichkeit ein jähes Ende: Das Bayerische Gemeindeedikt verfügte, daß der Gemeindebezirk einer Stadt nicht den sogenannten Burgfrieden, die Grenzmarkung, einer Stadt überschreiten dürfe; dort seien vielmehr eigene Gemeinden zu bilden. Und so wurde das Umland von der Stadt Kempten abgezwackt: Das Gebiet westlich der Iller wurde mit Entschließung der Augsburger Oberdonaukreis-Regierung zur Ruralgemeinde St. Lorenz und jenes östlich des Flusses zur Ruralgemeinde Sankt Mang erklärt; die neuen Gemeinden hatten bis dahin zum Polizeikommissariat Kempten gehört.

Ländliche „Siedlungsverbände"

Was aber bedeutet Ruralgemeinde? Das lateinische rurare heißt „auf dem Lande leben", es handelte sich hier demnach um Landgemeinden, und zwar mit insgesamt nicht weniger als 154 Dörfern, Weilern und Einöden. Wobei auffällt, daß keine dieser Kommunen über einen Ortsteil verfügte, der den Gemeindenamen trug. Die Benennung bezog sich vielmehr einmal auf die katholische Stadtpfarrei St. Lorenz und zum anderen auf den katholisch gebliebenen Sprengel der seit 1527 evangelischen Stadtpfarrei St. Mang: 1642 wurde das Gotteshaus St. Magnus in Lenzfried zur Pfarrkirche dieses Sprengels erhoben.
Franz Xaver Eberspacher, von 1946 bis 1960 Bürgermeister von Sankt Mang, formulierte in der 1955 erschienenen Gemeindechronik ganz richtig: „Sankt Mang ist eigentlich eine Art Siedlungsverband, ein Ausnahmefall unter den Gemeinden Deutschlands." Der zweite Ausnahmefall dieser Art war zweifellos St. Lorenz. Und in beiden Fällen, noch bis zur Mitte des 20. Jahrhunderts, mochten etliche glauben, diese künstlichen Kommunen seien kaum lebensfähig. Die Geschichte aber bewies dank Initiativen der Bürger und dank zielbewußter Kommunalpolitik gerade im 20. Jahrhundert das genaue Gegenteil.

Beispiel Sankt Mang

Dies wird zunächst am Beispiel von Sankt Mang deutlich, einer Gemeinde, die ihren ursprünglichen Bestand bis 1972 im wesentlichen wahren konnte und, neben Lenzfried, mit den Bereichen Schelldorf/Neudorf/Kottern über so etwas wie einen Ortskern verfügte. Ja, 1909 entstand an der Bahnlinie Kempten-Pfronten sogar ein Bahnhof Sankt Mang, den die Bahnverwaltung später allerdings in Kottern-Neudorf umbenannte.

Krach mit der nahen Stadt gab es vor allem, weil Abwässer aus dem Raum Schelldorf mangels Kanalisation durch den Bahndurchlaß offen gen Kempten flossen und eine finanzielle Einigung nicht zustande kam. Es muß da im Winter zeitweise recht glatt und im Sommer recht aromatisch gewesen sein. An eine sachliche Kooperation mit der eingemeindungslüsternen Stadt war offensichtlich kaum zu denken.

Am 9. August 1900 teilte der Magistrat mit, mehrere Schelldorfer hätten sich schriftlich für eine Umgemeindung nach Kempten erklärt. Der Gemeinderat wollte daraufhin die Namen der Unzufriedenen erfahren. Folge: ein Jahr Funkstille. Am 5. September 1901 mahnte dann der städtische Magistrat erneut eine Entscheidung über die Einverleibung Schelldorfs (26 Häuser mit 570 Einwohnern) an. Wenn ja, werde die Stadt den Straßenausbau, die Kanalisation und die Gasversorgung übernehmen. In Sankt Mang ermittelte man inzwischen, daß es sich lediglich um drei Unzufriedene handelte, die „erst in letzter Zeit nach Schelldorf zugezogen" seien und deren Eigentum „mit Schulden belastet" sei. Prompt lehnte also der Gemeinderat jede Ausgemeindung ab.

„Gruß aus Kottern" aus längst vergangener Zeit, als es auf der Ludwigstraße noch keinen Autolärm gab

Ende eines „Dreißigjährigen Krieges"

Die Verhandlungen der verfeindeten Nachbarn überdauerten den Ersten Weltkrieg. Das Bezirksamt ordnete 1922 die rasche Kanalisation an, konnte aber die Stadt nicht zur Aufnahme der Abwässer oder zur Baugenehmigung eines eigenen Abwasserkanals zwingen. Erst 1927 endete dieser „Dreißigjährige Krieg" mit einem Tauschhandel: Das Gebiet um den Kemptener Ostbahnhof erhielt Anschluß an die Sankt Manger Wasserversorgung, dafür durften die Schelldorfer Abwässer in unterirdischen Röhren gen Kempten geleitet werden. Im Ortsteil Neudorf hatte der Bau einer Kanalisation übrigens schon 1902 begonnen.

Um die Jahrhundertwende zählte Sankt Mang fast 4000 Einwohner(innen), davon 2715 in Kottern/Neudorf/Schelldorf und 300 in Lenzfried. 1904 zog die erste Elektrizität ein. 1906 wurde die Wasserversorgung durch Quellen bei Fleschützen gesichert, in Lenzfried ein Hochbehälter gebaut, und 1921 kam die Quelle in Leupolz hinzu.

Der Gemeinderat Sankt Mang, bis 1912 in Lenzfried, verlegte seinen Amtssitz nach Neudorf (Ludwigstraße) und 1920 an die Duracher Straße: Kurioserweise stand das Haus auf Kemptener Boden und konnte erst im Jahr darauf nach Sankt Mang eingegliedert werden. Dafür kam die Wirtschaft Zum Tell an Kempten.

Auftakt bedeutender Bautätigkeit

1919, also unmittelbar nach dem Ersten Weltkrieg, erließ die Gemeinde angesichts drückenden Wohnungsmangels ein Zuzugsverbot. Bereits im Jahre 1906 jedoch hatte sich ein Bau- und Sparverein Kempten und Umgebung konstituiert, die heutige Bau- und Siedlungsgenossenschaft Allgäu e.G. (BSG). Dieser Verein hatte noch vor dem Kriege Baugrund an der Duracher Straße in Schelldorf erworben und die ersten zwei Häuser der später als Alte Kolonie bezeichneten Siedlung errichtet. Jetzt trat die Gemeinde Sankt Mang dem Wohnungsunternehmen bei, das dann bis 1927 in Kottern 46 Häuser mit 87 Wohnungen bauen ließ. 1922 wurde die katholische Marienkirche geweiht und fünf Jahre später die evangelische Christuskirche.

1930 öffnete das Schulhaus Kottern seine Pforten – ebenso wie beim Wohnungsbau hatte die damalige Spinnerei und Weberei Kottern finanzielle Hilfestellung geleistet. Dieser bedeutende Betrieb trug wie das Elektroschmelzwerk und die Zwirnerei Denzler wesentlich zur Leistungsfähigkeit der Gemeinde bei.

Wohnungsbau wurde weiterhin groß geschrieben, vor allem in Schelldorf und Neudorf; Straßenbauten traten hinzu, und kurz vor Kriegsausbruch zählte die Gemeinde bereits 6351 Seelen.

Dr. Merkt ringt um Eingemeindung

Die Stadt Kempten, voran Oberbürgermeister Dr. Otto Merkt, bemühte sich bis in den Zweiten Weltkrieg hinein im wesentlichen vergeblich um eine Eingemeindung der gesamten Gemeinde Sankt Mang oder zumindest doch ihrer unmittelbar an die städtische Bebauung anschließenden Ortsteile.

Bereits im November 1924 hatte Dr. Merkt es als „natürliches Verhängnis für unsere Stadt" bezeichnet, daß alle Voraussetzungen für eine günstige Entwicklung fehlten: Kempten habe weder Erze noch eine schiffbare Wasserstraße noch einen Bahnknotenpunkt. Das Hinterland sei zu klein, das Hochgebirge nahe, die Landesgrenze zwischen Bayern und Württemberg zur napoleonischen Zeit allzunahe an unsere Stadt herangerückt. Und der einzige Schatz, der Kempter Wald, sei bei der Säkularisation vom Staat eingesteckt worden, obwohl dieses Gebiet nach der Chronik und nach seinem Namen zu Kempten gehöre. Und was die Eingemeindung betreffe: „Der Zeitpunkt wird kommen und muß kommen, wo man das, was wirtschaftlich zusammenhängt, auch behördlich vereinigt." Freilich müsse die Stadt hierfür einen Anreiz bieten. „Soll es zur Heirat kommen, so muß die Braut begehrlich werden," formulierte Junggeselle Dr. Merkt wörtlich.

„Geradezu verfilzt"

Gut zehn Jahre später bezeichnete Merkt dann erneut die Eingemeindung als „die Frage der Zukunft unserer Stadt" und führte hierfür vor allem wirtschaftliche Gründe wie fehlende Flächen für Wohnungsbau und Gewerbeansiedlung ins Feld. Aber auch historische Argumente mußten herhalten – eben die Tatsache, daß Sankt Mang und St. Lorenz von 1811 bis 1818 bereits zur Stadt gehört hatten. Und das Stadtoberhaupt bediente sich geschickt eines damaligen Schlagworts, indem es von einer „Stadt ohne Raum" sprach.

„Man sieht nicht, wo die Stadt aufhört und die Landgemeinde beginnt," schrieb Dr. Merkt 1935. „Wirtschaftlich ist Kempten mit Sankt Mang nicht nur aufs engste verbunden, sondern geradezu verfilzt." Der Zustand sei für beide Teile, also auch für die Gemeinden, „...gleich schädlich, gleich volksfeindlich". Und: „Kempten ist dem Gebiete nach die zweitkleinste Stadt in Schwaben, der Bevölkerung nach die zweitgrößte", ihre Einwohnerdichte sei sogar größer als jene Münchens.

Im Falle von Sankt Mang hatte Merkt allerdings wenig Erfolg. Von 1869 bis 1909 waren lediglich Bereiche in einem Gesamtausmaß von knapp sieben Hektar zur Stadt gekommen, so insbesondere das Anwesen Burgstall und eine Fläche am Durchlaß. Ende 1937 allerdings wurde der Seggersbogen der Stadt zugeschrieben. Ursache hierfür waren militärische Bauten im Zuge der Wiederaufrüstung im NS-Staat.

Oberbürgermeister Dr. Merkt weist in seinem Testament, das er kurz nach dem Ausscheiden aus seinem Amt (1942) verfaßte, u.a. darauf hin, daß – nach dem sogenannten Anschluß Österreichs 1938 – zahlreiche auswärtige Firmen in Kempten Niederlassungen begründen wollten, um von hier aus das Allgäu, Vorarlberg und das Außerfern zu „bearbeiten". Aber ohne eine Eingemeindung von Sankt Mang komme Kempten nie zum notwendigen Industriebahnhof. Die Randsiedlungen, die sich in den Gemeindegebieten von Sankt Mang und St. Lorenz bildeten, würden die Stadt „nicht nur umzingeln, sondern auch erdrosseln." Gut zwanzig Jahre später, am 11. Mai 1963, kam übrigens in einer Reportage der Heimatzeitung Der Allgäuer angesichts weiträumiger Bebauungsprojekte in Sankt Mang ein ganz ähnlicher Gedankengang zum Ausdruck: „Eine künftige Stadt, geplant für 20 000 Einwohner, legt sich wie ein Gürtel um Kempten..."

Sogar Hegge und Durach im Visier

Doch zurück zu Dr. Merkt. Sein Bestreben ging dahin, nicht nur ganz Sankt Mang nach Kempten einzugemeinden, sondern (und hier war er, wie wir noch sehen werden, erfolgreich) zumindest auch weite Teile von St. Lorenz, um Raum für Industrieansiedlung und Wohnungsbau zu gewinnen. Eine großzügige Kommunalpolitik werde, so Dr. Merkt weiter, zudem an die Eingemeindung von Durach denken müssen, dies insbesondere auch im Hinblick auf den Flugplatz, und an das Einbeziehen von Hegge als Industrieort mit städtischem Charakter; letzteres vor allem deshalb, weil alle Schnellzüge nur im Bahnhof Hegge hielten und eigene Zubringer erst die Verbindung mit dem alten Kemptener Sackbahnhof herstellten. Es sei „...ein Unikum sondersgleichen, daß ein Stadtkreis vom Schnellzugsverkehr ausgeschlossen ist."
Und der Oberbürgermeister, keineswegs überzeugter Nationalsozialist, setzte gezielt bestimmte Gedankengänge jener unseligen Zeit ein, wenn er formulierte: „Man kämpft nicht für sich, sondern für das öffentliche Wohl und vollzieht vernünftige, nationalsozialistische Grundsätze, wenn man verlangt, daß Zusammengehöriges zusammenwachsen soll." Dabei ging Dr. Merkt von der Hoffnung aus, daß Kempten nach dem Zweiten Weltkriege mit der Schaffung von „großen Bezirksämtern" oder „kleinen Regierungen" wirklich Hauptstadt und Mittelpunkt des Allgäus werde.

Der Gauleiter greift ein

Otto Merkt war ein großer Bürgermeister. Kempten und das Allgäu haben ihm viel, ja Entscheidendes zu danken. Aber er sollte nicht zuletzt durch sein Ringen um die Eingemeindung von Sankt Mang am Ende stolpern. Schon im Jahr seines Amtsantritts, 1919, bestand ein Kemptener Eingemeindungsplan fürs südliche Industriegebiet von Sankt Mang. 1934 wurde hierüber zwischen Staat und Gemeinde intensiv verhandelt. Dr. Merkt lockte mit glänzender Zukunft im vergrößerten Kempten und ließ ein „Trommelfeuer von Argumenten" los, wie die Sankt Manger Gemeindechronik berichtet. Bürgermeister Karl Reichle erklärte: „90 Prozent der Einwohner sind strikte Gegner der Eingemeindung." Am 9. April 1934 lehnte der Gemeinderat mit elf zu drei Stimmen eine Eingemeindung ab, und zwei Monate später nahm der NS-Gauleiter „im Interesse einer gesunden Selbstverwaltung" den gleichen Standpunkt ein. Und bald gab es wieder einen Abwasserstreit zwischen Stadt und Gemeinde mit einem mehrjährigen Prozeß.

Dann aber werden die Ereignisse und Stellungnahmen etwas undurchsichtig. Dr. Merkt schaltet Staatsminister Hermann Esser aus Kempten als Leiter des Deutschen Fremdenverkehrswesens, die Wehrkreisverwaltung, örtliche Firmen und Verwaltungsstellen ein. Er und Reichle verhandeln erneut. Im Beschlußbuch des Sankt Manger Bürgermeisters steht unterm 25. Juli 1939: „Ich entscheide mich für eine Eingliederung der ganzen Gemeinde Sankt Mang in den Stadtkreis Kempten (Allgäu)." Bürgermeister Reichle beruft sich vor dem Gemeinderat auf den NS-Reichsstatthalter, nennt die Eingemeindung des Südteils unabänderlich und läßt lediglich offen, ob aus dem Nordgebiet eine Restgemeinde mit Lenzfried als Mittelpunkt weiterbestehen könne.

Dr. Merkt hingegen bezeichnet in seinem Testament Lenzfried als ein Kernstück der ganzen Eingemeindung, da er hier an ein künftiges Siedlungsgelände denkt. Ja, einen Monat vor Ausbruch des Zweiten Weltkriegs wird sogar ein Eingemeindungs-Vertrag zwischen Dr. Merkt und Karl Reichle unterzeichnet, so daß der Gemeinderat seinem Bürgermeister am 21. August 1939 das Vertrauen entzieht. Von „Verrat an der Gemeinde" ist die Rede. Reichle bleibt jedoch im Amt.

Krieg „rettet" Sankt Mang

Es mutet heute als geradezu makaber an, daß ausgerechnet der grauenhafte Zweite Weltkrieg die Selbständigkeit der Gemeinde sichert: Der Eingemeindungsvertrag wird für nichtig erklärt. Als Dr. Merkt 1942, unterstützt von örtlichen Parteibehörden, abermals die Eingemeidung fordert, widersetzt sich Gauleiter Karl Wahl mit dem Hinweis auf die Kriegssituation. Herbert Müller in der „Geschichte der Stadt Kempten": „Aber hinter dieser Begründung verbarg sich ein heftiger Konflikt zwischen Merkt und Schädler (NS-Kreisleiter von Kempten-Land), der den Oberbürgermeister schließlich zu Fall brachte."

Dr. Otto Merkt kommentiert im Testament von 1942: Den Schaden der unterlassenen Eingemeindung hätte nun die Stadt, die sich nicht entwickeln könne, und Sankt Mang, das gleichfalls stagniere.

Nach 1945: Neue Schulen und neue Siedlungen

Sankt Mang sollte nach 1945, trotz des unermeßlichen Leides, das der Krieg über zahllose Familien brachte, trotz Bombenschäden vor allem an der Spinnerei und Weberei, an Wohnhäusern und an der Marienkirche und trotz des starken Zustroms von Heimatvertriebenen alles andere als stagnieren. 1946 wurde in der ersten ordentlichen Wahl Franz Xaver Eberspacher zum Bürgermeister berufen. Ein Jahr später begann der Wasserleitungsbau ab Leupolz. 1948 etablierte sich die Schuhfabrik Walter Haag, und die Allgäuer Maschinenbaufabrik kam hinzu. Erneute Kemptener Bemühungen um Eingemeindung wies der Gemeinderat am 16. Juli 1949 und am 26. Januar 1951 einmütig zurück. Schon 1949/50 baute die Gemeinde ein Wohnhaus für 14 Familien. Sie erwarb dann mehrfach Baugrund in Schelldorf, Neudorf und Lenzfried, sorgte für Schulbauten, Sportanlagen und Spielplätze und veranlaßte etliche Straßenerneuerungen.

Die Bau- und Siedlungsgenossenschaft errichtete die Siedlung An der Hehle. Zu den weiteren verwirklichten Bauvorhaben in der Gemeinde zählten in den fünfziger Jahren u.a. ein 14- und ein 20-Familien-Wohnhaus in Schelldorf und eine VdK-Siedlung; auch die Spinnerei und Weberei Kottern sowie das Elektroschmelzwerk trugen zum Wohnungsbau bei.

Moderner Siedlungsbau mit der zentralen Stadtpfarrkirche St. Ulrich in Kempten-Ost; im Hintergrund der sogenannte „Tatzelwurm" auf Sankt Manger Flur

Der Tatzelwurm

Noch größere Projekte kamen in der Amtszeit von Eberspachers Nachfolger, Bürgermeister Ludwig Jaud (1960 bis 1972), zum Tragen. So zunächst vor allem im Bereich von Lenzfried: Die Bau- und Siedlungsgenossenschaft gestaltete in der Alten Bleiche ihre bisher größte geschlossene Wohnanlage mit weit über 100 Wohnungen; die moderne Architektur fand seinerzeit hohe Anerkennung, aber auch Kritik. Heute ist sie aus dem Ortsbild nicht mehr wegzudenken. Die Bevölkerung hat dem zentralen 260 Meter langen Baukörper, dessen Bauform eigenwillig den topographischen Verlauf des Geländes nachzeichnet, den Namen Tatzelwurm gegeben.

Etwa gleichzeitig errichtet das Evangelische Siedlungswerk in Lenzfried 41 Eigenheime. Bis 1967, als ein siebengeschossiges Punkthaus der BSG mit 32 Wohnungen fertig wird, hat sich die Einwohnerzahl dieses Ortsteils binnen wenigen Jahren verdoppelt. Und kurz zuvor ist am Heubach ein fünfgeschossiges Punkthaus emporgewachsen.

Modernes Gemeindezentrum Sankt Mang

Der 28. September 1962 ist für die Gemeinde ein historisches Datum: An diesem Tage nämlich faßt die Regierung von Schwaben die Entschließung, daß die bisher amtlichen Ortsnamen Kottern, Neudorf, Schelldorf und Drahtzug entfallen. Statt dessen lautet künftig der gemeinsame Name dieser vier Ortsteile Sankt Mang.

Und dieses Sankt Mang wird nun wirklich zum Gemeindezentrum. Im März 1963 gibt hierüber die Ausstellung „Eine Gemeinde plant und baut" Aufschluß: Bei Schelldorf, im Bereich des heutigen Oberösch/Oberwies, unterhalb des Linggener Berges, entwickeln Gemeinde und BSG das Konzept eines großzügigen urbanen Mittelpunktes mit rund 500 Wohnungen und einem Heizwerk, das im Endausbau sogar 700 Wohnungen versorgen kann. Das Bundesbauministerium erkennt die Anlage als raumordnende Sonderbaumaßnahme an.

1964 beginnt zunächst der Bau einer modernen Bungalow-Siedlung. Im Dezember 1965 ist bereits Hebauf fürs erste neungeschossige Punkthaus. Und 1971, kurz vor der Ge-

Als es noch den Landkreis Kempten gab: Sankt Mangs Bürgermeister Ludwig Jaud (links) im Gespräch mit Kemptens Oberbürgermeister August Fischer und Landrat Vitus Riegert

Der Durchlaß Füssener Straße, früher Grenze zwischen der Stadt und Sankt Mang, stand einst im Zeichen fast täglichen Verkehrsstaus. Vier Jahre nach der Gebietsreform brachte der Bau eines zweiten Durchlasses unter der Bahnlinie und dem neuen Mittleren Ring eine wirksame Entlastung

bietsreform, ist der neue Ortskern nahezu vollendet mit Garagen, Spielplätzen, Grünanlagen, einem Geschäftszentrum nebst Gaststätte und Fußgängerzone und mit dem Bürohaus der Bau- und Siedlungsgenossenschaft. Was allerdings nicht mehr zum Tragen kommt, ist der Bau eines Rathauses. Statt dessen entsteht eine moderne Anlage mit 83 Seniorenwohnungen.

Erfolg beim Städtebau-Wettbewerb

Das Konzept findet weithin Anerkennung. Im Dezember 1966 kann Bürgermeister Ludwig Jaud aus der Hand von Bundespräsident Heinrich Lübke in Bad Godesberg die Silberplakette vom ersten deutschen Städtebau-Wettbewerb entgegennehmen, und 1969 informiert sich Bundesbauminister Dr. Lauritz Lauritzen vor Ort und spart nicht mit Anerkennung.
Sankt Mang, mit inzwischen knapp 10 000 Einwohnern die größte Gemeinde des Landkreises Kempten, sorgt daneben für eine weitere Stärkung der Infrastruktur. Erwähnt sei insbesondere die 1965 vollendete moderne Robert-Schuman-Schule mit Hallenbad. In Lenzfried finden sich die Mädchenrealschule des Klosters, die Landwirtschaftliche Kreisberufsschule und eine Volksschule. 1964/66 wurde die neue Wasserversorgungsanlage in Leubas geschaffen und 1971 der Plan eines Erholungszentrums im Bereich des Bachtelweihers sowie das Projekt einer Seniorenwohnanlage am Fuße der Ludwigshöhe entwickelt.

Bürger-Engagement in St. Lorenz

Die Entwicklung der Gemeinde St. Lorenz ist im 20. Jahrhundert zunächst von einer Folge empfindlicher Gebietsabtretungen gekennzeichnet. Man muß sich wundern, daß trotzdem bis 1972 ein gut funktionierendes Gemeinwesen gestaltet werden konnte. Insbesondere bewährte sich das Engagement der Bürgerschaft. Als Beispiel sei auch hier das Schulwesen erwähnt. Darüber berichtet das Heimatbuch von St. Lorenz: Zunächst war die Schule in einem Teil des 1803 säkularisierten Franziskanerklosters in Heiligkreuz untergebracht. Umbauten folgten. 1909 schloß sich eine Erweiterung für zweiklassigen Betrieb an. 1951/52 wurde ein Neubau errichtet, 1968 eine Erweiterung vorgenommen, 1970 die Turnhalle fertiggestellt und die alte Turnhalle zum Kolpingsaal gestaltet. Im Ortsteil Hirschdorf wurde 1948 gleichfalls der Schulbetrieb aufgenommen – zunächst in einer Werkstätte des Landwirts Jakob Zeller. „Schulvater Zeller" leitete dann ab 1951 den in beispielhafter Gemeinschaftsarbeit errichteten Bau eines Schulhauses; in freiwilliger unbezahlter Arbeit leisteten die Bürger hierfür erhebliche Hand- und Spanndienste. Bürgermeister Josef Kammerlander, der von 1952 bis 1972 an der Spitze der Gemeinde stand, formulierte damals: „Wenn wir alle zusammenhalten, können wir auch bei nicht gefüllter Gemeindekasse etwas erreichen."

Eine fast geteilte Gemeinde

Bei ihrer Gründung im Jahre 1818 war St. Lorenz zunächst nahezu eine geteilte Gemeinde: Von St. Lorenz Süd konnte man nämlich, wollte man eine Straße benutzen, nur durch städtisches Gebiet nach St. Lorenz Nord zur Gemeindeverwaltung gelangen. Kein Wunder, daß alsbald die ersten Vereinigungsbestrebungen mit Kempten einsetzten, so vor allem im Bereich des Mariaberges.
Eine erste Gebietsabtretung erfolgte bereits 1869: Rund 360 Tagwerk mit Schwaighausen, Anwanden und dem Fischerösch wurden der Stadt Kempten angeschlossen. Von 1904 an folgten nach und nach mehrere weitere Abtretungen einzelner kleiner oder kleinster Gebietsteile. Wirtschaftliche Interessen gaben hier meist den Ausschlag. Immerhin zählte die Gemeinde Anfang 1924 noch 3270 Hektar mit 4144 Einwohnern.

Schwerster Aderlaß

Die Stadt Kempten wurde in den darauffolgenden Jahren aktiv. Sie wandte sich 1933 in Sachen Eingemeindung an die Regierung. Zweijährige Verhandlungen schlossen sich an. Und dann erfolgten die schwerwiegendsten Gebietsabtretungen an die Stadt.

Zwei Jahre nach der Gebietsreform entstand diese Luftaufnahme von Heiligkreuz, damals Verwaltungssssitz der Gemeinde St. Lorenz

Mit Wirkung vom 1. Oktober 1934 verlor St. Lorenz auf einen Schlag nahezu ein Drittel seiner Gesamtfläche, nämlich fast 998 Hektar. Um welche Fluren es sich damals handelte, dürfte heute weitgehend vergessen sein. Wir möchten sie daher nochmals in Erinnerung rufen und zitieren den damaligen Verwaltungsbericht der Stadt: Es handelte sich um die Fluren Lotterberg, Reichelsberg ohne Hintere Rottach, Haubensteig, Stiftallmey, Stadtweiher, Eggen, Haslach, Moos, Seibäumen, Letten, Ellharten, „Stuifzgen", Stadtallmey, Bucharts, Steinberg, Kaurus, Adelharts, Eich, Moosers, Breiten, Lugemanns, Rottach sowie um Teile der Fluren Oberwang, Unterwang und Halden.

Der nächste Aderlaß trat wenige Monate später, am 1. Mai 1935, in Kraft. Zuvor hatte sich die Gemeinde kräftig gewehrt. Doch die deutsche Gemeindeordnung vom 1. April 1935 brachte eine gesetzliche entscheidende Neuregelung: Entsprechend den nationalsozialistischen Grundsätzen wurde nämlich das Verfahren bei Eingemeindungen erleichtert, und die Ablehnung der einen Seite mußte kein Hinderungsgrund mehr sein. Zu den jetzt an Kempten abgetretenen Flächen in einem Gesamtumfang von rund 784 Hektar gehörten: Rauhen, Thingers, Ober- und Unterheggers, Staudach, Lauben ob der Bruck, Lauben unter der Bruck, Kindo, Mariaberg, Hinteregg, Stoffels, Bachtelsteig, Höflings, Eppenried, Kniebos, Härtnagel am Mariaberg, Jägers, Johannisried, Ober- und Unterried, Zur Rottach, Wittleiters sowie der Rest der Flur Reichelsberg (Hintere Rottach).

Für die Stadt hatte der Zuwachs eine weitere Folge: Kempten ist seither bezirks-" bzw. „kreisunmittelbar", also nicht mehr einer Kreisbehörde unterstellt. Eine kleine Reminiszenz an die Zeiten freier Reichsstadt-Herrlichkeit...

Nur mehr ein Torso

Waren diesen Eingemeindungen lange Verhandlungen vorausgegangen, so folgte hinterher eine vermögensrechtliche Auseinandersetzung. Nach einem Vertrag vom 4. Juni 1935 hatte die Stadt 40 000 Reichsmark an die Gemeinde St. Lorenz zu zahlen. Freilich hatte der Stadtrat andererseits für die neuen Fluren weit aufwendigere Verbesserungen der kommunalen Verhältnisse beschlossen. Und die Heimatzeitung merkte damals an: Die Umgemeindung bedeute eine Erleichterung für jene Bewohner, die bisher durch das Stadtgebiet fahren mußten, wenn sie nach Hirschdorf wollten, wo sich bis 1945 die Gemeindekanzlei befand. Immerhin hatte St. Lorenz fast die Hälfte seiner Fläche, weit über zwei Drittel seiner Bevölkerung sowie praktisch sämtliche Industriebetriebe und somit die größten Steuerzahler verloren. Für den Gemeindesäckel brachen magere Zeiten an.

„...damit die Kemptener zu essen haben"

Kemptens Oberbürgermeister Dr. Merkt hingegen konnte in seinem Testament 1942 feststellen: Die Stadt habe nunmehr neue Entwicklungsmöglichkeiten nach Westen erhalten. Aus dem zuvor zu St. Lorenz gehörenden Gebiet seien drei Ratsherren in den Stadtrat eingerückt, und es habe seither nie Klagen gegeben. In dem nun auch zu Kempten gehörenden Gebiet konnte man das Stadtbad anlegen und nördlich davon eine Kriegsopfersiedlung. Dr. Merkt erwog in seinem Testament zudem den Bau einer Villenkolonie am Mariaberg. Und weil ja der Krieg tobte: Zur Zeit würden in Thingers acht große Gärtnereien eingerichtet, „...damit die Kemptener etwas zu essen haben."

Allerdings hatte die Stadt 1935 noch nicht den gesamten Mariaberg eingemeindet. Die nördlich gelegenen Orte Weihers, Lämmlings, Oberwies, Stürmers, Prestlings, Feigen und Reiters blieben der Gemeinde St. Lorenz erhalten. Dr. Merkt hielt im übrigen aber die Eingemeindung auch von Neuhausen und dem gesamten Ober- und Unterwang für notwendig.

Kurz nach der Gebietsreform trug sich die FDP-Politikerin Hildegard Hamm-Brücher anläßlich eines Kemptenbesuchs ins Buch der Stadt ein. Hinter ihr Oberbürgermeister Dr. Josef Höß, neben ihr Josef Kammerlander, letzter Bürgermeister von St. Lorenz und ab 1972 Kemptener Stadtrat

Neue Schulen, Straßen, Industrie

Es ist erstaunlich, daß selbst in der Restgemeinde St. Lorenz kommunalpolitisch Zukunftweisendes geleistet werden konnte und ein gesundes Gemeindebewußtsein hervortrat. Seit 1945 war Heiligkreuz Sitz der Verwaltung. Nicht nur neue Schulen entstanden; bis 1966 verfügte sogar der Ortsteil Leinschwenden über eine einklassige Schule. Vielmehr wurde zudem im Gewerbezentrum von Oberwang die Industrie tatkräftig gefördert, und nicht weniger als 33 Kilometer Gemeindestraßen wurden ausgebaut. Man muß sich vorstellen, daß noch 1952 kein Kilometer Gemeindestraße geteert war; es galt auch, eine Straßenbeleuchtung in den Hauptorten einzurichten und Bürgersteige anzulegen. Daneben wurde viel für Sport, Feuerwehren und Jugend getan, beachtlicher Wohnungsbau verwirklicht und nicht zuletzt ein reges Kultur- und Vereinsleben entwickelt.

Wasser für Hirschdorf

Ein Beispiel für die Tatkraft und den Zusammenhalt der Bürgerschaft wurde vor über einem halben Jahrhundert gegeben. Damals, 1947, herrschte im Bereich von Hirschdorf, Hinterbach und Ayen einschneidender Wassermangel; das kostbare Naß mußte mit Hilfe von Güllerohren aus dem Kollerbach geholt werden. Quellen aber gab es erst unterhalb der damaligen Sennerei Kollerbach. Am 23. September 1947 gründeten daraufhin 25 Bürger um Jakob Zeller einen Wasserversorgungsverband: Binnen vier Tagen waren vier Quellen gefaßt und zum größten Teil bereits die Grube für eine Wasserreserve ausgehoben. Noch vor der Währungsreform gelang es, die erforderlichen Rohre

Anstelle des 1945 teilweise gesprengten Bauwerks errichteten die Gemeinden St. Lorenz und Lauben in den Jahren 1966/67 gemeinsam die neue Illerbrücke bei Hirschdorf

zu beschaffen, und wenige Monate später war die Leitung im Boden! Dem Wasserbeschaffungsverband Hirschdorf sind heute über 170 Mitglieder angeschlossen, stellte kürzlich der Ortsgeschichtliche Arbeitskreis Heiligkreuz in einem Rückblick fest. Schon 1925 war eine Brücke über die Iller gebaut worden, so daß man den Fährbetrieb zwischen Hirschdorf und Lauben einstellen konnte. Bei Kriegsende 1945 wurde diese Brücke teilweise gesprengt. 1966/67 bauten daher die Gemeinden St. Lorenz und Lauben eine neue Illerbrücke.
Eine Volks- und Gemeindebücherei in Heiligkreuz öffnete 1960 ihre Pforten und verfügte neun Jahre später bereits über 1200 Bände. Für den späteren Neubau eines Kindergartens in Heiligkreuz legte die Gemeinde durch Verkauf der Gaststätte Zum Kreuz den finanziellen Grundstock; auch die Kirchenstiftung Heiligkreuz förderte den Neubau.
Heiligkreuz ist als Stätte eines Blutwunders von 1691 nach wie vor das Ziel zahlreicher Wallfahrten. Die Wallfahrtskirche, in ihren heutigen Ausmaßen 1730/33 gestaltet, wurde noch vor der Gebietsreform außen renoviert (später, 1985/88, dann auch innen). Seit 1948 ist Heiligkreuz selbständige Pfarrei.

Rund um die Gebietsreform

Im Jahre 1949 schlugen die Wogen der Erregung noch einmal hoch, was das Verhältnis zwischen Kempten und Sankt Mang betraf: Der Stadtrat plädierte am 16. Juli 1949 erneut für eine Eingemeindung Sankt Mangs, die „aus Gründen des öffentlichen Wohls... dringend notwendig" sei. Der Gemeinderat lehnte dies einmütig ab. Der Stadtrat verabschiedete dann im Oktober 1949 unter Oberbürgermeister Dr. Georg Volkhardt einen dringlich gehaltenen Antrag an die Regierung von Schwaben. Bürgermeister Franz Xaver Eberspacher wehrte sich heftig und konterte mit einem Zitat des früheren Kemptener Stadtoberhauptes Dr. Merkt: „Man gibt doch eine Selbstverwaltung nicht auf!" Und in öffentlicher Gemeinderatssitzung fiel das bekannte Wort von der Verteidigung Sankt Mangs mit Barrikaden am Durchlaß. Später noch widersetzte sich Sankt Mang sogar einer Ausdehnung des städtischen Omnibusverkehrs nach Kottern.
Gegen den Kemptener Antrag nahm freilich auch der Landrat mit einem Schreiben vom 30. Januar 1950 an die Regierung von Schwaben Stellung. Sankt Mang war immerhin die größte Gemeinde des gesamten Landkreises Kempten. Der Eingemeindungsantrag der Stadt, dem erneut wirtschaftliche Gründe und Flächenbedarf für den Wohnungsbau zugrunde gelegt waren, wurde denn auch im Februar 1951 vom bayerischen Staat abgelehnt.
Dann aber besserte sich das Verhältnis zwischen Kempten und seinen Nachbargemeinden wesentlich. Im Jahre 1961 entschlossen sich Kemptens Oberbürgermeister August Fischer und Sankt Mangs Gemeindeoberhaupt Ludwig Jaud erstmals sogar zu einer kommunalen Zusammenarbeit.

Weichenstellung für ganz Bayern

Das Jahr 1971 sollte die entscheidende Weichenstellung für eine Gebietsreform in ganz Bayern bringen. Innenminister Dr. Bruno Merk hatte Anfang März 1971 diese Reform zielbewußt angepackt.
Als es um die Zukunft der Gemeinden Sankt Mang und St. Lorenz ging, gab es erneut heftige Diskussionen, die allerdings an Schärfe keineswegs an jene noch vor wenigen Jahrzehnten heranreichten. Sankt Mangs Bürgermeister Ludwig Jaud beispielsweise war sich bereits im Frühling 1971 darüber im klaren, daß die Selbständigkeit seiner Gemeinde alsbald ein Ende haben würde; vielleicht war es ihm auch deshalb wichtig gewesen, noch am Osterfest 1971 mit einer Abordnung der Gemeinde und des Gemeinderats – unter den Teilnehmern der spätere Bundeslandwirtschaftsminister Ignaz Kiechle – in der bretonischen Gemeinde Quiberon einen Partnerschaftsvertrag zu schließen, der später von der Stadt Kempten übernommen werden sollte.
Im Mai 1971 allerdings wandte sich der Gemeinderat Sankt Mang einstimmig gegen einen Zusammenschluß mit der Stadt und legte wenig später, im Juli 1971, ein gleiches Votum ab.
Einige Erregung auch in St. Lorenz, als Ende 1971 bekannt wurde, daß die Gemeinde auf Drängen des bayerischen Innenministeriums zu Kempten kommen sollte. Der benachbarte Markt Wiggensbach hatte zuvor um St. Lorenz geworben, und der Gemeinderat von St. Lorenz hatte in der Tat schon im März ein Zusammengehen mit dieser Gemeinde beschlossen. Bei einer geheimen Abstimmung im Mai, an der 74 Prozent der Wahlberechtigten von St. Lorenz teilnahmen, sprachen sich 60 Prozent gleichfalls für Wiggensbach aus, hingegen nur 36 Prozent für den Anschluß an Kempten. Eindeutig aber war das Bekenntnis der Bevölkerung, daß die Gemeinde – so oder so – auf jeden Fall ungeteilt bleiben müsse.

Diskussionen, Voten, Meinungen...

Und was den sich nun endgültig abzeichnenden Zusammenschluß mit Sankt Mang und St. Lorenz betrifft: Sogar in Kempten selbst wurden Stimmen laut, die das Schlagwort der „Wiedervereinigung" als etwas fragwürdig empfanden. Noch im September 1971 wies in öffentlicher Sitzung ein Stadtrat darauf hin, daß immerhin die Mehrheit der Bevölkerung beider Nachbargemeinden gegen eine Vereinigung mit Kempten sei; möglicherweise wäre eine einheitliche Verwaltung von Stadt und Landkreis Kempten – also die Aufnahme der bisher kreisfreien Stadt in den Landkreis – rationeller und zweckmäßiger. Auch Stadtheimatpfleger Dr. Wolfgang Haberl brachte noch im Dezember 1971 Bedenken vor.
Die Zusammenlegung der Nachbargemeinden mit der Stadt mußte ja fast

zwangsläufig das Aufgehen des Restlandkreises in einen anderen, benachbarten Landkreis zur Folge haben. Dies aber konnte einen spürbaren Zentralitätsverlust Kemptens zugunsten des Raumes Sonthofen bedeuten. Bleibt hinzuzufügen: Ein starker Landkreis Kempten mit der Stadt als ihm zugehörigem Mittelpunkt hätte im wesentlichen den Umfang des früheren Fürststifts Kempten gehabt. Und auch in München gab es noch längere Zeit eine Diskussion um solche Probleme der Gebietsreform. Mal war das Kabinett dagegen, mal die Regierung dafür...

Entscheidung am 15. Dezember 1971

Die letzte Entscheidung fiel am 15. Dezember 1971: An diesem Tage nämlich beschloß der Bayerische Landtag die Zusammenlegung beider Gemeinden mit der Stadt Kempten zum 1. Juli 1972.
Tags darauf hörte Kemptens Stadtrat in öffentlicher Sitzung stehend eine Erklärung von Oberbürgermeister Dr. Höß, in der er die Bürger von Sankt Mang und St. Lorenz in der künftig gemeinsamen Stadt begrüßte und hervorhob: „Wir anerkennen die großen Leistungen, die in diesen Gemeinden bis heute erbracht worden sind. Bürgerstolz und Gemeindebewußtsein, Initiative und Vereinsfreudigkeit haben dort viel Beispielhaftes geschaffen. In der Dorf- und Gemeindeplanung sind neue Wege beschritten und neue Akzente gesetzt worden. In beiden Fällen handelt es sich um blühende Gemeinwesen, die im Rahmen der allgemeinen für die Kommunen immer enger werdenden Grenzen das Bestmögliche geleistet haben..." Man könne sagen, daß nun „...eine neue Seite in der Geschichte der Stadt aufgeschlagen wird."

Nach der Gebietsreform wurde der Dorfplatz von Lenzfried neu gestaltet

Der dörfliche Sankt Manger Ortsteil Ursulasried (vorn) bildet heute eine Traditionsinsel beim modernen Gewerbepark

In den gut sechs Monaten vom Dezember 1971 bis zum Vollzug der Vereinigung am 1. Juli 1972 bemühten sich die politisch Verantwortlichen, das beste aus der gefallenen Entscheidung zu machen und etwaige Ressentiments abzubauen. Dr. Höß appellierte an die künftigen Stadtbürger, „ohne Argwohn und ohne Vorbehalte mit uns gemeinsam alles zu tun, um die Übergangszeit möglichst reibungslos zu gestalten". Und während anderorten die Erregung über die Preisgabe gewachsener Strukturen hoch schlugen, vollzog sich der Zusammenschluß hier in der Tat praktisch reibungslos. Noch im März 1972 verabschiedete der Gemeinderat von Sankt Mang den letzten Haushaltsplan, in dem zugleich Weichen für die Zukunft gestellt wurden: Es galt, Geldmittel insbesondere für Kindergärten, Sportanlagen, Wohnungs- und Straßenbau bereitzustellen.

Keine „Gebietsfraktionen" im Stadtrat

Am 6. Juli 1972 trat der neue, statt 32 nun 44 Köpfe zählende Stadtrat erstmals zusammen. Während beispielsweise 1818, bei der Fusion von Reichs- und Stiftsstadt, für den Stadtrat noch eigene Listen der beiden Stadtteile bestanden, und zwar ganze 90 Jahre hindurch, nämlich bis 1909, rückten nunmehr die Mandatsträger auch der neu hinzugekommenen Gebiete von vornherein in die vorhandenen Fraktionen ein. Zum Beispiel gehörte der bisherige Bürgermeister von Sankt Mang, Ludwig Jaud, der SPD-Fraktion an; der bisherige Bürgermeister von St. Lorenz, Josef Kammerlander, wurde Mitglied der FDP-Fraktion; der bisherige stellvertretende Landrat und Sankt Manger Gemeinderat Heinrich Haas aus Lenzfried zählte nun zu den CSU-Stadträten.

Das Ende des Landkreises

Mit dem Verlust zweier bedeutender Gemeinden fehlte dem Landkreis Kempten nun gleichsam die Mitte, und er hatte mit dem Bevölkerungsverlust auch einen erheblichen Teil seiner Wirtschaftskraft eingebüßt. Die Zusammenlegung mit dem Landkreis Sonthofen zum neuen Landkreis Oberallgäu war deshalb Teil der Gebietsreform, eine gewachsene Einheit hörte auf zu bestehen. Am 27. Oktober 1972 beschloß der neue Kreistag, daß Sonthofen Standort des Landratsamtes bleiben solle.
Die Stadt ist damit zwar, in Erinnerung an ihren einstigen Status als Reichsstadt, kreisunmittelbar geblieben. Aber sie hat eine ihrer überörtlichen Funktionen und damit in der Tat ein Stück Zentralität verloren. Immerhin besteht in Kempten im Hause des Zweckverbandes für Abfallwirtschaft eine Außenstelle des Landratsamtes.

Gestern, heute, morgen

Andererseits ist, als Hauptfolge der Gebietsreform, die Bedeutung der Stadt gestiegen. Die Bevölkerungszahl kletterte von rund 45 000 auf 58 000 Seelen, und die Gesamtfläche Kemptens umfaßte nunmehr 63 statt zuvor 24 Quadratkilometer. Vor allem aber waren damit die wesentlichen Voraussetzungen gegeben, zielbewußt und systematisch die Entwicklung der Stadt voranzutreiben. Dies gilt vor allem für die Förderung von Industrieunternehmen, für den Wohnungsbau und für die Planung attraktiver Erholungsgebiete.
Beispielsweise stand bereits neun Jahre vor der Gebietsreform fest, daß die bauliche Entwicklung der Gemeinde Sankt Mang in Richtung Ludwigshöhe gehen würde; und schon 1970 war hierfür eine gemeindliche Planung eingeleitet worden. In den letzten Jahren unseres zu Ende gehenden Jahrhunderts ist hier nun ein neuer Stadtteil emporgewachsen.
Daß im Raum Ursulasried/Leubas ein großzügiger Gewerbepark entstehen konnte, ist gleichfalls erst durch die Gebietsreform möglich geworden. Zentrale Wohngebiete der Stadt konnten von störender Industrie entlastet, neue Betriebe zur Ansiedlung gewonnen werden. So richtig die Standortwahl für dieses Gewerbegebiet unmittelbar neben Bahnlinie und Autobahn auch gewesen ist: Der Ortsteil Ursulasried mit dem ältesten Gotteshaus der einstigen Gemeinde Sankt Mang ist leider gleichsam zu einer Traditionsinsel geworden.

Ein seltsames „Schachspiel"

Und noch eine, seinerzeit recht umstrittene Folge der Gebietsreform: Laut Bundesgesetz ist die sogenannte gewerbsmäßige Unzucht lediglich in Gemeinden mit mehr als 50 000 Einwohnern zulässig. Als nun 1972 der plötzliche Bevölkerungszuwachs ruchbar wurde, rannten etliche Eros-Unternehmen mit einschlägigen Anträgen der Stadt die Türen ein. Ende 1973 lagen der Stadtverwaltung acht Gesuche zur Etablierung eines Freudenhauses vor, und 1976 waren es sogar elf. Die Stadtverwaltung spielte jahrelang eine seltsame Art Schach: Wo ein solches Etablissement zu entstehen schien, erfolgte jeweils die amtliche Ankündigung, eine Sperrzone einzurichten, insbesondere wenn Schulen, Kindergärten oder Pfarrzentren in unmittelbarer Nähe waren. Und als in Leubas ein bordellähnlicher Betrieb vermeldet wurde, folgte das Verbot für sämtliche dorfähnlichen Ortsteile. In der Allgäuer Zeitung wurde damals in einem Kommentar formuliert: „Die Errichtung eines Bordells ist nicht eine Frage der Moral, sondern der Nachbarschaft."

Das „Schachspiel" der Stadt konnte freilich nicht von Dauer sein, da man schließlich irgendwo nachgeben mußte. Es ist denn auch nicht ohne Pikanterie, daß ein Freudenhaus 1980 ausgerechnet an der Nahtstelle von früherer Stadt und einstiger Gemeinde Sankt Mang, nahe dem sogenannten Durchlaß, allerdings noch auf Kemptener Flur, die Pforten öffnen durfte.

Bald gute Zusammenarbeit

Und wie verliefen die ersten Jahre nach der Gebietsreform in der Praxis? Es war erstaunlich, wie bald sich Einwohner von Sankt Mang und St. Lorenz (fast) als Kemptener fühlten. Die neuen Stadträte aus beiden ehemaligen Gemeinden arbeiteten in den Sitzungen des Plenums wie auch in den Ausschüssen besonders objektiv und aufgeschlossen mit und hatten keineswegs nur die

Zum 175jährigen Bestehen der Musikkapelle Heiligkreuz fand hier im Juli 1999 mit einem Festzug das 28. Bezirksmusikfest statt

Belange ihres jeweiligen Stadtteils, sondern vor allem der gesamten Stadt im Auge. Im Rathaus von Sankt Mang bestand vorerst noch eine Dienststelle; sie schloß erst am 15. Mai 1973 für immer. Die frühere Gemeindeverwaltung im alten Schulgebäude von Heiligkreuz hingegen blieb noch weitaus länger als Dienststelle geöffnet, dies vor allem angesichts der bäuerlichen Struktur von St. Lorenz und des tiefen Hinterlandes. Der nunmehr städtische Amtsinspektor Ernst Klein waltete hier bis zur Auflösung Ende 1984 seines Amtes.

Eigenleben bleibt erhalten

Wenn nach 1972 ein recht harmonisches Zusammenwachsen der neuen Stadtteile mit dem alten Kempten erfolgte, so war dies sehr wesentlich ein Verdienst von Oberbürgermeister Dr. Höß und seinem Stadtrat. Dr. Höß bemühte sich, zu Menschen, Institutionen und Vereinen in Sankt Mang und St. Lorenz engen Kontakt zu gewinnen, Verständnis für die Reform zu wecken, auch auf Vorteile hinzuweisen, die sich für die neuen Bürger aus der Fusion ergeben sollten. Vor dem Stadtrat forderte er am 6. Juli 1972, eine neue Stadt im vergrößerten Raum zu formen, das Bürgerbewußtsein zu vertiefen und die neuen Stadtteile in Respekt vor ihren bisherigen Leistungen und in weitestmöglicher Wahrung ihres Eigenlebens im Rahmen der vergrößerten Stadt fortzuentwickeln.
Auch in der Praxis wurde das Bemühen deutlich, die gewachsenen Strukturen der neuen Stadtteile zu erhalten und zu stärken. Hierfür gibt es zahlreiche Beispiele.
Eine klare Absage erteilte der städtische Bauausschuß der Anregung, zwischen Thingers und Heiligkreuz eine verbindende Bebauung zu planen. Die räumliche Eigenständigkeit gerade dieses Stadtteils soll gewahrt bleiben.

Von der Schützenfahne zum Schulbau

Das rege, örtlich selbständige Vereinsleben in Sankt Mang und St. Lorenz wird weiterhin gefördert. Das gilt für kulturelle Vereinigungen wie für Sport-, Schützen-, Krieger-, für konfessionelle und gemeinnützige Vereine oder auch für die Feuerwehren. Als Beispiele seien die Kapellen der Musikvereine Lenzfried, Sankt Mang und die Musikkapelle Heiligkreuz genannt, die Chorgemeinschaft Sankt Mang, der Zitherklub Kottern und der Liederhort Schelldorf. Der Musikverein Sankt Mang stellte übrigens 1992 eine eigene Alphorngruppe auf, die u.a. zusammen mit den Alphornbläsern der Stadtkapelle Kempten auftrat. 1997 konnte der Schützenverein Hirschdorf zugleich mit dem 90. Jubiläum seine Fahnenweihe begehen.
Zahlreiche Projekte, teils schon vor der Gebietsreform geplant, wurden in den Jahren nach 1972 verwirklicht. Etwa 1975 die Übergabe des Feuerwehr-

Der Zitherklub Kottern ist aktiv wie eh und je. Hier bei einem Konzert im Pfarrheim Mariä Himmelfahrt

Gerätehauses Hohenrad, die Eröffnung der Tennishalle in Oberwang und die Übergabe des Pavillonbaues der Gustav-Stresemann-Schule in Sankt Mang. In Hohenrad wurde 22 Jahre später das Gerätehaus vergrößert, und wie damals waren es vor allem die Mitglieder, die durch ihren Arbeitseinsatz hervortraten. Ähnlich in Neuhausen, wo die Musikkapelle Heiligkreuz für ihr Heim mehrere tausend Arbeitsstunden einbrachte und so den Stadtsäckel entlastete. 1976 folgte die Einweihung des Kindergartens St. Hildegard in Heiligkreuz sowie 1982 die Einweihung des Sportplatzes in Lenzfried. 1982 wurde das Feuerwehr-Gerätehaus in Lenzfried erweitert, der Sportplatz des TSV Kottern und das Kolpingheim in Heiligkreuz erhielten ihre Weihe. 1984 entstanden Bolzplätze in Leubas und auf der Ludwigshöhe Süd, 1985 war die Filialkirche Ursulasried restauriert, 1988 ein Erweiterungsbau der Gustav-Stresemann-Schule angepackt und – nach Umbau des stillgelegten Sankt Manger Bahnhofs – ein Musikheim verwirklicht. Ein Sankt Manger Jugendtreff wurde errichtet und 1991 das Rotschlößle als Heimstatt örtlicher Vereine sowie der Stadtteil-Bibliothek renoviert. Die zentralen Kirchplätze in Lenzfried und Heiligkreuz aber wurden neu gestaltet.

Bürgerversammlungen

Was gleichfalls zum Zusammenwachsen des größeren Kempten beigetragen hat und weiterhin beiträgt: Die Stadt Kempten läßt es nicht nur, wie in früheren Dezennien, bei einer gesetzlich vorgeschriebenen jährlichen, zentralen Bürgerversammlung bewenden, sondern ist bemüht, die verschiedensten Stadtteile zum Zuge kommen zu lassen, um auch Diskussionen über engere örtliche Probleme zu ermöglichen. So fand beispielsweise im Juni 1979 die vermutlich seit Jahrzehnten erste Bürgerversammlung in Hirschdorf statt.
Als eine Geste des Entgegenkommens und der Zusammengehörigkeit wurde es auch empfunden, daß der Schul- und Kulturausschuß des Stadtrats im Juli

1975 einmal nicht im Kemptener Rathaus, sondern in der Sankt Manger Robert-Schuman-Schule tagte. Damals wurde angekündigt, auch künftig Ausschußsitzungen in Sankt Mang, Heiligkreuz oder im Pfarrzentrum von St. Ulrich zu halten. Vielleicht wäre dies eine Anregung fürs neue Jahrtausend.

Planen und Bewahren

Die Hauptsache aber: Schon 1972, im Jahre der Gebietsreform, beschloß der Stadtrat die Entwicklung eines Flächennutzungsplans fürs größere Kempten als Grundlage für künftige Bauvorhaben, für die Standorte von Wohnsiedlungen, Gewerbe, Sportstätten und Erholungsflächen. Dabei war man sich im klaren, daß das Erscheinungsbild der Stadt in ihrer Gesamtheit vor möglichen Beeinträchtigungen bewahrt werden müsse.
Bundesbauministerium und Bayerisches Innenministerium gaben 1977 unter dem Motto „Stadtbild und Stadtlandschaft" Empfehlungen für die städtebauliche Planung Kemptens heraus, und zwar im Rahmen eines Studien- und Modellvorhabens von Bund und Freistaat. Der Kemptener Stadtrat aber hatte schon am 11. November 1976 eine detaillierte Gestaltungsverordnung für die engere Alt- und Stiftsstadt sowie für weitere sogenannte homogene Bereiche beschlossen. Und hierzu zählten nicht nur die Gebiete um die Ahornhöhe, um das Haubenschloß, um die Bodman- und südliche Parkstraße, sondern vor allem auch die Ortskerne von Lenzfried und Heiligkreuz.

Doppelte „Stadtbürgerschaft"?

Sankt Mang und St. Lorenz haben somit auch nach der Eingemeindung (oder Wiedervereinigung?) eine gewisse Eigenständigkeit bewahrt. Freilich, nicht jeder Heiligkreuzer und jeder Sankt Manger fühlt sich inzwischen als Kemptener. Vielleicht aber empfindet er so etwas wie eine doppelte Stadt- bzw. Stadtteilbürgerschaft.
Ein bißchen Wehmut klingt an, wenn man daran erinnert, daß die Sankt Mangerin Uschi Reich im Februar 1986 in Kempten einen Film mit dem Titel zeigte: „Abschied vom blauen Land – Sankt Mang – die Geschichte einer Allgäuer Gemeinde". Und eine Erinnerung an einstige Selbständigkeit mag in der Tätigkeit des Vereins „Wir in Kottern" mitschwingen, der z.B. 1997, nach dem Ausbau der Ludwigstraße, ein zünftiges Straßenfest veranstaltete. Freilich gibt es mitunter kritische Stimmen, so vor einigen Monaten, als Sankt Manger Bürger mangelnde Einkaufsmöglichkeiten im Nahbereich beklagten.
Zukunftweisend kann aber auch ein Rückblick sein. In Heiligkreuz ist seit acht Jahren ein Ortsgeschichtlicher Arbeitskreis erfolgreich bemüht, Heimatgeschichte zu erforschen und wachzuhalten. Und hier ist zudem, gleichfalls vor Jahren, eine Konzertreihe im Gotteshaus ins Leben gerufen worden.

Kemptener Baugeschehen im Zeitraffer

Moderne Siedlungen umgeben die historische Stadt

Kaum zu glauben, daß das vor hundert Jahren noch so arg kleine Kempten auf eine so reiche Geschichte zurückblicken kann! Ein Stadtplan aus dem Jahre 1908 verdeutlicht, wie begrenzt die bebaute Fläche war: Rechts der Iller an der St.-Mang-Brücke nur ein paar Häuser; zwischen Iller und einstigem Kopfbahnhof gerade beginnende Besiedlung. Im Norden reichen die Häuser bis zum Ende der Herrenstraße; beiderseits der Memminger Straße geht es knapp bis zum katholischen Friedhof. Im Westen dann Anwesen entlang der Bodman- und Westendstraße. Haslach, Feilberg, Reichelsberg, Weidach und Steufzgen aber befinden sich in freier Landschaft. Zwar gibt es zwischen der Immenstädter und Bahnhofstraße bis zur Hirschstraße Häuser, doch die Fläche südlich des früheren Bahnhofs ist wiederum offen. Die Baugeschichte der Stadt war eben bis ins 20. Jahrhundert hinein durch enge Grenzen geprägt. Erst Eingemeindungen der dreißiger Jahre und die Gebietsreform von 1972 öffneten neue Möglichkeiten.

Und ein weiteres ist kaum zu glauben: Vor einem halben Jahrhundert, nach dem Zuzug tausender von Heimatvertriebenen, Flüchtlingen und Evakuierten, mußten hier im Durchschnitt je 2,2 Personen in nur einem einzigen Wohnraum leben. Heute aber stehen, wiederum im Durchschnitt, umgekehrt etwa je einer Person zwei Wohnräume zur Verfügung!

Doch zunächst ein Blick auf die Zeit vor 1900. Die Industrialisierung hatte, wie in anderen Städten, eine erhebliche Zuwanderung und somit eklatanten Wohnungsmangel zur Folge. Binnen 80 Jahren verdreifachte sich Kemptens Einwohnerzahl. Spekulanten nutzten diese Situation durch den Bau zu kleiner, zu feuchter und zu teurer Wohnungen. Wegen der politischen und wirtschaftlichen Entwicklung konnte selbst das zielgerichtete Bemühen besonders tüchtiger Bürgermeister vor und nach dem Ersten Weltkrieg weder die Wohnungsnot noch die Elendsquartiere beseitigen.

Ausländer und „sonstige Deutsche"

Bürgermeister Adolf Horchler ließ um 1885 einen Großteil des Stadtgebietes neu vermessen, um eine längerfristige Stadtplanung zu ermöglichen und Neubauflächen westlich der Salzstraße, südlich des Königsplatzes, in Anwanden sowie zwischen der Iller und der Lützelburg zu erschließen.

Um 1900 betrug die ortsansässige Bevölkerung 18 864 Seelen. Hiervon waren laut Verwaltungsbericht der Stadt 16 518 Bayern, 1343 „sonstige Deutsche" und 1003 Ausländer. Der Anteil an Ausländern machte also damals bereits gut 5,3 Prozent aus.

Notzeiten verschärfen den Wohnungsmangel

Der Erste Weltkrieg bereitete dem Bemühen, der Wohnungsnot zu begegnen, ein frühes Ende. Noch bis 1906 hatte zum Beispiel die Mechanische Baumwollspinnerei und Weberei durch günstige Darlehen den Bau von 20 Häusern mit 140 Eigentumswohnungen gefördert und weitere fünf Häuser mit 22 Mietwohnungen errichtet. Auch nahe dem einstigen Bahnhof waren zahlreiche Neubauten entstanden, vielfach für Mitarbeiter der Bahn.

Am Haubenschloß tut sich was

Insbesondere der Bereich Haubenschloß – 1873 zur Stadt „eingemeindet" – stand seit der Jahrhundertwende im Zeichen reger Bautätigkeit. Das Schloßgut, zunächst der Vereinigten Schützengesellschaft gehörend, wurde nach Einrichtung der Sommerwirtschaft Zur Schießstätte ein beliebtes Ausflugsziel. 1901 erwarb die Stadt nahe Flächen zur Anlage eines Wasserreservoirs (um dieses Reservoir vor Sonneneinstrahlung zu schützen, wurde die Parkanlage geschaffen) und neun Jahre später das Schloß selbst mit zwölf Tagwerk Grund.
Die Bautätigkeit seit der Jahrhundertwende ging hier vom Umfeld der Immenstädter und Maler-Lochbihler-Straße aus (letztere hieß damals Bismarckstraße). Die Nähe zum einstigen Kopfbahnhof mag dabei eine Rolle gespielt haben. An der heutigen Haubenschloßstraße beispielsweise entstand ein Eisenbahnbeamtenhaus. Bebauung setzte auch an der Schellenberg-, Völk-, und Grüntenstraße ein. An der Immenstädter Straße wuchsen große Wohngebäude – u.a. mit dem Gasthaus Zum geflügelten Rad – empor. Im Bereich Schellenberg-/Strigelstraße fanden vor allem Eisenbahner-Familien ein Heim. Einen Mittelpunkt erhielt dieses Gebiet 1912 mit der Klosterkirche St. Anton an der Immenstädter Straße.

Die Anfänge der Eisenbahner-Kolonie an der Schellenberg- und Strigelstraße; rechts die Gaststätte Geflügeltes Rad

Merkt gründet die „Gemeinnützige"

Kemptens Wohnungssituation verschlechterte sich im Ersten Weltkrieg zusehends. Noch vor Kriegsende, im Mai 1918, beschloß der Magistrat daher, eine gemeinnützige Baugenossenschaft zu gründen. Dr. Otto Merkt, seit 1919 Stadtoberhaupt, ergriff die Initiative: Am 1. Februar 1919 fand die Gründungsversammlung der Gemeinnützigen Baugenossenschaft Kempten statt. Merkt führte bis zu seinem Tode 1951 den Vorsitz in ihrem Aufsichtsrat.
Schon 1919 begann an der Alpenrosenstraße und Boleite der Bau von sieben Häusern mit 32 Wohnungen. Dr. Merkt ließ einen Generalbaulinienplan erstellen und bemühte sich um Grunderwerb für die Stadt. Bis 1932 errichtete die Genossenschaft – trotz inflationsbedingter Baupause – insgesamt 29 Häuser mit 145 Wohnungen. So wuchsen 1925/27 am Augartenweg zehn Häuser mit 50 Wohnungen empor. Wohnungen an der Spickelstraße, an der heutigen Hermann- und Üblherstraße kamen hinzu sowie, seit 1930, an der Gielsberg- und der früheren Lazarettstraße, dem heutigen Adenauerring. Auch auswärtige Wohnungsgesellschaften belebten die Bautätigkeit. Ganze Siedlungen entstanden, ab 1927 konnte man fast von einem Bauboom sprechen: Allein 1929 wurden über hundert neue Wohnungen errichtet.

Erste Erwerbslosensiedlung

Im Jahre 1931 kam angesichts der katastrophalen Arbeitslosigkeit der Gedanke auf, Erwerbslosensiedlungen zu bauen. Die Bewerber, Handwerker verschiedener Branchen, sollten weiter ihre Unterstützung erhalten, aber ihre Häuser nebst Gärtchen selber erstellen; die Stadt wollte für die Erschließung sorgen. Die Aktion wurde zu einem vollen Erfolg: Im Juli 1933 wurden die ersten sechs Doppeleigenheime nahe dem heutigen Schumacherring bezogen und nach demselben Schema im darauffolgenden Jahre östlich davon weitere 16 Eigenheime vollendet.
Auch im Westen, im Umfeld des Haubenschlosses, schritt die Bebauung voran. Seit 1920 entstanden beispielsweise an der Moltkestraße (heute Ulrich-Mair-Straße) Reihenhäuser und an der Bismarckstraße (Maler-Lochbihler- /Goethestraße) Wohnblöcke. Hier wie Unterhalb Eggen

Siedlungshäuser an der Üblherstraße am Haubenschloß, in den zwanziger Jahren nach den Plänen des Kemptener Architekten Andor Ákos erbaut

schuf die 1906 gegründete Bau- und Siedlungsgenossenschaft Allgäu (ursprünglich Bau- und Sparverein Kempten und Umgebung) neue Wohnanlagen. Die Bautätigkeit griff zudem auf das Gebiet südlich des Haubenschlosses über; vor allem freistehende Einfamilienhäuser wurden errichtet. Schon in den zwanziger Jahren galt diese Gegend als ein bevorzugtes Stadtviertel, dank der Nähe sowohl zum Zentrum wie zur Natur. Bis zum Beginn des Zweiten Weltkriegs erfolgte hier, besonders nahe dem Schloß, eine weitere bauliche Verdichtung.

NS-Siedlungen in der „Bauernstadt"

Bei Beginn des sogenannten Dritten Reiches suchten in Kempten immer noch rund 750 Familien eine Wohnung. Oberbürgermeister Dr. Merkt verstand es geschickt, erklärte Zielsetzungen der Nationalsozialisten für sein Bemühen um die Schaffung neuen Wohnraums zu nutzen. So gelang es, in dem zur „Bauernstadt" (!) erklärten Kempten das Bauwesen erneut anzukurbeln und daneben auch, vor allem in der Altstadt, Sanierungen und Instandsetzungen vorzunehmen.

Schwabens NS-Gauleiter Karl Wahl stellte Kempten aus einer Sammlung 14 400 Reichsmark zur Verfügung, und prompt entstand eine Karl-Wahl-Siedlung. Wahl war auch Aufsichtsratsvorsitzender der 1936 gegründeten Kreishilfe für Wohnungsbau im Gau; Motor des Unternehmens freilich war sein Stellvertreter Dr. Merkt. Ein weiteres Bauvorhaben 1935/36 in Kempten Ost mit 30 Häusern wurde nach Bayerns Ministerpräsident Ludwig-Siebert-Siedlung genannt. Es gab noch sonderbarere Bezeichnungen, zum Beispiel eine Siedlung „für Frontkämpfer und alte Kämpfer der Bewegung". Für den Bau sogenannter Volkswohnungen zu je 34 bis 42 Quadratmetern Wohnfläche sagte das Reich beträchtliche Mittel zu; eine Bauträger-AG des Bayerisch-Württembergischen Handwerks baute entsprechend Auf der Breite, Unter'm Bleicherösch, an der Kaufbeurer Straße, Lazarettstraße, auf der Ahornhöhe und an der Eberhardstraße.

Ein anderes Unternehmen errichtete an der Haubenschloßstraße sogenannte Reichsheimstätten. Rege Bautätigkeit entwickelte sich in der Eich und in Kempten West; an der Rheinlandstraße wurde eine „SA-Dankopfersiedlung" geplant. Auch Kemptener Betriebe sorgten für Wohnungsbau. In Kempten Ost, nahe der Lindenbergstraße (heute Schumacherring), schuf das Kieswerk Eigenheime und Werkwohnungen, ebenso das Allgäuer Überlandwerk an der Ahornhöhe und Rudolfstraße. Die Firmen Ott und Hoefelmayr ließen Werksiedlungen entstehen, die Heinrich-Nicolaus-GmbH ein Werkwohnhaus, das Stadtbauamt ein Gefolgschaftswohnhaus und die Sparkasse ein weiteres Neubauprojekt. 1935 erhielt ein neues Gendarmeriegebäude erstmals Luftschutzräume.

Oberbürgermeister übt mutige Kritik

Von 1933 bis 1941 wurden in Kempten über tausend neue Wohnungen fertig. Trotzdem betrug noch 1940 der Fehlbedarf 850 Wohnungen. Dr. Merkt war denn auch mit den Fortschritten im Wohnungsbau keineswegs zufrieden. Im Gegenteil. Öffentlich klagte er über „Stillstand, ja Rückschritt". Er sah sich durch die Stadtgrenzen eingeengt und erreichte immerhin die Eingemeindung erheblicher Flächen der Gemeinde St. Lorenz. Eingeengt fühlte er sich aber auch durch das Erbhofgesetz, das den Ankauf von Baugrund erschwerte. Für jene Zeit der Diktatur erstaunlich mutig, kritisierte er ein „unseliges Kommunalkreditverbot" und bezeichnete den Mangel an Baumaterial und Bauleuten als verhängnisvoll. 1937 erklärte er im städtischen Verwaltungsbericht zum Thema Wohnungsbau: „Was auf diesem Gebiete von Reich und Land geschieht, ist ein Tropfen auf den heißen Stein." Zugleich wies die Stadt in Wort und Bild auf zahlreiche Elendswohnungen hin, etwa auf ein Elendsquartier an der Lindauer Straße, in dem zwei Erwachsene mit fünf Kindern hausten; im NS-Jargon: „eine fleißige, erbgesunde Familie". Im Herbst 1939 erging ein Neubauverbot für alle nicht kriegswichtigen Bauvorhaben und 1942 ein genereller Baustopp. Ab 1943 stellte die Unterbringung von Rüstungsarbeitern und von Evakuierten aus den Großstädten zusätzliche Anforderungen.

Nur jede vierte Wohnung mit WC

Eindringlich schilderte Dr. Merkt 1942 in seinem politischen Testament die Kemptener Situation: 421 Haushalte waren ohne eigene Wohnung. In 868 feuchten oder besonders schlechten Wohnungen waren 3597 Personen mit 849 Kindern untergebracht, weitere 317 Familien mit 151 Kindern sogar in eigentlich unbewohnbaren Räumen. Kemptens Gesamtbestand belief sich auf 8200 Wohnungen, von denen 1200 umfangreicher Reparaturen bedurften. Nur jede fünfte Wohnung hatte ein Bad, nur jede vierte ein Spülklosett! Die Daten lassen erkennen, daß nach dem Kriege die Stadtsanierung ein herausragendes Anliegen sein mußte. Dr. Merkt errechnete einen Gesamtbedarf von 1289 neuen Wohnungen. Er forderte, Bebauungspläne aufzustellen, Bauland zu erschließen, baureife Flächen ohne Gewinn herzugeben, günstige Baudarlehen zu vergeben und Baugenossenschaften zu fördern.

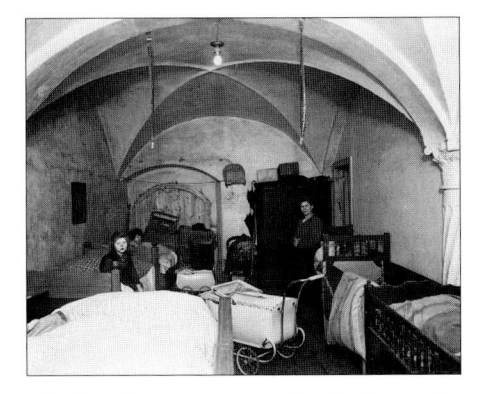

Elendswohnung 1939 an der Gerberstraße. Sieben Menschen mußten in diesem Keller hausen

Flüchtlinge, Vertriebene, Evakuierte

Das Kriegsende warf Kempten noch weiter zurück. Bomben zerstörten hier 162 Wohnungen – nicht viel, verglichen mit größeren Städten, aber immerhin 1,8 Prozent des gesamten Bestandes von 1939. Im Oktober 1944 gab es in der Stadt bereits rund 2000 Wohnungsuchende, hinzu kamen viele aus Großstädten Evakuierte. Unmittelbar nach Kriegsende beschlagnahmte die US-Militärregierung zahlreiche Wohnungen und ganze Häuser: Im Herbst 1945 handelte es sich um etwa 3500 Zimmer und 20 bis 30 Wohnungen. Die Bevölkerungzahl aber stieg Ende 1945 auf über 37 000; hinzu kamen 6880 Ausländer, meist Verschleppte (displaced persons). Ende 1953 machten Flüchtlinge und Heimatvertriebene bereits über 25 Prozent der Bevölkerung aus. Zwar zogen viele Evakuierte in die Heimatstädte zurück, dafür aber trafen 1949/50 neue Zuwanderer aus der damaligen sowjetischen Besatzungszone ein.

1948 wurden in Kempten zusätzlich 58 Häuser mit 108 Wohnungen beschlagnahmt, weil eine amerikanische Luftwaffeneinheit von München nach Kaufbeuren verlegt worden war. Erst 1956 konnten die letzten Häuser ihren ursprünglichen Bewohnern zurückgegeben werden. Trotz und alledem: Von 1945 bis 1948, dem Jahr der Währungsreform, begann der Bau von 277 Wohnungen. Im Frühjahr 1949 gelang es Altbürgermeister Dr. Merkt, die Gemeinnützige Siedlungsgenossenschaft erneut zu aktivieren. Zugleich wurden Vertriebene, die eine eigene Genossenschaft gründen wollten, in die bestehende integriert. Alsbald wuchsen neue Wohnanlagen vor allem im Haubenschloß-Gebiet und in Kempten Ost empor, hier insbesondere die Otto-Merkt-Siedlung mit 104 Wohnungen sowie weitere 140 Wohnungen im Bereich der Römerstadt Cambodunum.

Keine Stadttore, sondern Hochhäuser prägen den westlichen Stadteingang

Stadtsanierung und „Großkampf gegen die Wohnungsnot"

Oberbürgermeister August Fischer eröffnete bald nach seinem Amtsantritt 1952 einen „Großkampf gegen die Wohnungsnot": Rund 4000 Wohnungen für über 12 000 Einwohner fehlten! 1955 ließ August Fischer vom Baureferat eine Denkschrift zum Thema Innenstadt-Sanierung anfertigen. Vor allem im Umfeld des Rathauses (so in den Bereichen Mohren/Schützen und Klims) standen, mitunter an verwinkelten Gassen, heruntergekommene, seit dem Kriege überbelegte mehrgeschossige Häuser. Man konnte fast von Slums sprechen. Besser gestellte Familien verließen die Altstadt.
Hier setzte denn auch die Stadterneuerung ein. Ein entscheidender Schritt war 1956 die Gründung des Wohnungsunternehmens Sozialbau Kempten, gleichsam als Tochter der Stadt. Diese Gründung war auf August Fischer zurückzuführen sowie auf Hans Breidenstein, der dann jahrzehntelang an der Spitze des Unternehmens stand. Die städtische Tochter Sozialbau bekam übrigens ihrerseits später wiederum eine Tochter, die Städtebaugesellschaft für Sanierungs- und Entwicklungsmaßnahmen.

Millionen fließen nach Kempten

Die Altstadtsanierung ist später oft gelobt, aber auch oft kritisiert worden. Bei der Kritik vergaß man gern, daß Eile geboten war, um die ärgste Raumnot zu lindern. Sozialbau schuf an der Peripherie der Stadt, u.a. in Thingers und an der Kotterner Straße, neue Häuser, um Umsiedlungen aus dem Stadtkern zu ermöglichen. Dann setzte, wie man es später mißbilligend nannte, eine Flächensanierung ein. Verwahrloste Häusergruppen wurden abgerissen, dafür moderne Bauten errichtet. So fielen 1958/59 an der Gerberstraße die Gasthäuser Zum Lamm und Zur Gans, an deren Stelle 40 Wohnungen entstanden.
Sozialbau nutzte ebenso wie weitere Wohnbau-Gesellschaften Förderprogramme u.a. für Flüchtlinge, Kriegsbeschädigte, Kriegerwitwen, Staatsbedienstete, Straßenverdrängte oder für Spätaussiedler, um die umfangreiche Neubautätigkeit zu finanzieren. Und die vielgeschmähte öffentliche Hand honorierte die Sanierungsbemühungen außerordentlich. 1963 wurde Kempten ins Studien- und Modellvorhaben zur Stadt- und Dorferneuerung aufgenommen. Folgende Sanierungsgebiete wurden förmlich festgelegt: 1971 die ehemalige Reichsstadt, 1976 die einstige Stiftsstadt, 1980 das Gebiet Unter der Burghalde und zuletzt in Sankt Mang der Bereich Ludwigstraße.
Der Umfang der Sanierung wird aus der heute kaum mehr vorstellbaren finanziellen Förderung deutlich. Insgesamt flossen aus allen Programmen von Bund, Land und Stadt bis 1999 rund hundert Millionen Mark in den Stadtumbau; ein Mehrfaches dieser Summe dürfte durch Privatinvestitionen aufgebracht worden sein. Die Altstadtsanierung begann nördlich des Rathauses,

Hochhäuser bilden das Zentrum des jungen Stadtteils Thingers

Noch jüngeren Datums ist die Bebauung des Thingerstobels

griff dann auf den südlichen Bereich zwischen Vogt- und heutiger Kronenstraße über. Hier erfolgte 1962 der sogenannte Altstadtdurchbruch: Nach Abbruch des historischen Gasthofs Zum Kreuz wurde die Kronenstraße vom Rathausplatz aus nach Süden zur damaligen Grünbaumgasse geführt. Damit sollte der Kern der einstigen Reichsstadt vor dem drohenden Abseits bewahrt, verkehrsmäßig besser erschlossen und für Bewohner und Gewerbe wieder attraktiver werden.

Pionierleistung in den „Gründerjahren"

Vorweggenommen: Allein Sozialbau ließ bis 1981 in Kempten rund 4000 Wohnungen errichten, also umgerechnet jeden zweiten Tag eine Wohnung. Hinzu kam die Bau- und Siedlungsgenossenschaft Allgäu, die besonders in dem seit 1972 zu Kempten gehörenden Sankt Mang mehrere große Wohnanlagen schuf, aber auch in Kempten tätig war, etwa mit großen Neubauten an der Lindauer Straße. Und die Gemeinnützige Baugenossenschaft Kempten entwickelte gleichfalls eine rege Tätigkeit, u.a. wiederum im Gebiet Haubenschloß, in Kempten Ost, Beim Floßerhäusle und an der Rottachstraße. BSG und Gemeinnützige errichteten in dem genannten Zeitraum nicht nur jeweils über tausend Wohnungen, sondern waren – und sind – daneben bestrebt, ihre älteren Anlagen Zug um Zug zu modernisieren. Hinzu traten umfangreiche Bauvorhaben meist auswärtiger Wohnungsunternehmen.
Kempten vollbrachte in jenen Gründerjahren gleichsam eine Pionierleistung. Es war lange Zeit ein Mekka für andere Stadtsanierer aus nah und fern, die wiederum auch aus Fehlern lernen konnten, die hier mangels Erfahrungen kaum zu vermeiden waren. Ging es nach der Währungsreform zunächst um schnelle Hilfe angesichts drohender Bevölkerungsexplosion, so trat allmählich der Gedanke in den Vordergrund, bei neuen Baumaßnahmen das Erscheinungsbild historischer Stadtbereiche zu bewahren.

Kritik und neues Geschichtsbewußtsein

1975 erhob denn auch die bayerische Denkmalpflege bittere Vorwürfe. Der Landeskonservator meinte, in Kempten sei „ständig nur abgerissen" und „zu Tode saniert" worden, und der Bezirksheimatpfleger behauptete, man habe hier „ganze Stadtviertel abgeholzt". Besondere Kritik galt dem erwähnten Altstadtdurchbruch Kronenstraße. Andererseits war auch die Denkmalpflege anfangs offensichtlich nicht auf der Höhe der Zeit. Wie wäre es sonst denkbar, daß – nach dem Bericht von Altoberbürgermeister August Fischer – das Denkmalpflegeamt dort eine breite Straßenöffnung durchaus für unbedenklich hielt, obgleich die Stadt ursprünglich nur eine schmale Passage mit Torbogen vorgesehen hatte. August Fischer 1981: „Erst nachdem alles vorher gebilligt und gut befunden, kamen diese Erleuchtungen..." In jüngerer Zeit, 1989, würdigte dann der Generalkonservator die Pionierleistung der Stadt und stellte der „Verlustbilanz" aus den „Jahren des Suchens" das moderne Kempten als vitale Allgäumetropole gegenüber, die sich wieder auf ihre große Geschichte besinnt.

Die Gastwirtschaft Zum Kreuz am Rathausplatz wurde 1968 im Zuge der Altstadtsanierung abgerissen, um den Durchbruch der Kronenstraße zu ermöglichen. Rechts das Unold-Haus, welches an selber Stelle neu errichtet wurde

Auch dürften sich immer weniger Kemptener an die Slums im Bereich der Heinrichgasse erinnern oder daran, in welch grausigem Zustand das düstere Viertel früherer Brauereibaracken südlich des Rathausplatzes war. Man würde Wohnhäuser aus den sechziger Jahren im Umkreis des Rathauses heute vermutlich etwas anders planen. Und es ist auch nicht jedermanns Geschmack, wenn ein Fernblick auf die Stadt mitunter den Eindruck vermittelt, daß nicht mehr die St.-Lorenz-Basilika oder St.-Mang-Kirche, sondern das 4P-Haus (jetzt Teil der Stadtverwaltung) und das Zentralhaus die dominierenden Bauwerke der City sind. Immerhin wurden große Flächen, die fast dem Verfall und der Verödung geweiht schienen, wieder zu freundlichen Wohngebieten. Und immerhin war es 1970 erklärtes Ziel des Sanierungsträgers, den ursprünglichen Charakter des mittelalterlichen Stadtkerns und die Funktion als Verwaltungs- und Einkaufszentrum wiederherzustellen.

Schon lange vor der Kritik der Denkmalpfleger diskutierten Fachleute und „Normalbürger" heftig. Die einen bejahten Flachdach-, Terrassen- und turmartige Hochhäuser, weil die neue Zeit eben neues Bauen erfordere. Andere suchten nach einer Synthese zwischen alt und neu, um Urbanität, Romantik und Charme der Altstadt zu bewahren. Bei der Allgäuer Festwoche 1973 ergab eine Fragebogen-Aktion, daß 80 Prozent der Teilnehmer Hochhäuser und Geschäftsbauten in modern-funktionellem Stil im Stadtkern ablehnten. Doch war man sich schon im klaren, daß es mit einer bloßen Imitation früherer Baustile nicht getan sei.

Die Bagger standen schon bereit

Das Geschichtsbewußtsein trat in den siebziger Jahren immer deutlicher hervor und damit auch das Bemühen, das unverwechselbare Erscheinungsbild der Stadt zu bewahren; schönes Fremdwort dafür: Identität.

Fast symptomatisch war folgender Vorgang: Im Jahre 1969 standen schon die Bagger bereit, auf der vergammelten Fläche zwischen Vogtstraße und Grünbaumgasse mit ehemaligen Brauereigebäuden, Schuppen und Stadeln auch das Müßiggengelzunfthaus abzubrechen, in dem ein Trödler bis dahin Fahrräder

Mit knapper Not entging das Müßiggengelzunfthaus 1969 dem Abbruch. Heute ist das restaurierte Gebäude ein Kleinod der einstigen Reichsstadt

repariert hatte. In letzter Minute wurde der Abbruch verhindert. Eine verpflichtende Schenkung an Sozialbau leitete die Restaurierung des Gebäudes mit seinem wertvollen Renaissance-Portal ein. Und 1977 war das damalige Café Schiff bereits zum Abbruch freigegeben, als auch hier eine Rettung erfolgte, die Restaurierung zum Hotel Fürstenhof.
Das Bemühen, Neubauten dem herkömmlichen Straßen- und Stadtbild anzupassen, trat deutlicher hervor, so bei der Wiedererrichtung des 1970 abgebrochenen Gasthauses Sieben Hansen an der Gerberstraße nach historischem

Ein Blick vom Rathausplatz auf den nördlichen Teil der Kronenstraße – vor der Altstadtsanierung

Die heutige Kronenstraße südlich des Rathausplatzes – nach dem Umbau des modernen Altstadt-Parkhauses

Vorbild (Volksfürsorge). Der Gedanke, neue, aber stadtgemäße Formen zu entwickeln, wurde in den Anfang der achtziger Jahre errichteten Stadthäusern an der Nordseite der Sutt deutlich – „gemütliche Häuser mit moderner Architektur". Genannt seien ebenso die Häuser An der Stadtmauer: Reste der alten Befestigung wurden restauriert und dienen nun als willkommener Schallschutz. Die Absicht, die einstige Struktur des Zentrums nachzuempfinden, prägt sich im jüngsten Umbau des Altstadt-Parkhauses – gleichsam eine Sanierung nach der Sanierung – mit einer Verengung der Kronenstraße aus.

Das Haus der Senioren

Eine Besonderheit in der Altstadt bildet das 1977 eröffnete Haus der Senioren, das neben Gemeinschaftseinrichtungen 20 Wohnungen für ältere und behinderte Mitbürger aufweist und vor allem Möglichkeiten für vielfältige Veranstaltungen bietet. Schon in den ersten zwölf Monaten hatten mehr als 12 000 Menschen das Haus aufgesucht.
Hier einige Beispiele für frühe Objektsanierungen oder gut eingefügte Neubauten in der ehemaligen Reichs- und Stiftsstadt: 1952/65: Erneuerungen am Kornhaus. 1953: Restaurierungsbeginn an der Residenz. 1954/64: Ausbau des Stadttheaters. 1956: Sanierung des Ponikauhauses und 1983 Restaurierung des

Festsaals durch die Volksbank. 1957/58: Parkartige Gestaltung des Hofgartens. 1958/59: Renovierung des stiftkemptischen Landhaussaals. 1959: Neubau der Langen Stände und Renovierung des Zumsteinhauses. 1961/62: Neugestaltung der Orangerie zur Stadtbücherei. Ebenso hervorzuheben sind u.a. die Erweiterung des Finanzamtes mit Erhaltung des Flora-Tempelchens, die Sanierung des Roten Hauses am St.-Mang-Platz (Sparkasse), des Schlößles oberhalb der Freitreppe, des Londoner Hofs, der reichsstädtischen Münze, des alten Zollamts und des Neubronnerhauses, die Fassadenerneuerung der König'schen Patrizierhäuser, die Gestaltung eines ehemaligen Exerzierplatzes zur Zumsteinwiese und und und... Vielfach handelte es sich hier um Privatsanierungen.

Der St.-Mang-Platz, wie er sich in seiner Beschaulichkeit dem Besucher vor dem Zweiten Weltkrieg darbot

Das Ankertörle, ein liebenswertes Relikt aus reichsstädtischer Zeit

Dieses sanierte Haus in der Vogtstraße erhielt einen Denkmalspreis

Pläne, Gutachten, Verordnungen

Die Stadt schlug auch in ihren Vorgaben zunehmend eine Politik zur Objekterhaltung ein. So ließ der Stadtrat 1973 einen umfassenden Flächennutzungsplan aufstellen. 1976 folgte eine Gestaltungsverordnung, und 1977 erschien ein bis in unsere Tage richtungweisendes Werk der Planergruppe Spengelin-Gerlach-Glauner und Partner mit dem verheißungsvollen Titel: „Stadtbild und Stadtlandschaft - Planung Kempten/Allgäu – Analyse und Bewertung des Zustands von Landschafts- und Stadtbild – Empfehlungen zu deren Schutz, Pflege und Entwicklung im Rahmen der städtebaulichen Planung für die Stadt Kempten (Allgäu)". Der Stadtrat beschloß, die Ergebnisse dieser Untersuchung dem künftigen Baugeschehen zugrundezulegen. Gleichfalls 1977 fand in Kempten erstmals ein Fassaden-Wettbewerb statt, um Bauherren auszuzeichnen, die bei Erneuerungsmaßnahmen „Gespür für eine verpflichtende Umgebung" beweisen. Die Absicht, durch Einholen etlicher Gutachten Fehler in der Stadtgestaltung zu vermeiden, wurde damals, oft zu Unrecht, als „Gutachteritis" belächelt.

Gleichsam eine einladende Mini-Fußgängerzone stellt die im Rahmen der Altstadt-Sanierung umgestaltete Straße An der Sutt mit ihren Neubauten dar

Start in der Stiftsstadt

Stand die Sanierung des Altstadt-Kerns am Anfang der Stadterneuerung, so sollte als zweiter Bereich die Stiftsstadt an die Reihe kommen. Der Auftakt war verheißungsvoll: 1977 hatte die Städtebau-Gesellschaft die einstige Stiftsmälzerei erworben, die sich in einem trostlosen Zustand befand. Es war höchste Zeit, einzugreifen, wenn das Bauwerk gerettet werden sollte. Im Januar 1978 begannen die Arbeiten. Die Mälzerei wurde von Grund auf saniert und zur Heimstatt der städtischen Sing- und Musikschule. Viel später, 1987/88, folgte die Erneuerung des Marstall-Gebäudes. Hier sind heute die Alpenländische Galerie und das Alpinmuseum untergebracht. Auch die Serrohäuser nördlich der Basilika St. Lorenz wurden weitgehend von späteren Anbauten befreit und saniert; und wo sich einst das fürstäbtliche Pagenhaus und später das Pfarrhaus befand, entstand das neue Pfarrzentrum St. Lorenz.

Neue Wege unter der Burghalde

Doch die Stiftsstadt-Freude währte nicht lange: Im einst reichsstädtischen Gebiet Unter der Burghalde war eine kritische Situation entstanden. Betrug der Ausländeranteil in Kempten um 1980 insgesamt etwa neun Prozent, so waren es Unter der Burghalde bereits 34 Prozent! Traudl Schwarz, Gründerin des Vereins der Altstadtfreunde, erinnert sich: „Die junge Generation war aus dem Bereich weggezogen, viele alte Leute hatten kein Geld, ihre Häuser zu sanieren. Sie vermieteten an Ausländer. Die Zustände wurden immer schlechter, die Kriminalität war beängstigend."
Die Stiftsstadt-Sanierung wurde gekappt, statt dessen Unter der Burghalde zum neuen Sanierungsgebiet erklärt und zum Modellfall für die Integration ausländischer Mitbürger. Das anfängliche Fehlen eines Konzeptes hatte noch 1980 die Gründung des Altstadtfreunde-Vereins ausgelöst. Hieraus ent-

So sah um 1900 der Blick vom Lindenberg auf das Quartier Unter der Burghalde aus. Damals stand die Burghalde überraschend frei

wickelte sich eine für Kempten einmalige Bürgerinitiative. Die Tatsache, daß schon in den ersten Jahren die meisten Mitglieder nicht einmal aus der Altstadt stammten, zeigt, wie sehr die Belebung des historischen Stadtzentrums zum gemeinsamen Anliegen der Kemptener geworden war.
Die Sanierung Unter der Burghalde verlief zügig und zeitigte fast unerwartete Erfolge. Es gelang, den drohenden Ghetto-Zustand abzuwenden. Baufällige Häuser wurden abgerissen, an Bäckerstraße, Pulvergasse, Burghalde- und Webergasse zahlreiche Neubauten geschaffen, andere Häuser modernisiert. Am Illerufer entstand eine Hochwasser-Schutzanlage, ebenso ein hübscher Weg unmittelbar am Wasser: Kempten lag hier endlich nicht mehr neben, sondern wirklich an der Iller. Leider wurde die Schutzanlage bisher nicht nörd-

lich der St.-Mang-Brücke weitergeführt: Das Jahrhundert-Hochwasser vom 22. Mai 1999, das jenes von 1910 noch weit übertraf, verschonte zwar die Altstadt an der Brennergasse, richtete aber im Bereich Rottachstraße/ Gottesackerweg und im städtischen Friedhof erhebliche Schäden an.

Das im wahrsten Sinne des Wortes aufstrebende Kempten in den sechziger und siebziger Jahren

Ein Millionenloch tut sich auf

Im Gelände des ehemaligen Gaswerks – die Kessel waren längst verschwunden – wurde eine Tiefgarage angelegt, darüber eine ansprechende Grünzone. Der Bau der Garage stieß jedoch auf unvorhergesehene Schwierigkeiten: Im Erdreich fanden sich üble, teils völlig ungeschützt gelagerte Teerrückstände, die von der Steinkohlegas-Herstellung vor rund 100 Jahren herrührten. Die Beseitigung des Sondermülls kostete viel Zeit und an die drei Millionen Mark...

Nicht nur baulich geschah viel. 1981 wurde in diesem Gebiet eigens ein Sanierungsbüro eröffnet. 1982 konstituierte sich der Verein zur Förderung des Zusammenlebens ausländischer und deutscher Mitbürger, und die Stadt stellte ein Haus der internationalen Begegnung zur Verfügung. Seit 1984 gibt es einen Ausländerbeirat; jährlich findet auf der Burghalde ein Begegnungsfest statt, 1987 begingen die Bewohner unter der Burghalde erstmals ein Stadtteilfest.

Zukunftweisend ist das im Jahre 1993 verwirklichte Projekt Integriertes Wohnen an der Brennergasse, etwa dort, wo bis 1973 die Notkirche Christi Himmelfahrt stand; übrigens das einzige Gotteshaus, das in Kempten zwischen den Weltkriegen errichtet worden war, und zwar nach den Plänen des später von den Nationalsozialisten in den Tod getriebenen Architekten Andor Ákos. Ákos hatte auch Siedlungen am Haubenschloß und an der Lindauer Straße geplant.

Im Integrierten Wohnen leben behinderte und ältere Menschen, Familien, Alleinerziehende, Singles, Studenten, Ausländer, Mieter und Eigentümer in 65 Wohnungen, die fast durchweg rollstuhlgerecht gestaltet sind. Herzstück ist ein Café, das den Kontakt zwischen Bewohnern und Nachbarn des Quartiers fördert. 1994 wurde dieser Anlage der Deutsche Städtebaupreis zuerkannt.

Sanierung auch in Kottern

Als bisher letztes Sanierungsgebiet wurde der Sankt Manger Ortsteil Ludwigstraße festgelegt. War in der Alt- und Stiftsstadt Sozialbau mit der Städtebaugesellschaft zuständig, so ist in Sankt Mang seit 1988 die Bau- und Siedlungsgenossenschaft Allgäu Träger. Die BSG erwarb hier Grundstücke mit völlig veralteten, maroden Häusern der früheren Kottern-Textil: rund fünfzig Wohnun-

Eine der ersten Sanierungsmaßnahmen der BSG Allgäu an der Ludwigstraße in Sankt Mang

gen ohne eigene Toiletten und Bäder. Es gelang, diese Wohnungen bald zu räumen und die meisten Bewohner in anderen Gebäuden der Genossenschaft unterzubringen, so daß eine grundlegende Sanierung der Anwesen erfolgen konnte. Der erste größere Abschnitt dieser Stadtteil-Erneuerung mit 69 Wohnungen, einer Gemeinschaftswohnung für behinderte junge Menschen und einer Tiefgarage wurde 1998 abgeschlossen.
Hatte sich in der ehemaligen Reichsstadt der Verein der Altstadtfreunde zu einer wichtigen Bürgerinitiative entwickelt, so wurde es nun in Sankt Mang der 1990 gegründete Verein „Wir in Kottern", der gleichfalls durch seine Aktivitäten, durch Anregungen und Bürgerinformationen hervortritt.

Gefängnis wird verschwinden

Inzwischen ist erneut die einstige Stiftsstadt aktuell geworden. Den Ausschlag gab die ursprüngliche Absicht des Freistaats Bayern, die Justizvollzugsanstalt an der Weiherstraße - nach einer früheren Vergrößerung – 1990 erneut zu erweitern, und zwar um das doppelte! Dies rief auch hier die Bürger auf den Plan. 1989 kam es zu Demonstrationen und Unterschriften-Aktionen. Bayerns Justizministerin besuchte Kempten, ließ sich aber von dem Projekt nicht abbringen. Buchstäblich in letzter Minute, nämlich im Juni 1990, nach heftigem Drängen auch örtlicher Politiker, ordnete der Ministerpräsident persönlich einen Stop dieser Planung an. Und im Juni 1999 wurde der Grundstein für ein neues Gefängnis im Osten der Stadt gelegt. Damit eröffnen sich an der Weiherstraße neue interessante städtebauliche Möglichkeiten.
Der erfolgreiche „Aufstand" der Bewohner war zugleich die Geburtsstunde der Stiftsstadtfreunde. Als dritte Stadtteil-Bürgerinitiative treten sie dafür ein, daß im Stadtbezirk vor allem die kleinteilige Bebauung bewahrt bleibt. Vielleicht wirkt sich die Verzögerung, die hier einst durch den vorgezogenen Umbau Unter der Burghalde eintrat, am Ende als ein Glücksfall aus: Eine bereits drohende Flächensanierung kommt nicht in Frage, vielmehr soll der Bau stiftsstadtgemäßer, familiengerechter Wohnungen neu geprüft werden.

Vom Kornhaus zum Forum Allgäu

Auf dem Boden der Stiftsstadt erfolgte zudem jüngst eine bedeutsame Erneuerung: Das Kornhaus ist völlig renoviert worden, und 1999 hat hier das Allgäu-Museum – vormals Heimatmuseum – seine Pforten geöffnet. Der Wochenmarkt muß im Winter nicht mehr im Keller dieses Gebäudes stattfinden, sondern im November 1998 konnte Oberbürgermeister Dr. Ulrich Netzer eine moderne Markthalle am Königsplatz ihrer Bestimmung übergeben.
Daß Stadtsanierung eine ständig wiederkehrende Aufgabe darstellt, wird auch in Kempten deutlich. Zwar hat sich der Bund inzwischen aus der Städtebau-

Das Kornhaus ist eines der prägenden historischen Bauwerke der einstigen Stiftsstadt. 1999 wurde eine grundlegende Renovierung des Gebäudes abgeschlossen und das aus dem einstigen Heimatmuseum entwickelte, völlig neu gestaltete Allgäu-Museum eröffnet

Förderung sehr zurückgezogen; doch hilft der Freistaat weiter. Künftige Schritte werden daher wohl kleiner als bisher sein müssen. Immerhin bildet seit 1999 die Modernisierung der Fußgängerzone Fischerstraße mit der Neugestaltung der großen stiftsstädtischen Plätze und vor allem mit dem Konzept für das Forum Allgäu am August-Fischer-Platz einen wichtigen Abschnitt zur Stadterneuerung: Städtebaulich ist eine Begrenzung des einstigen Bahnhofplatzes gen Süden ohnehin angezeigt. Die Firma Feneberg (sie bezieht das frühere Gelände des Allgäuer Zeitungsverlages sowie das Areal des alten Fachoberschul-Pavillons ein) erstellt hier ein Erlebnis-Zentrum mit Freizeitflächen, Verkaufsangebot, Multifunktionshalle und weiteren baulichen Attraktionen. Allein schon die Halle wird laut Oberbürgermeister Dr. Netzer „...Kemptens Metropolenstatus auch überregional stärken."

Problem an der Burgstraße

Ein besonderes Problem ist in der Altstadt die Fläche zwischen St.-Mang-Platz, Bäcker- und Burgstraße. Ursprünglich dachte man hier an Wohnungsbau. Dann kam 1985 der Vorschlag, ein Ämtergebäude zu errichten; drei Jahre später erfolgte dafür sogar ein Architektenwettbewerb. 1993 aber verließ die Bundeswehr die Prinz-Franz-Kaserne, und die Stadt konnte dort gut 38 000 Quadratmeter Grund erwerben. Das Gelände zwischen Hofgarten, Herren- und Rottachstraße bot sich fast zwingend u.a. als Standort mehrerer staatlicher Ämter an. Bekanntlich ging auch das Grundstück des früheren Verteidigungskreiskommandos an der Immenstädter Straße an die Stadt über; hier befindet sich nun das Zentrum für Rettungs- und Sozialdienste.

Was aber soll aus dem Abbruch-Areal an der Burgstraße, dem Schwanengelände, werden? Ein neues Konzept, das auch eine entsprechende wirtschaftliche Nutzung erwarten läßt, liegt 1999 noch nicht vor. Die Altstadtfreunde sprechen von Skandal und drängen auf eine baldige Klärung.

Zwar hat es die Sanierung nicht vermocht, das Umfeld des Rathauses als Geschäftszentrum zu stärken. 1984, nach Wegzug attraktiver Geschäfte, zeichnete sich sogar eine gewerbliche Verödung ab, die bisher nicht überwunden

Als junger Stadtteil stellt sich das Stiftallmey mit seinen zahlreichen Einfamilienhäusern im Kemptener Westen vor

ist. Nach dem Bau des neuen Verwaltungsgebäudes und der umfassenden Rathaus-Restaurierung konnte jedoch der fußgängerfreundlich gestaltete Platz selbst 1993 in einem Bürgerfest der Öffentlichkeit übergeben werden: „Ein Platz für die Menschen und nicht für die Autos," erklärte Oberbürgermeister Dr. Roßmann damals. In der Tat bildet der Rathausplatz seither eine beliebte Begegnungsstätte.

„Lichtblick" auf die Stadtgeschichte

Damit bei weiterer Geschäfte-Konzentration im Bereich Fischerstraße/Alter Bahnhof das ursprüngliche Zentrum nicht noch weiter ins Hintertreffen gerät, haben die Altstadtfreunde als Gegengewicht die Gestaltung der Burghalde zu einem Naherholungsgebiet vorgeschlagen. Weitere Verbesserungen werden am St.-Mang-Platz gefordert, wo 1988 ein bedeutsamer neuer Mittelpunkt, das evangelische Gemeindehaus, fertiggestellt wurde. Eine Besonderheit ist das 1997 gründlich sanierte Mühlberg-Ensemble. Hier hat das Diakonische Werk sein Projekt „Lichtblick" verwirklicht. Bei den Sanierungsarbeiten traten vielfältige Funde zu Tage, die neue Erkenntnisse über die mittelalterliche Geschichte der Reichsstadt zulassen. 1998 wurde an der Iller der Um- und Neubau des Gebäude-Ensembles des Allgäuer Überlandwerks vollendet.

Ganze Stadtteile wachsen empor

Die Erneuerung der Innenstadt, die heutige Bedeutung Kemptens im Hinblick auf Wohnen, Gewerbe, Verwaltung und Schulen gäbe es nicht ohne die neuen Stadtteile und ohne das Aufgehen der Nachbargemeinden Sankt Mang und St. Lorenz in der Allgäu-Metropole. Als nach dem Zweiten Weltkrieg etwa der Stadtteil Bühl mit seinen Hochhäusern entstand, als weitere Punkthäuser u.a. im Westen wie an der Kotterner Straße und am Augartenweg emporwuchsen, sah der damalige Baureferent Wilhelm Bürgle in diesen beherrschenden Gebäuden so etwas wie die Stadttore der Neuzeit. Und er hatte damit zweifellos recht.

Das Illertor unmittelbar an der St.-Mang-Brücke

Daß inzwischen solche Hochbauten auch im Zentrum errichtet worden sind, daß an der Fischerstraße statt eines früheren Stadttores 1964 das große Warenhaus Quelle entstand und an der Nahtstelle von Reichs- und Stiftsstadt, allerdings auf dem Grundstück eines häßlichen Schlachthofs, wenige Jahre später das weitere Kaufhaus Horten, steht auf einem anderen Blatt. Und wieder auf einem anderen Blatt, daß nachgebaute Stadttore an der Burgstraße zwar auch Kritik fanden, jedoch als Zeugnisse neuen Geschichtsbewußtseins der Bürger gelten können: 1986 wurde das Waisentor, 1990 das Illertor wiedererrichtet. Oberbürgermeister Dr. Höß sprach beim Hebauf von einer „Rückbesinnung auf Maßstäblichkeit, Geborgenheit und Mitte."

Wo einst die Römer wohnten

Die großräumige Neubautätigkeit hatte in Kempten Ost begonnen, in Anfängen schon während der Weimarer Republik. Was man später bedauerte: Ein Teil der einstigen Römerstadt Cambodunum wurde mit Wohnblöcken gleichsam zugedeckt. Immerhin blieben freie Flächen, um den sehenswerten „Archäologischen Park" mit rekonstruiertem Tempelbezirk und Resten einer Thermenanlage zu gestalten.

Das Waisentor am Eck der Burg- und Kronenstraße

Das erste große Neubauviertel nach dem Kriege war die 1965 vollendete Großwohnanlage Auf dem Bühl mit 520 Wohnungen in Reihenhäusern, Blöcken und Hochhäusern sowie mit einem Ladenzentrum. Der Ostteil der Stadt erhielt 1955 mit der katholischen Stadtpfarrkirche St. Ulrich und gut ein Jahrzehnt später mit der evangelischen Matthäuskirche neue Mittelpunkte. Als im Osten die Stadtgrenze erreicht war, verlagerte sich die Bautätigkeit in den Westen und Nordwesten. Am Aybühlweg und am heutigen Steufzger Weiher wuchsen die neuen Bauten empor; im Gebiet Steufzgen bis zum Stadtweiher entstanden drei große Wohnanlagen. Nördlich der Lindauer Straße wurde die Parkwohnanlage am Göhlenbach gebaut und im Bereich Stiftallmey eine schon 1972 geplante, durchgrünte Trabantenstadt mit rund 1500 Wohnungen; dabei wurde auch versucht, zwei überaus wuchtige Bauten vor dem Waldrand durch entsprechende Planung etwas einzubinden.

Auch der Westen erhielt, abgesehen von Einkaufszentren, neue städtebauliche Akzente: 1964 wurde beim Haubenschloßpark die evangelische Johanneskirche errichtet und 14 Jahre darauf am Aybühlweg die katholische St.-Franziskus-Kirche.

Von der Nordstadt zum Franzosenbauer

Zuvor bereits wuchsen moderne Stadtteile im Norden Kemptens – die „Nordstadt" mit der St.-Michaels-Kirche sowie der Bereich Thingers/Lotter-

Der historische Hof Franzosenbauer aus dem 18. Jahrhundert im Süden Kemptens hat einem neuen Stadtteil den Namen gegeben

berg/Halde. Schon 1973 standen hier fast 4000 Wohnungen, für die dann drei Jahre später ein Einkaufszentrum angelegt wurde. Zugleich wurde die evangelische Markuskirche gebaut und 1986 im Thingers die optisch beherrschende katholische St.-Hedwig-Kirche.
Heute hat hier die besondere Konzentration öffentlich geförderter Wohnungen starken Zuzug ausländischer Mitbürger und Aussiedler zur Folge; ein Problem, das vielleicht etwas an die früheren Sorgen unter der Burghalde erinnert. Im Südwesten erwarb um 1970 eine Wohnungsbau-Gesellschaft den sogenannten Hoefelmayr-Park, nachdem die Stadt die Bebauungsmöglichkeit signalisiert hatte. Die Bevölkerung lief gegen eine solche Bebauung Sturm, war doch der nahe Haubenschloßpark bereits durch zwei neue Schulen empfindlich beschnitten worden. Die Stadt reagierte prompt: Durch Grunderwerb und Tausch gelang es, die zu bebauende Fläche zu reduzieren, so daß immerhin Teilflächen als Grünanlagen erhalten blieben, insbesondere die Eichenallee, die dann allerdings durch den Straßenbau leider arg gelichtet wurde. Unabhängig hiervon wurde auch das nahe Gebiet Franzosenbauer zur Bebauung erschlossen, und 1987 reifte die inzwischen verwirklichte Planung, den Stadtteil Rothkreuz im Süden durch neue Siedlungen zu erweitern.
Nach dem Neubau des Hauptbahnhofs erwarb die Stadt das Gelände des alten Kopfbahnhofs. Hier entstanden dann ein neues Berufsbildungszentrum, die Gewerbeförderungsanstalt und die Fachoberschule.

Gewerbepark und Ludwigshöhe

Die Gebietsreform 1972 öffnete neue Planungsmöglichkeiten. So wurde auf Sankt Manger Flur, bei Leubas und Ursulasried, der große Gewerbepark konzipiert, in dem sich eine Vielzahl von Unternehmen angesiedelt hat – vom Heizkraftwerk bis zum Medienzentrum des Allgäuer Zeitungsverlages.
In Sankt Mang, am Heubach, entstanden, teils in Selbsthilfeleistung der Hausbewerber, 113 Wohnungen unter dem Motto Kosten- und flächensparendes Bauen. Weitergebaut wurde dazu in Lenzfried und am Rotschlößle. Ein großes Projekt ist die Bebauung der Ludwigshöhe, gleichfalls auf Sankt Man-

ger Flur. Für den Südteil wurde 1980 der Bebauungsplan beschlossen, bis 1984 waren dort 135 Genossenschafts- und 54 Eigentumswohnungen der BSG Allgäu fertig. Dieses Pilotprojekt stand unter dem Motto hohe Qualität zu tragbaren Kosten. 1995 reifte der Plan, auch den Nordteil einzubeziehen und dort an die tausend Wohneinheiten zu schaffen. Bis 1998 waren hier unter anderem 29 Reiheneigenheime (wieder ein Modellvorhaben der BSG: Das bezahlbare eigene Haus) bezogen, ein zweiter Bauabschnitt begann. Die wichtigste Verkehrsanbindung der Ludwigshöhe Nord führt unter den beiden Bahnlinien hindurch zum Schumacherring und soll im Herbst 2000 fertig sein. Eine Bebauung der Ludwigshöhe war übrigens bereits zu Zeiten der Selbständigkeit von Sankt Mang vorgesehen.
Aktuell ist – neben weiterem Wohnungsbau im südlichen Stadtteil Eich - die Bebauung des sogenannten Jakobgeländes zwischen Stadtbad, Rottach und Göhlenbach. Hier ist insbesondere Sozialbau Kempten tätig. Insgesamt sind über 500 Wohnungen, darunter 130 Sozialwohnungen, geplant; 1996 wurde für die erste Anlage der Grundstein gelegt. Aber die Nachfrage in dem zehn Hektar großen Gebiet ließ 1998/99 zu wünschen übrig, erklärtermaßen nicht nur durch eine veränderte Marktlage, sondern auch durch funktionale Mängel verursacht. Das Stadtbauamt kündigte daher Optimierungsvorschläge an. In Oberwang soll es gleichfalls weitergehen. Ein neuer Bebauungsplan sieht im Gebiet westlich der Memminger Straße Gewerbeflächen und – durch einen Grünzug abgeschirmt – Wohnungen vor. Und am Haubensteigweg errichtet ein Augsburger Bauträger 1999 einen Wohnpark (heute spricht man bekanntlich meist nicht mehr von Siedlung, sondern von Residenz oder Wohnpark, wohl weil es einladender klingt) mit insgesamt 138 Wohnungen.

Eine kleine Bilanz

Schaut man sich heute den Kemptener Stadtplan an, so ist man überrascht über das dichte Geflecht von Kindergärten, Spiel- und Sportflächen, Schulen, Pfarrzentren beider Konfessionen, Jugendheimen, Altersheimen und Grünanlagen. In den vergangenen Jahren und Jahrzehnten sind bedeutende soziale Einrichtungen geschaffen worden, bis hin zum Modellprojekt des Vereins für Körper- und Mehrfachbehinderte in der Villa Viva, der ehemaligen Chapuis-Villa. Ämter-Gebäude entstanden neu, das Krankenhaus an der Robert-Weixler-Straße, das derzeit großzügig ausgebaut wird, und das Kolpinghaus. Man darf an die neue Klosteranlage erinnern, die 1987/90 am Bischof-Freundorfer-Weg geschaffen wurde, an das Soldatenheim in der Stiftsstadt, an den seit 1961 gebauten, erst jüngst komplettierten Feuerwehrhof an der Rottachstraße, an den neuen städtischen Friedhof (seit 1998 mit einem von Anliegern kritisierten Krematorium), ganz zu schweigen von der Vielfalt moderner Gewerbebauten nicht nur im Bereich Leubas/Ursulasried.

Angebot und Nachfrage im Wandel

Laut städtischer Statistik leben in Kempten über 62 000 Menschen, und es gibt mehr als 30 300 Wohnungen mit insgesamt über 122 000 Räumen. Angesichts dieser Zahlen ist zu fragen, ob das bisherige Wohnungsbau-Geschehen in etwa dem Bedarf und den Erwartungen der Bürger entspricht. Hierzu ein kleiner Rückblick:
Im Jahre 1971 waren bei der Stadtverwaltung noch über 1200 Wohnungsuchende vorgemerkt; drei Jahre später waren es nur mehr gut 500, aber 800 Wohnungen, vor allem Eigentumswohnungen, standen leer. Fachleute meinten damals, man habe am Bedarf vorbeigebaut. Wenige Jahre später aber kehrte sich das Bild um: 1991 waren 1881 wohnungsuchende Haushalte registriert, davon 839 Notstände. 1994 dann wurden im Stadtgebiet rund 2000 Wohnungen fertig, waren im Bau oder geplant, dazu weitere 200 Häuser und 87 Studenten-Appartements.
1997/98 standen den verbliebenen rund 500 Wohnungsuchenden über 400 leere Eigentumswohnungen gegenüber. Wiederum entsprachen also die geschaffenen Neubauten nicht der Marktlage. Gefragt waren nach Feststellungen der Fachleute erneut vor allem Mietwohnungen und preiswerte Reihenhäuser. Seit 1999 aber zeichnet sich anscheinend abermals ein Wandel ab: Der Immobilienmarkt hat wieder etwas angezogen.

Harmonisch, aber nicht uniform

Wirtschaftliche und politische Entwicklungen, Bevölkerungswachstum und Zuzug Auswärtiger lassen sich kaum vorhersagen. Bei der Stadtentwicklung sind auf neue Herausforderungen immer wieder neue Antworten zu geben. Dies wurde auch bei einem Gedankenaustausch von Oberbürgermeister Dr. Netzer und Mitarbeitern der Stadtverwaltung mit etwa 30 Architekten im Februar 1999 deutlich. Hier kam insbesondere der Wunsch zum Ausdruck, bei künftigen Planungen die Architekten wieder mehr einzubinden.
Und welche Planungen stehen an? Es geht, wie dies die städtische Baureferentin Monika Beltinger sieht, nicht zuletzt darum, das Ziel eines harmonischen Stadtbildes ohne Uniformität im Auge zu behalten. Das Wohnen in der Innenstadt soll verstärkt in den Vordergrund treten. Der Stadtrat beschloß denn auch einen Projektplan zur Steigerung dieser Attraktivität - im Hinblick auf Wohnqualität, Fußgängerzonen und Verkehrsführung. 1999 legte das Amt für Wirtschaftsförderung und Stadtentwicklung hierfür ein Konzept vor. Sollte es die Nachfrage erfordern, hat die Stadt noch immer Möglichkeiten einer weiteren Bautätigkeit außerhalb der heutigen Siedlungsflächen, ohne daß eine Zersiedelung eintritt. Dabei ist dann etwa an die Bereiche Halde Nord und Hinterbach gedacht.

Zu Lande, zu Wasser und in der Luft

Verkehrsgeschehen im Zeichen eines Jahrhundertwandels

Seit Römerzeiten ist Kempten ein interessanter Verkehrsknotenpunkt. Vom antiken Cambodunum aus führten Straßen in Richtung Kellmünz, Augsburg, Epfach, Füssen und zum Bodensee. Die Bedeutung dieses Knotenpunktes schwankte zwar im Laufe der Geschichte. Aber schier einmalig ist der Strukturwandel, den das 20. Jahrhundert im Bereich des Verkehrs zu Lande, zu Wasser und in der Luft auch in und um Kempten beschert hat.

Die letzten Flöße...

Einst galt die Iller als bevorzugter Transportweg. Die Flößerei, hier seit dem Jahre 1434 bezeugt, hatte im 19. Jahrhundert ihre Blütezeit. Anno 1869 zum Beispiel schwammen rund 3200 Flöße den Fluß hinab in Richtung Ulm. In Kempten und Hirschdorf waren Anlegestellen. Neben Holz wurden Käse und Vieh transportiert; und mancher Bauer oder Kaufmann begab sich lieber per Floß als per Wagen auf die Reise. Freilich, mit der Bahnlinie Ulm-Kempten war das Ende dieses Transportmittels vorprogrammiert; Stau- und Wehranlagen von Industriebetrieben taten ein übriges. Im Jahre 1918 legten in Ulm nur mehr zwei Flöße an.

Die erste Eisenbahn...

Innerhalb eines guten halben Jahrhunderts wurde der Raum Kempten von der Eisenbahn erschlossen. Der erste Zug traf hier, aus Kaufbeuren kommend, am 1. April 1852 ein. 1853 führten die Gleise weiter bis Immenstadt, ab 1863 verkehrte das Dampfroß zwischen Ulm und Kempten, und 1895 folgte die Linie Kempten-Pfronten. Die letzte Bahnstrecke wurde erst in unserem Säkulum, 1909, fertig, nämlich die Voralpenbahn von Kempten nach Isny. Den Bau dieser Linie besorgten vorwiegend Gastarbeiter (das Wort gab es damals freilich noch nicht): Ab Kempten waren es Italiener, im württembergischen Abschnitt Bosnier. 1984 aber wurde dieses Bähnle, allen Protesten zum Trotz, stillgelegt; der einstige Bahndamm ist nun bis Weitnau ein Rad- und Wanderweg.

Das erste Fahrrad...

Das Fahrrad hielt in Kempten 1880 seinen Einzug, als die Fabrik Thanner hier den Bau von Rädern begann. Drei Jahre später bildete sich ein Velozipeд-

Club, und im neuen Allgäu-Museum im Kornhaus kann man die Standarte der Allgäuer Radfahrer-Union, Ortsgruppe Kempten, aus dem Jahre 1890 bewundern. Übungsfläche war der Holzplatz: Wer auf öffentlichen Straßen radeln wollte, mußte dort der gestrengen Polizei zunächst sein Können zeigen und einen Führerschein erwerben. Der Drahtesel verlor jedoch vor ungefähr 30 Jahren so sehr an Bedeutung, daß am Schumacherring ursprüngliche Radwege beseitigt wurden, um die Fahrbahnen zu verbreitern. Heute feiert das Fahrrad ein unverhofftes Comeback – es können gar nicht genug Radwege angelegt werden; Kempten hat dafür sogar ein eigenes Konzept entwickelt.

Das erste Auto...

Die Motorisierung des Straßenverkehrs setzte noch im vergangenen Jahrhundert ein. Bürgermeister Adolf Horchler (1881-1919) verwirklichte etliche Straßenbauten zur besseren Verbindung von Alt- und Neustadt, ließ systematisch Trottoire anlegen und 154 Straßen pflastern. Aber erst 1902 wurde in Kempten das erste Automobil zugelassen, ein Mercedes-Benz für Ingenieur Georg Kesel. Und 1906 fand hier die erste größere Automobil-Ausstellung Schwabens statt. Heute sind in der Stadt fast 43 000 Kraftfahrzeuge aller Art gemeldet, das Straßennetz läßt sich mit den kleinen Verkehrsadern vor einem Jahrhundert nicht vergleichen. Dennoch gibt's auch hier eine Umkehr: Der Fußgänger, jahrzehntelang immer mehr verdrängt, kehrt zurück. Fußgängerzonen und verkehrsberuhigte Bereiche prägen weite Teile der Innenstadt.

Georg Kesel im ersten Auto

Die ersten Flugzeuge...

Und dann ist da noch die Fliegerei. Die erste Bekanntschaft mit der Luftfahrt machte Kempten am 20. Oktober 1912, als der Zeppelin Viktoria Luise in der nahen Riederau landete. Spiel des Schicksals: Die Namensgeberin dieses Luftschiffs, die 1892 geborene preußische Kaisertochter Viktoria Luise, signierte in der Buchhandlung Dannheimer genau 60 Jahre später ihr Buch „Bilder der Kaiserzeit". Die ersten Flugzeuge aber waren am 24. Oktober 1913 zu sehen. Unter dem Jubel der Bevölkerung überquerten zwei Militärmaschinen die Stadt. Rund 30 Jahre später jedoch, im Zweiten Weltkrieg, erschienen andere Flugzeuge am Kemptener Himmel, und sie brachten Bomben mit... In der

*Der erste Zeppelin über Kempten: Am 20. Oktober 1912 landete das Luftschiff „Viktoria Luise"
in der Riederau*

Nachbargemeinde Durach gibt es seit 1934 einen Flugplatz, der Start- und Landemöglichkeiten für Privatflugzeuge, Alpenrundflüge und Lufttaxen-Verbindungen zu den nächsten Großflughäfen bietet. So mancher schaut dem Flugbetrieb gern ein Stündchen zu und erinnert sich vielleicht, daß hier noch im Kriege ein Heinz-Rühmann-Film gedreht wurde, nämlich, nach „Quax der Bruchpilot", der zweite Quax-Film („Quax in Fahrt").

Vom Sackbahnhof zur Neigetechnik

Bleiben wir zunächst beim Schienenverkehr. Schon Oberbürgermeister Dr. Otto Merkt bedauerte in seinem kommunalpolitischen Testament 1942, daß Kempten einen Sackbahnhof habe. Noch als die beiden Betonbrücken 1904/1906 über die Iller erbaut wurden, wäre es möglich gewesen, einen Durchgangsbahnhof zu bekommen. Die Kemptener schickten aber eine Abordnung zum zuständigen Eisenbahnreferenten Prinz Ludwig, um den alten Bahnhof zu erhalten: Sie fürchteten um die Geschäfte am Bahnhofplatz (heute August-Fischer-Platz). Dr. Otto Merkt: „Der spätere König hat mir diese Dummheit meiner Kempter, als ich noch in München tätig war, mehr als einmal vorgehalten."

„Kempten bei Hegge"

Seit Anfang der zwanziger Jahre bis in den Zweiten Weltkrieg hinein bemühte sich Dr. Merkt vergeblich, doch noch den Bau eines Durchgangsbahnhofs zu erreichen. Bekanntlich hielten die Schnellzüge fast durchweg in Kempten-Hegge, ein Zubringer stellte die Verbindung mit dem alten Hauptbahnhof her. Nach einem Kemptener Protest rollten die Züge hier zwar ab 1913 wieder ein, aber 1925 war der einstige Zustand wiederhergestellt: „...ein Unikum sondergleichen, daß ein Stadtkreis vom Schnellzugverkehr ausgeschlossen ist!" formulierte Dr. Merkt und zitierte das Spottwort: „Kempten bei Hegge". In der Tat mochten manche Nordlichter wähnen, Kempten sei irgendein kleiner Allgäuer Ort in der Nähe von Hegge.

Merkt entwickelte weitere Initiativen, um mit einer Stärkung der Bahn zugleich die Stadt Kempten zu fördern. So durch die Anlage eines Industriebahnhofs, um interessierte Firmen zur Ansiedlung zu bewegen; ebenfalls durch den Gedanken einer neuen Lokalbahn nach Altusried-Legau-Biberach, um das bayerische und das württembergische Allgäu zu verbinden.

Die Vision der Fernbahn

Vor allem ging es dem Stadtoberhaupt um den Bau einer Fernbahn Amsterdam-Stuttgart-Kempten-Fernpaß-Reschen-Vintschgau nach Meran bzw. Mailand. Der Gedanke, schon 1843 erwogen, war nach dem Bau der Lokalbahn Kempten-Pfronten-Reutte in der Versenkung verschwunden, wurde aber 1923 beim Tiroler Bezirkstag erneut aktuell. Am 15. Januar 1925 fand in Kempten eine Versammlung statt, in der mit Dr. Merkt Vertreter von Bahn und Politik sowie Gäste aus Österreich einen Fernbahn-Ausschuß bildeten. Der Zweite Weltkrieg machte dann alle Hoffnungen zunichte.

Noch 1942 aber meinte Otto Merkt, es sei Aufgabe der Stadt und ihres Bürgermeisters, nach dem Krieg diesen Gedanken wieder aufzugreifen, denn: „Die Fernbahn ist d a s Problem für die Stadt Kempten. Kommt sie, so hat Kempten eine große Zukunft. Kommt sie nicht, so bleibt Kempten das Stiefkind des Verkehrs."

1969 neuer Hauptbahnhof

Die Vision von der Fernbahn sollte sich nicht erfüllen, wohl aber 1965/69 unter Oberbürgermeister August Fischer der Traum vom Durchgangsbahnhof: Auf dem Gelände des ehemaligen Rangierbahnhofs entstand am Grüntenbuckel der neue, großzügig konzipierte Hauptbahnhof, etwa 1,2 Kilometer südlich des bisherigen Bahnhofs. Am 29. September 1969 nahm er seinen Betrieb auf. Und die Station Hegge gehört (wie inzwischen manch andere frühere im Umfeld Kemptens) seit 1982 der Vergangenheit an.

Freilich, für die Geschäfte am alten Bahnhofplatz ergab sich – und da hatten die „dummen Kempter" vor 1914 doch irgendwie recht – eine Durststrecke.

Der einstige Bahnhofplatz – heute August-Fischer-Platz – mit dem 1971 abgebrochenen, vielen Kemptenern noch wohlvertrauten Kopfbahnhof

Erinnerung an den Silbersaal

Ältere Kemptener denken mit einiger Wehmut an den alten Sackbahnhof zurück, vor allem an seinen Silbersaal, der zu einem der beliebtesten Veranstaltungsräume zählte. Vergeblich wurde versucht, den Saal als Gaststätte in die Zukunft zu retten. Doch als die Bahn nicht mehr einfuhr, die Vorhalle und Schalterräume leer standen und vergammelten, wurde es Besuchern etwas unheimlich. Die Qualität des Publikums war am Ende so bedenklich, daß der wackere Gastronom nur mit der Pistole in der Tasche seines Amtes waltete.
Im Jahre 1971 wurde der alte Bahnhof abgebrochen. Es blieb eine städtebaulich unansehnliche Fläche mit seltsamen Masten darauf – immerhin fast drei Jahrzehnte lang als Parkplatz begehrt. Nun entsteht hier ein hochmodernes Forum Allgäu.

Das Ende der „Wanderbahn"

Wer in Kempten Bahn sagt, denkt auch ans Isnyer Bähnle. Eine wichtige Aufgabe dieser 37 Kilometer langen Strecke war einst die wirtschaftliche Erschließung des Holzreichtums dieser Region. Die allgemeine Verkehrsentwicklung entwertete dieses Konzept jedoch nach wenigen Jahrzehnten. Schon 1964 erwog die Bundesbahn eine Stillegung, sah sich aber zahlreichen Protesten ausgesetzt.
Mit Inbetriebnahme des neuen Hauptbahnhofs verlor das Bähnle weiter an Attraktivität, zumal der Ausgangspunkt sich vom Stadtzentrum erheblich entfernt hatte. Für Kemptener, die schnell mal zum Baden an den Herrenwieser Weiher fahren wollten, war die Zugverbindung nun uninteressant. Erbit-

Der moderne Kemptener Hauptbahnhof, gut einen Kilometer südlich des alten Bahnhofes, wurde am 29. September 1969 seiner Bestimmung übergeben

tert kämpften die Anliegerkommunen von Kempten bis Isny dennoch um den Erhalt der Strecke und entwickelten ein Programm zur touristischen Nutzung. 1981 kündigte sogar Münchens Bahnpräsident einen „attraktiven Fahrplan" für die „landschaftlich so reizvolle" Verbindung an. Aber auch die Erklärung zur „Wanderbahn" war vergeblich. 1984 war Schluß. Selbst der Gedanke eines Mini-Schienenverkehrs zwischen dem Hauptbahnhof und den Industriebetrieben bei Rothkreuz zog nicht mehr. Das Fahrrad hat auf dieser Strecke die Nachfolge der Eisenbahn angetreten.

Damit war zugleich ein Konzept gestorben, das Oberbürgermeister August Fischer Mitte der sechziger Jahre entwickelt und 1979 auch sein Nachfolger Dr. Höß aufgegriffen hatte: die Schaffung einer Art Kemptener Stadtbahn mit einem Personennahverkehr zwischen Ostbahnhof, Hauptbahnhof, Steufzgen und Rothkreuz.

Immer wieder Stadtbahn angeregt

Kemptener Stadtbahn? Dafür gab es noch weitere Anregungen! Schon kurz nach dem Ersten Weltkrieg erwog Bürgermeister Dr. Merkt, im Zusammenhang mit der angestrebten Bahnhofsverlegung eine Straßenbahn zu bauen. Und als diese Verlegung nach dem Zweiten Weltkrieg erneut aktuell wurde, entwickelte Bruno Steinmetz, weiland Leiter des städtischen Tiefbauamtes, den Plan einer Unterpflasterbahn vom Hauptbahnhof zum Residenzplatz. Doch es blieb beim Plan, und damit entfiel eine Chance, Straßen des Stadtzentrums vom Individualverkehr zu entlasten.

Ganz gestorben ist dieser Gedanke jedoch auch heute nicht: Noch 1991 sahen die verkehrsplanerischen Leitlinien eines Stuttgarter Büros eine Straßenbahn-

Linie vom Hauptbahnhof zum Residenzplatz und durch die Memminger Straße bis zur Stadtpfarrkirche St. Michael vor. Und jüngst ist sogar der Gedanke einer Regionalbahn Allgäu aufgetaucht, die von Oberstdorf zum Hauptbahnhof Kempten und von hier auf neuen Gleisen zu der Zentralen Umsteigestelle des Stadtverkehrs am Königsplatz führen könnte.

Aus der einstigen Wanderbahn Kempten-Isny ist im Abschnitt bis Weitnau ein beliebter Rad- und Wanderweg geworden

Bald soll's schneller gehen

Aus der Bundesbahn ist inzwischen die Deutsche Bahn geworden. Auch jetzt stehen gewichtige Änderungen an, die sich auf Kempten auswirken können. Da ist einmal der geplante Ausbau der Linie München-Lindau. Bayerns Verkehrsminister hat 1998 von der Bundesregierung eine schnelle Verwirklichung gefordert und zunächst eine Entscheidung, ob die Strecke über Memmingen oder Kempten führen soll: Der Weg über Memmingen wäre zwar kürzer, aber die Trasse über Kempten hat den Vorzug, bereits zweigleisig zu sein.
Außerdem sollen die Fahrzeiten der Bahn durch den Einsatz sogenannter Neigetechnik-Züge verkürzt werden. Bayerns Bahn-Chef Professor Peter Lisson erklärte im Dezember 1998 anläßlich eines Besuchs bei der Allgäuer Zeitung: „Kempten wird das bayerische Neigetechnik-Zentrum."

Fünfzig Jahre Stadtverkehr

Der sogenannte öffentliche Personennahverkehr (ÖVPN) mit Bahn und Omnibus gewinnt immer mehr an Bedeutung. Das wurde mit der Gründung der Nahverkehrskommission 1997 für das Oberallgäu und Kempten erneut deutlich. Zwei Kraftpostlinien ab Kempten waren schon 1928/29 ins Leben gerufen worden, und zwar nach Obergünzburg/Sontheim und Buchenberg/Isny. Weitere Busverbindungen folgten vor allem auf Strecken, die nicht von der Bahn erschlossen waren.
Die Notwendigkeit, auch einen innerstädtischen Omnibusverkehr ins Leben zu rufen, erkannte nach dem Zweiten Weltkrieg der Busunternehmer Josef Schattmeier: Zur ersten Allgäuer Festwoche 1949 rief er zusammen mit den Busunternehmen Bodenmüller, Haslach und Pfahler die Stadtverkehr GmbH ins Leben. Mit zwei mühsam zusammengebastelten Omnibussen wurde der Betrieb auf zwei Linien eröffnet. Bereits acht Jahre später baute der Stadtver-

kehr sein Netz auf sechs Linien aus, und in den folgenden Jahren wurden, auch im Zusammenhang mit dem Entstehen neuer Stadtteile, weitere Buskurse eingeführt. Das Bemühen, durch günstige, doch nicht immer rentable Verbindungen die Innenstadt vom Individualverkehr zu entlasten, führte dazu, daß der Stadtrat 1984 die finanzielle Förderung des Stadtverkehrs beschloß.

Seit 1995 zentraler Busbahnhof

Nahezu zwanzig Jahre reichen die Bemühungen um einen zentralen Busbahnhof zurück. Im Juli 1983 plädierte der Verkehrsausschuß der Stadt dafür, den alten Bahnhofplatz zur Drehscheibe des Stadtverkehrs zu machen. Die Verantwortlichen des Stadtverkehrs aber hielten den Platz für zu klein und traten für einen noch zentraleren Standort beim Königsplatz ein. So wählte man schließlich den heutigen Albert-Wehr-Platz am alten Lyzeum, obgleich das Gelände der Allgäuer Festwoche damit empfindlich beschnitten wurde. Im Februar 1993 fiel die Entscheidung im Stadtrat mit 25 zu 20 Stimmen denn auch denkbar knapp aus.
Ein Jahr zuvor war die Verkehrsgemeinschaft Kempten gegründet worden. Ihr gehören neun Unternehmen aus der Stadt und ihrem Umland an sowie, als Tochter der Stadt, die Kemptener Verkehrsbetriebe und Beteiligungsgesellschaft GmbH (KVB); letztere, weil der Zuschußbedarf des ÖPNV nicht aus dem städtischen Haushalt allein zu decken ist. Dank dieser Verkehrsgemeinschaft können die Omnibusgäste mit demselben Fahrschein alle Linien aus der Stadt und dem Altlandkreis Kempten benutzen.

Treffpunkt für 26 Linien

Nach einjähriger Bauzeit wurde am 4. September 1995 die moderne ZUM (Zentrale Umsteigestelle) auf dem Albert-Wehr-Platz eröffnet. Kostenpunkt: 3,8 Millionen Mark, wovon Vater Staat den Löwenanteil übernahm. Zugleich trat ein Fahrplan mit sogenannten Durchmesserlinien in Kraft. Alle 26 Linien der Verkehrsgemeinschaft, also nicht nur des Stadtverkehrs, treffen sich hier seither. Kleine Bemerkung am Rande: Der einstige Bürgermeister Albert Wehr, nach dem der Platz benannt ist, hatte 1949 als Verkehrsdezernent die Initiative Josef Schattmeiers zur Gründung des Stadtverkehrs aufgegriffen.
Beim Stadtverkehr sieht man seit Jahren verstärkt auf Umwelt-Verträglichkeit der Fahrzeuge. Die Stadt hat dies mit der Verleihung des Umweltpreises für 1998 gewürdigt. So wurden jüngst – nicht nur in diesem Unternehmen – alle dieselbetriebenen Omnibusse auf Greenergy-Diesel (ohne Schwefelgehalt!) umgerüstet. Der sogenannte Niederflurbus, der mit einer speziellen Filtertechnik (Katalysator und Rußfilter) ausgestattet ist, gilt ebenso als wichtiger Schritt zu einem Stadtverkehr ohne schädliche Abgase.

Sämtliche 26 Omnibuslinien der Verkehrsgemeinschaft Kempten führen zur 1995 vollendeten Zentralen Umsteigestelle (ZUM) auf dem Albert-Wehr-Platz

Statt Horrorvision ein zukunftweisendes Straßenprojekt

So sah es noch vor wenigen Jahrzehnten aus: Zwei bedeutende Bundesstraßen, München-Lindau und Ulm-Oberstdorf, führten durch den Stadtkern; eine dritte verlief von hier nach Füssen, eine vierte in Richtung Marktoberdorf. Angenommen, es wäre dabei geblieben, und zwar trotz heutigem Straßenverkehr, rasant gestiegenem Ausflügler- und Urlauberstrom, trotz einem engmaschigen Buslinien-Netz, trotz der halben Million Menschen, für die Kempten das Einkaufszentrum ist: Welch eine Horrorvision, gäbe es dennoch weder den Mittleren Ring noch die Autobahn! Die St.-Mang-Brücke wäre gefährlich schmal, auf der Burgstraße bestünde ein beängstigender Engpaß, die Fischerstraße wäre voll befahrbar – Verkehrslärm und Gestank wären unerträglich; infolge steter Staus läge die Innenstadt unter einer dichten Abgas-Glocke.
Wahrlich, ein gräßliches Szenario! Und es wäre vielleicht Wirklichkeit, hätte nicht das Straßennetz im Bereich dieses bedeutenden Verkehrsknotenpunktes seit 1950 eine völlig neue Struktur erhalten. Freilich, Kempten wäre andernfalls heute weder eine Schul- noch Behörden- noch Einkaufsstadt von Rang. Daß die Horrorvision nicht Realität wurde, ist einer weitschauenden Verkehrspolitik zu danken, besonders auch dem Weitblick eines städtischen Baurats: Vor fast einem Dreivierteljahrhundert, noch in den zwanziger Jahren, hatte dieser Mann, Maximilian Vicari, eine schier utopische Idee. Er begann, eine leistungsfähige Straße zu planen, die mit 16 Metern Breite rund um die Stadt führen sollte. Fast unglaublich zu einer Zeit, in der kaum jemand die rasante Entwicklung des Autoverkehrs ahnen konnte! Vicaris Konzept war praktisch ein „Ring", der vor allem im Westen, Norden und Osten Kemptens jenseits der damaligen dichten Bebauung verlaufen sollte.

Rund zehn Kilometer lang ist der autobahnähnlich angelegte Mittlere Ring um Kempten. 1972 wurde der Abschnitt zwischen Memminger Straße und Haubensteigweg ausgebaut

Nach 33 Jahren Mittlerer Ring

Maximilian Vicari hat die Ausführung nicht mehr erlebt. Er starb 1955. Sein Konzept aber ließ den modernen, autobahnmäßig gestalteten Mittleren Ring Wirklichkeit werden; denn wichtige Trassenabschnitte blieben im schnell wachsenden Kempten unbebaut und der Stadt damit unlösbare Grundstücksprobleme erspart. Ganz zu schweigen von den aktuellen Gesichtspunkten des Umweltschutzes, die heute, zwar vollauf berechtigt, selbst dringende Bauvorhaben immer wieder verzögern. Man denke nur an die unendliche Geschichte der so arg heimgesuchten Bundesstraße 19 südlich von Kempten: Schon lange vor dem Zweiten Weltkrieg waren hier Verbesserungen geplant!

Der Mittlere Ring wurde binnen 33 Jahren in 16 Bauabschnitten im Zusammenwirken von Stadt, Straßen-

Hier ein Blick auf den Adenauerring im Nordwesten der Stadt

neubauamt und Straßenbauamt gebaut. Den Auftakt bildete 1962 ein tausend Meter langer Abschnitt von der Lenzfrieder Straße zur heutigen Knussertstraße. Fünf Jahre später wurde die Straße zum Berliner Platz weitergeführt. Außerdem entstand der Nordring mit der an diesem Standort bereits von Vicari geplanten Brücke über die Iller. „Eigentlich müßte die Nordbrücke Allgäu-Brücke heißen, denn der nahe, frisch ausgebaute Berliner Platz ist die Drehscheibe des Verkehrs fürs ganze Allgäu," meinte damals Oberbürgermeister August Fischer.

1969/73 wurden im Zusammenhang mit dem Bau des Hauptbahnhofs zwei Abschnitte der Bahnhofstraße ausgebaut, außerdem die Strecke von der Lenzfrieder zur Füssener Straße sowie von der Memminger zur Lindauer Straße. 1976 folgten der Knotenpunkt Füssener Straße mit Brücke und zweiter Bahnunterführung (damit hatte der tägliche Fahrzeugstau nach Sankt Mang ein Ende) und, vorerst einbahnig, der Bereich von der Oberstdorfer zur Hermann-von-Barth-Straße.

Eine Brücke wird technisches Denkmal

Im Jahre 1980 kam der besonders wichtige Abschnitt von der Füssener Straße zur Kotterner Straße an die Reihe. Über die schmale, hölzerne König-Ludwig-Brücke, 1847/51 als Bahnbrücke erbaut, 1907 von der Stadt erworben und zur Straßenbrücke umgestaltet, rollte bis zu diesem Zeitpunkt immer noch der

Drei Brücken überqueren im Süden die Iller: Vorn die beiden 1904/1906 erbauten Beton-Bahnbrücken, eine von ihnen ist heute Teil des Mittleren Rings. Dahinter die historische Brücke aus dem Jahre 1847, nach Sanierung als König-Ludwig-Brücke Fußgängern und Radlern vorbehalten

gesamte Fahrverkehr. Seither aber ist sie als technisches Denkmal Radlern und Fußgängern vorbehalten. Hingegen ging das anschließende Brückenbauwerk der Bahn in den Besitz der Stadt über und wurde nach einem geschickten Umbau als Südbrücke Teil des Rings. Die Bundesbahn konnte, nach Fortfall des alten Sackbahnhofs, getrost auf diese Brücke verzichten, da die benachbarte dritte (südlichste) Illerbrücke für die Zufahrt zum neuen Hauptbahnhof vollauf reicht. 1983/86 erfolgte der Lückenschluß der Ringstraße im Süden und Südwesten, nachdem besorgten Anliegern bauliche Schallschutz-Maßnahmen zugesagt worden waren; und 1993/95 bildete der Ausbau der Knotenpunkte Lindauer- und Oberstdorfer Straße den Abschluß des Gesamtprojektes.
Der Mittlere Ring, dessen Abschnitte nach den Politikern Konrad Adenauer, Theodor Heuss und Kurt Schumacher benannt sind, ist rund zehn Kilometer lang und hat etwa 53 Millionen Mark erfordert. Hiervon haben Bund und Freistaat 40 Millionen finanziert bzw. durch Zuschüsse gefördert. Vier Kemptener Oberbürgermeister waren mit ihren Stadträten an dem Werk beteiligt: Zunächst Dr. Merkt, unter dem noch in der Weimarer Republik das erste Konzept entstand; dann August Fischer, der die Detailplanung vorantrieb und die ersten Abschnitte verwirklichen ließ; anschließend Dr. Höß, unter dem der Ausbau so weit voranschritt, daß der Ring praktisch funktionsfähig wurde; schließlich Dr. Roßmann, in dessen Amtszeit die Vollendung erfolgte. Die Aufgabe des Mittleren Rings ist auch heute das Sammeln und Verteilen des Ziel-, Quell- und Binnenverkehrs. Dies aber führt zu einer entscheidenden Entlastung des Stadtzentrums.

Autobahn als halber „Außenring"

Wenn wir vom Mittleren Ring sprechen – welches ist dann der Innere und welches der Äußere Ring um Kempten? Genau genommen, gibt es, mit etwas Phantasie, beide tatsächlich. Als Inneren Ring könnte man die Strecke Beethovenstraße-Freudenberg-Burgstraße-Illerstraße-Pfeilergraben-Residenzplatz-Salzstraße (oder, weiter gefaßt, mit Rottach-, Madlener- und Memminger Straße) ansehen. Ein Äußerer Ring hingegen besteht „nur" zur Hälfte: Einmal die Autobahn 7, die unmittelbar an Kempten vorbei praktisch von Flensburg bis kurz vor die österreichische Grenze bei Füssen führt. Sie stellt eine herausragende Fernverbindung dar und ist zugleich ein wesentlicher Faktor für die Wirtschaftsentwicklung der Allgäu-Metropole. Auch die Bedeutung der Bundesstraße 12 neu im Abschnitt der Ost-West-Mini-Autobahn zwischen dem Autobahn-Dreieck Allgäu südöstlich von Kempten und dem Ende des Weitnauer Tals ist als südliche Umgehung der Stadt hoch einzuschätzen.
Ein schweres Unglück hatte die Bauarbeiten an der A 7 überschattet: Am 30. April 1974 stürzte die noch unfertige Leubasbrücke ein. Neun Menschen fanden den Tod, 13 wurden schwer verletzt.

Am 10. Dezember 1976 gab Bayerns Innenminister Dr. Bruno Merk in dichtem Schneegestöber die 18,5 Kilometer lange Autobahnumgehung von der Anschlußstelle nahe dem Berliner Platz nach Süden bis zum Anschluß an die Bundesstraße 309 und dann weiter nach Westen bis zur Bundesstraße 19 bei Waltenhofen frei. Damit hörte Kempten endlich auf „Nadelöhr" des überörtlichen Fahrverkehrs zu sein.

Nord- oder Südtrasse?

Doch sollte Dr. Merks Prophezeiung, die A 7 werde schon sieben Jahre später bis zum Reschenpaß führen, nicht in Erfüllung gehen. Allerdings hätte ursprünglich manches anders sein sollen. Die Autobahnen waren bekanntlich keineswegs eine Erfindung des Dritten Reiches. Vielmehr tauchte der Gedanke solcher Straßen schon vor 1914 auf, und der sogenannte HAFRABA-Verein (Verein zur Vorbereitung der Autobahn Hansestädte-Frankfurt-Basel)

Hart östlich an Kempten vorbei verläuft die Autobahn 7 Flensburg-Füssen. Die Luftaufnahme zeigt das Kleeblatt mit dem Anschluß von der Bundesstraße 12 beim Stadtteil Bühl

legte bereits 1927 – also etwa gleichzeitig mit Vicaris Ring-Konzept! – den primären Plan eines deutschen Autobahnnetzes vor. Dieser Plan stimmte weitgehend mit dem ersten Grundnetzplan der Reichsautobahnen von 1934 überein. Nach zeitgenössischen Skizzen sollte die Trasse zwischen München und Lindau nördlich von Kempten verlaufen. Dann erfolgte eine für Kempten bedeutsame Änderung: Eine Trasse südlich an Kempten vorbei in Richtung Salzburg wurde gewählt. Erklärtermaßen plante man die Autobahnen damals vor allem nach militärischen Gesichtspunkten...

„Nicht mehr im Allgäu"

Als das 1962 gegründete, mit dem Bau moderner Bundesfernstraßen in Schwaben betraute Straßenneubauamt Kempten die Südtrasse in Richtung Bodensee beibehalten wollte, rief dies die Kemptener auf den Plan. Sie forderten eine Führung nördlich ihrer Stadt durchs Leubastal. In einem einmütigen Stadtratsvotum und dann in einer Bürgerversammlung am 7. März 1968 wurden Argumente hierfür dargelegt: Kostenersparnis, Landschaftserhaltung, günstigere Anbindung an die Stadt, klimatische Gründe. Oberbürgermeister August Fischer formulierte: „Das Allgäu ist gleichsam ein Korb, der kleiner wird, je südlicher die Trasse liegt. Mit der Südtrasse wäre Kempten nicht mehr im Allgäu." Auch die Landkreise Marktoberdorf und Lindau plädierten für die Nordtrasse, während die Landkreise Füssen und Sonthofen sowie Baden-Württemberg die Südtrasse vorzogen. Denn es gab auch gewichtige Gegengründe. So machten Gemeinden nördlich von Kempten mobil; vor allem im Raum Kimratshofen war man besorgt über gravierende Einschnitte in die Landschaft und Landwirtschaft. Und Regierungsbaudirektor Ludwig Orner vom Straßenneubauamt unterstrich: Die Autobahn müsse als wichtige Verkehrsader so nahe wie möglich an die Berge herangeführt werden.

Aus dem Kreuz wird ein Dreieck

Die Diskussion währte fast ein Jahrzehnt. Das Ende vom Lied: Es blieb bei der Südtrasse, die jedoch, vielleicht nicht zuletzt auch als Folge des zeitraubenden Raumordnungsverfahrens, zum Torso wurde. Die Fortsetzung vom Weitnauer Tal an den Bodensee entfiel, ebenso die Weiterführung östlich Kemptens zur Autobahn München-Salzburg. Aus dem ursprünglich geplanten Autobahn-Kreuz Allgäu ist ein Autobahn-Dreieck geworden. Und statt der Autobahn führt nun eine neue Bundesstraße 12 von Kempten in Richtung Landeshauptstadt.
Hingegen ist die Autobahn München-Memmingen-Lindau inzwischen nahezu vollendet. Immerhin letztlich, wenngleich ziemlich in die Ferne gerückt, von Kempten aus gesehen doch eine Art Nordtrasse...

Gleichsam ein früher „Altstadtdurchbruch" war die Schaffung der Freitreppe als Verbindung zwischen der Rathaus- und Fischerstraße. Die Bauarbeiten lockten zahlreiche Zuschauer an. 1903 war die Anlage fertig, und genau 80 Jahre später wurde sie grundlegend saniert. Auch das Schlößle oberhalb der Treppe hat seither sein Gesicht gewandelt

Freitreppe und Mondschein-Beleuchtung

Denken wir an Kemptener Straßenneubauten, so dürfen wir aber auch die erste Jahrhunderthälfte nicht vergessen. Einmal abgesehen von zahlreichen Verkehrsadern, die im Zusammenhang mit der fortlaufenden Stadterweiterung entstanden, sei an das Bemühen von Bürgermeister Adolf Horchler erinnert, die Verbindungen zwischen Alt- und Neustadt, also ehemaliger Reichs- und Stiftsstadt, zu verbessern. So entstand 1903 die Freitreppe zwischen Rathausstraße und Fischerstraße mit weiterem Straßenbau in Richtung Neustadt/Bodmanstraße.

Und Horchler sorgte für mehr Licht. Ein Verwaltungsbericht der Stadt besagt: „Mit Magistratsbeschluß vom 18. Mai 1900 wurde angeordnet, daß künftighin die Richtungslaternen auch bei Mondschein angezündet werden sollen..." Zur Wende 1899/1900 waren in Kempten 188 solcher Laternen und 13 „halbnächtig brennende Laternen" vorhanden. Dazu flammten aber 1901 auf Kemptens Plätzen erstmals zehn elektrische Bogenlampen auf. Zum Vergleich: Heute zählt (das allerdings inzwischen weitaus größere) Kempten rund 7300 Straßenleuchten.

Straßennetz fast verzehnfacht

Im Jahre 1931 gab es in Kempten erst 40 Kilometer Straßen, davon noch fast 18 Kilometer unbefestigt. Und wieder zum aktuellen Vergleich: Laut heutigem Stand beträgt das Straßennetz in der Stadt gut 352 Kilometer, davon rund

Ein fröhliches Kinderfest hätte es sein sollen an jenem schönen Septembertag 1946, doch es wurde zu einem der schwersten Unglücke dieses Jahrhunderts: Wegen des Gedränges knickte der Illersteg ein; neun Todesopfer und über 200 Verletzte waren zu beklagen

215 km Gemeindestraßen, fast 35 km Autobahnen, Bundes- und Staatsstraßen sowie an die 14 km Kreisstraßen – der Rest sind öffentliche und beschränkt öffentliche Wege.

Anno 1930 wurde der Illersteg gebaut, mit dem sich die Erinnerung an ein grauenhaftes Unglück verbindet: Am 29. September 1946 hatte die amerikanische Besatzung zu einem Kinderfest eingeladen. Das Gedränge auf dem Steg war so stark, daß das Mittelteil abknickte. Eine unbeschreibliche Panik brach aus. Etwa 150 Menschen stürzten ins Wasser; neun Tote und über 200 Verletzte waren zu beklagen.

Gefahrenherd Burgstraße entschärft

Oberbürgermeister Dr. Merkt sorgte kurz vor Ausbruch des Zweiten Weltkrieges für eine wesentliche Verbesserung der innerstädtischen Ost-West-Achse. Die Burgstraße führte damals mit zwei fast rechtwinkligen Kurven den Freudenberg hinauf und hatte zwei Engstellen, an denen zwei Autos nur bei Benutzung der Bürgersteige aneinander vorbeikamen; die Folge waren etliche Unfälle mit zwei Toten. Dann erfolgte für gut 155 000 Reichsmark der Durchbruch Freudenberg mit einer Begradigung der Burgstraße und zugleich mit dem Ausbau des sogenannten Engel-Kellers an der Nordseite der Burghalde zum ersten Kemptener Sammel-Luftschutzraum. Die neue Burgstraße wurde im September 1940, also schon im Krieg, für den Verkehr eröffnet. Dr. Merkt hatte recht mit seiner Ankündigung: „Man wird erstaunt sein, welch schöne Stücke der alten Stadtmauer durch den Durchbruch erschlossen werden."

Nach dem Krieg wurde dann die St.-Mang-Brücke erneuert (1951/52), ein verbliebener Engpaß der Burgstraße beseitigt, später auch die innerstädtische Nord-Süd-Verkehrsachse, insbesondere die aus dem Altstadtkern hinaus-

Fischerstraße anno 1970 – Schwabens erstes Fußgänger-Paradies entsteht

führende Rottachstraße ausgebaut und so die Memminger Straße entlastet. Ein aktuelles Straßenbau-Projekt ist nun die Anbindung des neuen Stadtteils Ludwigshöhe an den Schumacherring. Zu Fuß ist dies bereits über die vor einigen Jahren angelegte neue Leonhardbrücke möglich. Die Bauarbeiten sollen möglichst im Jahre 2000 abgeschlossen werden.

Schwieriges Unterfangen

Wer Straße und Auto sagt, muß auch an Parkplätze und Fußgänger denken. 1990 entwickelte eine Arbeitsgruppe der Stadtverwaltung ein Konzept für die Innenstadt, um das Kunststück fertigzubringen, daß man zwar fast jede Stelle des Zentrums leicht mit dem Auto erreicht, aber andererseits der Fußgänger weitgehend das Vorrecht hat. Ein schwieriges Unterfangen...

Da geht es einmal um Parkmöglichkeiten. Seit langem gibt es in Kempten eine Bewirtschaftung mit Parkuhren und -automaten. Etliche Parkhäuser und Tiefgaragen entstanden oder wurden modernisiert – von der Hirnbein- zur Kronenstraße, bei Kaufhäusern und auf bzw. unter dem Königsplatz. Dazu kommen zentrumsnahe Freiflächen wie an der Allgäu-Halle und am Illerdamm. Ein Parkleitsystem weist Ortsunkundige auf die einzelnen Möglichkeiten hin.

Die Brandstatt – Kemptens jüngste, 1998/99 ausgebaute Fußgängerzone

Erste Fußgänger-Paradiese

Das erste ausgebaute Fußgänger-Paradies Schwabens entstand in Kempten, nämlich 1970 in der Fischerstraße. Weitere Fußgängerzonen und verkehrsberuhigte Bereiche folgten; so die Rathausstraße, Gerberstraße, Fischersteige und Promenadestraße, Sutt, Klostersteige und 1998/99 die Brandstatt.

Die Fußgängerzone Fischerstraße wäre ohne den Durchbruch Kronenstraße kaum denkbar gewesen. Dieser später umstrittene Durchbruch zerstörte zwar eine gewachsene Struktur und bescherte dem Rathausumfeld einen Durchgangsverkehr. Doch brachte die Erklärung zum verkehrsberuhigten Bereich wieder eine Entlastung.

Als ein Hauptanziehungspunkt Kemptens gilt die 1970 eröffnete Fußgängerzone Fischerstraße. 1999 wurde eine gründliche Modernisierung in Angriff genommen

Neue Initiativen

Neue Initiativen sollen Kemptens Zentrum attraktiver machen. Unter Oberbürgermeister Dr. Ulrich Netzer gestaltet die Stadt vor allem die Achse von Basilika und Residenz über die Fußgängerzone Fischerstraße zum Freudenberg neu. Hier handelt es sich, wie Baureferentin Monika Beltinger formuliert hat, um die „Hauptschlagader des innerstädtischen Verkehrs". Dabei wird es ein besonderes Anliegen bleiben müssen, auch dafür zu sorgen, daß die etwas abseits gelegene Altstadt geschäftlich nicht wieder ins Hintertreffen gerät, wie dies nach Schaffung der Fußgängerzone Fischerstraße zunächst der Fall war. Und dies etwa bringt das Konzept: Kornhaus-, Residenz- und Hildegardplatz werden – als Gegengewicht zum geplanten Forum Allgäu am alten Bahnhof – neu gestaltet. Die drei Plätze erhalten mit Grünflächen und Brunnen ein neues Gesicht und werden nicht, wie bisher, diagonal vom Fahrverkehr durchschnitten. Die 30 Jahre alte Fußgängerzone Fischerstraße wird seit Frühling 1999 entrümpelt und modernisiert: mit neuem Beleuchtungskonzept, städtebaulicher Aufwertung der Freudenberg-Kreuzung und Hervorhebung der vorhandenen Brunnen, vor allem aber mit mehr Platz und Aufenthaltsbereichen für Fußgänger. Im Jahre 2000 soll – hier hatte es eine längere Diskussion gegeben – auch ein Teil der Bahnhofstraße neu gestaltet werden.

Flugplatz am Tor der Alpen

„Es muß möglich sein, daß der Berliner am Samstag früh mit dem Flugzeug nach Durach fliegt, den Samstag und Sonntag im Gebirge zubringt und am Montag mittag wieder in Berlin ist..." So Oberbürgermeister Dr. Otto Merkt im Jahre 1942. Zwar sollte Dr. Merkt hier nur bedingt recht behalten. Doch kommt dem Platz nach wie vor zumindest regionale Bedeutung zu. Er ist, wie Oberbürgermeister August Fischer einmal formulierte, als südlichste und mit 715 Metern über dem Meeresspiegel höchstgelegene Anlage dieser Art in Deutschland „...der Flugplatz am Tor zu den Alpen".

Die Historie dieses Platzes sei besonders in den Anfängen mit jener der Luftsportgruppe Kempten/Allgäu gleichzusetzen, berichtet die 1995 erschienene „Geschichte der Gemeinde Durach". Bestrebungen, einen Flugplatz anzulegen, gehen bis in die zwanziger Jahre zurück. Zunächst gab es 1926 in Kempten eine einschlägige Versammlung. Dann veranstaltete das Arbeitsamt einen Kurs für Segelflugzeugbau, etwa zugleich baute auch die Kolpingfamilie ein solches Flugzeug. Im Mai 1932 folgte der erste Start an der Ludwigshöhe.

Inzwischen hatten auf Veranlassung von Dr. Merkt Sachverständige die Kemptener Umgebung besichtigt und eine Fläche zwischen Öschlesee und Durach als Standort für einen Flugplatz empfohlen. Den Anstoß zum Bau gab das Angebot, einen großen Bauernhof zu nutzen. 1934 wurde auf dem Gelände eine Halle errichtet, im selben Jahr fand der erste Schleppflug statt. 1935 bestätigte das Luftamt München die Anmeldung des Privatlandeplatzes. Auswärtige Sportflieger konnten den alsbald vergrößerten Platz anfliegen. Luftwaffe, Schüler der Ordensburg Sonthofen und das NS-Fliegerkorps nutzten die Anlage.

Ein Dokument aus der Frühzeit des Flugplatzes Kempten-Durach: der Deutsche Alpenflug am 22. September 1935

Sobald dies nach dem Krieg wieder erlaubt war, erfolgte die Gründung der Luftsportgruppe Kempten. 1955 gab der Freistaat Bayern den Platz für Motorflugzeuge frei. Kurt Müller, Vorsitzender der Kemptener Gruppe, und seine Tochter Ingrid, damals mit 17 Lenzen Deutschlands jüngste Fliegerin, begannen den Motorflug-Betrieb.

30 000 beim Großflugtag

Fronleichnam 1957 trafen im Rahmen des Deutschlandfluges 412 Motormaschinen ein. Am 6. August 1957 fertigten hier Grenzpolizisten und Zollbeamte erstmals eine Motormaschine für den Auslandsflug ab. Noch im selben Jahre nahm die unter maßgeblicher Beteiligung der Stadt gegründete Landeplatz-Gesellschaft mbH den Platz unter ihre Regie. Und zum Großflugtag am 1. Mai 1958 fanden sich fast 30 000 Zuschauer ein. Ein Jahr später wurden ein repräsentatives Flugleitungsgebäude mit Turm sowie ein Café eröffnet, 1962 die Fliegerschule Deutscher Alpenflug gegründet, und zugleich begannen die Rund- und Charterflüge.

Am 27. November 1986 wurde nachts die Flugzeughalle nebst 22 Flugzeugen und einigen Wohnmobilen, vermutlich durch Brandstiftung, ein Raub der Flammen. Statt dessen baute man dann drei kleinere Hallen. Ende 1993 wies der Verkehrslandeplatz einen Bestand von rund 30 Motorflugzeugen auf. Rund 125 einheimische Flieger können hier im Verein ihren Sport betreiben; zunehmend wird der Platz auch von Fremden angeflogen, und jährlich finden Kurse für Motor- und Segelflug statt. 1955 ließ die Stadt Kempten die Nord-Süd-Landebahn sanieren.

Im Jahre 1998 starteten in Durach insgesamt 11 755 Motorflugzeuge, das waren genau 1069 mehr als im vorausgegangenen Jahr. Die Steigerung betraf allerdings nur 273 mal Motorflugzeuge und Helikopter, während die übrigen 796 Starts auf das Konto lärmarmer Ultraleichtflugzeuge gingen. Die Startpiste Nord, die an dem Baugebiet Lindenhöhe/Hungersberg vorbeiführt, soll übrigens entlastet werden, hat der Geschäftsführer der Landeplatz-Gesellschaft, Max Waldmann, im Frühjahr 1999 dem Duracher Gemeinderat angekündigt und versichert, daß man insbesondere auch die Mittagsruhe an Sonn- und Feiertagen achten werde.

Hier kann man das Fliegen erlernen oder bei einem Rundflug das Allgäu aus der Vogelperspektive erleben. Genau 11 755 Motorflugzeuge starteten im Jahre 1998 vom Flugplatz Kempten-Durach

Wirtschaft in Kempten

Weichen der Handelsmetropole auf Europa stellen

Kempten gilt als die älteste Stadt Deutschlands. Der ehemalige Verwaltungssitz der römischen Provinz Raetien entwickelte sich bis heute zu einer der umsatzstärksten deutschen Einkaufsstädte. „Gemessen an der Kaufkraft aller Kemptener, vom Säugling bis zum Greis, wird doppelt soviel Geld im Handel umgesetzt", erklärte Oberbürgermeister Dr. Ulrich Netzer im Sommer 1999 der amerikanischen Konsulin Anna Romanski. Die Leiterin des U.S. Information Service für Bayern staunte nicht schlecht über die wirtschaftlichen Eckdaten der Stadt kurz vor dem Jahrtausendwechsel. Mit 39 200 Arbeitnehmern und nur 7,1 Prozent durchschnittlicher Arbeitslosigkeit im Jahr 1998 zählt Kempten zu den zehn günstigsten Arbeitsamtsbezirken in Deutschland. „Wir stellen gerade die Weichen für ein europäisches Kompetenzzentrum der Milchverarbeitung in Kempten", beschrieb Dr. Netzer eines seiner wichtigsten Projekte. Daneben verfolgt er die Umgestaltung der Innenstadt, die durch ein neues Einkaufszentrum samt Multifunktionshalle die Handelsmetropole Kempten stärken soll.
Auf die Frage, welche Firmen internationale Bedeutung haben, erklärte Dr. Netzer stolz, daß jeder zweite Reifen weltweit mit einer Maschine der Saurer Allma Kempten hergestellt werde. Da die Allgäu-Metropole für jede Art von Schwerindustrie ungeeignet ist und keinen Industriegiganten besitzt, ist die gesamte Industriestruktur eher mittelständisch, aber klar exportorientiert. Internationale Bedeutung besitzen auch die Liebherr-Verzahntechnik, Kemptener Maschinenfabrik, 4P-Nicolaus Kempten, Dixie-Union und Dachser-Spedition. Ein Erfolgsgeheimnis ist in seinen Augen der Allgäuer Mächelergeist, mit dem an Problemlösungen getüftelt werde, um die Ergebnisse dann weltweit zu verkaufen. Zu den High-Tech-Produzenten in Kempten zählt der Oberbürgermeister das Elektroschmelzwerk, die Ott-Meßtechnik, die seit über 100 Jahren den Weltmarkt in der Hydrometrie bestimmt, und die Firma Rico, die mit ihren Systemen zur Kanalüberwachung und -sanierung weltweit operiert.
In Oberbürgermeister Netzers ersten zwei Amtsjahren stieg die Zahl der Beschäftigten im verarbeitenden Gewerbe um fast 500 auf rund 6000. Gleichzeitig machte der Umsatz einen Sprung auf über 1,46 Milliarden Mark, wovon mehr als ein Drittel aus dem Export stammt.
Beim Eintrag ins Goldene Buch der Stadt wollte die Diplomatin auch wissen, wie sich Kempten für das nächste Jahrtausend gerüstet hat. „Seit der Ansiedlung der Spinnereien in Kempten vor 150 Jahren betreiben wir aktive Wirtschaftsförderung und verstehen uns als Lokomotive der wirtschaftlichen Entwicklung im Allgäu", war die Antwort von Dr. Netzer. Zu den Kemptener

Hoffnungen zählt der Oberbürgermeister die Konzentration von Informations- und Kommunikationstechniken. Außerdem schnürten Politik und Wirtschaft als Unterstützung für junge Firmen ein Angebotspaket aus Gründerzentrum Cometa Allgäu, Technopark, IHK Innotec GmbH, Fachhochschule und Risikokapitalfonds Allgäu.

Beginn mit Massenproduktion

Man sagt den Kemptenern seit eh und je einen ausgeprägten Geschäftssinn nach. Folglich steht diese Jahrhundertbilanz am Ende einer erfolgreichen Entwicklung, die meist von Politik und Verwaltung unterstützt und gefördert wurde. Bürgermeister Adolf Horchler zählt bereits 1900 seinem Ratskollegium 170 neue Gewerbebetriebe auf. Bis Ende 1911 meldeten sich jährlich zwischen 180 und 260 neue Firmen an, was unterm Strich ein Plus von 500 Gewerbetreibenden in zwölf Jahren bedeutet.
Der Allgäuer Flachsanbau sowie die Iller waren günstige Voraussetzungen für die Entstehung einer Textilindustrie, die Mitte des 19. Jahrhunderts mit der Übernahme englischer Maschinentechnik für textile Massenproduktion beginnt. Auf den Krieg von 1870/71 folgen die Gewerbefreiheit, Auflösung der Zünfte und Wirtschaftswachstum. Damit wächst der Zustrom der Bevölkerung aus den ländlichen Gebieten nach Kempten, das seine Stellung als wichtiger Handelsplatz festigt. 1898 arbeitet der erste Dieselmotor der Welt in einer Kemptener Zündholzfabrik, und ein Jahr später

Der erste Fabrik-Dieselmotor der Welt

fährt erstmals ein Automobil durch die Stadt. Zur Jahrhundertwende gibt es kein elektrisches Licht und kaum ein Telefon. Erst ein Jahr vor dem Ausbruch des Ersten Weltkrieges fliegt erstmals ein Flugzeug über die Stadt, und der erste Radioapparat dürfte 1921 nach Kempten gekommen sein.

Alles nur Zufall?

Oberbürgermeister Dr. Otto Merkt philosophierte 1924, welche Industrie neben der Milchwirtschaft wohl die richtige sei: Textil wegen der Wasserkraft oder Holz wegen der Wälder? Im übrigen sei Industrie-Ansiedlung in Kempten immer noch Zufallssache, verurteilte er die fehlende Grundstückspolitik seiner Vorgänger: „Die Stadt braucht Grund und Boden, wenn sie Industrie- und Gewerbepolitik treiben will." Dr. Merkt erkannte schnell seine Grenzen und versuchte 1939 vergeblich, Sankt Mang einzugemeinden.

Oberbürgermeister August Fischer gelang es, den Industrie- und Handelsplatz auszubauen. Der wirtschaftliche Aufschwung hielt bis Anfang der neunziger Jahre an und zeigte dann aber in den Bereichen Textil, Maschinenbau und Bauhauptgewerbe einen gravierenden Einbruch.

In dieser schwierigen Zeit offenbarte sich, wie die von Dr. Merkt geforderte Unterstützung der Wirtschaft durch die Kommune vernachlässigt wurde. Im städtischen Jahresbericht 1991 notiert das Amt für Stadtentwicklung nur einen Satz: „Im Bereich der Wirtschaftsförderung konnte der Kontakt zur lokalen Wirtschaft durch Wirtschaftsgespräche und Betriebsbesichtigungen weiter intensiviert werden." Erst unter Oberbürgermeister Dr. Netzer wird dafür mit Dr. Richard Schießl eine eigene Stelle im Rathaus geschaffen.

Wichtiges Bindeglied

Als wichtiges Bindeglied zwischen Betrieben, Kommune, Politik und Gesellschaft erweist sich das Industrie- und Handelsgremium. Es ist während des 20. Jahrhunderts stets mit einflußreichen und weitblickenden Persönlichkeiten bestückt wie Heinrich Düwell jun., Chef der Spinnerei und Weberei, Brauhaus-Mitinhaber Hans Schnitzer, Brauhaus-Direktor Eugen Effhauser, Sparkassen-Direktor Eugen Stier und heute der Liebherr-Geschäftsführer Mario Trunzer.

Textilindustrie

Doch zurück zur Textilindustrie, die fast 150 Jahre die meisten Arbeitsplätze in Kempten und Sankt Mang bot. 1847 wurde die Spinnerei und Weberei Kottern gegründet und beschäftigte 1864 bereits 700 Menschen an 230 mechanischen Webstühlen. Vor dem Ersten Weltkrieg steigerten die Unternehmerfamilien Fries und Kremser die Zahl auf 1100 Beschäftigte. Die große Wirtschaftskrise von 1929 bis 1933 wirkte sich stark auf Sankt Mang mit seiner krisenempfindlichen Textil-Industrie aus. In den reichen USA ging während dieser Jahre der gesamte Umsatz des Einzelhandels um fast die Hälfte und in Deutschland um fast 40 Prozent zurück. Die Fabrik zählte aber seit der 1929 erfolgten Umstellung auf vollautomatische Weberei wieder zu den modernsten deutschen Fabriken ihrer Art. Im Zwei-Schicht-Betrieb arbeiteten 1250 Beschäftigte.

Kottern-Textil 1940

Im Juli 1944 zerstörten rund 200 Sprengbomben das Fabrikgelände. 1945 kam die Fabrik unter Treuhandverwaltung und hatte nur ein Zehntel ihrer vorigen Belegschaftsstärke. Zehn Jahre nach Kriegsende wurden erneut 1200 Beschäftigte an 950 Automaten-Webstühlen gezählt. Die Gesellschaft, die seit 1966 als Kottern Textil GmbH firmierte, wurde 1972 mit der Mehrheitsaktionärin Christian Dierig AG in Augsburg verschmolzen. In ihrer Blütezeit galt die 1805 gegründete Firma Dierig als eine der größten Baumwollspinnereien in Europa mit 15 000 Mitarbeitern. Die Produktion von Bekleidungs- und technischen Geweben aus Baumwolle und Synthetik wurde in Kottern weitergeführt. Die Zahl der Beschäftigten sank 1979 auf knapp 500 Personen. Im September 1991 schloß die Spinnerei, und im Mai 1992 teilte die Geschäftsführung den 200 Weberei-Beschäftigten mit, daß sie bis Jahresende ihren Arbeitsplatz verlieren.

A. Kremser

Gründerzentrum in Kottern

Was Cometa für Leubas, ist Dierig für Kottern. Ebenfalls als Gründerzentrum, wenn auch für andere Branchen, sieht die Dierig Holding AG Anfang 1999 den Gewerbepark Kottern, der auf dem Gelände und in Gebäuden der ehemaligen Textilfabrik entstand. Rund 50 Unternehmen mit etwa 170 Mitarbeitern haben sich dort seit Ende 1992 angesiedelt. Dazu sollen ab 2000 drei Neubauten für ein Busunternehmen, einen Lebensmittelmarkt und die Neuapostolische Kirche kommen. Zu den erfolgreichsten Unternehmensgründern zählt die VF Verpackungen GmbH, die Folien für die Lebensmittelindustrie herstellt und mit ihren 30 Mitarbeitern einen Jahresumsatz von 20 Millionen Mark erwirtschaftet. In der ehemaligen Weberei stellt die „Trenn-, Biege- und Montagetechnik TBM" Kleinteile für die Elektro- und Elektronik-Industrie her und machte 1998 über vier Millionen Mark Umsatz.

Denzler AG

Der zweite große Textilbetrieb in Kottern ist die 1864 gegründete Denzler AG der Gebrüder Friedrich und Heinrich Denzler aus der Schweiz. Ihr Produktionsprogramm erstreckte sich auf die Herstellung von Webzwirnen, rohen Näh- und Fischernetzwirnen. In diesem aufblühenden Unternehmen – das zwischen 1890 und 1910 seine Produktionsmenge verdoppelte – fanden

Denzler AG

89

vor dem Zweiten Weltkrieg rund 300 Arbeiter Arbeit und Brot. 1946 stieg die Zahl auf 400 Beschäftigte in Kistenmacherei und Cordzwirnerei. Noch Anfang der siebziger Jahre zählte die Denzler AG mit 150 Arbeitskräften und einem Zweigbetrieb in Bremerhaven zu den bedeutendsten europäischen Unternehmen in der Zwirn- und Netzherstellung für die Fischerei. Durch die Reduzierung der Fangquoten war die Netzproduktion rückläufig und wurde 1985 stillgelegt. Sechs Jahre später entschloß sich die Schweizer Eigentümerfamilie Neef, die Produktion komplett aufzugeben und sich auf die Vermarktung der Liegenschaften zu beschränken. Ein Teil des Werkes war seit 1963 an die Kunert-Werke Immenstadt vermietet, die 1970 mit 250 Mitarbeitern zehn Millionen Strümpfe produzierten.

Spinnerei- und Weberei Kempten

Die 1852 gegründete Spinnerei und Weberei Kempten war über 100 Jahre lang der bedeutendste lokale Arbeitgeber. Dank steigender Nachfrage konnten die Produktions- und Kraftanlagen ständig vergrößert und verbessert werden. 1882 erwarb das Werk die benachbarte Weberei Sandholz. In der Blüte des Unternehmens 1900 waren 1100 Arbeiter beschäftigt. Nach 1945 betrug der Anteil der Heimatvertriebenen rund 40 Prozent der Belegschaft. 1964 produzierten 500 Arbeiter etwa zwölf Millionen Meter Gewebe. Zehn Jahre später zeigte sich die Bilanz effizienter: 430 Arbeiter stellten etwa 15 Millionen Quadratmeter Rohgewebe aus Baumwolle und Chemiefasern für Kleider-, Blusen- und Wäschestoffe sowie technische Gewebe her. Doch dann folgte der gleiche Niedergang wie in Kottern: 1991 übertrug die Spinnerei und Weberei Kempten ihren Geschäftsbetrieb mit 363 Mitarbeitern auf die Momm AG

Spinnerei und Weberei Kempten

Kaufbeuren, als Teil der Kolbermoor AG, die 1992 die Tore zusperrte und auf dem Fabrikgelände lieber Wohnungen bauen möchte. Seitdem steht die Industrieanlage weitgehend leer. Nur die Wasserkraftwerke laufen weiter und liefern heute dem Allgäuer Überlandwerk Strom für etwa 3600 Haushalte.

Papierfabrik

Neben der Textilproduktion gehörte die Papierindustrie in Kempten zu den ältesten Gewerbezweigen, die sich über 500 Jahre entwickelte. Schon der Astronom Kepler ließ eines seiner Werke auf Kemptener Papier drucken. In der ersten Hälfte des 20. Jahrhunderts gehörte die Schachenmayr'sche Papierfabrik an der Iller neben Haindl-Papier in Hegge und der Papier- und Pergamentfabrik in Seltmans zu den führenden Betrieben. Seit 1709 stellte die Familie Schachenmayr am rechten Illerufer handgeschöpftes Papier her, welches um 1850 von maschinell hergestellten Druck- und Schreibpapieren ersetzt wurde. Der Betrieb überstand zwei Weltkriege, wurde aber 1974 wegen Überalterung des Maschinenparks stillgelegt und zehn Jahre danach abgebrochen.

Neues Gewerbe am Ostbahnhof

Textil und Papierherstellung waren also die bestimmenden Betriebe um 1900. Doch Bürgermeister Adolf Horchler erkannte den langsam einsetzenden technischen Fortschritt und gab 1907 den Auftrag für den Bau einer zweiten Bahnhofsanlage (Ostbahnhof) mit Industriegleisanschlüssen an der Bahnlinie Kempten - Ulm. Dabei zeigte er Weitblick, indem er verschiedene Grundstücke im Umfeld erwarb, um diese der örtlichen Industrie und dem Handel billig zu verschaffen. Doch dann folgten zwölf Jahre Erschließungspause, ehe Dr. Merkt das Industrie-Gleis fertigstellen und eine Kraftstromversorgung einrichten ließ. Im Winter 1923/24 wurden Erwerbslose viele Monate hindurch am Ostbahnhof beim Ausbau beschäftigt. Bis 1930 begrüßt Dr. Merkt zwölf neue Unternehmen, darunter die Offset-Druckerei Heinrich Nicolaus GmbH, die Pergamentpapier bedruckt.

Verpackungsindustrie

Das Allgäu war als traditioneller Lieferant von Milchwirtschaftserzeugnissen früh auf den Export über seine regionalen Grenzen hinaus angewiesen. In enger Verbindung mit der Milchwirtschaft entstand eine Pergament- und Papierindustrie, aus der mit der Firma Nicolaus eines der bedeutendsten Werke für Druck und Verpackung hervorgegangen ist. Ab 1920 wurde erstmals der Offsetdruck auf Pergamentpapier entwickelt. Bereits 1936 veräußerte der in Ronsberg geborene Heinrich Nicolaus das Kemptener Werk an die Unilever

4 P Nicolaus

Deutschland, die den Standort auf 400 Beschäftigte ausbaute. Nach der völligen Zerstörung im Zweiten Weltkrieg entstand bis 1956 eines der größten Versuchslaboratorien für Verpackung in Europa, und 1000 Mitarbeiter produzierten Faltschachteln und Verbundfolien aller Art. In der Amtszeit von Oberbürgermeister August Fischer verlegte die 4P-Gruppe, die Werke in mehreren westeuropäischen Ländern unterhält, ihre Hauptverwaltung nach Kempten und machte damit die Stadt ab 1964 zu einem Zentrum der europäischen Verpackungswirtschaft. Diese Entwicklung kam nicht von ungefähr, besaß die 4P-Gruppe doch allein im Allgäu drei ihrer insgesamt dreizehn Fertigungsbetriebe. In Kempten wurde der Spezialberuf Verpackungsmittelmechaniker geprägt. Die 4P-Gruppe exportierte ihre Erzeugnisse 1973 in mehr als 30 Länder der Erde, erreichte einen Totalumsatz von über 520 Millionen Mark und war damit wichtigster Steuerzahler der Stadt.

Doch dann geriet der Konzern ins Schlingern und wurde an den niederländischen Konzern Van Leer verkauft, der die Mitarbeiterzahl erheblich senkte. 1997 übernahm der belgische Industriekonzern Van Genechten, der zu den größten Faltschachtelherstellern in Europa zählt, das Werk Kempten mit 500 Mitarbeitern. Im Frühjahr 1999 meldete die Allgäuer Zeitung: „Die Mitarbeiterzahl beim Kemptener Faltschachtelhersteller Van Genechten Nicolaus soll nach starkem Abbau in den vergangenen Jahren in diesem Jahr stabil bei 390 bleiben. Insgesamt blickt man auch am Standort Kempten optimistisch in die Zukunft, bietet VG Nicolaus doch in seinen deutschen Standorten in Kempten und Köln mit moderner Technik ganzheitliche Verpackungslösungen vor allem für Hersteller von Tiefkühlkost, Eiscreme, Waschmitteln und Tierfutter. Der Umsatz stieg 1998 auf 47 Millionen Euro."

Röhrenwerk

In die Ära Dr. Merkt fällt auch die Gründung des Röhrenwerks Kempten durch den Eisengroßhändler Johann Biechteler, der 1939 Güllerohre herstellte. Ab 1952 erweiterte der Münchener Kaufmann Albert Maly-Motta das Produktionsprogramm, und seit 1982 produzieren Wolfgang Duchart und Dieter Ludwig – heute zusammen mit ihren Söhnen – neben runden und profilierten Rohren für industrielle und handwerkliche Weiterverarbeitung ihre neu entwickelten Rauchschutztüren und Spezialprofile für Feuerschutzsysteme.

Keramik für den Weltmarkt

Ein weiteres Beispiel für eine erfolgreiche Unternehmensgründung in den zwanziger Jahren ist das Elektroschmelzwerk Kempten, das heute als bedeutender und weltweit bekannter Hersteller sonderkeramischer Grund- und Werkstoffe gilt. Dr. Max Schaidhauf gründete 1922 das Werk in Sankt Mang und baute die Produktion von Siliciumcarbid, einem beinahe diamantharten Schleifmittel, auf. 1933 kaufte die Wacker-Chemie Burghausen das Werk, nahm 1940 die Produktion von Borcarbid und ein Jahr später erste Sinterversuche auf. Im Zweiten Weltkrieg blieb das Werk unversehrt, weil es auf Luftkarten der Alliierten nicht eingezeichnet war.
Vom wirtschaftlichen Aufschwung der sechziger Jahre profitierte insbesondere die Kunststoffindustrie. 1966 entwickelte eine Arbeitsgruppe hochdisperse Kieselsäure, mit der seit 1972 Wärmedämmstoffe entstehen. Die Kieselsäure findet auch Anwendung in der Herstellung von Farben über Klebestoffe und Pharmazeutika bis hin zu Kosmetika und Zahnpasta. Ende der achtziger Jahre stellte das Werk einen spektakulären Turbolader aus Siliciumnitrid und Siliciumcarbid vor.
Heute ist das Werk Kempten ein moderner Produktionsbetrieb auf dem High-Tech-Sektor. Intensive Forschungs- und Entwicklungsarbeiten sind Basis für keramische Pulver bis hin zu innovativer Ingenieurkeramik sowie für Spezialitäten der Oberflächenveredelung. Mit Know-how aus Kempten wurde beispielsweise der Berliner Reichstag mit flüssigem Alu bedampft. In Sankt Mang steht die weltweit größte Heißpresse für Verdampferschiffchen, und es entstehen weltweit gefragte Produkte für den Pumpenbau, die Wälzlagertechnik, für Textilmaschinen, für die Metallurgie und zur Metallisierung. Die Wacker-Chemie produziert Glaskeramik-Kochfelder und entwickelt gerade Computer-Festplatten. Elektroschmelzwerk und Wacker-Chemie bieten rund 750 Arbeitsplätze und machen gemeinsam rund 200 Millionen Mark Umsatz.
1999 wurde bei einem Großbrand die Galvanik-Anlage zerstört, in der verschiedenste Werkstoffe mit einer speziellen Nickel-Diamant-Schicht versehen werden. Auf diesem Gebiet ist das ESK die Nummer Eins der Welt und deckt 80 Prozent des Bedarfs. Laut Werkleiter Rainer Rompletin erzielt das Elektroschmelzwerk über zehn Prozent seines Umsatzes, der 1998 bei rund 200 Millionen lag, in diesem Betriebszweig.

Heißpresse für Verdampferschiffchen

Kieswerk

Dr. Otto Merkt lag ein positives Umfeld für die Wirtschaft sehr am Herzen. Er wollte aber auch die Stadt am Erfolg teilhaben lassen und gründete 1925 das Kieswerk an der Lenzfrieder Straße und ergänzte es mit einer Kiesgrube in Miesenbach und dem Ziegelwerk Goßmannshofen. 1957 wurde an der Engelhalde mit dem Bau eines neuen Kieswerks mit Kaltteeranlage begonnen, dem 1961 ein Frischbetonwerk folgte. 1989 verkaufte Oberbürgermeister Dr. Josef Höß das Kies- und Ziegelwerk.

Ende der dreißiger Jahre stellte Dr. Merkt zusammen mit Baurat Piesbergen eine Liste mit 68 expansionswilligen Unternehmen zusammen und kam zu dem Schluß, daß der Bedarf dafür von 36 Hektar Industriegelände nur durch die Eingemeindung von Sankt Mang gedeckt werden könnte. Der Oberbürgermeister träumte aber noch weiter: Er wollte ein Flugzeugwerk nach Kempten holen. Dazu verhandelte er bereits mit den Siebel-Werken in Halle und dem aus Kempten stammenden Diplomingenieur Erwin Schnetzer, der ein Flugzeugmotorenwerk aufbauen wollte. Doch dann folgte der Zweite Weltkrieg und die Absetzung von Oberbürgermeister Dr. Merkt.

1945: Input durch Heimatvertriebene

Schon bald nach Kriegsende zeigte die Zahl der industriellen Betriebe eine relativ konstante Aufwärtsentwicklung. Auch die rund 12 000 Heimatvertriebenen in Kempten und Sankt Mang trugen mit Fleiß und Unternehmergeist zur Entwicklung und Produktion von Waren auf Weltmarktniveau bei. Bis 1948 wurden 202 Vertriebenen-Unternehmen zugelassen. Ein Beispiel für den erfolgreichen Neubeginn von Heimatvertriebenen ist die 1947 unter dem Namen CEFAK in den Trümmern der Artilleriekaserne gegründete chemisch-pharmazeutische Fabrik. Sie stellt aus Heilpflanzen, die zum Teil in eigenen Anlagen kultiviert werden, Arzneispezialitäten her, die bereits 1979 in mehr als 20 europäischen und überseeischen Ländern vertrieben wurden. 1997 investierten die Brüder Dr. Andreas und Hans Brand acht Millionen Mark in den Ausbau des Werkes, das sich heute mit knapp 90 Mitarbeitern auf Homöopathie und pflanzliche Heilmittel spezialisiert hat.

Aus einem ehemaligen Messerschmitt-Betrieb in Kottern ging 1946 die Firma ALLMA, Allgäuer Maschinenbau GmbH, hervor. Die Familie Krawielitzki stellte zunächst Kochtöpfe und Milchkannen her. Dann führte ein systematischer Aufbau des Zwirnmaschinen-Programms an die Spitze des Weltmarktes, und 1956 entstand ein neues Werk mit eigener Gießerei auf der Engelhalde. Als der Betrieb 1960 von der Schweizer Adolph Saurer AG übernommen wird, tragen die Textilmaschinen den Namen Kempten nach Hongkong, Korea und Mexiko ebenso wie nach Finnland und Syrien. 1974 waren 950

Saurer Allma Anfang der sechziger Jahre

Mitarbeiter beschäftigt. 20 Jahre später wurden Maschinen schwerpunktmäßig nach Fernost exportiert und bescherten einen Umsatz von mehr als 80 Millionen Mark. 1995 bestellte eine Fabrik aus Indonesien 380 Maschinen in Kempten und vergab damit einen der größten Aufträge der Branche. Heute beschäftigt die Saurer-Allma GmbH rund 380 Mitarbeiter, die vor allem Zwirnmaschinen und Spannsysteme für computergesteuerte Werkzeugmaschinen herstellen. Geschäftsführer Einhard Osterrath erklärt stolz: „Zum Jahrhundertwechsel wird jeder zweite Autoreifen weltweit auf einer Reifencord-Maschine aus Kempten produziert."

Ein drittes Beispiel ist die Kemptener Eisengießerei Adam Hönig. Der aus Oberschlesien stammende Fabrikant gründete 1946 sein Unternehmen neu und baute 1951 am Stadtweiher sein Werk. In seinem Umfeld entstanden immer mehr Wohnhäuser, und so streitet er seit Anfang der siebziger Jahre mit den Nachbarn, die immer wieder über Abgase klagen, und war mehrfach Thema im Stadtrat. Als einer der wenigen deutschen Betriebe stellt die Firma Hönig in Elektrotiegelschmelzöfen in einem Spezialverfahren besonders hochwertigen Meehanite-Guß bis zu 6000 Kilogramm Stückgewicht für Werkzeug-, Textil- und Sondermaschinen her. Mit rund 170 Beschäftigten ist er einer der bedeutendsten Betriebe dieser Branche im Allgäu. Gleich in der Nachbarschaft baute die Firma Gustav Möldner & Söhne 1954 ihr Textilwerk, das 1918 in Reichenberg/Böhmen gegründet worden war. Das Unternehmen nahm bald wieder eine dominierende Stellung im internationalen Textil-Rohstoffsektor ein und beschäftigte 1970 rund 100 Mitarbeiter. Der „Recyclingbetrieb" fertigte bis 1987 aus hochwertigen Industrieabfällen Textilien. Heute beschränkt sich Hans Möldner auf die Verwaltung seiner Immobilien.

Auch in der Gemeinde Sankt Mang entstehen nach 1945 wichtige Betriebe. Zu ihnen gehört die in Zweibrücken ausgebombte Schuhfabrik Walter Haag (Sesto). Sie begann 1946 in den Sälen der Gasthäuser Hirsch und Pfrontner Hof mit der Anfertigung von Holz- und Stoffschuhen. Als die ungelernten Arbeitskräfte genügend herangebildet waren, ging die Firma zur Herstellung von damals bezugscheinpflichtigen Lederschuhen über. Schon dieser Notbetrieb beschäftigte etwa 50 Angestellte und Arbeiter. Im Frühsommer 1948 folgte ein Neubau am Bahnhof Kottern-Neudorf und bis 1955 der Ausbau auf knapp 300 Beschäftigte. Walter Haag spezialisierte sich auf elegante Damenschuhe, hauptsächlich in Reptil-Leder, von denen er Mitte der sechziger Jahre täglich 1200 Paar herstellte. Auf dem Gelände der nach Sulzberg umgesiedelten Firma entstand in den neunziger Jahren eine Wohnanlage.

Zu den Neugründungen in Sankt Mang zählt 1953 die Union GmbH & Co. KG. Herbert Jacobowitz stellte zum Export von Allgäuer Käse nach USA Verpackungsfolien aus Kunststoff her. Ab 1957 produzierte die Union Verpackungs-GmbH auch Maschinen zum Verpacken von Lebensmitteln in Folie. 1966 kaufte die American Can Company die Firma und gab ihr den heutigen Namen Dixie Union. In den achtziger Jahren beteiligten sich Continental Can Company und The Dow Chemical Company an dem Unternehmen, und seit 1998 gehört Dixie Union zu Suiza Foods Corporation in Dallas, dem schnell wachsenden Marktführer für Milchprodukte in den USA mit mehreren Milliarden US-Dollar Umsatz.

Dixie Union hat heute über 400 Mitarbeiter und macht 120 Millionen Mark Umsatz. Vertriebsgesellschaften in Frankreich, England und der Schweiz kümmern sich um den Absatz von Verpackungsfolien und Barrierebeuteln sowie Maschinen, wie z. B. Schneidemaschinen für Wurst und Käse, Vakuum-Verpackungsmaschinen für Lebensmittel oder medizinische Artikel und ganze Verpackungslinien. Rund 80 Prozent der Kemptener Produktion werden in alle Welt exportiert.

1961: Zwei Weltfirmen eröffnen

Die Ära August Fischer ist eng verbunden mit den Weltfirmen 4P-Nicolaus, Liebherrr und KMF. Die Liebherr-Verzahntechnik GmbH hat seit 1961 ihren Sitz in Kempten und baute zunächst Wälzfräsmaschinen für den Weltmarkt. Der Konzern begann früh mit dem Bau von CNC-Verzahnmaschinen und Komponenten der Materialflußtechnik und wurde zu einem der größten europäischen Anbieter für Automationssysteme

Liebherr Kempten

und Handhabungstechnik. Anfang der siebziger Jahre realisierte Liebherr mit rund 1000 Beschäftigten Projekte von der flexiblen Fertigungszelle bis zur schlüsselfertigen kompletten Fabrik, vor allem im Fahrzeugbau. Zu den bekanntesten Objekten gehörten Fertigungsstraßen in der ehemaligen UdSSR. Aus diesem Grund kamen Ende 1984 sowjetische Minister und Wirtschaftsexperten nach Kempten und besichtigen mit Direktor Dr. Karl Schwiegelshohn das Werk. Liebherr geriet 1992/93 in den Sog der Maschinenbaukrise und verlor zudem seinen größten Auftraggeber, die Sowjetunion. Innerhalb von fünf Jahren erholte sich das Unternehmen und beschäftigt heute 630 Mitarbeiter. Mit Wälzfräs-, Wälz- und Profilschleifmaschinen, kombinierten Wälzfräs- und -stoßmaschinen sowie Handhabungs-, Transport- und Speichersystemen im Bereich der Materialflußtechnik wurden 1998 167 Millionen Mark Umsatz erzielt.

Die Kemptener Maschinenfabrik GmbH (KMF) ist eine Tochter des bekannten Allgäuer Schlepperherstellers X. Fendt & Co., Marktoberdorf. 1954 kaufte Fendt die Fabrikanlagen der Helmut Sachse KG, entschloß sich aber aus Rationalisierungsgründen 1961 zu einem Neubau Auf dem Bühl. Ursprünglich fertigte der Betrieb Kettelmaschinen für die Textilindustrie und stieg dann um auf die Produktion von Hydraulik-Zylindern und Gabelstaplern. Seit 1980 rüstet die KMF als Generalimporteur der Nissan Motor Company, Tokio, Gabelstapler um. 1997 erreichte das Unternehmen ein Umsatzvolumen von 84 Millionen Mark. Heute produzieren rund 400 Mitarbeiter Hydraulikkomponenten für die zum amerikanischen AGCO-Konzern gehörende Mutter Fendt sowie für renommierte Industriekonzerne, wie Mercedes, Kuka oder ZF Friedrichshafen.

Kemptener Maschinenfabrik

1972: 52 Industriebetriebe

Anläßlich der Gemeindegebietsreform freute sich Oberbürgermeister Dr. Josef Höß über 52 Industriebetriebe mit über 7500 Beschäftigten. Der Schwerpunkt lag bei den sechs Maschinenbau-Betrieben mit über 2000 Beschäftigten und fünf Textilunternehmen mit 1300 Beschäftigten. Sie erzielten einen Umsatz von fast 770 Millionen Mark. 1984 kam es zu einem Rückgang auf 6700 Beschäftigte, der aber drei Jahre später wieder ausgeglichen war.

Als Dr. Höß sein Amt an Dr. Wolfgang Roßmann abgibt, beschäftigen 56 Industriebetriebe über 7700 Mitarbeiter, also mehr als je zuvor. Dann brechen die Märkte im Osten weg. Bei der Liebherr-Verzahntechnik ist Kurzarbeit angesagt, die Firma Ott geht in Konkurs, und die Spinnereien und Webereien werden geschlossen. Bis 1995 folgt ein Absturz auf 5500 Beschäftigte in 43 Betrieben, und schnell ist die Rede vom neuen Zonenrandgebiet Allgäu. Unter einem glücklichen Stern beginnt die Amtszeit von Oberbürgermeister Dr. Netzer, der bereits nach einem Jahr einen Anstieg auf 44 Betriebe mit 6000 Arbeitern und Angestellten und einen Umsatz von rund 2,4 Milliarden Mark verkündet.

Garanten der Wirtschaft

Betrachtet man das Auf und Ab der Kemptener Industrie und streicht die Großbetriebe, die in diesem Jahrhundert gegründet oder geschlossen wurden, bleiben nur wenige Namen: Ott Messtechnik GmbH, Georg Kesel, Allgäuer Brauhaus AG, Edelweiß-Milchwerke und der Kösel-Verlag.
Als Meteorologen und Wasserwirtschaftsämter im Mai 1999 von einem Jahrhundert-Hochwasser in Südbayen sprachen, stützten sie ihre Behauptung auf Daten, die mit Präzisionsinstrumenten aus Kempten gemessen wurden: dem Ott-Flügel und dem Niederschlagmesser Pluvio. Der feinmechanische Betrieb wurde 1873 von Albert Ott gegründet und stellte anfangs Pantographen und Panimeter her. Später kamen geodätische und optische Instrumente wie Theodolite und Nivelliergeräte hinzu. Schon sieben Jahre nach der Gründung beteiligte sich das kleine Unternehmen mit Erfolg an den Weltausstellungen in Melbourne und Chicago. Den ersten Schritt zur Produktion von Wassermeßgeräten tat die Firma mit dem Erwerb einer Lizenz zum Bau hydrometrischer Flügel. Die Firma befaßt sich bis heute mit der Entwicklung, Herstellung und dem Vertrieb von hydrometrischen Meßgeräten zur Bestimmung von Wasserstand, Wassergeschwindigkeit und Temperatur. Durch eine ungeschickte Firmenpolitik von Inhaber Helmut Heel und durch die Rezession im Maschinenbau 1992 ging die Ott-Maschinentechnik in Konkurs. Aus den Trümmern entstand die Ott-Messtechnik GmbH unter Leitung von Heinrich Baur, die ins ehemalige Denzler-Gebäude in Sankt Mang einzog und sogar ein Hydrometriemuseum eingerichtet hat. Von dort aus trägt die Firma Ott mit dem Slogan „Präzision aus Kempten" den Namen der Allgäu-Metropole in alle Erdteile.

Meßflügel der Firma Ott-Messtechnik

Die Werkzeugmaschinenfabrik Georg Kesel GmbH & Co.KG wurde 1889 in der Gerberstraße gegründet. Der Mechanikermeister kaufte 1898 als erster Kemptener einen Benz-Motorwagen, übernahm zur Jahrhundertwende die Vertretung der „Fuhrwerke ohne Gaul" und spezialisierte sich außerdem auf die Herstellung von Kreis- und Längenteilmaschinen sowie Wasserstandsfernmelder. Ab 1907 richtete er zusammen mit Karl Böhm das Elektrizitätswerk in Au ein. Heute fertigt das Traditionsunternehmen Hochdruck-Maschinen-Schraubstöcke sowie Spezialfräs-, Schleif- und Sondermaschinen. Nach 110 Jahren Firmengeschichte wurde das Unternehmen 1999 vom amerikanischen Repräsentanten Jim Mattox übernommen.

Brauereien

In den achtziger Jahren wollte Oberbürgermeister Dr. Josef Höß die Innenstadt frei von produzierenden Betrieben machen und einige seiner Steuergaranten nach Ursulasried und Leubas verpflanzen. Mit der Ott-Messtechnik war er sich 1989 schon einig, und die Verhandlungen mit der Druckerei Kösel waren fortgeschritten. Lediglich das Allgäuer Brauhaus ließ ihn mit Blick auf die Quellen an der Königstraße abblitzen.

Kempten beherbergt seit Jahrhunderten ein blühendes Braugewerbe, das bis auf die Stiftsbrauerei 1394 zurückgeht. Noch im 19. Jahrhundert polierten zahlreiche kleinere Brauereien das Stadtbild und die Stadtkasse auf. Ab 1888 setzte ein Konzentrationsprozeß ein, der von der Aktienbrauerei Kempten, dem Bürgerlichen Brauhaus und der Grünbaumbrauerei bestimmt wurde. Die Gründung der Allgäuer Brauhaus AG 1911 durch die Familien Weixler und Schnitzer zählt zu den großen unternehmerischen Leistungen innerhalb der Stadt.

1921 übernahm das Allgäuer Brauhaus die Aktienbrauerei und kaufte Zug um Zug die verbliebenen sechs Brauereien auf. Nach dem Tod von Kommerzienrat Hans Schnitzer geht die Aktienmehrheit 1967 an die Frankfurter Binding-Brauerei. Mit der Stadt Hamburg schließt im Sommer 1981 die letzte Privatbrauerei der Stadt. Gegen Ende des Jahrhunderts sinkt der Absatz merklich: Statistisch trinkt jeder Allgäuer nur noch 130 Liter Bier im Jahr. Sinkende Gastronomieumsätze, Dosenbiere anderer Brauereien und ein schärferes Promille-Gesetz machen dem Allgäuer Brauhaus zu schaffen, das trotzdem jährlich noch fast 900 000 Mark Gewinn erwirtschaftet.

Sudhaus des Allgäuer Brauhauses

Industriepark Ursulasried

Durch die Gemeindegebietsreform kann Oberbürgermeister Dr. Josef Höß 1978 seinen ehrgeizigen Plan von einem 110 Hektar großen Industrie-Gewerbegebiet im Nordosten Kemptens verwirklichen. Durch die Anbindung der Stadt an den Fernverkehr über die Autobahnen und die gewerblichen Gleisanschlüsse ergibt sich eine hervorragende Standortqualität. Bis 1991 finden 65 Betriebe neue Entfaltungsmöglichkeiten. Von den etwa 1300 Arbeitsplätzen werden 250 neue geschaffen. Dazu zählt mit der Firma Rico ein Unternehmen, das Spezialkameras herstellt, mit denen Rohrleitungssysteme jeglicher Art nach Schäden bis zu den kleinsten Haarrissen untersucht werden können. Diese Spitzenprodukte werden in die ganze Welt exportiert.

Ende 1989 begann die Pfrontener Werkzeugmaschinenfabrik Maho AG mit dem Bau eines vollautomatisierten Werks zur Bearbeitung von Maschinen-Großteilen. Durch die Maschinenbaukrise 1992 ging das Werk nie richtig in Betrieb und blieb ein Sorgenkind der Stadt. Die österreichische Alu-Billets Production GmbH richtete 1995 eine Alu-Schmelze mit rund 50 neuen Arbeitsplätzen ein. In einer weiteren Maschinenhalle konnte die englische Maschinenbaufirma Bridgeport mit rund 50 Arbeitskräften untergebracht werden.

Aluschmelze

Heute hat sich der Standort zum Synonym für eine dynamisch heranwachsende Wirtschaftsregion entwickelt. Weit über die Grenzen des Allgäus hinaus hat beispielsweise das Demontage- und Verwertungszentrum für Alt-Kfz und Kühlgeräte der Firma Allgäu-Recycling für Aufsehen gesorgt. Mit einem Investitionsvolumen von über 20 Millionen Mark wurde die modernste Anlage dieser Art in Europa errichtet. In Ursulasried baute auch die Lattemann & Geiger Dienstleistungsgruppe 1999 ihr neues Verwaltungs- und Schulungszentrum für die Klinikdienste Süd, die Allgäuer Gebäudereinigung und die Kemptener Wach & Schließgesellschaft. Mit über 3000 Mitarbeiter ist die Gruppe einer der größten Arbeitgeber in Schwaben.

Im Rahmen einer privat-öffentlichen Kooperation mit der Firma Dobler wurde 1997 das Existenzgründerzentrum Cometa Allgäu realisiert und innerhalb eines Jahres von 18 Jungunternehmern angenommen. Wie schnell sich junge Firmen entwickeln können, zeigten 1998 Ringfenster und Ikarus-Solar, die aus dem Dierig-Gelände in Kottern heraus entstanden und die sich in Ursulasried-Leubas niederließen. An der Heisinger Straße baute 1999 mit Porextherm eines von weltweit drei Unternehmen, die technische Dämmstoffe für Ofenbau und Stahlproduktion herstellen.

Einige Meter weiter produziert die almapharm Botzenhardt KG in den Räumen der ehemaligen Baufirma WTB Arzneirezepturen für Nutztiere. Den Grundstein für das Unternehmen legte 1888 Friedrich Botzenhardt mit einer Mehl- und Futtermittelhandlung. Über drei Generationen wirtschaftete die Botzenhardt KG erfolgreich und gehörte noch Mitte der siebziger Jahre mit 70 Mitarbeitern und einem Produktionsvolumen von täglich 100 Tonnen zu den führenden Kraftfutterproduzenten in der Bundesrepublik. Doch bei der Herstellung von Alma-Mischfutter für die Landwirtschaft kam es wegen der Geruchsbelästigung über Jahre hinweg zu Problemen mit den Anwohnern. Ein biologischer Abluftwäscher brachte nicht den gewünschten Erfolg, und so schloß die Familie Botzenhardt nach 110 Jahren ihre Futtermittelproduktion.

Gründerzentrum Cometa Allgäu

Handwerk

Wer kennt noch Hafner und Säckler?

Als der Bauer Friedrich Botzenhardt 1888 von Neu-Ulm nach Kempten kam, zählte man über 500 selbständige Handwerker in der Stadt. Sie profitierten von der 1868 eingeführten Gewerbeordnung und Gewerbefreiheit. Doch der freie Wettbewerb setzte den 87 Schuhmachern, 52 Schneidern, 40 Metzgern und 30 Bäckern erheblich zu, und so veranlaßte ein bayerisches Statut 1899 die Bildung von Handwerkskammern. Den Malern, Schreinern und Schlossern folgten nach und nach die übrigen Berufe, so daß in Kempten 22 Fachinnungen entstanden. Zu ihrem 100. Geburtstag richtet die Maler- und Lackierer-Innung im Frühjahr 2000 den Landesverbandstag ihres Handwerks aus. Die über 150 Jahre alte Bäckerinnung warb auf der Allgäuer Festwoche 1999 mit einem 50 Meter langen „Sportlerbrot" für ihre Zunft. Industrialisierung und Rationalisierung führten dazu, daß sich im 20. Jahrhundert viele Betriebe, die früher für den landwirtschaftlichen Bedarf fertigten, umstellen mußten. Nach 1945 gab es nur noch wenige Hafner, Sattler, Rotgerber, Säckler, Korbmacher,

Drechsler, Posamentierer und Bürstenmacher. Einer von ihnen war Robert Buchenberg, der Ende 1996 nach 45 Berufsjahren als letzter Küfer der Stadt in den Ruhestand trat. Er stammt aus einer der ältesten Kemptener Familien (Motz) und betrieb eine Weinstube in der Heinrichgasse.

Das Handwerk in Kempten zeichnete sich durch eine besondere Anpassungsfähigkeit aus, und so führt die Handwerksstatistik von 1949 beachtliche 191 Schneidereibetriebe an. Doch das waren viele kleine Familienbetriebe, die sich in der rohstoffarmen Nachkriegszeit mit Änderungsschneiderei beschäftigten. Außerdem waren 53 Bäcker und Konditoren, 25 Metzgereien und 50 Schuhmacher gemeldet.

Nach der Währungsreform 1948 folgten fünf Jahrzehnte mit vollen Auftragsbüchern. In den sechziger Jahren gab es in Kempten und Sankt Mang rund 730 Betriebe. Zu den Säulen des Kemptener Handwerkes hatten sich neben den Metall- vor allem die Bau- und Ausbaubetriebe entwickelt. Die Beschäftigtenzahlen zeigten sich erst nach der Gemeindegebietsreform 1972 rückläufig. 1977 waren in rund 480 Betrieben rund 4200 Menschen beschäftigt und erzielten einen Umsatz von über 337 Millionen Mark. Bis 1996 sank die Zahl der Betriebe auf rund 440, aber mit etwa 4300 Beschäftigten und einem Umsatz von über 555 Millionen Mark. In rund 30 Jahren hat sich damit der Umsatz je Handwerker von rund 40 000 Mark auf fast 129 000 Mark mehr als verdreifacht. Der Umsatz je Betrieb stieg sogar um das vierfache, so die Handwerkskammer für Schwaben.

Metaller gefragt

Doch welche Branchen sind heute besonders gefragt? Zwischen 1989 und 1997 notierte die Verwaltung folgende Veränderungen: Das Metallhandwerk steigerte sich von 199 auf 216 Betriebe. Auf dem Sektor Gesundheits- und Körperpflege und Reinigungshandwerk stieg die Zahl von 97 auf 110. Von 21 auf 24 stiegen die Holzhandwerksbetriebe, während die Bau- und Ausbaubetriebe von 95 auf 89 abnahmen. Im Nahrungsmittelbereich sank die Zahl von 48 auf 40 und im Bereich Bekleidung, Textil und Leder von 40 auf 28.

Ende der achtziger Jahre beklagte Kreishandwerksmeister Willibald Herz einen Nachwuchsmangel im Baugewerbe sowie in einigen Nahrungsmittelbereichen, wie Metzger oder Bäcker. Auch ein Facharbeitermangel macht dem Handwerk zu schaffen, das sich um eine bessere Ausbildung bemüht. Kempten ist bekanntlich die zentrale Schulstadt im Allgäu, und so eröffnete die Handwerkskammer für Schwaben 1978 ein Gewerbeförderungszentrum für überbetriebliche Umschulungs- und Fortbildungslehrgänge und 1997 ein Berufs- und Technologiezentrum. Darin wurde in Zusammenarbeit mit der Allgäuer Zeitung bei zwei Lehrstellenbörsen für den Nachwuchs geworben.

Die Firma Kunz baute die größte Stampfbetonbrücke der Welt

Baugewerbe

1871 zählte die Stadt 14 Maurermeister, die sich im rasch wachsenden Kempten nicht über Arbeitsmangel beklagen konnten. Das Baugewerbe gehörte auch im 20. Jahrhundert zu den Erfolgsbranchen. Zwischen 1949 und der Gebietsreform 1972 stieg die Zahl der Betriebe von 15 auf 37 an, in denen über 1800 Fachleute beschäftigt waren. Der Umsatz im Bauhauptgewerbe steigerte sich zwischen 1978 und 1984 von 73 auf über 100 Millionen Mark. Mitte der neunziger Jahre kam der Wohnungsbau fast zum Erliegen und konnte erst mit der Erschließung von Leubas-Süd und der Ludwigshöhe-Nord wieder angekurbelt werden. 1998 waren in 39 Baubetrieben nur mehr 658 Mitarbeiter beschäftigt.

Zu den Opfern dieser Rezession zählte die 1882 in Kempten gegründete Baufirma Alfred Kunz & Co, die einst die Spinnerei und Weberei Kottern, die Ulrichskirche und die Bundesstraße 12 baute. Noch 1970 gehörte das Unternehmen mit Sitz in München zu den führenden Baubetrieben Süddeutschlands, doch 1996 kam es zum Konkurs. Die Kemptener Niederlassung wurde als Allbau von einer Gruppe unter Führung des Oberstdorfer Bauunternehmens Geiger übernommen. Ein weiterer Konkurs traf das Unternehmen Hans Hebel, welches von der Memminger Baufirma Josef Hebel übernommen wurde. Den Gang zum Konkursrichter mußte 1998 das alteingesessene Bau- und Stuckgeschäft Hagenmaier & Co. antreten. Maßgeblichen Anteil am Aufbau der Stadt hatte die Fridolin Betz & Co. KG mit bis zu 250 Mitarbeitern. Sie übernahm 1892 das älteste Kemptener Baugeschäft Häfele, baute unter anderem die Wittelsbacher Schule sowie das Hildegardis-Gymnasium und wurde 1971 der Thosti Bau-AG angegliedert, welche wiederum in der Walter Bau AG aufging und heute nur noch ein Büro in Kempten unterhält.

Holzwirtschaft

Die Zahl der Sägewerke nahm vor allem nach dem Zweiten Weltkrieg stetig ab. Die Firmen Ostler, Ost & Prestel, Schaule und Adolf Bürckle sind längst Geschichte. Nur das um 1800 gegründete Sägewerk Sylvester Greiter geht ins 21. Jahrhundert. Vergangenheit ist auch die Möbelfabrik Heydecker am Freudenberg. Das Unternehmen der bekannten Architektenfamilie Leonhard und Otto Heydecker wurde nach knapp einhundertjähriger erfolgreicher Arbeit 1965 geschlossen. An seine Stelle trat 1992 der Wohnpark Laetitia. Aus dem Stadtbild verschwunden ist auch die älteste Allgäuer Zimmerei, die Firma Böck, die sich bis 1653 zurückverfolgen läßt. Seine Blüte erreichte der Betrieb unter Xaver Böck, der an der Feilbergstraße ein Sägewerk mit Bauschreinerei und Parkettfabrikation errichtete. Heute steht an seiner Stelle ebenfalls ein Wohnpark.

Handwerk im Wandel

In Kempten sind Geschäfte mit über 100jähriger wechselhafter Geschichte keine Seltenheit. Ein Beispiel ist die Firma Kremser, die aus einer 1806 gegründeten Eisenhandlung hervorging. Ab 1868 widmete sich Simon Kremser der Sackherstellung und belieferte als erster Fabrikant in Deutschland alle süddeutschen Salinen. Als Jutesäcke nach 1949 von Papiersäcken verdrängt wurden, sattelte Kremser auf die Planenherstellung um.
1996 feierte die Autofirma Abt ihren 100. Geburtstag. Der Gründer dieser heute weltweit bekannten Firma war noch als Schmied in der Altstadt tätig. Sein Enkel Johann Abt feierte als Automobil- und Motorradsportler über 300 Siege im In- und Ausland. Die vierte Generation mit Hans-Jürgen und Christian Abt widmet sich mit ihrer „Abt-Sportsline" um Automobil-Tuning und Rennsport. In der Super-Touren-Wagen-Meisterschaft tritt die Kemptener Motorenschmiede oft siegreich mit Audi an und betreut im VW-Lupo-Cup die „sportlichen Wölfe" des größten europäischen Automobilherstellers. Seit Mitte der neunziger Jahre widmet sich Abt auch umweltfreundlichen Antriebstechnologien auf der Basis von Erdgas. An der Schwelle zum 21. Jahrhundert setzt Abt den weltweit ersten erdgasgetriebenen Rennwagen ein.

Das erfolgreiche Rennsport-Team der Abt-Sportsline

Auszeichnungen

Die Kemptener Handwerksbetriebe zeigen sich bei Wettbewerben erfolgreich, was mit einigen Beispielen belegt werden soll. Kronprinz Rupprecht von Bayern zählte zu den prominentesten Kunden der 1899 gegründeten Maßschneiderei Peter Roßberger. Dessen Ausstellungsstücke wurden auf deutschen und bayerischen Schneidertagen mit 43 Goldmedaillen prämiiert. Ausgezeichnet wurde die Firma 1969 mit dem Staatspreis und 1973 mit dem Wanderpreis, der höchsten Auszeichnung des Bekleidungshandwerks.
Neben Maßschneider Friedrich Büschel sorgt das Pelzatelier Geppert an der Gerberstraße für Erfolge. Beim Modellwettbewerb des Deutschen Kürschnerhandwerks wurde es mehrfach mit einer Goldmedaille ausgezeichnet und erhielt 1998 den Mode-Oscar. Die Druckerei Kösel erhielt bei der Weltausstellung 1914 in Leipzig den goldenen Preis für Buchgewerbe und Graphik. Eine dicke Mappe mit Urkunden und Auszeichnungen kann auch Bäcker- und Konditormeister Franz Heigl vorweisen. 1994 wurde er zum vierten Mal mit dem Bundesehrenpreis ausgezeichnet und gehört damit zu den fünf besten Betrieben seiner Branche in Deutschland.

Landwirtschaft

Die Milch macht's

Das Allgäu ist das traditionsreichste Milcherzeugungsgebiet in Bayern. Schon in der ersten Hälfte des 19. Jahrhunderts beginnt hier der Wandel vom Flachsanbau zur Milchwirtschaft. Johann Althaus, Käser aus der Schweiz, und Carl Hirnbein, weltgewandter Allgäuer Unternehmer, ergreifen die Initiative. Aus dem blauen Allgäu, durch die sommerliche Flachsblüte geprägt, wird das grüne Allgäu mit seinen ertragreichen Wiesen und Weiden. Allgäuer Limburger, Allgäuer Emmentaler und andere Käse erobern die Märkte in den rasch wachsenden Städten. Dieser Höhenflug hält trotz zunehmender Globalisierung durch das gesamte 20. Jahrhundert an. Stark verändert haben sich dagegen Bauernhöfe und Produktionsmethoden.
Während Mitte der fünfziger Jahre auf den Höfen die Handarbeit noch großgeschrieben wird, auf den gemähten Wiesen noch Heinzen stehen, Pferdegespanne unterwegs sind, um das Heu zu holen, beginnt in den sechziger Jahren die Technisierung und damit die Strukturveränderung der Landwirtschaft. Bis Anfang der siebziger Jahre wandelt sich das Bild des bäuerlichen Berufsstandes deutlich. Auf dem Bausektor und in der Mechanisierung nimmt die Landwirtschaft erhebliche Investitionen vor. Laufställe für Milchvieh und Bergehallen prägen zunehmend das Bild der Höfe. In der Allgäuer Braunviehzucht beginnen die Einkreuzungen mit amerikanischen Tieren, um die

Milchleistungen weiter zu steigern. Silomais breitet sich im Allgäu aus. Die Milchquote ist noch kein Thema.

Garantiemengen

Das ändert sich kurz nach dem Amtsantritt von Bundeslandwirtschaftsminister Ignaz Kiechle 1982. Der gebürtige Kemptener schreibt den Landwirten schon bald ins Stammbuch: „Die europäische Milchmarktorganisation ist derzeit angesichts der hohen Milchüberschüsse und der Enge des EG-Haushaltes schweren Belastungsproben ausgesetzt. Konsequente Qualitäts- und Mengendisziplin der Milchwirtschaft werden es ermöglichen, die Intervention bei den garantierten Preisen dem mit viel Mühe durchgesetzten System der Garantiemengenregelung aufrecht zu erhalten."
Wie wertvoll dieses von Ignaz Kiechle ausgehandelte System war, zeigt sich bei den Verhandlungen zur europäischen Agenda 2000 im Frühjahr 1999. Der Garantiepreis für Milch soll fallen. Durch konzentrierte Proteste von Landwirten – darunter viele aus dem Allgäu – wird diese Neuregelung um zwei Jahre verschoben.
Doch wie geht es weiter? Dr. Merkt warnte bereits 1930: „Das Allgäu hatte früher in Bezug auf Butter und Käse ein gewisses Monopol. Die Zeit ist vorüber." Und trotzdem hielten die Allgäuer Milchbauern im internationalen Wettbewerb mit. Gelingt es Kempten im 21. Jahrhundert, das Kompetenzzentrum für Milchwirtschaft in Deutschland und damit auf dem europäischen Markt zu werden? Die Voraussetzungen im Allgäu sind mit zahlreichen, weltweit operierenden Betrieben der Milch- und Käseindustrie hervorragend. Rund 2500 Beschäftigte verarbeiten hier ein Drittel der gesamten bayerischen Milchmenge, und Kempten hat mit Molkereifachschule und Süddeutscher Butter- und Käsebörse zwei richtungsweisende, ja einzigartige Einrichtungen.

Grundsätze

Kempten ist bekanntlich umgeben von Grünland und Milchwirtschaft. Diese Lage erkennt Oberbürgermeister Dr. Otto Merkt: „Wenn uns nicht der Bauer Geld in die Stadt hereinbringt und unseren Geschäftsleuten ihre Waren abkauft, unsere Handwerker direkt oder indirekt beschäftigt, so bringt niemand Geld nach Kempten." Er kämpft gegen erhebliche Widerstände, als er alles daran setzt, Kempten zum Zentrum der Allgäuer Milchwirtschaft zu machen. Deshalb schreibt er in seinem politischen Testament 1942 an seine Nachfolger: „Auf wirtschaftlichem Gebiete bedeutet Allgäuer Politik, daß der Bürgermeister von Kempten mit besonderer Liebe alles fördert, was das Allgäu in Kempten zusammenfaßt. Das Wesentlichste ist die Milchwirtschaft."

Milchwirtschaftlicher Verein

Eine wichtige Stütze der Landwirtschaft ist der Milchwirtschaftliche Verein. Zu den Gründungsvätern gehört 1887 der Kemptener Baurat Josef Widmann, Schwiegersohn von „Notwender" Carl Hirnbein. Als dieser den Übergang zur Milchwirtschaft anregte, rümpften einige Kemptener Magistratsherren die Nase und warnten: „Der Käs verpestet die Luft und belästigt die Bürger."
Ende des 19. Jahrhunderts führen mangelnde Hygiene und Sauberkeit, Fehler in der Fütterung und Haltung zu Qualitätsmängeln in der Milch, was wiederum die Käsereien gefährdet. Wanderlehrer spielen in dieser Zeit eine große Rolle. Bei zwei Melkwettbewerben zur Jahrhundertwende zeigt sich, daß es an einer exakten Melkmethode fehlt, was 1909 zur Gründung der Melkerschule führt. 1902 verlegt der Verein seine Geschäftsstelle von Weiler nach Kempten und beginnt damit den Konzentrationsprozeß milchwirtschaftlicher Einrichtungen in der Allgäumetropole, wo 1923 der 1. Allgäuer Milchwirtschaftstag abgehalten wird. Als die Landesvereinigung der Bayerischen Milchwirtschaft 1956 das Aufgabengebiet des Vereins stark einschränken möchte, gelingt es dem Verein durch einen beinahe dramatischen Einsatz, den Slogan „Käse aus dem Allgäu" als Qualitätssymbol durchzusetzen.
Bundeslandwirtschaftminister Ignaz Kiechle bezeichnet den Verein 1987 als beispielhafte Selbsthilfeeinrichtung. Durch die systematische Verbesserung der Qualität und Vermarktung sowie eine gründliche Aus- und Fortbildung des Personals gebe der Verein positive Impulse zur Entwicklung der Milchwirtschaft weit über die Grenzen Bayerns hinaus.

Butter- und Käsebörse

Voller Elan kämpft Dr. Merkt für die Sache der Allgäuer Bauern. Ein weiterer Schritt ist 1919 die Ansiedlung der Bayerischen Molkereizeitung, welche später zur Süddeutschen Molkereizeitung mit dem Schwesterblatt Allgäuer Bauernblatt wird. Herausgeber August Auzinger regt Anfang 1921 eine Börse in Kempten an.
Um die Landwirte im Wettbewerb stark zu machen, wird wenig später im Rathaus die Allgäuer Butter- und Käsebörse ins Leben gerufen, die bald 700 Mitglieder zählt. An die Stelle börsenüblicher, großer Lagermengen tritt die statistische Erfassung der Verkaufszahlen von Warenmengen, die von 1400 Produktionsstätten an die Kunden geliefert werden.
Immer wieder tritt der Oberbürgermeister für seine Idee ein und erklärt 1932: „Das Allgäu lebt wirtschaftlich in der Hauptsache von seinen Milchprodukten, vom Verkauf seiner Butter, seines Weich- und Rundkäses. Diese Allgäuer Ware gilt nichts mehr. Der Preis ist derart gedrückt, daß er kaum mehr die Selbstkosten deckt, die freilich gleichfalls gestiegen sind."

Technische Rückständigkeit

Die Zahl der landwirtschaftlichen Betriebe sinkt tatsächlich zwischen 1895 und 1940 von 285 auf 235. Geringere Kaufkraft und billigere Importware lasten schwer auf den kleinen Familienbetrieben. Dr. Merkts Analyse ist hart: „Die technische Rückständigkeit ist nicht zu leugnen, man ruht allzusehr auf den Lorbeeren der Vergangenheit. Wir haben zu viele und infolgedessen zu kleine und infolgedessen unrentable Betriebsstätten." 1934 folgt das staatlich verordnete Ende der Börse.

Die Börse wird 1950 wiedergegründet, heißt seit 1953 Süddeutsche Butter- und Käsebörse und erweitert Mitte 1993 das Börsengebiet, zu dem Bayern und Baden-Württemberg gehören, um Sachsen.

„Wahrheit und Klarheit" ist von Beginn an der Leitsatz der Börse. Die Notierungen behalten über 75 Jahre hinweg ihre Bedeutung für das milchwirtschaftliche Marktgeschehen, auch wenn sich die Marktstrukturen teilweise gravierend geändert haben. Heute gehört Kempten neben Köln und Hannover zu den angesehenen Notierungsplätzen. Die Allgäuer Domäne sind Butter, Emmentaler und Viereckhartkäse, Limburger-Kleinformat und Limburger-Stangenkäse, Edamer, Gouda sowie Tilsiter-Markenkäse.

Haus der Milchwirtschaft

Untersuchungs- und Versuchsanstalt

Die Verlegung der 1887 gegründeten Milchwirtschaftlichen Untersuchungs- und Versuchsanstalt (MUVA) für das Allgäu von Memmingen nach Kempten muß heute als ein Grundstein für das künftige Kompetenzzentrum Milch gesehen werden. Dr. Merkt bewies Weitblick, als er 1925 das Haus der Milchwirtschaft mit modernen Laboratorien durchsetzte. Der im Jahr 1952 berufene Anstaltsvorstand Dr. Heinrich Mair-Waldburg ergreift die Initiative für einen Neubau. Sein Ziel ist die Förderung der Qualität von Milch und Milchprodukten. Neben der milchwirtschaftlichen Chemie entwickelt das Haus Ende der siebziger Jahre das Sachgebiet Lebensmittelchemie, das vor allem auf Vitamine, Lebensmittelzusatzstoffe und Mykotoxine prüft. Immunologische Tests gewinnen seitdem immer mehr an Bedeutung. 1975 wird die MUVA durch ein Labor für Rückstandsanalytik erweitert. Dazu kommt die Analyse von Schwermetallen und als Folge der Tschernobyl-Katastrophe die Auswertung von radioaktiver Belastung.

Kempten am Scheideweg der Milchkompetenz

Nun steht Kempten am Scheideweg der Milchkompetenz: Rollt die Milchwirtschaft aufs Abstellgleis, oder wird sie an den europäischen Zug angekoppelt? Oberbürgermeister Dr. Ulrich Netzer zeigt sich bei der Festwocheneröffnung 1998 kämpferisch und will die Kemptener Stärken ausbauen: „Wir sind die Besten in ganz Deutschland auf dem Gebiet der Milchverarbeitung und der Käseherstellung." In seinen Augen ist das Allgäu die Kompetenzregion schlechthin. An die Adresse von Ministerpräsident Edmund Stoiber appelliert er, das vorhandene Netzwerk im Umfeld der milchverarbeitenden Industrie noch stärker an Erfordernissen des weltweiten Wettbewerbs auszurichten.

Die MUVA soll als Dienstleistungslabor für die Milchwirtschaft und andere Zweige der Lebensmittelindustrie Qualitäts-, Rückstands- und Hygieneuntersuchungen durchführen und sich zum europäischen Qualitätssicherungs-Institut hinentwickeln. Das neue Kompetenzzentrum soll zu Beginn des 21. Jahrhunderts durch die Verlagerung der MUVA mit einem Aufwand von

MUVA-Labor

rund 30 Millionen Mark Auf dem Bühl neben Molkereifachschule und Staatlicher Lehr- und Versuchsanstalt für Tierhaltung und Grünlandwirtschaft sowie Tiergesundheitsdienst auf dem Spitalhofgelände entstehen.
„Als anwenderorientiertes grünes Zentrum für die gesamte bayerische Milch- und Molkereiwirtschaft müssen Neubau und Aufgabenerweiterung in notwendigem Umfang gefördert werden. Mit der vorgesehenen Verbundlösung mit der TU München-Weihenstephan entsteht in Kempten ein Kompetenzzentrum, das weit über Bayern hinaus Bedeutung hat", so Gebhard Kaiser, Vorsitzender der Allgäu-Intitiative.

Molkereibetriebe

Was wäre die Milchwirtschaft ohne verarbeitende Betriebe. Zu Beginn des Jahrhunderts fand sich in beinahe jedem Bauernhof und auf jeder Alpe eine kleine Käseküche. Dann folgen größere Käsereien in den Ortschaften, die teilweise heute noch als Schaukäsereien betrieben werden. Den Hauptanteil der Produktion tragen aber die großen Milchwerke, wie Edelweiß und Grünland in Kempten oder Champignon in Heising. Bei dieser zentralen Stellung von Kempten im Zusammenhang mit Butter- und Käseproduktion wundert es nicht, daß im Juli 1989 auf dem Rathausplatz in einer 180 kg schweren Pfanne mit einem Durchmesser von vier Metern aus 3000 Eiern, 120 kg Käse und 80 Pfund Butter und Schmalz das wohl größte Käse-Omelette Europas gebacken wird.

Edelweiß-Milchwerke

Zu dieser Vielfalt trägt Karl Hoefelmayr entscheidende Impulse bei. 1891 komplettiert er seine Studien am Bakteriologischen Institut Paris und kehrt ins Allgäu zurück. In der Käserei Eichele in Haslach bei Kempten beginnt Karl Hoefelmayr mit der Produktion von Edelweiß-Weichkäse. Der Allgäuer Mächeler erweitert seine Produktion um Milchzucker und Milchpulver, gründet 1918 ein Werk in Schlachters und wird im gleichen Jahr zum Kommerzienrat ernannt. Er gehört zu den herausragenden Kemptener Unternehmern im 20. Jahrhundert. Bereits 1949 ist die Firma Edelweiß der größte deutsche Produzent von Milchpulver. 1962 übernimmt der Unilever-Konzern das Familienunternehmen. Der richtet 1986 eine neue Käserei für Camembert und Brie ein. Als die „Edelweiß-Käsewerk K. Hoefelmayr GmbH" ihr 100jähriges Bestehen feiert, schneidet Bundeslandwirtschaftsminister Ignaz Kiechle die größte Brie-Torte der Welt an.
Jeden Morgen und jeden Abend werden heute rund 25 000 Kühe im Allgäu für „Edelweiß" gemolken. Damit hat sich das Unternehmen zu einem der größten Hersteller von Weich- und Frischkäse in Deutschland und zu einem der

ganz bedeutenden Vertragspartner der Allgäuer Landwirtschaft entwickelt. Heute sind die Milchwerke mit 500 Mitarbeitern Teil der UNION Deutsche Lebensmittelwerke und produzieren unter anderem die Marken Edelweiß, Ramee, Bresso, Cortina, Du darfst, Milkana und becel. Jetzt rüstet sich der Betrieb für das 21. Jahrhundert und konzentriert die Produktion von Schlachters und Neu-Ulm in Kempten. Damit werden 280 neue Arbeitsplätze geschaffen und der Milchstandort Kempten gestärkt.

Ignaz Kiechle schneidet bei der 100-Jahr-Feier von Edelweiß einen Käse an

Grünland – Allgäuer Käsewerke GmbH

In wirtschaftlich schwierigen Zeiten gelingt es Dr. Merkt 1926, das Käseschmelzwerk Grünland nach Kempten zu holen. Die Fabrik am Bahnhof wird während des Zweiten Weltkrieges vollständig zerstört, 1949 in Rothkreuz neu aufgebaut und ständig erweitert. In den sechziger Jahren zählt Grünland mit rund 200 Mitarbeitern zu den führenden Unternehmen seiner Branche. Seit 1994 gehört die „Grünland Allgäuer Käsewerkee GmbH" zur Bechtel-Gruppe in Schwarzfeld/Oberpfalz. 160 Mitarbeiter erwirtschaften heute über 100 Millionen Mark Umsatz. Schmelzkäsespezialitäten wie Schinken-Räucherrolle, „rund und gut"-Becher oder der Großlochkäse „Der Grünländer" werden in 14 Länder, darunter Australien und Japan, exportiert.

Spitalhof

Neben Börse, MUVA und den Unternehmen bilden die landwirtschaftlichen Schulen einen wichtigen Baustein im künftigen Kompetenzzentrum. Die 1909 bei Memmingen gegründete Allgäuer Viehhaltungs- und Melkerschule wird 1922 an den Kemptener Spitalhof verlegt. Dort werden unter Landwirtschaftsrat Max Reiser Grundregeln für den Melkerberuf erarbeitet, die bis heute Bestand haben. Ab 1948 führt Schulleiter Franz Renz den Spitalhof zu Blüte und Ansehen. Die Schule platzt bald aus allen Nähten, und so entschließt sich der Milchwirtschaftliche Verein zu einem Neubau, der im Oktober 1955 eingeweiht wird. 1972 wird die Lehr- und Versuchsanstalt verstaatlicht; der landwirtschaftliche Betrieb und die Melkerschule werden an den Freistaat Bayern verpachtet.

Spitalhof

Generationen von Bäuerinnen und Bauern aus dem Allgäu und darüber hinaus werden Kenntnisse und Fertigkeiten, vor allem im Bereich der Tierhaltung und für die Bewirtschaftung ihrer Höfe vermittelt. Beim 75. Geburtstag addiert Landwirtschaftsdirektor Max Gehring über 25 000 Schüler auf. Neben der Lehrtätigkeit gehen vom Spitalhof als Versuchseinrichtung wichtige Impulse für die rationelle Bewirtschaftung der Allgäuer Bauernhöfe aus. In allen Fragen der Intensivierung und Technisierung der landwirtschaftlichen Erzeugung wird die Erfahrung des Spitalhofes mit einbezogen.

Für das 21. Jahrhundert gerüstet ist der Verein durch einen Neubau und erhebliche Modernisierungen im Stallbereich nach der Rücknahme des landwirtschaftlichen Betriebes vom Freistaat Bayern 1997.

Lehr- und Versuchsanstalt für Molkereiwesen

Ein weiterer Mosaikstein ist die Staatliche Lehr- und Versuchsanstalt für Milchwirtschaft und Molkereiwesen Auf dem Bühl, die seit 1973 die einzige Ausbildungsstätte für Molkereifachmänner/-frauen in Bayern darstellt. Die Fortbildung für Molkereimeister, -techniker und Wirtschafter für Milchwirtschaft hat Bedeutung im gesamten deutschsprachigen Raum und trägt den Ruf der Allgäuer Milchwirtschaft weit über die Grenzen des Allgäus hinaus.

Landwirtschaftsschule

Etwa um 1830 entsteht in der Residenz eine erste Landwirtschafts- und Gewerbeschule. Um den Landwirten im Allgäu eine Berufsfachschule anzubieten, gründen Stadt und Landkreis Kempten 1949 den Zweckverband Landwirtschaftsschule und bauen 1955 an der Feilbergstraße ein Gebäude für Landwirtschaftsschule und -amt sowie Hauswirtschaftsschule mit Internat. Anläßlich der 50-Jahr-Feier blickt der Schuleiter Dr. Alfons Schwarz auf 3004 junge Landwirte und 907 Bäuerinnen, die an der Schule ihre beruflichen Kenntnisse erweitert und sich erfolgreich qualifiziert haben.

Allgäuer Braunvieh

Weil immer mehr Vieh aus der Schweiz und aus Vorarlberg zur Bestandsergänzung zugekauft werden muß, gründet Baurat Widmann 1893 auch noch

Tierzuchthalle

die Allgäuer Herdebuchgesellschaft. Sie war der erste deutsche Zuchtverband, der die Milchleistungsprüfung für Kühe einführte und damit beispielgebend wirkte. Eine wichtige Rolle auf dem Marktsektor spielen die im Abstand von zwei bis drei Wochen stattfindenden Zuchtviehmärkte. Bis zum Ersten Weltkrieg werden jährlich durchschnittlich 14 Viehmärkte abgehalten. Während die Zahl der Rinder jährlich bis auf 2000 steigt, nimmt die Zahl von anfangs 1000 Pferden stetig ab. In der Zeit der Weltwirtschaftskrise werden jährlich nur noch etwa fünf Märkte abgehalten, doch mit dem Bau der Tierzuchthalle kommt der Viehmarkt ab September 1928 in neue Bahnen. Bald nach der ersten Auktion entpuppt sich die Halle als Defizitbetrieb und geht nach dem Konkurs in den Besitz der Stadt über. Spötter nennen das kunstvoll bemalte Gebäude „Mollahotel", also Stierhotel. Erwähnenswert ist noch Stier Roman, den Bildhauer Ludwig Eberle vor der Halle in Stein verewigte und damit das erste Denkmal der Tierzucht in Deutschland schuf.

Einen Spitzenwert markiert das Jahr 1935, in dem über 2300 Tiere aufgetrieben werden. Doch die Bauern wandten sich damals mehr dem Stallhandel zu. Während des Zweiten Weltkrieges diente die Tierzuchthalle als Arbeitslager und anschließend als Flüchtlingsunterkunft. Erst in den fünfziger Jahren kam es in der „Allgäu-Halle" wieder zum Auftrieb von Braunvieh. Das Tierzuchtamt und die Allgäuer Herdebuchgesellschaft bezogen 1953 ihr neues Dienstgebäude, und die Zuchtviehmärkte fanden wieder über das ganze Allgäu hinaus Interessenten. Von 1957 bis 1993 wurden über 31 000 Zuchttiere in 26 Länder exportiert. Mit Abstand gingen die meisten in die Türkei, gefolgt von Italien, Ägypten und Griechenland.

Die Tierzuchthalle heißt längst Allgäu-Halle, und die Tierzuchtämter wurden 1997 in die neugebildeten Ämter für Landwirtschaft und Ernährung übernommen. Doch Auktionen, Körungen und der in Stein gehauene Stier Roman blieben erhalten. Die Halle ist inzwischen auch Ort für Konzerte, Versteigerungen und Flohmärkte. Das weitläufige Gelände bietet seit Jahrzehnten Platz für die Zirkusbetriebe, die regelmäßig in der Stadt gastieren.

Futtertrocknung

Die Konservierung des Futters hat in den Grünlandbetrieben des Alpenvorlandes schon immer eine besondere Bedeutung gehabt. Heinzen prägen in der ersten Hälfte des 20. Jahrhunderts in den Sommermonaten das Bild der Allgäuer Landwirtschaft. Diese Erntemethode ist aber sehr arbeitsaufwendig, und in den fünfziger Jahren setzt in der Landwirtschaft ein starker Arbeitskräftemangel ein, der neue Methoden verlangt. Erste Initiativen zur Gründung einer Grünfuttertrocknung in Kempten gehen vom Spitalhof aus. 1972 schließen sich 123 Landwirte zu einer Genossenschaft zusammen und bauen 1973 an der B 12 eine 1,6 Millionen Mark teure Anlage. Die Zahl der Mitglieder entwickelt sich innerhalb von 20 Jahren auf über 400, die von Mai bis September monatlich rund 5000 Tonnen Grüngut zur Trocknung anliefern.

Schlachthof

In Kempten gehörte das öffentliche Schlachthaus bis 1525 dem Fürstabt und der Reichsabtei Kempten, dann bis 1638 der Reichsstadt, dann der Metzgerzunft und seit 1864 der Stadt. Sie errichtete am Pfeilergraben (heute Galeria Kaufhof) einen der ersten Schlachthöfe Deutschlands. Bereits 1896 dachte die Verwaltung über einen Neubau nach, und 1925 liegen bei Dr. Merkt die ersten Pläne für einen Schlachthof im Industriegebiet Ostbahnhof auf dem Tisch, doch dann fehlt das Geld. Nach der Währungsreform 1948 waren die Zustände im Schlachthof nach Expertenmeinung gesundheitsgefährdend. Trotzdem nutzen rund 56 Metzgerbetriebe, zwei Fleischwarenfabriken, zwei Schlächtereien und 34 Viehhändler die beengten Hallen. Die Schlachtzahlen verändern sich in den ersten fünf Jahrzehnten kaum. 1905 zählt die Statistik rund 19 000 Tiere, und 1933 sind es etwa gleichviel. Eine Steigerung zeigt sich bis 1956, als fast 30 000 Tiere zur Schlachtbank geführt werden.
Die Wende kommt 1967, als der Stadtrat den Verkauf des städtischen Schlacht- und Viehhofs beschließt. An der Bleicherstraße entsteht der neue Schlachthof und in der Nachbarschaft das Südfleisch-Kontor von Konsul Friedrich Döbler, der Kempten nach dem Zweiten Weltkrieg zu einem bedeutenden Umschlagplatz für Nutz- und Schlachtvieh gemacht hat. Im Schlachthof kam es zu einem weitreichenden Skandal, als Anfang der achtziger Jahre der Betrug mit gefälschten Wiegekarten aufgedeckt wurde.
Oberbürgermeister Dr. Josef Höß entschließt sich 1987 mit Zustimmung der Regierung von Schwaben, den Schlachthof für 2,25 Millionen Mark an die Firma Südfleisch-Kontor zu verkaufen, und handelt sich massive Proteste der Opposition ein. Unter Oberbürgermeister Dr. Wolfgang Roßmann erklärt die Südfleisch-Kontor ihren Abschied aus Kempten. Sie will an der Autobahn bei Bad Grönenbach bauen. Doch es bleibt bis 1999 bei der Absichtserklärung.

Gebietsreform und Folgen

Durch den enormen Gebietszuwachs im Rahmen der Gebietsreform von 1972 gewinnt die Landwirtschaft im Stadtbereich wieder erheblich an Bedeutung. Während man 1971 nur 77 land- und forstwirtschaftliche Betriebe mit 1875 Hektar landwirtschaftlicher Nutzfläche zählt, sind es anschließend über 280 Betriebe, von denen rund 4500 Hektar bearbeitet werden. Durch den Strukturwandel und die Ausdehnung der Baugebiete geht die Zahl der Landwirte deutlich zurück: 1975 gibt es in Kempten 267 Betriebe, 1985 sind es 205 und 1996 bewirtschaften noch 157 Betriebe weniger als 4000 Hektar Nutzfläche. Grünlandwirtschaft bedeutet hier vor allem Rinderhaltung, doch von 1978 bis 1996 sinkt die Zahl der Kühe von 7500 auf rund 6000.

Zukunft der Landwirtschaft

Der Schritt ins 21. Jahrhundert bedeutet auch für die Kemptener Bauern eine weitreichende Entscheidung zwischen deutlicher Vergrößerung oder Aufgabe der Landwirtschaft. Der Milchpreis-Verfall und Schulden treiben nach Angaben des Bayerischen Bauernverbandes immer mehr Landwirte in den Konkurs. Die Weichen in der Europäischen Union sind auf größere Einheiten mit über 100 Stück Großvieh pro Betrieb gestellt. Ignaz Kiechle machte Ende März 1999 deutlich: „Wenn man weiter auf die seit Jahrhunderten erfolgreich wirtschaftenden bäuerlichen Familienbetriebe setzt, sind Schutz und Hilfe durch die Politik nötig." Die Höfe sind für die Bewirtschaftung der Wiesen und Weiden wichtig, um das typische Bild des grünen Allgäus als Kultur- und Freizeitland zu erhalten. „Milch und Käse aus dem Allgäu" wird auch weiterhin ein Synonym für natürliche Erzeugung und hohe Qualität der hiesigen Milch- und Käseproduktion sein.

Arbeitsmarkt

Die Zahl der Beschäftigten wandelte sich im 20. Jahrhundert hinsichtlich der Zahl und der Branchenzugehörigkeit deutlich. 1895 zählte Bürgermeister Horchler 4534 Industriearbeiter, 1589 Beschäftigte in Handel und Dienstleistung sowie 559 in der Landwirtschaft. Diese Zahlen stiegen bis 1907 nur leicht an. Spätestens seit Dr. Otto Merkt gilt Kempten als Mittelpunkt des Allgäus. Entsprechend stark stieg der Anteil der Arbeitnehmer im Bereich Handel, Verkehr und Dienstleistung.
Im 20. Jahrhundert änderte sich die Erwerbsquote nachhaltig. Waren 1895 noch 72 von 100 Einwohnern berufstätig, sank die Zahl bis 1970 auf 45. Die Gründe liegen in einer längeren Ausbildungszeit und einer Verschiebung der Altersstruktur ins Rentenalter.

Die Zahlen im produzierenden Gewerbe zeigen sich in der Nachkriegszeit wechselhaft: Von 7455 (1946) auf fast 14 000 (1977) und dann Mitte der neunziger Jahre ein Rückgang auf weniger als 10 000 Beschäftigte. Dagegen weist die Kurve bei Handel, Verkehr und Dienstleistung ab 1946 (4312 Beschäftigte) steil nach oben. Zwischen 1950 und 1999 verdoppelt sich die

Städtisches Arbeitsamt

Zahl, was sich auch in den Umsätzen widerspiegelt. Die Bruttowertschöpfung liegt 1994 im Dienstleistungsbereich bei 1,7 Milliarden Mark, für Handel und Verkehr bei 831 Millionen, im produzierenden Gewerbe bei 769 Millionen und in der Landwirtschaft bei 13 Millionen Mark.

Im Mai 1998 veröffentlicht das Amt für Wirtschaftsförderung, daß von den 61 600 Bürgern 14 000 in Kempten und über 6200 in anderen Gemeinden arbeiten. Dem gegenüber steht eine Vielzahl von Einpendlern. Niedere Baulandpreise, Umstrukturierung der Landwirtschaft und hohe Mobilität sorgen täglich für einen regen Verkehr von Berufstätigen aus den Umlandgemeinden in die Stadt. Bereits 1939 kommen 2247 Pendler nach Kempten. Bis 1998 steigt die Zahl auf über 15 200 an – davon mehr als 1000 Auszubildende.

Städtisches Arbeitsamt

Das im Herbst 1905 eingerichtete gemeindliche Arbeitsamt wartet mit interessanten Zahlen auf: Vor dem Ersten Weltkrieg werden jährlich zwischen 1100 und 1400 Personen auf bis zu 2600 offene Stellen vermittelt. Hervorzuheben ist, daß sich vor allem die Landwirtschaft besonders der Vermittlung des Arbeitsamtes bediente. Die Vermittlungsquote von rund 75 Prozent fällt erst im vierten Kriegsjahr 1917 auf unter 40 Prozent.

Bis zur Wirtschaftskrise Mitte der zwanziger Jahre liegen jährlich durchschnittlich über 5000 Angebote auf dem Tisch des Arbeitsamtes. Die Spinnerei und Weberei Kempten geht im Juni 1926 als größter Betrieb mit 840 Beschäftigten von der Kurzarbeit zur vollständigen Stillegung über. Die Krise hält an, und im März 1927 sind sogar 1157 Kemptener arbeitslos. Schließlich wird das Arbeitsamt Kempten im Oktober 1928 verstaatlicht. Im Nachkriegs-Kempten etabliert sich das Arbeitsamt an der Rottachstraße. Von dort wird im Mai 1978 praktisch Vollbeschäftigung mit einer Arbeitslosenquote von nur 2,4 Prozent verkündet. Im Januar 1997 meldet Behördenchef Dietrich Vergho 9,7 Prozent Arbeitslose und im Juni 1999 einen Rückgang auf 5,2 Prozent. Trotz dieser erfreulichen Entwicklung sind vor allem junge Menschen vom Stellenmangel betroffen.

Handel und Wandel

Metropole für 500000 Kunden

Die Innenstadt ist durch die Konzentration von Handel, Dienstleistungen, Gastronomie und kulturellen Einrichtungen der Brennpunkt des städtischen Lebens und das Aushängeschild der Stadt. Im ausgehenden 20. Jahrhundert bieten 522 Einzelhandelsgeschäfte und 142 Großhandelsbetriebe nahezu 6600 Beschäftigten Arbeit. Die Vielfalt des Angebots in Fachgeschäften und Kaufhäusern macht Kempten zur zentralen Einkaufsstadt für eine halbe Million Menschen. Die Kaufinteressenten kommen nicht allein aus dem Allgäu, sondern auch aus Baden-Württemberg, aus Tirol und Vorarlberg. Die Kaufkraftkennziffer liegt neun Prozent über dem Bundesdurchschnitt. Damit gehört Kempten heute zu den Spitzen-Handelsplätzen in Deutschland.

Vom Kornmarkt zum Bauernmarkt

Der Handelsplatz Kempten hat eine jahrhundertealte Tradition, zu der früher vor allem die Kornmärkte zählten. Doch schlechte Böden, rauhes Klima und technischer Fortschritt sorgten für einen Wandel. Die Kornmärkte kamen zum Erliegen, und nach dem Kornhaus schließt 1906 die letzte Schranne im Rathaus. Es bleiben nur die beiden wöchentlichen Markttage auf dem Hildegardplatz. Im Sommer ist die reichliche Fülle an Früchten, Blumen und anderen Lebensmitteln vor der St.-Lorenz-Basilika das Ziel von Hausfrauen und Hausmännern. Von April bis November werden dort seit 1893 vielfältige Waren angeboten. Ein Blick auf den Einkaufszettel der zwanziger Jahre löst heute nur noch ein Schmunzeln aus: Korbwaren, Heugabeln, Wurzelbesen, frische

Wochenmarkt

Südfrüchte, frisches Gemüse und rohes Wachs. Butter, Käse und Wurstwaren werden offen verkauft.
Unter alliierter Besatzung nahm das bunte Markttreiben vor der Basilika einen neuen Anfang. Mitte Juli 1948 fand der erste Wochenmarkt seit Kriegsende statt. Die Stände der 25 Händler mit Beeren, Obst, Gemüse und Federvieh waren dicht umlagert und um 11 Uhr ausverkauft. Der Markt gehört heute zu einem der Fixpunkte im Kemptener Wochenablauf. Außerdem gibt es seit 1993 auf dem St.-Mang-Platz einen regelmäßigen Bauernmarkt.

Ein langes Provisorium

1921 kauft Dr. Merkt dem Allgäuer Brauhaus den Kornhauskeller ab und eröffnet eine „provisorische" Marktgelegenheit im barocken Gewölbe. Er hofft, daß der Schlachthof an den Ostbahnhof umzieht, und plant 1942 eine große Markthalle am Pfeilergraben. Doch der Schlachthofneubau zieht sich hin, und Oberbürgermeister August Fischer verkauft das Areal an den Handelsriesen Horten. Die Pläne für eine Markthalle bleiben in der Schublade und werden 1996 von Dr. Ulrich Netzer ins Gespräch gebracht. Als Standort bestimmt der Stadtrat den ehemaligen Schulpavillon am Königsplatz. Durch den Kornhausumbau bleiben die Marktleute im Winter 1997/98 im Freien und finden Ende 1998 in der Markthalle am Königsplatz eine neue (Winter-) Heimat.

Jahrmärkte

Einen festen Platz im Jahresablauf behaupten auch die beiden Jahrmärkte im Frühjahr und im Spätherbst. Der Himmelfahrtsmarkt reicht in seinen Ursprüngen bis in das 8. Jahrhundert zurück, der Kathreinemarkt wurde 1714 eingeführt. Die lange Reihe bunter Stände in der Innenstadt und der große Vergnügungspark üben seit jeher eine starke Anziehungskraft auf viele Bewohner der Stadt und des näheren Umlands aus.

Weihnachtsmarkt

Zur Jahrhundertwende wird der Markt im Frühjahr auf dem Königsplatz, St.-Mang-Platz sowie in der Rathausstraße abgehalten. Im Herbst findet er auf St.-Mang-, Hildegard- und Residenzplatz sowie in der Königstraße statt. In den Jahren von 1912 bis 1924 werden die dreitägigen Veranstaltungen von einer großen Zahl Marktfieranten „vorwiegend aus Bayern, aber auch zu einem großen Teil von Angehörigen außerbayerischer Staaten" besucht. Zugelassen sind Schaubuden, Karussells, Hippodrome, Kinematographen, Panoramen und Schießbuden. Noch im ersten Kriegsjahr 1940 kommen 20 Schausteller und 257 Fieranten nach Kempten. Zu den festen Größen im Schaustellergeschäft gehört die Kemptener Familie Mayr, die seit 1892 dabei ist. Viele ältere Kemptener erinnern sich an ihre ersten Fahrten auf dem Mayr'schen Kinderkarussell am Keck. Heute gehen sie mit ihren Enkeln über die einwöchigen Himmelfahrts- und Kathreinemärkte auf dem Königsplatz, kaufen bei Mayr gebrannte Mandeln oder heiße Würstchen und schauen dem Nachwuchs in Mayrs Schießbude oder

Kinderkarussell zu. Mayr Junior ist mit seinem Fahrgeschäft auch beim Kemptener Weihnachtsmarkt auf dem Rathausplatz dabei. Seit 1983 veranstalten Verkehrsverein und Stadt in der Adventszeit den größten Allgäuer Weihnachtsmarkt.

Neue Branchen entstehen

Der Handel in Kempten ist geprägt vom Wandel. Als Franz und Berta Tröger 1900 ihre Eisengroßhandlung gründeten, entwickelte sich zaghaft der Automobilhandel durch Georg Kesel, Georg Mayr (beide Benz), Johann Abt (Audi) und Fritz Haggenmüller (Opel) an der Iller. Heute ist beinahe jede Automobilfirma mit einem Vertragspartner in Kempten präsent. Vor dem Ersten Weltkrieg war die Nahversorgung auf kleine Milchläden, Bäckereien und Tante-Emma-Läden für den täglichen Bedarf aufgebaut. Doch schon bald bewiesen 16 Lebensmittel-Einzelhändler Weitblick und gründeten 1918 eine Edeka-Genossenschaft. 1923 klingelte die Kasse am lautesten und bescherte den Händlern die höchsten Umsätze: Während der Inflation kostete eine Semmel sieben Milliarden Mark und ein Liter Milch 20 bis 25 Milliarden Mark.

Zu Beginn des 20. Jahrhunderts konzentrieren sich die ersten Warenhäuser entlang der heutigen Fußgängerzone. Das Textilgeschäft Wagner mit fünf Mitarbeitern gehört seit 1810 ebenso zum gewohnten Stadtbild, wie das Modehaus der Gebrüder Oberpaur in der Gerberstraße, zu dem Max Oberpaur 1897 den Grundstock gelegt hatte, und das 1795 von Johann Durst begonnene Schuhgeschäft. Mit Argwohn sehen sie die neue Konkurrenz der Modehäuser Fillisch und Hansa sowie der Schuhhäuser Sax und Kohn. Ein richtiger „Hammer" für die Handelsmetropole Kempten ist 1931 die Eröffnung von Wohlwert, das mit der Überschrift wirbt: „Kempten wird Großstadt". In der Rathausstraße bietet das erste Kemptener Kaufhaus „alle Dinge des täglichen Bedarfs". Das Sortiment reicht von der Wurst bis zum Vogelkäfig, von Socken bis zu Fahrradteilen sowie Haushalts- und Elektroartikeln. Mit Lautsprechern überträgt das Geschäft Musik auf den Bürgersteig, der rasch zum Treffpunkt der Jugend wird. Nach sieben erfolgreichen Jahren müssen die jüdischen Inhaber das Haus auf Druck der NS-Machthaber schließen...
1934 eröffnete Ludwig Geiger seinen Käseladen an der Promenadestraße, und ein Jahr später

Fischerstraße um 1910

kaufte Karl Theodor Specht das Textilhaus Wagner, das er rasch vergrößerte. Auch sein Kollege Oberpaur expandierte und übernahm 1938 das Kaufhaus Fillisch. Das florierende Schuhhaus Kohn wurde vom Konkurrenten Durst übernommen.

Währungsreform

Am 20. Juni 1948 feierten die Kemptener die Einführung der neuen Deutschen Mark mit „Vergnügen in alter Währung". Tanzlehrer Donatus Huber richtete mit dem Orchester Toni Peuker einen Walzerwettbewerb aus, und Tanzmeister Grill sorgte mit zwei Veranstaltungen bei Tanzschülern und Flüchtlingen für Stimmung. Die bevorstehende Steuer- und Währungsreform hatte tagelang für Hektik an den Bank- und Postschaltern gesorgt. Fünf- bis sechsmal soviel Buchungen als normal wurden gezählt und binnen einer Woche rund 500 Postsparbücher eröffnet. Vermutlich wollten die Kemptener ihr Vermögen auf mehrere Konten verteilen, um sie so vor dem Finanzamt zu verbergen. Die Bankbeamten mußten Sonderschichten bis 22 Uhr einlegen.
Das Ernährungsamt B Kempten-Stadt organisierte die Verteilung des sogenannten „Kopfbetrages". Jeder Kemptener, vom Säugling bis zum Greis, erhielt zunächst 40 Deutsche Mark und zwei Wochen später weitere 20 Deutsche Mark. Außerdem wurde an diesem Sonntag Geld so umgetauscht, daß von 100 Reichsmark 6,50 Deutsche Mark übrig blieben, die auf einem blokkierten Festgeldkonto gutgeschrieben wurden.

Gewerbepolizei gegen Bäcker

Weil die Währungswende unmittelbar bevorstand, weigerten sich in Kempten zahlreiche Geschäftsleute, ihre Läden am Samstag zu öffnen. Die Gewerbepolizei mußte gegen 20 Kemptener Bäcker vorgehen, die bereits am frühen Vormittag ausverkauft waren. Sie mußten ein zweites Mal in die Backstube, um die Bevölkerung mit dem notwendigen Brot zu versorgen. Außerdem sorgte die Polizei dafür, daß Lebensmittel- und Tabakgeschäfte sowie Kohlenhandlungen geöffnet blieben.
Am Sonntag dann ein völlig neues Bild: Es gab Haushaltswaren, Herde, Sensen, Fahrräder, Radios, Uhren zu kaufen. Aber auch Schreibmaschinen und versilberte Teesiebe wurden „ohne Bezugsschein" im Schaufenster angeboten. Beim Vergnügen sparten die Kemptener, und so blieben Cafés, Gaststätten und Kinos nur schwach besucht. Dagegen kamen die Postbeamten gehörig ins Schwitzen. Da die alten Briefmarken ungültig wurden, waren die Briefkästen am Montag morgen prall gefüllt. Mit viel Mühe mußten die alten Wertzeichen nachgerechnet und mit Dutzenden von Stempeln entwertet werden.

Schwarzmarkt reagiert sauer

Der Schwarzmarkt im Stadtpark reagierte sauer auf die neue Währung: Kaffee stieg am Sonntag auf 1500 Reichsmark, Butter auf 800 Reichsmark je Pfund, aber der Umsatz blieb gleich null. Ein Zeitzeuge notierte in sein Tagebuch: „Hurra, mein Schneider wird diesen Monat noch einen Anzug enger machen. Wunder über Wunder: Der Uhrmacher nimmt meinen Wecker, den ich ihm schon über ein Jahr zur Reparatur anbiete, endlich in Gnaden auf. Die Gemüsefrau legt mir Kohlrabi, Rettiche, Blumenkohl und Karotten vor; den Schnittlauch bekomme ich drein. Heute habe ich für *sie* Nelken gekauft. Die Verkäuferin fragte mich, ob ich nicht lieber Rosen nehmen wolle. Ich sah in einem Textilwarengeschäft, wie drei Verkäufer eine Kundin bedienten, ihr einen Stuhl anboten und ihr 15 Kleider zur Auswahl vorlegten." Seine Eintragung endet mit dem Satz einer Hausfrau: „Das Einkaufen macht jetzt wirklich wieder Spaß."
Mit völlig leeren Taschen ging dagegen die Stadt in das neue Zeitalter. Sie konnte ihr Altgeld nicht umtauschen und mußte so rund acht Millionen Reichsmark abschreiben. Das war eine schwere Hypothek für den neuen Oberbürgermeister Dr. Georg Volkhardt, der am 1. Juli 1948 Dr. Anton Götz ablöste. Doch die Wirtschaft boomte, und im „Allgäuer" war laufend über Geschäftseröffnungen zu lesen. Auch die Banken freuten sich: Allein bei der Sparkasse wurden in einer Woche fast sechs Millionen DM eingezahlt.

Handel in der Nachkriegszeit

Nach der Währungsreform 1948 gab es in Kempten folgenden Handelsmix: 22 Großhandelsfirmen und 91 Einzelhandelsgeschäfte der Lebensmittelbranche, 17 Käsegroßhandlungen, 54 Einzelhandels- und 15 Großhandelsbetriebe der Textilbranche sowie acht Textilfabriken, zwölf Schuhwarengeschäfte. Dazu kamen in der Gemeinde Sankt Mang 103 Handelsbetriebe und 79 Firmen sonstiger Gewerbearten. Die Gemeinde St. Lorenz war von jeher landwirtschaftlich orientiert und hatte damals kaum nennenswerte Betriebe.
Zu den 91 Lebensmittelhändlern gehört neben Ludwig Geiger auch Theodor Feneberg, der 1947 in der Zwingerstraße einen kleinen Laden eröffnet, aus dem heraus er ab 1950 ein flächendeckendes Filialnetz entwickelt. 1953 sorgt er für Furore unter den Hausfrauen, als er die Selbstbedienung einführt und zwei Jahre danach den ersten Großladen in Schwaben mit Frischfleischverkauf eröffnet. In seinem 1962 gebauten Fleischwerk installiert Feneberg als erster Betrieb in Schwaben eine Fleisch-Abpackstation für seine SB-Märkte, die er in 14 Jahren von 120 auf 3700 Quadratmeter Verkaufsfläche ausdehnt.
Auch Karl Theodor Specht baute fleißig zwischen 1949 und 1957. Er riß fünf Häuser ab und erweiterte sein Modehaus zeitgemäß auf drei Stockwerke mit

ebenfalls 3700 Quadratmetern Verkaufsfläche, 260 Metern Schaufensterfront, einem Restaurant und 400 Mitarbeitern. Außerdem kaufte er 1955 das Herren- und Knabenspezialhaus Sankowski. Da wollte Alfred Oberpaur nicht nachstehen und zog 1954 in das ehemalige Christliche Hospiz an der Bahnhofstraße, und seine Söhne Hannes und Peter erweiterten 1966 auf insgesamt 6000 Quadratmeter Verkaufsfläche mit 295 Metern Schaufensterfront und über 350 Mitarbeitern. In der Ära von August Fischer werden Firmen mit größerem Platzbedarf, wie beispielsweise der Allgäuer Automobil-Vertrieb Georg Mayr, Auto Abt oder die Eisengroßhandlung Franz Tröger GmbH, an die Peripherie der Stadt verlagert. Banken, Versicherungen und große Handels-

Oberpaur 1966

unternehmen ziehen in die City und läuten ein neues Zeitalter ein. Im Herbst 1959 eröffnet das Münchener Kaufhaus EMA in der Fischerstraße eine Filiale mit Textilien, Haushaltsartikeln und Lebensmitteln. Ende 1964 titelt die Tageszeitung „Der Allgäuer": „Kaufhaus, Kaufhaus und noch ein Kaufhaus." Die 300 Kemptener Einzelhändler protestierten damals bei August Fischer gegen neue Großflächenprojekte. Doch da war nichts zu machen, und so eröffneten Quelle 1965 und Horten nach langen Fassadendiskussionen im Herbst 1971. Als Brückenschlag zwischen Fischer- und Bahnhofstraße wurde 1965 die Fußgängerunterführung mit Geschäften unter dem Freudenberg eröffnet.

Schwabens erste Fußgängerzone

1969 nehmen zwei zukunftsweisende Projekte Gestalt an. Theodor Feneberg eröffnet mit seinen Söhnen Hans und Peter an der Dieselstraße das Feneberg-Center (heute Fenepark) mit Firmenzentrale und Zentrallager. Vor den Toren der Stadt bietet das Selbstbedienungswarenhaus Kaufmarkt auf zwei Etagen mit fast 7000 Quadratmetern ein vielfältiges Angebot. Das zweite Projekt ist Schwabens erste ausgebaute Fußgängerzone, die im Frühjahr 1970 eingeweiht wird. Damit festigen August Fischer und sein Nachfolger Dr. Josef Höß den Ruf Kemptens als Handelsmetropole. Zwischen 1976 und 1985 steigt die Zahl der Einzelhändler von 329 auf 522 und die der Grossisten von 136 auf 142 an. Auf insgesamt 240 000 Quadratmetern Geschäftsfläche präsentiert der Handel seine Waren. Für Dr. Höß reiht sich von 1971 bis 1977 Eröffnung an Eröffnung: Horten, Zentralhaus, Altstadtcenter (4P) und Einkaufszentrum im Thingers. Tausende strömen nicht nur an den Wochenenden in die Stadt, die ihre Parkplatzprobleme durch den Bau von drei Parkhäusern und zahlreicher Parkplätze stark verringert. Doch dann kommt es im Stadtrat zu einer folgenschweren Entscheidung. Das Modehaus C&A möchte am Rathausplatz eröffnen und damit ein Handelsdreieck mit Horten und Quelle/Oberpaur bilden. Doch die Politiker halten an ihrer Achse Fischerstraße fest, C&A eröffnet 1977 an der Kotterner Straße, und die Altstadt wird abgekoppelt.

Als Firmengründer Theodor Feneberg 1976 ausscheidet, zählen 42 Lebensmittelmärkte und vier Kaufmärkte mit 1250 Mitarbeitern zu seinem Lebenswerk. Sein direkter Konkurrent Edeka war durch Fusionen mit Edeka Memmingen und Wangen zur Edeka Handelsgesellschaft Allgäu mbH mit 460 Einzelhandelsgeschäften angewachsen und unterhielt seit 1969 in Betzigau ein Zentrallager. 1978 folgt ein erster wirtschaftlicher Einbruch für die 329 Einzel- und die 135 Großhändler der Stadt, und die Allgäuer Zeitung meldet: „Kemptener Tante-Emma-Läden sterben allmählich aus." Es gab nur noch 45 kleine Lebensmittelgeschäfte wie die Käsehandlung Geiger. Als mitten in der Rezession das Einkaufszentrum Illerkauf (ehemals CBA-City) übergeben wird, stehen nur zwei der ursprünglich geplanten neun Stockwerke mit 6000 Quadratmetern Verkaufs- und Ladenfläche für 22 Geschäfte.

Einzelhandel protestiert

Die Modehäuser Wagner und Oberpaur stellten schon früh ihre Weichen auf Expansion. Bereits vor dem Zweiten Weltkrieg gründeten Kurt und Richard Oberpaur Modehäuser in Ludwigsburg, Freiburg, Stuttgart und zwei Städten Chiles. Karl Theodor Specht eröffnete 1964 ein Mode- und Textilhaus mit 300 Mitarbeitern in Ingolstadt. Am umsatzträchtigen Standort Kempten planen national

Modehaus Wagner

operierende Konzerne Großprojekte am Schumacherring, an der Immenstädter Straße und an der Bahnhofstraße. Darauf appelliert der Einzelhandelsverband Ende 1980 unter seinem langjährigen Vorsitzenden Max Beutmüller, die zusätzliche Verkaufsfläche von 30 000 qm nicht zuzulassen. Der Oberbürgermeister sieht sich zwischen den Fronten und beauftragt ein unabhängiges Institut mit einem Gutachten über die Situation und die Möglichkeiten des Einzelhandels. Die Wogen glätten sich, und am Ende bleibt nur der Plan für einen Möbel- und Einkaufsmarkt am Haslacher Berg übrig, der aber bis zum

Jahre 2000 vom Grundbesitzer nicht ernsthaft verfolgt wird. Das liegt vermutlich an den Möbelhaus-Giganten im Ulmer Raum, die seit Mitte der achtziger Jahre auf den Kemptener Markt drücken. Im Herbst 1987 schließt das Quelle-Möbelhaus am Freudenberg, und 1989 verabschiedet sich Möbel Hess nach 20 Jahren aus dem Marstall. Der 1988 in Konkurs gegangene Möbel-Fachbetrieb Karl Hold KG gehört heute zum Möbelhaus Mayer in Hirschdorf. Neben den Möbelhäusern Silberbauer und Forster gibt es eine Konstante am Kemptener Markt: das 1875 gegründete Möbelhaus Fritz Mader an der Memminger Straße.

Zu den Magneten in der Fußgängerzone zählt weiterhin das Modehaus Wagner. Bei einem Großbrand im Frühjahr 1982 wird allein der Warenschaden auf drei bis vier Millionen Mark geschätzt. Zwei Jahre später zieht die Firma K & L Ruppert aus der Altstadt weg und eröffnet anstelle des ehemaligen „Wienerwaldes" ihr neues Modehaus an der Bahnhofstraße.

Tiefgarage statt Festwoche

Dr. Josef Höß betrachtet den Handel als wichtigen Partner der Stadt und läßt sogar die Allgäuer Festwoche 1991 ausfallen, um mit dem Bau einer gleich zweigeschossigen Tiefgarage unter dem Königsplatz die Parkplatzsituation spürbar zu entlasten. Das von Dr. Wolfgang Roßmann 1990 veröffentlichte Innenstadtkonzept stellt fest: „Die Stärkung des Einzelhandels kann durch Schaffung günstiger Rahmenbedingungen durch die Stadt gefördert werden. Der Einfluß auf die Branchenstruktur wäre zwar wünschenswert, ist jedoch kaum durchführbar. Im Bereich der Fußgängerzone wäre ein Flächenwachstum durch Erschließung von rückwärtigen Teilen zum Teil durch Passagen möglich." Die Leistungsfähigkeit des Handels zeigt sich am Einzelhandelsumsatz von 840 Millionen Mark auf rund 240 000 Quadratmetern Geschäftsfläche. Die neunziger Jahre bringen wieder viel Bewegung in den Handel. Das Modehaus Hettlage verabschiedet sich aus der Fischerstraße, dafür kommt Hennes und Mauritz. Mit der Anpachtung des Immenstädter Modehauses Herburger erweitert die Textilhandelsgruppe Specht, deren Stammhaus das Modehaus Wagner ist, ihre Marktpräsenz ab Herbst 1990 im süddeutschen Raum auf zehn Ladengeschäfte. 1995 eröffnet die Familie Specht in Singen ihr 15. Haus und steigert mit knapp 1800 Mitarbeitern den Umsatz auf 320 Millionen Mark. Die Geschichte von Modehaus Oberpaur geht zu Ende, als im Herbst 1993 das Mo-

Bau der Tiefgarage Königsplatz

Regenbogen über dem Fenepark

de- und Textilhaus Sinn im neu gestalteten Gebäude eine Filiale eröffnet, die heute als Sinn & Leffers bekannt ist. 1992 verkauft die Quelle-Gruppe ihr Kemptener Kaufhaus, das zu den umsatzstärksten Filialen gehörte, an das Nürnberger Modehaus Wöhrl. Heute ist es eine Storg-Filiale. Illerkauf-Besitzer Leo Levinger gab 1992 bekannt, daß er sein Haus um fünf Etagen aufstocken wolle. Im Frühjahr 1996 gab es in der Fußgängerzone 15 Schuhgeschäfte, doch die Adolf Durst KG war nicht mehr dabei. Sie hatte ihr Geschäft an die Schuhhaus-Kette Werdich aus Wangen verkauft.

Ein Blick ins Branchenbuch von 1999 zeigt, daß es nur noch ein Käsefachgeschäft gibt: Der inzwischen 96jährige Ludwig Geiger reibt seinen Käse immer noch von Hand, und im Laden stehen Tochter und Enkelin. Dafür hat Feneberg seine Marktpräsenz 1990 mit der Eröffnung des Feneparks weiter ausgebaut. Unter einem Dach werden Einkaufen, Service und Dienstleistungen vereinigt. Feneberg übernimmt zwei Jahre danach eine Vorreiterrolle in Sachen Müllvermeidung im Handel und eröffnet ein internes Mehrwegcenter. Vier Jahre später starten Feneberg und der Zweckverband für Abfallwirtschaft am Heussring das Modellprojekt Versorgen und Entsorgen: Supermarkt und Wertstoffhof stehen dort Wand an Wand.

1997 legen Hans und Peter Feneberg die Geschicke des Unternehmens in die Hände ihrer vier Söhne. Das Verbreitungsgebiet reicht von Oberstdorf bis Ulm und von Lindau bis Landsberg. Feneberg beschäftigt in 77 Filialen mit Verkaufsflächen bis zu 1200 Quadratmetern sowie in acht Kaufmärkten mit bis zu 5000 Quadratmetern rund 3500 Mitarbeiter. Auf der Weltmesse für Ernährung, ANUGA 1997, in Köln erhält das Unternehmen den Preis der Besten in Gold. Diese höchste langjährige Betriebsauszeichnung bekommt, wer mindestens 15 Jahre lang ununterbrochen mehrere Prämierungen erreicht hat,

und das sind nur 146 Betriebe in Deutschland. Feneberg ist die Nummer Eins auf dem Allgäuer Lebensmittelmarkt und bietet unter der Dachmarke „Von Hier" Produkte aus kontrolliert ökologischem Anbau aus der Region an.
Mitte der neunziger Jahre kommt wieder Bewegung in die Wohngegenden, wo mehrere Großbäckereien günstige Ladenflächen anmieten und auch sonntags frische Brezen anbieten.

Bau- und Gartenmärkte eröffnen

Parallel dazu expandieren Bau-, Heimwerker- und Gartenmärkte. Zu BayWa und Bauhaus gesellen sich Ende der achtziger Jahren Kutter, Dehner, Praktiker und Top Bau. Mit der Eröffnung eines Bau- und Heimwerkermarktes der Hornbach-Gruppe am Oberstdorfer Knoten erhält die Stadt 60 neue Arbeitsplätze und festigt ihren Anspruch als Allgäuer Handelsmetropole.
Stark gewandelt haben sich auch die Tankstellen, die Zug um Zug von der Innenstadt an den Ring verlegt wurden und mehr als nur Treibstoff verkaufen. 1985 eröffnete die 1904 gegründete Mineralölfirma Adolf Präg ihr Zentrallager an der Oberstdorfer Straße und baute dort 1997 eine Großraum-Tankstelle, die neben Waschstraße und Werkstatt einen kleinen Supermarkt hat, der 24 Stunden am Tag von frischen Semmeln bis zum Champagner vieles bietet.

Traditionsfirmen und Newcomer

Damit passen die jungen Tankstellenpächter in das Bild der Handelsmetropole Kempten mit ihrer Mischung aus Tradition und Innovation. Alteingesessene Familienbetriebe und trendige Newcomer ergeben ein buntes Bild, das sich positiv auf den Kundenstrom auswirkt. Einige Kaufleute entlang der Fußgängerzone beschränken sich zwar heute auf Vermietung ihrer ehemaligen Ladenräume, doch ein Blick ins Stadtarchiv verrät, daß es noch etliche Firmen mit einer über 100jährigen Geschichte gibt.
An der Gerberstraße liegt das 1828 von Andreas Martin gegründete und heute vom Ehepaar Gertrud und Wolfgang Notz geführte Stahlwaren-Fachgeschäft. Mit Bestecken, Glas und Porzellan handelt die 1879 gegründete Firma Adam Salzmann in der Fischerstraße. Uhrmachermeister Ferdinand Bachschmid gründete 1845 seinen Betrieb, der seit Jahrzehnten als Optik- und Photo-Fachgeschäft am Residenzplatz bekannt ist, und 1855 eröffnete die Familie Staehlin eine Buchbinderei mit Schreibwarengeschäft, das bis heute an der Klostersteige besteht. Auf eine jahrhundertelange Geschichte können auch die Hofapotheke in der Poststraße und die Stern-Apotheke am Rathaus schauen.
Es gab aber auch einige Besitzerwechsel. Die Eisenhandlung Franz Tröger GmbH, die bis 1973 an der Bahnhofstraße ihr Geschäft betrieb, ging Ende

1978 in die Hände der Otto Wolff GmbH Köln über. Oder das 1842 gegründete Juweliergeschäft Kinzel an der Salzstraße, das älteste Geschäft dieser Art in Kempten, welches Mitte 1987 von dem Juwelierehepaar Rall aus Schwäbisch Gmünd übernommen wird. Beim Gang durch die Innenstadt erinnern sich viele Bürger an klangvolle Namen von Geschäften, die heute verschwunden sind, wie beispielsweise der 1633 gegründete Hut-Schaul am Rathausplatz. 1982

Hofapotheke

gab Alfred Zorn an der Freitreppe aus Gesundheitsgründen sein Geschäft auf. Nach 75jähriger Firmentradition schloß 1995 das Modehaus Steinhart in der Fischerstraße und vier Wochen später das Haushaltswaren- und Geschenkartikelgeschäft Waegemann an der Freitreppe nach über 200jähriger Existenz. Aus dem Straßenbild verschwunden sind auch Haushaltswaren Unold am Rathausplatz, das Maßgeschäft Jakob Weitnauer, das Modehaus Rist und das Modehaus Fritz Anhegger in der Rathausstraße sowie die Eisenhandlungen Johann Biechteler am Rathausplatz und Johannes Glatthaar in der Bäckerstraße. In die seit 1818 bestehende Kolonial- und Materialwarenhandlung Emil Sauter am Hildegardplatz zog in den sechziger Jahren die Lebensmittelfirma Feneberg ein.

1262 Millionen Mark Umsatz

Die Umsatzentwicklung in Kempten kann sich sehen lassen. Von 1967 bis 1978 kletterten die Zahlen im Einzelhandel von 232 Millionen auf 580 Millionen, schwangen sich bis 1997 auf über 1,26-Milliarden Mark. Bereits 1988 nimmt der Kemptener Einzelhandel gemessen an der Einwohnerzahl im Bundesgebiet den fünften Platz ein. Ähnlich erfolgreich präsentiert sich der Großhandel, der sich von 362 Millionen (1967) auf 1,2 Milliarden (1992) entwickelte. Dazu kommt das Dienstleistungsgewerbe, welches allein zwischen 1990 und 1992 eine Steigerung von 459 Millionen auf knapp 600 Millionen Mark verzeichnet. Angesichts dieser Spitzenwerte erklärt Dr. Ulrich Netzer Mitte 1999: „Funktionsfähigkeit und Attraktivität der Innenstadt sind maßgebliche Voraussetzungen für die Lebensqualität der Stadt und die gesamte Stadtentwicklung." Er wirbt von Beginn seiner Amtszeit an mit der „Knochentheorie", die besagt, daß an beiden Enden der Fußgängerzone starke Zentren stehen müssen. Das sind der Alte Bahnhof im Süden und die vier Plätze zwischen dem Kornhaus und der Residenz im Norden der Einkaufsmeile. Dr. Netzers Botschaft wird rasch umgesetzt, und die Kaufhofgruppe baut 1998 ihr Kaufhaus Horten zur Galeria Kaufhof aus und investiert dabei 9,5 Millionen. Auch im Süden tut sich einiges. Unter den Bewerbern für das Großprojekt ist die Familie Feneberg, die sich 1997 zwei wichtige Standorte sichert: In Lindau erhält das Unternehmen den Zuschlag für das Einkaufszentrum Lindaupark, und gleichzeitig votiert der Kemptener Stadtrat für Feneberg als Investor auf dem Gelände Alter Bahnhof/Allgäuer Zeitung. Das Forum Allgäu wird neben attraktiven Geschäften auch etliche Freizeit- und Erlebnisangebote bieten. Mit einem Groß-Kino, einer Groß-Disco, gastronomischen Angeboten, einem Wellness-Center mit Ärztepraxen und einer Mall für Aktionen soll in Kempten wieder einmal Großstadtflair einziehen. Auf einer Tiefgarage mit mehr als 1000 Stellplätzen wird eine Multifunktionshalle mit rund 6000 Stehplätzen geschaffen, die ab 2002 Veranstaltungen von der Tagung bis zum Pop-Konzert aufnehmen kann.

Immer mehr Ausstellungen

Jahrzehntelang behauptete sich die Allgäuer Festwoche als die Messe im Allgäu. Ein Blick in den Veranstaltungskalender der späten neunziger Jahre zeigt, daß sich nun geschlossene Themenbereiche wie Umwelt, Bauen, Freizeit, Touristik und Erotik in eigenen Ausstellungen darstellen. Dazu präsentieren Autohäuser ihre neuesten Modelle in der Fußgängerzone. Aus der Allgäuer Festwoche heraus könnten sich also in den nächsten Jahren Spezialausstellungen mit überregionaler Bedeutung entwickeln.

Citymanagement

Zu den Innenstadtakteuren zählen ab den achtziger Jahren die Aktionsgemeinschaft Kempten e.V., die Einzelhändler, der Verkehrsverein Kempten und das Amt für Tourismus. Vor allem der Verein sorgt für einen professionellen und aktuellen Auftritt. Dabei arbeiten die rund 170 Mitglieder in drei Richtungen: Klassischer Tourismus mit Pauschalarrangements, Informationsvitrinen und Cambodunum-Paß sowie die Organisation des Weihnachtsmarktes und themenbezogene Faltprospekte. Die Aktionsgemeinschaft zeichnet unter anderem für Stadtfest, Autoausstellung und den Cambodunum-Taler, ein Gewinnspiel in der Adventszeit, verantwortlich.
Die zunehmende Komplexität der Aufgaben und immer mehr Akteure verlangen auch mit Blick auf die Nachbarstädte nach neuen Instrumenten und Wegen der Innenstadtentwicklung. Im Rahmen eines entsprechenden Workshops wurden 1997 erste Überlegungen in Richtung Citymanager angestellt. Bei der Jahreshauptversammlung der Aktionsgemeinschaft im Frühjahr 1999

wurden konkrete Vorschläge diskutiert. In der Analyse eines Fachbüros liest sich das so: „Qualitative Weiterentwicklung innenstadtbezogener Aktivitäten und Schaffung neuer Attraktionspotentiale u. a. durch zielorientierte Vernetzung der City-Angebote." Im Klartext bedeutet dies, daß der Citymanager Märkte, Messen und Aktionstage lokaler und überregionaler Veranstalter koordinieren und optimieren soll. Die Kemptener Innenstadt soll mehr sein, als nur Einkaufsmeile. Schauen, Erleben und Genießen werden die Trümpfe der Handelsmetropole im 21. Jahrhundert sein. Vielleicht gelingt es dann, daß sich die Einzelhändler auf gemeinsame Ladenöffnungszeiten einigen.

Zeitungsvielfalt im Allgäu

Kempten ist das Medienzentrum der Region

Eine wichtige Rolle bei der Vermarktung der vielfältigen Aktionen in Kempten kommt dabei den regionalen Medien zu. Dies liegt nahe, ist die Zeitungsgeschichte des Allgäus doch stets mit dem Standort Kempten verbunden. Bereits 1783 erscheinen die „Wöchentlichen Nachrichten fürs Allgöw mit nützlichen, für den gemeinen Mann brauchbaren oeconomischen Abhandlungen" und 1784 die „Neuesten Weltbegebenheiten, erzählt von einem Weltbürger". Am Beginn des 20. Jahrhunderts gab es die konservativ-katholische „Allgäuer Zeitung" (1874 - 1934) sowie das national-liberale „Tag- und Anzeigeblatt für Kempten und das Allgäu" (1863 - 1945). Nach dem Ersten Weltkrieg steigerte sich die Verlagsdichte im Allgäu auf 24 Zeitungen. Diese blieben jedoch eine ausgesprochene Lokalpresse mit den Hauptstandorten Kempten, Memmingen und Kaufbeuren, die während des Dritten Reiches gleichgeschaltet wurde und bis auf eine Zeitung verkümmerte.

Neubau des Allgäuer Zeitungsverlages an der Heisinger Straße

Neuanfang 1945: Der Allgäuer

Die US-Alliierten erteilten im Dezember 1945 nach einem komplizierten und zeitraubenden Verfahren die Zeitungslizenz Nr. 11 an Dr. Caspar Rathgeb und Dr. Hans Falk. Der aus Dalkingen bei Ellwangen (Jagst) stammende Dr. Rathgeb war Schriftleiter beim Fränkischen Volksblatt in Würzburg und mußte die Zeitung 1936 verlassen, als er sich weigerte, der NSDAP beizutreten. Der Bonner Dr. Hans Falk war nach Abschluß seines volkswirtschaftlichen Studiums ab 1927 in Hannover und Hamburg in Wirtschaftsredaktionen tätig gewesen, bis ihn, als Halbjuden, 1933 ein Verbot von einer weiteren Pressetätigkeit ausschloß.

Eine echte Heimatzeitung

Der Memminger Hans Schneider erkannte bereits 1952: „Unverkennbar ist, daß es der Allgäuer Zeitung neben der reinen Chronistenpflicht ein ständiges Anliegen war, die Interessen des Allgäus nach außen hin zu vertreten, im Niedergang aller bisher gültigen Werte das Heimatgefühl der eingesessenen Bevölkerung zu stärken und den Neubürgern die neue Heimat in ihrer geschichtlichen Entwicklung und wirtschaftlichen Struktur näher zu bringen und in ihnen das Gefühl zurückzudrängen, durch die widrigen Zeitumstände in einen Landstrich verschlagen worden zu sein, in dem starrköpfige Unduldsamkeit herrscht und ansonsten 'sich die Füchse gute Nacht sagen'."
Von der ersten Ausgabe am 13. Dezember 1945 an entwickelte sich „Der Allgäuer" als echte Heimatzeitung. So kamen die Belange der Heimatvertriebenen früher und umfassender zu Wort als in anderen Zeitungen. Es wurde versucht, Alt- und Neubürger zu einem menschlich und wirtschaftlich harmonischen Zusammenleben zu führen, was gerade bei alteingesessenen Familien eine Geduldsarbeit bedeutete.

Konkurrenten

In den sechziger Jahren gab es dann heftige Turbulenzen: Dr. Falk verkaufte seinen Anteil an Georg Fürst von Waldburg zu Zeil, der zu dieser Zeit eine Beteiligung an der Tagespresse suchte, um eine publizistische Verantwortung im bayerischen Allgäu zu übernehmen. Im württembergischen Allgäu war er bereits Gesellschafter der Schwäbischen Zeitung. Dr. Franz Josef Dazert, der Generalbevollmächtigte des Fürsten, wurde Geschäftsführer des Allgäuer Heimatverlages. Ende 1967 gab auch Dr. Rathgeb seine Anteile an Georg Fürst von Waldburg zu Zeil ab. Der Verleger der Augsburger Allgemeinen, Curt Frenzel, entschloß sich, im Allgäu vier Bezirksausgaben herauszubringen. Für den Allgäuer Heimatverlag brachen schwere Zeiten an, denen er sich aber ge-

wachsen zeigte. Beide Seiten erkannten bald, daß der Konkurrenzkampf im Laufe der Jahre sehr verlustreich würde. So kam es zu Verhandlungen, welche die gemeinsame Herausgabe einer Zeitung im Auge hatten. Nachdem die Heimatverleger der notwendigen Rationalisierung zugestimmt hatten, gründeten Curt Frenzel und Georg von Waldburg zu Zeil 1968 die neue Gesellschaft Allgäuer Zeitungsverlag GmbH. Um den Neuanfang auch nach außen zu dokumentieren, erhielt die Zeitung einen neuen Titel. Aus dem „Der Allgäuer" entstand die „Allgäuer Zeitung".
Sie enthält nicht nur einen Lokalteil für Kempten und Umgebung, sondern bringt auch einen Allgäuer Teil, der von allen Heimatzeitungen in Südschwaben übernommen wird. Die Politikredaktion greift seit fünf Jahrzehnten Vorgänge und Meldungen auf, die direkt aus dem politischen Leben des Verbreitungsgebietes kommen oder mit ihm in sinnvolle Verbindung zu setzen sind. Der Wirtschaftsteil bietet ein ständiges Forum für die Erfolge und Belange der südschwäbischen Betriebe. Kultur- und Sportredaktion sind stets um eine fundierte und aktuelle Berichterstattung bemüht – stehen aber bei der Vielzahl der Veranstaltungen vor einer kaum lösbaren Problematik.

Mobile Redaktion und Lehrstellenbörse

Um mit den Lesern in Kontakt zu bleiben, werden beispielsweise „Mobile Redaktionen" vor Ort angeboten. Um die Tageszeitung für junge Leute attraktiver zu gestalten, veranstaltete die AZ 1993 das erste Kemptener Schülerforum. Großen Erfolg verzeichnete die Redaktion mit ihren „Lehrstellenbörsen", mit denen seit 1998 der Jugendarbeitslosigkeit begegnet werden soll. Zu den gesellschaftlichen Höhepunkten in der Stadt zählt der alljährliche Presseball im Kornhaus.
Der Allgäuer Zeitungsverlag entwickelte im Umfeld der Zeitungsproduktion neue Standbeine. So führte er 1966 die erste AZ-Leserreise durch und gründete 1973 einen Buchverlag, der 1991 mit seinem Bestand von rund 130 Titeln an den Brack-Verlag in Altusried verkauft wurde. Das wöchentlich erscheinende „extra" und das 1997 ins Leben gerufene „allgäu weit" werden kostenlos in der Region verteilt. Deutlich gewandelt hat sich das Anzeigengeschäft. Lagen

Presseball im Kornhaus

1981 noch 291 verschiedene Beilagen in der AZ, waren es 1988 bereits 601, und seit 1994 pendelte sich die Zahl bei rund 900 ein. Der AZV legte von Beginn an Wert auf ein dicht geknüpftes Vertriebsnetz und eine ausgefeilte Drucktechnik, die seit 1992 farbige Bilder in der Tageszeitung ermöglicht.

Größter Umzug in Kempten

Den wohl größten Schritt wagten die Gesellschafter 1995 mit dem Beschluß, die Firma nach Leubas zu verlagern. Damit eröffneten sie dem Verlag und der Stadt eine große Entwicklungsmöglichkeit. 1996 wurde ein Grundstück an der Heisinger Straße gekauft, auf dem 1997 der Grundstein gelegt wurde. Der Verlag beschäftigt rund 500 Mitarbeiter und 1200 Zeitungszusteller. Zur Eröffnung des Allgäuer Medienzentrums im Herbst 1998 konnte die AZ über 40 000 Leser begrüßen.

Weitere Presseorgane

Neben der AZ erscheinen in Kempten das „Landwirtschaftliche Wochenblatt", „Das Schöne Allgäu" und der „Kreisbote". Die CSU wirbt im „Allgäu-Echo" für ihre Politik, und seit 1992 bringt die SPD die „Neue Kemptner Zeitung" heraus. Außerdem gibt es seit 1983 eine Blindenzeitung, die in zehn Jahren rund 500 mal erschienen ist, ein „Live in" und seit 1995 die „FreiFrau", die erste Kemptener Frauenzeitung des 20. Jahrhunderts. 1787 erschien in der Reichsstadt bereits die „Frauenzimmer-Zeitung , historisch-moralisches Unterhaltungsjournal für das schöne Geschlecht".

Verlage

Der Verlag Tobias Dannheimer GmbH ist heute der älteste aktive Buchverlag in Bayerisch-Schwaben. Verlegerische Höhepunkte der letzten Jahrzehnte waren 1989 die umfangreiche „Geschichte der Stadt Kempten", 1994 die aufwendigen Bildbände über Kempten und Kaufbeuren und ab 1993 die Buch-Serie „Sommerbilder", die in Zusammenarbeit mit dem Bayerischen Rundfunk entstand. Buchhandlung und Verlag Tobias Dannheimer blicken auf eine über 200jährige Tradition zurück. Die Firma geht zurück auf die Typographische Gesellschaft in der Reichsstadt, bei der 1784 die „Neuesten Weltbegebenheiten" erschienen. Dies war die erste Zeitung in Kempten. Ab 1841 bis 1889 erschien sie unter dem Titel „Kempter Zeitung". Heute wird das Familienunternehmen Edele schon in der dritten, bzw. vierten Buchhändler-Generation von Herbert und Frank Edele geleitet. Der Gesamtumsatz von fünf Buchhandlungen im Allgäu beträgt 13 Millionen Mark. Damit liegt das Unternehmen ungefähr an 80. Stelle der größten deutschsprachigen Buch-

handlungen. An der Schwelle zum 21. Jahrhundert plant das Unternehmen einen 1600 Quadratmeter großen „Lesetempel" an der Bahnhofstraße.
Ebenfalls auf eine lange Tradition kann die Firma Kösel zurückblicken. Aus der 1593 entstandenen Stiftkemptischen Druckerei entwickelten sich eine Buchhandlung und ein Verlag, der im 19. und 20. Jahrhundert die Allgäuer Zeitung herausbrachte. Erst Ende 1933 wird die Tageszeitung auf Druck der Nationalsozialisten eingestellt. Die Fusion mit einem Regensburger Unternehmen 1920 macht den neuen Verlag „Josef Kösel und Friedrich Pustet" mit sechs Niederlassungen und technischen Betrieben in Kempten und Kaufbeuren zu einer der bedeutendsten Firmen ihrer Art in Deutschland. Die Einheit von Druckerei, Verlag und Buchhandlung löst sich nach dem Zweiten Weltkrieg auf. Unter der Leitung von Heinrich Wild beginnt in München 1945 eine neue Ära fruchtbarer Verlagsarbeit, in Kempten wird 1952 unter Paul Huber die Buchherstellung und 1976 mit Leopold Tröger die Buchhandlung selbständig. 1963 wird auf Offset-Druck umgestellt, und 1990 folgt eine Rollenrotationsmaschine für Bücher. Je nach Ausstattung laufen Anfang der neunziger Jahre jährlich bis zu zehn Millionen Bücher vom Band. Von der Familie Huber, die fünf Generationen lang das Ruder in der Hand hielt, geht die Druckerei 1982 in die Hände der langjährigen leitenden Angestellten Heinz A. Kurtz und Gottfried Kölbl über. Sie feiern 1993 den 400. Geburtstag der Druckerei. Fünf Jahre später gibt das Unternehmen den Umzug nach Krugzell bekannt. Dort soll in den nächsten Jahren produziert werden, während die Verwaltung in Kempten verbleibt.
Der von Dr. Dr. Alfred Weitnauer gegründete Verlag für Heimatpflege konzentrierte sich lange auf Bücher in Allgäuer Mundart und die mehrbändige Allgäu-Chronik. Nach dem Tode des Heimatpflegers verlor das Unternehmen immer mehr an Bedeutung und kümmerte sich im ausgehenden 20. Jahrhundert im wesentlichen um das „Blättle" des Heimatbundes Allgäu.
Die Buchdruckerei Josef Steinhauser wurde 1664 gegründet und ist seit 1821 im Familienbesitz. Seit 1773 erscheint dort der „Kempter Neuer Schreibkalender", kurz „Steinhauser Kalender" genannt.

Lokales Rundfunk- und Fernsehprogramm

Seit Februar 1986 wird in Kempten gefunkt. Private Anbieter begannen mit der Ausstrahlung von lokalen Hörfunkprogrammen, zunächst im Kabel, seit Weihnachten 1986 auch On Air. Aus zunächst drei Sendestudios kristallisierte sich Anfang der neunziger Jahre der Sender Radio Session Allgäu (RSA) heraus, der seine Studios in der ehemaligen Prinz-Franz-Kaserne betreibt und in Kempten und dem Oberallgäu zu empfangen ist. Und in Kürze wird es ein Allgäu-TV geben, das seine Beiträge über das regionale Kabelnetz ausstrahlen wird.

Dienstleistung

Vom Fuhrunternehmen zur Spedition

Im Bereich der Dienstleistung haben die Fuhrunternehmen in Kempten eine lange Tradition. Sie machten sich beim Export von Leinen nach Italien einen Namen. 1852 kam mit der ersten Eisenbahn Bewegung in den Kemptener Gütertransport. Doch erst 1912 eröffnete die Ulmer Spedition C.E. Noerpel in Kempten eine Niederlassung für Möbeltransporte. Der bekannte Bahnspediteur baute sein Speditionsgeschäft aus und kaufte Ende der fünfziger Jahre die Speditionen Krauss & Co. und Anselm Nieberle hinzu. 1972/73 errichtete das Unternehmen an der Miesenbacher Straße in Durach neue Lager- und Speditionsräume.
Richtig professionell wurde der Transportbereich 1930, als Thomas Dachser und Hans Endras sen. ihre Speditionen gründeten. Die Spedition Endras GmbH, Kempten-Oberwang, entwickelte sich vom reinen Fuhrunternehmen zur Spedition mit eigenem Lagerhaus und befördert heute Ladungsverkehre mit Spezialbedienung für schwierige Be- und Entladung. Hans Endras war von 1985 bis 1997 Vizepräsident des Bundesverbandes Güterkraftverkehr und Logistik.
Über die Geschichte der Spedition Dachser GmbH gibt es inzwischen ein Buch, welches zum 60. Firmenjubiläum herausgebracht wurde. Nach der Zerstörung 1944 etablierte sich die Firma an der Immenstädter Straße. Als sich die Stadt Anfang der sechziger Jahre gegen die Expansionspläne stemmte, zog Thomas Dachser mit Verwaltung und Umschlagzentrum nach Oberwang, Gemeinde St. Lorenz, um. Bis zu seinem Tode 1979 baute der unermüdliche

Firmensitz der Spedition Dachser

Kaufmann sein Unternehmen auf 51 Niederlassungen aus, die mit mehreren hundert Lastwagen das gesamte Bundesgebiet abdeckten. 1990 zählte das Unternehmen 2800 eigene Lkw-Einheiten und 5520 Beschäftigte. Das Güteraufkommen betrug acht Millionen Sendungen und der Umsatz 1,4 Milliarden Mark. 1992 verlegte Dachser das Speditionsgeschäft nach Memmingen, blieb aber mit der Verwaltung in Oberwang.

Mit großer Freude verkündete die Unternehmensleitung im März 1999: „Rund 550 neue Arbeitsplätze hat das Logistik-Unternehmen Dachser mit Hauptsitz in Kempten 1998 geschaffen. Das Kemptener Familienunternehmen beschäftigt nun weltweit 7800 Mitarbeiter. Dachser hat sowohl beim Umsatz als auch bei der Zahl der beförderten Sendungen im vergangenen Jahr zweistellige Prozent-Wachstumszahlen aufzuweisen."

In der Nachkriegszeit gibt es zehn Speditions- und 37 Transportunternehmen in Kempten. Dazu gehört auch die GAT-Spedition Josef Sebald KG, die sich 1948 aus einer Genossenschaft von Fuhrunternehmern an der Kotterner Straße entwickelte. Das zunehmende Transportvolumen erforderte wie bei Dachser neue Lager-, Umschlags- und Büroräume, die 1957 an der Kaufbeurer Straße entstanden. In der Folgezeit bauten die Familien Sebald und Klier Güterverkehre mit Kühlfahrzeugen nach München, Nürnberg und speziell nach Mittel- und Oberfranken auf. 1990 folgte ein Neubau der GAT-Spedition GmbH an der Heisinger Straße, wo 1995 rund 130 Mitarbeiter beschäftigt waren und mit 90 eigenen Transporteinheiten über 25 Millionen Mark Umsatz erzielten.

Im Reigen der international tätigen Speditionen muß auch die 1954 in Rothkreuz gegründete Franz Lebert & Co. genannt werden. Sie entwickelte sich innerhalb weniger Jahre zu einer der bedeutendsten Speditionsfirmen im Allgäu. 1957 folgte die Gründung einer Schwesterfirma in Österreich, und zwischen 1961 und 1969 wurden die Lagerkapazitäten auf 10 000 qm ausgebaut. Beim 25jährigen Bestehen blickte Franz Lebert auf ein Unternehmen mit sechs Niederlassungen sowie Schwesterfirmen in Österreich und der Schweiz. In den achtziger Jahren baute das Unternehmen an der Dieselstraße ein neues Umschlag-, Lager- und Verwaltungszentrum. 1995 war Lebert & Co. mit 500 Mitarbeitern und 200 Lastwagen in fünf Niederlassungen europaweit tätig.

Post und Telekom

Zu Beginn des 20. Jahrhunderts gab es keine 200 Telefonanschlüsse in Kempten. 92 Jahre später lag die Versorgungsquote im Ortsnetz mit knapp 40 000 Fernsprechteilnehmern bei 55 Prozent. Ein wichtiger Post-Knotenpunkt war Kempten noch 1983, als die erste automatische Postverteilungsanlage Schwabens in Betrieb genommen wurde. Allein 1991 wurden über 250 000 Pakete eingeliefert. Doch nach der Privatisierung des Staatsunternehmens entbrannte unter den Allgäuer Städten ein zähes Ringen um das neue Briefzentrum der Deutschen Post AG, das rund 300 Arbeitsplätze bereitstellt. Letztlich gaben die Standortvorteile Kemptens den Ausschlag, und so konnte Dr. Netzer 1998 das neue Briefverteilzentrum im Industriepark eröffnen.

Mit der Sparkasse fing es an

Die wirtschaftliche Bedeutung der Stadt Kempten läßt sich auch daran ablesen, daß sämtliche großen Banken und Sparkassen vertreten sind, auch die Landeszentralbank durch eine Zweigstelle.
Das älteste Geldinstitut ist die 1825 gegründete Sparkasse, die 2000 ihren 175. Geburtstag feiern kann. Sie war über 95 Jahre lang nur Spareinrichtung, eröffnete 1921 das erste Scheckkonto und räumte 1923 den ersten Kredit ein. Eine schwere Krise brachte die Inflation, bei der die Sparkasse fast ihr Vermögen verloren hätte. Doch das Unternehmen erholte sich, und die große Kundenzahl der Sparkasse in bäuerlichen und milchwirtschaftlichen Kreisen machte seit 1929 die Einrichtung von Zahlstellen im Landbezirk notwendig. Nach 1945 profitierte die Sparkasse von der rasanten Aufwärtsentwicklung der Stadt. 1954 wurde das erste und 1974 das zweite Sparkassenhaus an der Königstraße eingeweiht. 1979 betrug die Bilanzsumme 600 Millionen und 1998 rund 2,2 Milliarden Mark.
Zur Sparkasse gehörte auch das 1913 gegründete Amtliche Allgäuer Reisebüro. In der Bankfiliale am Alten Bahnhof gab der Sparkassenangestellte Bruno Knoll 1938 rund 10 000 Fahrplanauskünfte. 1950 ging die Regie an die Stadt und den Allgäuer Zeitungsverlag über, und 1956 wurde das Unternehmen in eine GmbH umgewandelt. 1991 arbeiteten 40 Reisefachleute in drei Allgäuer Zweigstellen. Das Unternehmen wurde 1996 vom abr Reisebüro übernommen und gehört seit 1998 zum DER-Reisebüro Frankfurt.
Die zweite Bank in Kempten dürfte 1861 die Bayerische Hypotheken- und Wechsel-Bank AG, München, im Weidlehaus gewesen sein. Sie war gleichzeitig Bayerische Notenbank und sitzt seit 1982 an der Königstraße.
Die Allgäuer Volksbank e.G. Kempten-Sonthofen wurde 1870 als „Spar- und Vorschußverein" gegründet. 1916 erwarb die Genossenschaftsbank das Ponickauhaus am Rathausplatz und verlegte dorthin ihren Geschäftsbetrieb. 1981 ließ Bankdirektor Josef Geiger den Rokoko-Festsaal renovieren. Im 125. Jahr ihres Bestehens meldete die Bank eine Bilanzsumme von 627 Millionen Mark.
Kurz vor der Jahrhundertwende eröffnete die Bayerische Vereinsbank München 1899 eine Filiale in Kempten, übernahm 1924 die Bayerische Handelsbank und fusionierte 1971 mit der Staatsbank. Nach dem Umbau der Kassenhalle an der Bahnhofstraße wurde 1961 der erste Autoschalter im Allgäu eröffnet. Im Sommer 1998 fusionierte die Bank mit der Hypothekenbank zur

HypoVereinsbank. Auf die Deutsche Bank AG, die 1956 eine Niederlassung in Kempten eröffnete, folgten 1960 die Dresdner Bank und 1966 die Bank für Gemeinwirtschaft sowie Raiffeisen- und Spardabank. Die letzte verbliebene Privatbank in Kempten ist die 1828 in Obergünzburg gegründete Gabler-Saliter-Bank.

Gutes Essen und Trinken

Der Fremdenverkehr spielt in Kempten mit zuletzt 82 300 Übernachtungen nur eine untergeordnete Rolle, die Dr. Otto Merkt schon 1924 definierte: „Was wir anzustreben haben ist nicht, daß wir Fremde anziehen wollen zum Sommeraufenthalt, sondern ist, daß die Fremden, die ins Allgäu fahren, sich bei der Einreise oder Ausreise einen oder mehrere Tage in Kempten aufhalten, ist ferner, daß sie an einem Regentag von Immenstadt oder Oberstdorf nach Kempten fahren. Um das zu erreichen, ist notwendig, daß es hier etwas zu sehen gibt und daß die Fremden hier gut aufgehoben sind in einem erstklassigen Hotel mit allen modernen Bequemlichkeiten und vorzüglicher, nicht übertrieben teurer Verpflegung." Heute hat Kempten 15 Hotels und Pensionen mit knapp 900 Betten und soviele Gaststätten wie das Jahr Tage. Mit dieser Faustformel wirbt das Hotel- und Gaststättengewerbe für die Vielfalt an lukullischen Genüssen, Szene- und Bierlokalen in der Stadt. Dieses breite Angebot findet seinen Ursprung in den zahlreichen Brauereien, die sich in der Reichsstadt entwickelten. Aus ihnen heraus kultivierte sich die heute sehr breitgefächerte Gastronomie.

Biergärten – wie hier in der Gaststätte Stift – haben in Kempten Tradition

Ausblick ins 21. Jahrhundert

Quo vadis, Kempten?

Wie sieht die wirtschaftliche Entwicklung der Stadt künftig aus? – Ist es die spektakuläre Ansiedlung von einem Betrieb mit mehr als 500 Mitarbeitern oder die Entwicklung des Bestandes und die homogene – nicht statische – Ergänzung? Die Stadt ist zwar in der Pflicht, aber die Entwicklung ist bestimmt durch die Wirtschaft der Stadt. Es ist ein Weg der kleinen Schritte. Die Umsatzzahlen im Einzelhandel sind steigend und sollen durch die Neugestaltung der Innenstadt gestärkt werden. Die Stadtverwaltung intensiviert den Kontakt mit der Wirtschaft, geht auf Firmen zu und hilft produzierenden Betrieben bei der Standortentwicklung. Eine wichtige Frage ist, ob das Kompetenzzentrum Milch in Kempten aufblühen wird.

Doch es zeigt sich immer mehr, daß Gewerbeflächen in der Stadt zum Engpaß für die Verwaltung werden. Am Holzbachtobel wird gerade eine Lücke mit drei Firmenneubauten geschlossen, und Anfang 1999 stimmte der Stadtrat der Aufstellung eines Bebauungsplanes für ein rund acht Hektar großes Areal westlich der Memminger Straße in Oberwang zu. Das bringt zwar eine kleine Verschnaufpause, aber der große Wurf steht noch aus. Zuviele Flächen sind in Privatbesitz.

Mit der Multifunktionshalle an der Kotterner Straße wird Kempten zum Medienstandort und setzt den Fuß in einen neuen Markt: Die europaweite Zukunft der Unterhaltungsbranche. Das ist eine Chance für die Region Allgäu. Vor allem Hotellerie, Gastronomie und Taxis sowie der Einzelhandel profitieren von dieser Halle, in der dann Konzerte, Shows, Fernsehsendungen, Versammlungen und Ausstellungen geplant sind.

Die Stärken von Kempten sind Arbeitskräftepotential, Bildungseinrichtungen, Verkehrsanbindung, Infrastruktur, niedrige Lebenshaltungskosten, landschaftliche Reize und ein hoher Freizeitwert. Daraus entwickelte sich der Slogan: Dort arbeiten, wo andere Urlaub machen.

Stadtverwaltung und Behörden

Verwaltungs- und Behördengeschichte ist eine eher „trockene" Materie, die sich nur schwer spannend darstellen läßt. Gemäß der Zielsetzung dieser Dokumentation macht es deshalb keinen Sinn, die komplette Struktur der Stadtverwaltung mit allen Ämtern darzustellen und darüber hinaus die fast unübersehbare Vielfalt sonstiger Behörden in Kempten erfassen zu wollen. Wo wollte man anfangen, wo aufhören, soll nicht nur eine Aneinanderreihung von Institutionen entstehen? So gilt es auch hier, an einigen Beispielen wesentliche Entwicklungen aufzuzeigen. Dies bedingt mehr als in anderen Kapiteln den bewußten Verzicht auf die Schilderung gleichermaßen wichtiger Einrichtungen. Trotzdem fallen bedeutende Institutionen nicht etwa reihenweise „unter den Tisch", sind sie doch mehr oder weniger ausführlich Gegenstand einzelner Kapitel dieses Buches. In einigen Überblicksfeldern sollen Zusammenhänge aufgezeigt werden, die deutlich machen, daß Behördengeschichte ungleich interessanter ist, als es auf den ersten Blick scheinen mag.

Die Stadtverwaltung im Spiegel von Tradition und Fortschritt

Geschichte einer Emanzipation

Im Gegensatz zu anderen Reichsstädten gelang es Kempten erst sehr spät, die „Abnabelung" vom Kloster als Stadt- und Grundherrn durchzusetzen. Die arg verzögerte verfassungs- und verwaltungsgeschichtliche Entwicklung der Reichsstadt steht in engem Zusammenhang mit dem langwierigen Ablösungsprozeß von der Abtei. Trotz des Freiheitsbriefes von 1289 wurde Kempten erst im „Großen Kauf" 1525 tatsächlich eine reichsfreie Stadt. Als wesentliche Etappen sind zu nennen: 1378/79 bis 1551/52 besaß Kempten eine Zunftverfassung. Die neun Zunftmeister saßen gleichberechtigt mit den Räten im „Großen Rat". Die Stellung der Zunftmeister dokumentiert die zu jener Zeit wachsende wirtschaftliche Bedeutung und den politischen Einfluß des städtischen Handwerks. Die Stadtverfassung von 1559 hatte schließlich bis zur Mediatisierung 1802 Bestand, als Kempten eine bayerische Landstadt wurde. Die Verfassung schrieb im wesentlichen die Vorherrschaft der Patrizierfamilien in den Führungspositionen der Stadtverwaltung fest. Als die Reichsstadt (Altstadt) 1802 in den modernen bayerischen Verfassungs- und Verwaltungsstaat unter Montgelas, dem leitenden Bayerischen Staatsminister von 1799 bis 1817, integriert und in den folgenden Jahren bis 1818 mit der ehemaligen Stiftsstadt (Neustadt) vereinigt wurde, hatte die Stadtverwaltung bereits rund 160 Mitarbeiter beschäftigt, davon 42 in Führungspositionen. Diese leitenden Funktionen reduzierte die streng auf Qualifikation achtende Bayerische Regierung allerdings auf 18 Stellen. 1804 erhielt Kempten einen

Verwaltungsrat, der 1811 in Munizipalrat und aufgrund des Bayerischen Gemeindeedikts von 1818 schließlich in Stadtmagistrat umbenannt wurde. Nach der Revolution von 1918 und dem Ende der Monarchie in Bayern wurde mit Gesetz vom 15. April 1919 die allgemeine, gleiche, unmittelbare, freie und geheime Wahl nach Verhältniswahlrecht eingeführt. Alleiniges Verwaltungsorgan war nun auch in Kempten der von den Bürgern gewählte Stadtrat.

Rathaus und Verwaltungsgebäude

Im Rathaus, dem Dienstsitz des Oberbürgermeisters und Tagungsort des Stadtrates, wird damals wie heute Kommunalpolitik gemacht. Rathäuser haben als Entscheidungszentren der ehemals freien Reichsstädte eine besondere historische Tradition, ja Würde und Stolz. Gerade in Kempten ist die spannende Geschichte des Rathauses Stadtgeschichte pur! Trotz mehrerer Umbauten symbolisiert das Rathaus zeitlose Aktualität. Das Kemptener Rathaus war in früherer Zeit ein beinahe „multifunktionales" Gebäude. Es entstand aus dem 1368 als Fachwerkbau errichteten städtischen Getreidespeicher, der noch bis 1906 im Erdgeschoß (Schrannenhalle!) untergebracht war. In die Obergeschosse baute man zunächst ein Ratsstüble ein, dann wurde in der kleinen und in der großen Gerichtsstube auch Recht gesprochen. Im Rathaus war aber mit der „Rathauswache" (auch Hauptwache oder Polizeiwache) ebenso die polizeiliche Ordnungsgewalt präsent, die hier erst 1983 aufgelöst wurde. Das zentrale Gebäude im Leben der Stadt beherbergte darüber hinaus Teile des Archivs und der Registratur. Heute ist im Rathaus u.a. auch das noch junge Amt für Wirtschaftsförderung und Stadtentwicklung untergebracht. Typisch für solcherart „Mehrzweckgebäude" ist der schmale, langgestreckte Baukörper, der für das Kemptener Rathaus im wesentlichen heute noch bestimmend ist und der auf den gotischen Steinbau von 1474 zurückgeht. Das Rathaus symbolisiert auch die Rivalität von Stift und Stadt als Charakteristikum der Stadtgeschichte. Hier ist das Rathaus Zeuge einer jahrhundertelangen reichsstädtischen Selbstbehauptung. So sind am Rathaus letztlich Stadt-, Rechts-, Bau- und Wirtschaftsgeschichte ablesbar. Der letzte Umbau der Jahre 1985 bis 1987 war selbst eine faszinierende kommunalpolitische Aufgabe. Welche Bedeutung dem 1995 eröffneten neuen Verwaltungsgebäude der Stadt Kempten zukommt, geht bereits aus dem politischen Testament von Oberbürgermeister Merkt von 1942 hervor: „Dieses Bauprojekt ist für die Stadt das wichtigste. Es muß nach dem Kriege alsbald in Angriff genommen werden. Umbau Kellerhaus zuerst machen! Ohne richtige Diensträume keine richtige Verwaltung, ohne eine richtige Verwaltung keine Entwicklung der Stadt zu erwarten." Als einer der größten Arbeitgeber Kemptens kann die Stadtverwaltung nur mit einer straffen und modernen Organisation ihre beträchtliche Aufgabenvielfalt im Sinne einer Stadtentwicklung zum Wohle des Bürgers

Verwaltungsgebäude der Stadt

effizient erfüllen. Die Stadt bietet ihren Bürgern viele Möglichkeiten, aktiv an der Gestaltung ihres Gemeinwesens teilzunehmen, Anregungen und Wünsche vorzutragen, sich Auskunft und Rat zu holen und sich umfassend über das kommunale Geschehen zu informieren. Gerade in den Bürgerversammlungen, die regelmäßig zur Erörterung städtischer Belange in den verschiedenen Stadtteilen durchgeführt werden, erläutern der Oberbürgermeister und Fachleute der Verwaltung insbesondere Angelegenheiten, die speziell den jeweiligen Stadtteil betreffen. Im Vordergrund stehen dabei die Fragen und Beschwerden, die die Bürger in der Versammlung vorbringen. Neben den Sprechstunden der Stadtverwaltung halten der Oberbürgermeister und die Bürgermeister wöchentlich eigene Sprechstunden ab.
Das Aufgabenspektrum der Stadtverwaltung spiegelt sich in zahlreichen Ämtern und Dienststellen wider, die hier nicht aufgezählt oder gar dargestellt werden können und sollen. Wesentlich für das 21. Jahrhundert ist aber der innere Entwicklungs- und Reformprozeß der Stadtverwaltung selbst, auf den etwas näher eingegangen werden soll. Das neue Gebäude steht auch für das neue Denken in der Stadtverwaltung. Seit geraumer Zeit ist ein Modernisierungsprozeß auf der Grundlage vielfältiger Überlegungen zu neuen Steuerungsmodellen in Gang gekommen. Wesentliche Entscheidungen für das 21. Jahrhundert sind hier in Vorbereitung. Ausgehend vom Zwang zum Sparen

gilt es seit Mitte der neunziger Jahre, die Verwaltung auch in Anlehnung an Erkenntnisse aus der Privatwirtschaft für die Anforderungen an einen modernen Staat und die künftige Entwicklung effektiv, kundenorientiert und bürgernah, aber auch sparsam und wirtschaftlich zu gestalten.

Besondere Bedeutung kommt dem „neuen Denken" von leistungsbereiten und qualifizierten Mitarbeiterinnen und Mitarbeitern zu, das vor allem geprägt ist durch kundenorientiertes Verhalten, produktorientiertes Handeln, Delegierung von Verantwortung und die Anwendung neuer Steuerungsmodelle wie Kontaktmanagement, Controlling- und Berichtswesen. Nachdem es kein Idealmodell für eine Verwaltungsreform gibt, wurde in der Stadtverwaltung Kempten eine Projektgruppe „Neue Organisationskonzepte" (Lenkungsgruppe) eingesetzt, die aus Vertretern aller Referate besteht. Diese Lenkungsgruppe hat ein „Vier-Säulen-Modell" entwickelt: Kompetenzverteilung Stadtrat/Verwaltung, Organisationsentwicklung, Personalentwicklung, Finanzwirtschaft. Zur Ausarbeitung von Einzelfragen sind Arbeitsgruppen eingesetzt, die mit Hilfe von weiteren Mitarbeitern aus der gesamten Verwaltung der Lenkungsgruppe Lösungsvorschläge zu Detailfragen unterbreiten. In relativ kurzer Zeit wurden bereits konkrete Ergebnisse erzielt. An erster Stelle ist die teilweise Einführung eines Konzeptes „Wege der Personalentwicklung" mit jährlich verbindlichen Mitarbeitergesprächen (MaG) und Fortbildungsmaßnahmen vor allem im EDV-Bereich zu nennen. Diese Maßnahmen sind im ersten Halbjahr 1999 angelaufen. Die EDV-Schulungen wiederum sind Bestandteil der Konzeption für die Weiterentwicklung der Informations- und Kommunikationstechnik (IuK), die eine möglichst rasche und flächendeckende Ausstattung der Arbeitsplätze mit geeigneter Hard- und Software zum Ziel hat. In Vorbereitung befinden sich die Bereiche Teilzeitbeschäftigung, Beurteilungswesen und Leistungsförderung. Durchgeführt wurden auch schon eine Bürgerbefragung und eine Mitarbeiterbefragung unter Einbeziehung der Führungsstrukturen.

Erweiterte Kompetenzen sollen dafür sorgen, daß die Verwaltung Entscheidungen schneller und bürgerfreundlicher treffen kann. Damit dies möglich wird, zieht sich der Stadtrat teilweise aus dem Tagesgeschäft zurück und kümmert sich nicht mehr in dem Ausmaß um Details wie bisher. Grundlage für die neue Kompetenzverteilung zwischen Politik und Verwaltung ist eine geänderte Geschäftsordnung des Stadtrates, die im Mai 1999 in Kraft getreten ist. Einen wesentlich größeren Entscheidungsspielraum haben der Oberbürgermeister und die Verwaltung nun vor allem in finanzieller Hinsicht (Prinzip der Budgetierung). Die Verwaltung ist aber verpflichtet, die Ausschüsse des Stadtrates über alle wichtigen Angelegenheiten umfassend zu informieren. Der Prozeß der Verwaltungsmodernisierung vollzieht sich in kurz-, mittel- und langfristigen Schritten. Die Stadtverwaltung Kempten setzt dabei auf die Entwicklung realistischer und nachvollziehbarer Konzepte, zeigen doch die Erfahrungen anderer Städte, daß ein großer „theoretischer Überbau" allein noch keinen Erfolg des Gesamtprozesses garantiert. Die bisherigen Ergebnisse in Kempten lassen erwarten, daß das ökonomische Prinzip das Verwaltungshandeln zunehmend bestimmen wird und langfristig auch der Gesamterfolg der Verwaltung günstig beeinflußt wird.

Im Vergleich zu diesen neuen Ansätzen und Wegen der Personalentwicklung muten die personalpolitischen Ausführungen von Oberbürgermeister Merkt in seinem Testament von 1942 etwas antiquiert an, enthalten aber im Hinblick auf die Motivierung der Mitarbeiterinnen und Mitarbeiter einige zeitlose Wahrheiten. „Grundsätzlich muß die Gemeinde mehr bieten, insbesondere besser zahlen wie Reich und Land. Denn beim Reich und Land wird weniger gearbeitet, ist der Dienst angenehmer, weil die tägliche Berührung mit der unzufriedenen Bevölkerung fehlt. Der Neid und die Sorge, daß die Gemeinden die guten Leute wegnehmen, hat dazu geführt, daß die Gemeinde nicht besser bezahlen darf wie Reich und Land. Weil diese Vorschrift falsch ist, muß man sie zu umgehen versuchen, indem man den Leuten andere Annehmlichkeiten bietet. Bürgermeister Brunner-München sagte mir einmal, sein Ziel sei, jedem eine kleine Vergünstigung zu gewähren, von der die Frau nichts weiß. Das freue den Mitabeiter mehr als jede Gehaltserhöhung. Hier kommt derzeit in erster Linie in Betracht eine schöne und billige Wohnung, sei es Mietwohnung, sei es Dienstwohnung. In diesen Dingen nicht sparen! Im Dienst ordentliche Arbeit verlangen und zu diesem Zweck selbst mehr arbeiten wie die Untergebenen. Aber die Leute dann auch etwas gelten lassen, ihre Selbständigkeit fördern."

Die Behördenstadt Kempten

Kempten hat über die Stadtverwaltung hinaus eine historisch gewachsene Behördenstruktur, die hier auch in ihrer aktuellen Dimension an einigen Beispielen aufgezeigt werden soll. Oberbürgermeister Merkt schrieb in seinem Testament von 1942: „Kempten ist vom Schicksal nicht begünstigt. Wir sind nicht an einer Wasserstraße und sind nicht Eisenbahnknotenpunkt. Unser Hinterland ist zu klein, weil im Süden das Gebirge, im Westen die württembergische Grenze zu nahe. Regierungssitz sind wir auch nicht. Infolgedessen muß Kempten jede Gelegenheit nützen, Behördenpolitik zu betreiben. Eine Behörde mehr in Kempten bedeutet, daß das Land oder Reich Geld nach Kempten gibt. Die Erfahrung lehrt, daß die Stadt, wenn sie diesbezügliche Ziele erreichen will, Anreizpolitik treiben, anders ausgedrückt, finanzielle Opfer bringen muß. Vor allem kommt in Betracht Schenkung des Bauplatzes. Daneben großzügig sein durch Zusagen hinsichtlich Straßenbau. Dagegen niemals versprechen, daß die Behörde den elektrischen Strom oder das Wasser billiger bekommt wie die Allgemeinheit."

Justiz und Verwaltung

In der ehemals fürstäbtlichen Residenz haben vom 17. Jahrhundert bis heute rund 100 Behörden der inneren Verwaltung gearbeitet, hauptsächlich im Südtrakt. Bis zur Säkularisation waren es die fürststiftischen Ämter wie Regierung, Hofkammer und Zahlamt, danach die kurbaierischen und königlich-bayerischen Behörden. Nach Errichtung des Freistaates Bayern und dem Erlaß des Selbstverwaltungsgesetzes von 1919 hielten neben staatlichen auch kommunale Dienststellen Einzug in die Residenz. Seit der Säkularisation kann man bis heute von einer besonderen „Ämter-Tradition" in der Residenz sprechen. Sie umfaßt über die Bereiche Justiz, Verwaltung und Finanzen ein breites Spektrum von Dienststellen, die gleichsam die historische Entwicklung von Rechtspflege und Verwaltung widerspiegeln. 1804 wurden aus dem Gebiet der Fürstabtei Kempten die sogenannten Landgerichte als untere Justiz- und Verwaltungsbehörden gebildet, und zwar die Landgerichte Obergünzburg, Grönenbach und Kempten. Das Landgericht Kempten, das die früheren Pflegämter „diesseits der Iller" und Sulzberg-Wolkenberg mit mehr als 20 000 Einwohnern umfaßte, nahm seinen Sitz ebenso in der Residenz wie zwei Rentämter als Organe der Finanzverwaltung. Die Landgerichte wurden erst im Zuge der Trennung von Verwaltung und Rechtspflege nach 1862 umorganisiert, als die Bezirksämter den Verwaltungsbereich übernahmen und die Landgerichte aufgrund der neuen Gerichtsverfassung von 1879 in Amtsgerichte umbenannt wurden. Nach dem Zweiten Weltkrieg gingen aus den Bezirksämtern die Landratsämter hervor. Der Landkreis Oberallgäu belegte nach der Gebietsgebietsreform von 1972 für seine Landratsamt-Außenstelle in Kempten noch bis 1984 sechs Diensträume in der Residenz, die dann der Justiz und dem Finanzbauamt zugewiesen wurden.

Eine wesentliche Entscheidung, die Mitte der neunziger Jahre fiel, wird jetzt umgesetzt: Im Juni 1999 wurde der Grundstein für eine neue Justizvollzugsanstalt gelegt, die das bisherige Gefängnis an der Weiherstraße ersetzen soll. Die neue Anstalt entsteht auf dem historischen Flurstück „Galgenbühl" zwischen Reinharts und Binzenried, in dessen unmittelbarer Nähe bis 1814 der Galgen der Reichs-

Im Juli 1999 begannen die Arbeiten zur neuen Justizvollzugsanstalt

stadt Kempten gestanden hat. Um die Probleme der Häftlinge kümmert sich die Straffälligenhilfe Allgäu, deren Engagement nicht selten als idealistisch belächelt wird. Mitglieder des Vereins besuchen Strafgefangene, hören sich ihre Nöte und Sorgen an, lassen sie auch nach ihrer Entlassung nicht allein und begleiten sie zu Behördengängen. Diese Hilfe ist auch ein Dienst an der Allgemeinheit, denn jeder Häftling, der den Weg zurückfindet ins gesellschaftliche und berufliche Leben, ist keine Gefahr mehr für andere und entlastet die öffentlichen Kassen. Der Lohn für den Einsatz? Wenn Ex-Häftlinge noch Jahre später Briefe schreiben und erzählen, daß sie wieder Fuß gefaßt haben.

Alte Garnisonsstadt

Mit der Säkularisation wurde auch die lange Tradition Kemptens als Garnisonsstadt von Rang begründet. Damals wurde Militär in die Residenz einquartiert, und der Hofgarten diente als Exerzierplatz. Die Truppenteile waren in der „Schloßkaserne" stationiert, die den Nordteil der Residenz und die sogenannte „Maschinengewehr-Kaserne", später staatliches Gesundheitsamt am Pfeilergraben, umfaßte. Auch die „Reitstallkaserne", der frühere fürstäbtliche Marstall, heute Alpenländische Galerie und Alpinmuseum, gehörte zur Residenz und diente von 1803 bis 1914 verschiedenen Truppenteilen als Unterkunft. Von den Einheiten seien nur die wichtigsten genannt. Zur Zeit der Säkularisation waren dies 1802 bis 1805 die kurbaierischen Bataillone von Salern

Blick von St. Lorenz auf Marstall (links), Hofgarten mit Orangerie (Mitte) und die 1936 dahinter erbaute Prinz-Franz-Kaserne

Blick auf die 1945 zerstörte Artillerie-Kaserne

und Vincenti, 1806 bis 1866 wechselnde Infanterie der königlich-bayerischen Armee. Größter Beliebtheit in der Bevölkerung erfreute sich 1866 bis 1897 das königlich-bayerische 1. Jäger-Bataillon, an das die Jägerstraße und das Jägerdenkmal auf dem Haubenschloß erinnern. Ihm folgte 1897 bis 1919 das 2. Bataillon des königlich-bayerischen 20. Infanterie-Regiments, das hauptsächlich aus Kemptner Soldaten bestand. Nach seinem Kommandeur Prinz Franz, einem Bruder des Kronprinzen Rupprecht, wurde 1936 die neue „Prinz-Franz-Kaserne" benannt, und die Zwanzigerstraße hat ihren Namen nach dem Regiment. Große Bedeutung sollte das 1921 bis 1934 stationierte 3. Gebirgsjäger-Bataillon (später 19. Bayerisches Infanterie-Regiment) erlangen. Es war damals der einzige Gebirgstruppenteil des Heeres und damit Grundlage aller späteren Gebirgsdivisionen. Daher wird Kempten als „Wiege der Gebirgstruppe" bezeichnet. Nach den Gebirgsjägern zog das 1. Bataillon des Infanterie-Regiments 91 in die Prinz-Franz-Kaserne ein, und die ebenfalls neu gebaute Scharnhorst-Kaserne (Artilleriekaserne) an der Kaufbeurer Straße bezog im November 1937 die 1. Abteilung des Artillerieregiments 27. Die militärischen Anlagen im Kemptner Osten waren zum Ende des Zweiten Weltkriegs das Ziel alliierter Bomber. In den übrig gebliebenen Gebäudeteilen wurden ab 1945 tausende Heimatvertriebene einquartiert und neue Existenzen gegründet.

Nach dem Zweiten Weltkrieg wurde Kempten nach der Wiederbewaffnung der Bundeswehr 1955/56 erneut Garnisonsstadt. Die Geschichte des Standortes Kempten ist überschattet von einem der schwersten Unglücke der noch jungen Bundeswehr. Am 3. Juni 1957 ertranken 15 Rekruten des Luftlan-

Illerunglück bei Hirschdorf 1957

Glückliche Heimkehr vom UN-Einsatz in Kambodscha

de-Jägerbataillons 19 beim Versuch, die Iller bei Hirschdorf zu durchqueren. Der Standort Kempten wurde kontinuierlich zu einem der größten in Bayern ausgebaut. Die 1956 gegründete Standortverwaltung (STOV) begleitete die Maßnahmen. Seit 1962 besteht das Kreiswehrersatzamt Kempten. Jährlich werden etwa 4000 Wehrpflichtige gemustert und 1200 einberufen. 1988 wurde außerdem ein Ausbildungs- und Beratungszentrum für Allgäuer Wehrpflichtige eingerichtet. Ebenfalls im Jahr 1962 kam das drei Jahre zuvor aufgestellte Gebirgssanitätsbataillon 8 neu nach Kempten. Nach einem Zwischenspiel in Murnau 1972 bis 1981 kehrten die Sanitäter in ihre Prinz-Franz-Kaserne zurück. 1991 unternahmen sie erste humanitäre Auslandseinsätze im Kurdengebiet an der iranisch-irakischen Grenze und 1992 in Kambodscha. Nach dem Umzug in die freigewordene Artilleriekaserne folgten 1993 Friedensmissionen in Somalia und ab Juli 1995 im ehemaligen Jugoslawien. Im Oktober 1996 wurde

Der Landtagsabgeordnete Paul Diethei (Mitte) gab dem Somalia-Kontingent eine Bayerische Fahne mit auf den Weg

das Bataillon zum Regiment umgegliedert. Das Sanitätswesen war ursprünglich bis 1898 im Garnisonslazarett in der Hohen Gasse 5 untergebracht und zog dann an den Haubensteigweg um. Aus der dortigen Unterkunft entstand 1939 bis 1941 ein stattlicher Gebäudekomplex als Standortlazarett. Dieses wurde 1957 zu einem modernen Bundeswehrkrankenhaus umgebaut. An seine Stelle trat schließlich 1980 das Sanitätszentrum 608. Seit Oktober 1988 gibt es ein Standortsanitätszentrum mit Zahnärzten sowie ein Facharzt-Zentrum mit fünf Spezialisten. Der Kemptener Bundestagsabgeordnete Dr. Gerd Müller setzte sich im Frühjahr 1999 erfolgreich gegen die geplante Verlegung des Facharzt-Zentrums nach Kaufbeuren ein und erreichte beim Bundesverteidigungsministerium eine Standortgarantie bis zum Jahr 2004.
Seit 1965 gab es das Verteidigungskreiskommando (VKK) 612 in Kempten. Schwerpunkt seiner Aufgaben war die Mittlerfunktion zwischen den Streitkräften und den Zivilbehörden der Bundeswehrverwaltung im Allgäu. Der

Kommandeur im Verteidigungskreiskommando war zugleich Standortältester der Garnison Kempten. Als Stätte der Begegnung für Soldaten und Bürger wurde im Dezember 1971 das Haus Hochland („Soldatenheim") eröffnet. Etwa 3500 Soldaten und zivile Mitarbeiter bildeten für Jahrzehnte die Präsenz am Standort. Daraus erwuchs ein harmonisches Miteinander, das bis heute das Verhältnis zu den Bürgern der Stadt prägt. Von den Tausenden, die in Kempten Dienst taten, entdeckten viele ihre Liebe zur Stadt und kehrten als Zivilisten für immer zurück.

Letzter Appell in der Prinz-Franz-Kaserne im Juli 1993

Diese vertrauten Strukturen schienen bis über die Jahrtausendwende hinaus Bestand zu haben. Niemand erahnte die kommenden epochalen Veränderungen, als Ende 1989 der Zusammenbruch der kommunistischen Systeme in der Deutschen Demokratischen Republik und in Osteuropa begann. Von der folgenden personellen Reduzierung und Neuordnung der Bundeswehr wurde auch der Standort Kempten nachhaltig erfaßt, der 1993 bis 1995 von 3000 auf 1200 Soldaten abgebaut wurde. In der Prinz-Franz-Kaserne fand am 1. Juli 1993 der letzte Appell statt. Dadurch ergab sich eine städtebaulich einmalige Chance, die von Oberbürgermeister Dr. Wolfgang Roßmann und dem Kemptener Landtagsabgeordneten Paul Diethei erkannt und mit dem Kauf großer Kasernenteile gewahrt wurde. In den Kompaniegebäuden fanden Wasserwirtschaftsamt, Staatliches Hochbauamt, Verkehrspolizeiinspektion und Zoll ein neues Zuhause.

1994 wurden die Standortverwaltung und das Verteidigungskreiskommando aufgelöst. Die Stadt Kempten kaufte die Gebäude, die bis 1998 zum Rettungs- und Sozialzentrum für Rotes Kreuz, Johanniter Unfallhilfe und Malteser Hilfsdienst umgebaut wurden. Im Dezember 1995 folgte schließlich die Auflösung der Bundeswehrfachschule. Im November 1996 übernahm die Stadt Kempten die Patenschaft für das verbliebene Gebirgssanitätsregiment 8, um damit die Verbundenheit zum Bundeswehrstandort Kempten zum Ausdruck zu bringen. Dies war kein nostalgischer Akt, denn die Bundeswehr hat trotz aller Beschneidung der Garnisonsstadt Kempten eine Zukunft in der Allgäu-Metropole. Das Gebirgssanitätsregiment betreut derzeit rund 1200 Personen, und die 1994 nach Sonthofen verlegte Standortverwaltung unterhält in Kempten eine Außenstelle. 1997 wurden für Baumaßnahmen und Mieten fast vier Millionen Mark ausgegeben, bis 2002 sollen für Neubauten und Renovierungen rund 20 Millionen DM investiert werden.

Polizei und Feuerwehr

Die traditionsreiche Geschichte der Polizei in Kempten weist allein in der jüngeren Zeit drei bemerkenswerte Ereignisse auf: 1969 die Verstaatlichung der Stadtpolizei Kempten mit der Entstehung der Polizeiinspektion Kempten-Stadt, 1976 die Gründung der Polizeidirektion Kempten mit 14 nachgeordneten Dienststellen und 1985 die Fertigstellung des neuen Dienstgebäudes an der Rottachstraße. Hier amtieren neben der Polizeidirektion die Kriminalpolizeiinspektion und die Verkehrspolizeiinspektion. Für Polizeieinsätze in der Stadt Kempten selbst und in den Gemeinden des ehemaligen Landkreises Kempten ist die Polizeiinspektion Kempten zuständig. Kempten ist damit der zentrale Ort für die Polizeiaufgaben im Bereich der Region Allgäu, also der Städte Kempten und Kaufbeuren sowie der Landkreise Oberallgäu, Ostallgäu und Lindau. Stadtgeschichtlich interessant ist die über 600jährige Verbindung von Polizei und Rathaus bis fast in unsere Tage. Die Präsenz der Polizei im Rathaus geht bis in die frühe reichsstädtische Zeit zurück. Für die dortige Hauptwache bestand von 1703 bis 1869 sogar ein eigenes kleines Wachhaus als ostseitiger Vorbau des Rathauses. Erst 1983 wurde die Rathauswache der Polizei aufgelöst, ein Wermutstropfen in der jüngeren Geschichte.

Mit dem Stichwort „Feuerwehr" berühren wir in engem Zusammenhang mit der Polizei (Feuerpolizei!) das wesentliche Element städtischer Sicherheits- und Ordnungspolitik zum Schutze des Bürgers mit einer langen historischen Entwicklung auch für Kempten. Feuerlöschwesen und polizeiliche Ordnungsgewalt spiegeln über ein halbes Jahrtausend Stadtgeschichte wider. Bereits im Stadtrechtsbuch von 1358 begegnen uns die ältesten für Kempten be-

Brand auf dem Gelände der ehemaligen Spinnerei und Weberei Kottern 1998

Hochwasser 1910: Brennergasse und Bäckerstraße (rechts)

kannten Bestimmungen über das Feuerlöschwesen. Die „Feur-Ordnung der Heyligen Reichsstatt Kempten" von 1719 nennt als wichtigsten Punkt „...damit jeder wisse, wo die ledernen Kübel und die Leitern jederzeit zu finden" sind. Man hatte genaue Vorschriften zur Aufbewahrung der Löschkübel erlassen, die vor allem im Rathaus und in den Zunfthäusern deponiert wurden. Die „Erneuerte Feuerordnung der Reichsstadt Kempten" von 1798 erfaßte in bereits 166 Paragraphen detaillierte Anweisungen für Stadtwächter, Turmwächter, Windwache, Trompeter und Kaminkehrer. Sie alle wurden bei Bränden ebenso hinzugezogen wie Bürgerkompanie und Reiterkorps der Stadt. Seit 1836 mußten sich im Brandfall der Bürgermeister und der Stadtmagistrat unverzüglich an den Brandort begeben und mit dem Stadtbaumeister und den Ärzten „das Geeignete anordnen". Außerdem hatte jeder Hausbesitzer mit dem Feuerlöscheimer am Unglücksort zu erscheinen. Ein beachtliches Engagement schon im 19. Jahrhundert!

Hochwasser an Pfingsten 1999 in der Rottachstraße

Das schwerste Straßenbau-Unglück dieses Jahrhunderts im Raum Kempten ereignete sich am 30. April 1974: Die im Bau befindliche Leubasbrücke stürzte ein. Neun Menschenleben waren zu beklagen, weitere 13 Menschen wurden schwer verletzt

1855 erließ der Stadtmagistrat einen Aufruf zum „freiwilligen Feuerwehrdienst", damit eine organisierte Löschhilfe aufgebaut werden konnte. Sie wurde 1856 als „Turner-Feuerwehrverein Kempten" ins Leben gerufen, der schließlich 1894 in der „Freiwilligen Feuerwehr Kempten" aufging. Seit Mitte des 19. Jahrhunderts ist auch die Entwicklung der technischen Ausrüstung der Feuerwehr bemerkenswert, von der Handdruckspritze zum Pferdewagen, vom elektrisch ausgelösten Turmglocken-Alarm und der ersten mechanischen Ausziehleiter zum Ausbau des Alarmsystems durch Feuermelder und Feuertelefone. 1907 folgte die Verteilung von Hydranten über das Stadtgebiet, aus denen die Spritzen gespeist wurden. 1914 wurde ein eigener Löschzug mit Weckerlinie gegründet und 1922 schuf die Stadt mit der Feuerschutzabgabe eine wesentliche Voraussetzung für die künftige Modernisierung des Feuerlöschwesens. Durch die Eingemeindung von St. Lorenz und Sankt Mang im Jahre 1972 wurden die Freiwilligen Feuerwehren von St. Lorenz, Hohenrad, Sankt Mang, Lenzfried und Leubas der Stadtfeuerwehr Kempten unter Wahrung ihrer vereinsmäßigen Selbständigkeit angegliedert.

Heute stellen alle Freiwilligen Feuerwehren des Stadtgebietes eine echte Gemeinschaft und optimal organisierte Einheit dar. Die größte Bewährungsprobe war am Unglückstag des 30. April 1974 zu bestehen, als das Mittelstück der Leubastalbrücke im Rahmen der Arbeiten an der A 7 in die Leubas stürzte. Im Wirrwarr von 430 Tonnen Beton und 110 Tonnen Eisen bestand für 21 eingeklemmte Arbeiter akute Lebensgefahr. Hunderte Feuerwehrmänner und Soldaten waren im Einsatz. Hier zeigt sich besonders, wie unverzichtbar der freiwillige und uneigennützige Dienst am Nächsten ist. Die letzten Jahre stehen im Zeichen notwendiger Baumaßnahmen. Im November 1998 konnte der Erweiterungsbau der Feuerwehr an der Rottachstraße als dritter Bauabschnitt des Projektes seiner Bestimmung übergeben werden.

Die Kliniken Robert-Weixler-Straße (links) und Memminger Straße

Gesundheitswesen und soziale Fürsorge

Bevor auf die Verhältnisse in Kempten eingegangen wird, erscheint hier ein kurzer historischer Überblick über die Grundlagen des Gesundheitswesens als sinnvoll.

Geschichtliche Entwicklung

Bereits in der Antike waren die Menschen Not und Elend nicht grundsätzlich schutzlos ausgeliefert. In Griechenland gab es eine staatliche Armenfürsorge mit Geld, Nahrung und Kleidung. In Rom sind Krankenkassen- und Sterbekassenvereine bekannt, die als versicherungsähnliche Einrichtungen bezeichnet werden können. Bei den germanischen Stämmen dagegen war Hilfeleistung in Notfällen Sache der Familie oder Sippe. Im Mittelalter bestimmten Armut, Krankheit und Tod den Alltag sehr vieler Menschen. Das Mittelalter ist gekennzeichnet durch die Fürsorge der Klöster. Die Krankenpflege erfolgte durch einen erfahrenen Mönch, oft war im Kloster eine Krankenstätte. Besonders wichtig war das Amt des Klosterpförtners, der an Arme Speisen und Kleidung ausgab. Ende des 12. Jahrhunderts wurde in Montpellier der caritative Heilig-Geist-Orden für die Armen- und Krankenpflege begründet.

Schon seit dem 13. Jahrhundert entstanden auch in den süddeutschen Reichsstädten Fürsorgeanstalten, die sich nach dem Heiligen Geist benannten. Die ursprünglich von geistlichen Gemeinschaften betreuten Spitäler gingen in den Städten in die Verwaltung des Rates über. Besonders im Bergbau fanden sich wegen der besonderen Berufsgefahr frühzeitig Selbsthilfeeinrichtungen. Die Bruderschaft der Bergleute, die Knappschaft, half den von Not Betroffenen. Den Bergleuten und ihren Familien wurden Krankheitskosten, Arzneien und Sterbegeld ersetzt. Bei den Handwerkern leisteten in Notlagen die Zunftmitglieder Beistand. Diese Einrichtungen können als frühe Vorläufer der heute aktuellen Sozialversicherung gelten. Das dann beginnende Industriezeitalter läutete das Ende der Zünfte ein. Wer krankheits- oder altersbedingt aus dem Arbeitsleben ausscheiden mußte, war dem Elend preisgegeben. Die Folge war eine tiefgreifende soziale Umwälzung, die wir unter den Begriffen „Arbeiterelend" und „Soziale Frage" kennen. Sie machte

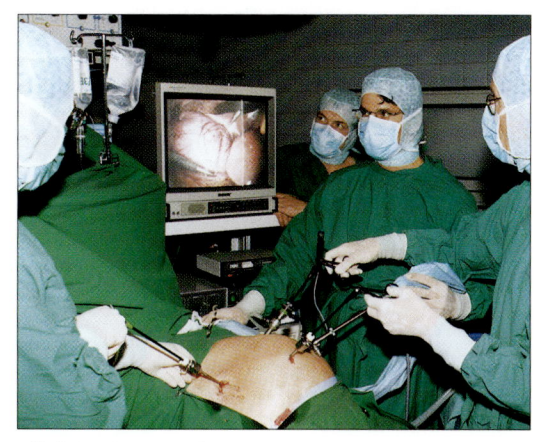

Blick in einen modernen Operationsraum

schließlich das Eingreifen des Staates notwendig. Durch eine von Bismarck angeregte „Kaiserliche Botschaft" Wilhelms I. vom 17. November 1881 wurde der Aufbau der Arbeiterversicherung eingeleitet und in den Gesetzen der Jahre 1883/84 und 1889 die Kranken-, Unfall- und Invaliditäts- und Altersversicherung ins Leben gerufen. 1913 trat das Versicherungsgesetz für die Angestellten in Kraft, 1927 folgte das Gesetz über die Arbeitsvermittlung und Arbeitslosenversicherung.

Gesundheitswesen und soziale Fürsorge in Kempten

1412 wurde vor dem Illertor das Heilig-Geist-Spital errichtet, das Alte, Kranke, Pilger und Wahnsinnige aufnahm und betreute. Eine noch ältere Wohltätigkeitseinrichtung der Stadt Kempten war das erstmals 1313 erwähnte Siechenhaus St. Stephan, das sich der Pflege der Aussätzigen annahm. Es wurde 1769 aufgelassen und mit dem Spital vereinigt. Schon früh gab es in der Reichsstadt Kempten auch ein Waisenhaus, das nach Zerstörung im Dreißigjährigen Krieg 1708 bis 1713 neu gebaut wurde und Kinder aus verarmten Handwerkerfamilien beherbergte. Mit dem Anbruch des Industriezeitalters entwickelten sich auch für Kempten soziale Probleme, die mit der Entstehung der industriellen Textilproduktion im oberen Illergebiet in engem Zusammenhang standen. Zwischen 1847 und 1868 wurde hier eine Reihe von Textilfabriken gegründet, angefangen bei den beiden Spinnereien und Webereien Kottern und

Rettungshubschrauber Christoph 17 vor der Klinik Robert-Weixler-Straße

Kempten. Die Fabrikgründungen boten zwar arbeitslosen Menschen Erwerbsmöglichkeiten, doch der soziale Preis für die wirtschaftliche Blüte war hoch, mußten doch die Menschen ihre Arbeitskraft billig verkaufen, um überhaupt leben zu können.

Größere Betriebe unternahmen schon vor Einführung der staatlichen Sozialgesetzgebung Anstrengungen, eigene Wohlfahrtseinrichtungen zu schaffen und vor allem Wohnraum zu besorgen. Die Mechanische Baumwollspinnerei und -weberei förderte bis 1906 den Bau von 20 Häusern mit 140 Eigentumswohnungen durch günstige Darlehen und errichtete fünf Häuser mit 22 Mietwohnungen. 660 Personen fanden so eine menschenwürdige Unterkunft. In der sozialen Frage waren auch die Kirchen gefordert. Sie bemühten sich um wohltätige Stiftungen, erweiterten ihre sozialen Einrichtungen, schufen neue und versuchten, den Arbeiterinnen und Arbeitern religiösen und kulturellen Halt zu geben. Gute Beispiele für tätige Sozialhilfe stellen auf katholischer Seite die Marienanstalt, auf evangelischer Seite der St. Johannisverein dar. Die 1879 eröffnete Marienanstalt diente als Wohnheim für arbeitslose Fabrikarbeiterinnen und Dienstmädchen sowie als Tagesstätte für Kleinkinder aus Arbeiterfamilien. Das 1900 eingeweihte Vereinshaus des 1854 in Kempten gegründeten St. Johanniszweigvereins nahm von Verwahrlosung bedrohte Kinder aus der Stadt und der Umgebung auf. Durch seine Fusion mit dem Diakonischen Werk Kempten im Jahre 1975 lebt der Verein bis heute fort.

Die Klinikum Kempten-Oberallgäu gGmbH

Vor Jahrhunderten sind in Deutschland aus christlich-humanitären Wertgrundsätzen zwar bereits Einrichtungen für die stationäre Betreuung von Kranken entstanden, doch öffentliche Krankenhäuser wurden erst im 19. Jahrhundert betrieben. Das Heilig-Geist-Spital in Kempten wurde 1846/47 aufgelassen und an die Reichsstraße/Vogtstraße verlegt. Dort war es im Eigentum der protestantischen Spitalstiftung von 1926 bis 1961 (seither nurmehr Altersheim) unter dem Namen „Altstädtisches Krankenhaus" bekannt. Bereits in seinem Testament von 1942 schrieb Oberbürgermeister Merkt: „Daß Kempten kein richtiges städtisches Krankenhaus hat, ist einzigartig. Es wird wohl kaum noch einen Stadtkreis geben, von dem gleiches gilt. Ursache ist die Tatsache, daß die Altstadt und die Neustadt eine Krankenhausstiftung hatten, weshalb man sich immer wieder mit diesen Einrichtungen begnügte und niemals ernstlich an einen Krankenhausneubau herantrat. Das neustädtische Krankenhaus, auch schon über 100 Jahre alt, lebt vom Ruhme des Dr. Madlener. Wenn der nicht mehr ist, wird die Unzulänglichkeit deutlich in Erscheinung treten. Die Notwendigkeit eines Neubaus für die Stadt steht fest, fraglich ist nur, ob für die Stadt allein oder ob für Stadt und Land? Auch an anderen Orten sind solche Ehen unglücklich ausgefallen. Es ist besser, wenn der

Landkreis draußen bleibt und keinerlei Ansprüche hat. In Betracht kommt das Gebäude nur unterhalb vom Reichelsberg, dessen freie, schöne und ruhige Lage den Ausschlag gibt."
Das Grundstück war von Oberbürgermeister Merkt vorsorglich bereits 1936 erworben worden. Die Anfahrt zu dem Gelände erhielt später den Namen Robert-Weixler-Straße. Damit wurde der Mitbegründer und Aufsichtsratsvorsitzende der Allgäuer Brauhaus AG geehrt, der sein Vermögen der Stadt Kempten für das Gesundheitswesen vermacht hatte. 1952 wurde ein Architektenwettbewerb ausgeschrieben, 1958 nach den Plänen der Architekten Schwethelm/Schlempp (München/Frankfurt) mit den Bauarbeiten begonnen. Das neue Stadtkrankenhaus wurde in drei Bauabschnitten bis 1970 fertiggestellt. Am 17. Juni 1961 konnte der erste Bauabschnitt eröffnet werden. Seit September 1980 ist der Rettungshubschrauber „Christoph 17" an der Klinik stationiert, der jährlich etwa 1200 Einsätze fliegt, davon 25 Prozent Bergeinsätze. Träger ist der Rettungszweckverband Kempten, leitender Notarzt war bis 1999 Dr. Dietrich Wörner, der als Chefarzt seit 1966 die Anästhesie geleitet hatte. Die Klinik Robert-Weixler-Straße verfügt heute über folgende Fachabteilungen: Allgemein- und Gefäßchirurgie, Unfall- und Wiederherstellungschirurgie, die Innere Medizin (mit Hämatologie, Onkologie, Gastroenterologie und Dialyse), Gynäkologie und Geburtshilfe, Kinderabteilung, Röntgendiagnostik und Strahlentherapie mit Nuklearmedizin, Anästhesie, Intensivmedizin und Rettungsdienste. Außerdem führt die Klinik Belegabteilungen für den Hals-, Nasen- und Ohrenbereich, Mund-, Kiefer- und Gesichtschirurgie sowie Orthopädie.

Neubau der Klinik

Das Spital der Neustadt Kempten in der Brachgasse wurde in den 1841 fertiggestellten Neubau an der Memminger Straße verlegt und als Distriktsspital bezeichnet. Es entstand aus den Spitälern Kempten, Härtnagel, Grönenbach, Legau und Obergünzburg. 1853 bis 1980 wirkten hier Barmherzige Schwestern des hl. Vinzenz von Paul. Aufstieg und Bedeutung des Kreiskrankenhauses sind untrennbar mit Chefarzt und Ehrenbürger Dr. Max Madlener verbunden. Die Klinik Memminger Straße erhielt einen 1971 eröffneten Erweiterungsbau, der Altbau wurde bis 1974 grundlegend modernisiert. Die Klinik umfaßt folgende Fachabteilungen: Allgemein- und Unfallchirurgie, Innere Medizin mit Kardiologie, Urologie, Anästhesie und Intensivmedizin, sowie eine Palliativstation.
Zum 1. Januar 1988 wurden das ehemalige Stadtkrankenhaus und das frühere

Kreiskrankenhaus im Krankenhauszweckverband (KHZV) Kempten-Oberallgäu zusammengeführt. An der Satzung des Zweckverbandes hatte maßgeblich Stadtdirektor Dieter Schwappacher mitgearbeitet. Seit 1. Januar 1995 firmieren die Klinik Robert-Weixler-Straße und die Klinik Memminger Straße unter „Klinikum Kempten-Oberallgäu gGmbH".
Probleme für die Krankenhäuser liegen in der Gesundheitspolitik des Bundes und in den Bereichen Hygiene und Müll.
Trotz wetterbedingter Verzögerungen geht es mit dem Erweiterungsbau des Klinikums am Bischof-Freundorfer-Weg voran, der bis Juni 2000 fertiggestellt sein soll. An der Klinik Memminger Straße ist im Frühsommer 1999 bereits eine Palliativstation für Schwerkranke in Betrieb genommen worden.

Villa Viva – Landhaus des Lebens

Groß und eindrucksvoll steht die Chapuis-Villa am Illerufer inmitten der letzten zusammenhängenden Parkanlage Kemptens aus der Gründerzeit. Sie spiegelt – ihre Vorgängerbauten einbezogen – vom 18. bis ins späte 20. Jahrhundert ein vielschichtiges Stück Kemptener Familien-, Firmen- und Stadtgeschichte wider, von den Fehr, Roth, Chapuis und Schnitzer zu den Weixler, Hoefelmayr, Düwell und Kremser. Solch ein Anwesen ist vielerorts ein lohnendes Objekt für Grundstücksspekulanten und Abbruchsanierer. Doch die Bürger aus Kempten und Umgebung bewiesen Verantwortung für ihre Geschichte und spendeten in zwei Jahren eine Million Mark in die Renovierungskasse. Mit einem Aufwand von fast vier Millionen Mark wurde die seit 1986 unter Denkmalschutz stehende und 1989 von der Stadt Kempten erworbene Villa an der Füssener Straße stilgerecht renoviert und mit neuem Leben erfüllt. Nebenan arbeitet seit 1991 im früheren Kutscherhaus und in der ehemaligen Remise die Stadtarchäologie. Heute bietet das am 11. Oktober 1996 als „Villa Viva" eröffnete Anwesen Platz für Behinderte sowie für Schädel- und Hirnverletzte. Der Verein für Körperbehinderte Kempten hat zusammen mit dem Kuratorium Villa Viva eine neue in dieser Art einmalige Einrichtung in Bayern geschaffen: das Landhaus des Lebens.
Im Januar 1999 hat der jetzt 40 Jahre alte Verein die „Initiative Viva – Leben im Allgäu" gegründet. Ziel ist es, die Integration behinderter Mitmenschen weiter zu fördern. Die Initiatoren brauchen Prominenz aus Wirtschaft, Kultur und Sport zur ideellen

Blick auf die Villa Viva an der Iller

Unterstützung sowie Sponsoren, die zur Realisierung des Projektes finanzielle Mittel bereit stellen. An weiteren Projekten sind zu nennen: Der Kindergarten „Schwalbennest", in dem behinderte und nicht behinderte Kinder gemeinsam betreut werden. So wird das Miteinander gefördert und Vorurteilen entgegengewirkt. Dieses Miteinander soll durch intensiven Austausch mit den Eltern auch in den Familien umgesetzt werden. Die „Astrid-Lindgren-Schule" besuchen Kinder und Jugendliche mit unterschiedlichen körperlichen Beeinträchtigungen aus dem gesamten Allgäu. Die Schule pflegt mit Blick auf die Zukunft enge Kontakte zu Behindertenwerkstätten, Fördergruppen und weiterführenden Schulen. Die heilpädagogische Tagesstätte im „Astrid-Lindgren-Haus" ermöglicht den Kindern einen ganztägigen Aufenthalt. Für jedes Kind wird ein individueller Förderplan erstellt. Die Therapieabteilung im Haus umfaßt Physiotherapie und Krankengymnastik, Ergotherapie und Logopädie. Darüber hinaus bietet der mobile Therapeutische Dienst allgäuweit seine Hilfe an, beim behinderten Kind zuhause, im Kindergarten oder in der Einrichtung. Hier geht es um die Pflege oder um Hilfen im Haushalt, um soziale Einzelbetreuung oder auch Hilfen in der Freizeit. Grundgedanke ist das Normalitätsprinzip: Behinderte Menschen sollen mit individueller Hilfestellung ein Leben führen können, das weitgehend dem Leben eines nicht behinderten Menschen entspricht. Der Verein betreut allgäuweit über 600 Patienten. Als „Vater" dieser Einrichtungen gilt der bis 1980 am Kreiskrankenhaus tätige Orthopäde Dr. Peter Landwehr, 1978 bis 1990 Vorsitzender des Spastikervereins Kempten, heute Verein für Körperbehinderte.

Lichtblick – Haus der Diakonie

Die Eröffnung des Projektes „Lichtblick – Haus der Diakonie" am 19. September 1998 knüpft an eine diakonische Bewegung an, die seit 150 Jahren für zahllose Menschen zum Lichtblick geworden ist. 1853 wurde in München der „St. Johannisverein für freiwillige Armenpflege in Bayern" gegründet, bereits 1854 folgte der „St. Johannis-Zweigverein Kempten, Protestantische Sektion". Schon 1833 hatte Pastor Johann Hinrich Wichern (1808-1881), 1848 Begründer der diakonischen Bewegung in Deutschland, mit der Gründung des „Rauhen Hauses" in Hamburg ein unübersehbares Zeichen gesetzt. Für Menschen, die auf der Schattenseite der Gesellschaft stehen, wollte er einen Lebensraum schaffen, in dem sie sich wohl fühlen und selbst entfalten können. Sein Impuls ist bis heute wirksam und hat auch im „Haus der Diakonie" sichtbare Gestalt gefunden.
1990 hatte die mit 700 000 Mark am Projekt beteiligte Stadt Kempten die Entscheidung getroffen, das „Mühlberg-Ensemble" als baugeschichtlich bedeutendste Häusergruppe in der Altstadt zu veräußern. Ausschlaggebend für den Verkauf an das Diakonische Werk Kempten unter 14 Bewerbern war zum ei-

Das Haus Lichtblick am Mühlberg

nen die vorgesehene Nutzung als soziales Zentrum für Bürgerinnen und Bürger Kemptens und der Region. Zum anderen sah die Stadt ihre Verantwortung für die Verbesserung des Stadtbildes einschließlich der Sicherung wertvoller denkmalgeschützter Bausubstanz. Prominente Bürger traten dem Förderkreis „Haus der Diakonie Kempten" bei, um das Projekt finanzieren zu helfen. Der Durchbruch in der Finanzierungsfrage ergab sich aber aus der intensiven Zusammenarbeit mit dem Bezirk Schwaben, der 1995 die entscheidende Idee hatte, eine in Kempten dringend benötigte Tagesstätte für psychisch kranke und behinderte Menschen in das Projekt aufzunehmen. Aus denkmalpflegerischer Sicht ist besonders erfreulich, daß im Zuge der Instandsetzungsarbeiten nicht nur eine Fülle neuer bauhistorischer Erkenntnisse gewonnen und sensationelle archäologische Funde geborgen werden konnten, sondern auch eine mit der wertvollen Bausubstanz zu vereinbarende Nutzung realisiert wurde. Bereits im Spätmittelalter diente das „Seelhaus zum Steg" (St.-Mang-Platz 12) sozialen Zwecken. Das „Haus der Diakonie" steht damit in einer jahrhundertealten Nutzungskontinuität. Das neue Zentrum bietet den sozialpsychiatrischen Dienst mit betreutem Wohnen, Arbeitsassistenz und Tagesstätte. Die Diakonie hat eine neue Adresse in Kempten, insbesondere für Menschen mit großen Schwierigkeiten und Belastungen. Die neue Tagesstätte hilft Menschen mit psychischen Erkrankungen und Behinderungen, die im übrigen jedem von uns widerfahren können, bei der Einteilung ihres Alltags und zur Stabilisierung in ihrem Umfeld.

Kultur und Schulen

Kunst und Bildung für alle

Kultur und Gesellschaft sind nicht statisch, sondern einem stetigen Wandel unterworfen. So läßt sich schwer sagen, welche traditionellen kulturellen Einrichtungen im 21. Jahrhundert in welcher Form noch gefragt sein werden. Genauso wenig kann gesagt werden, ob neue Formen kulturellen Engagements, die heute „in" sind, überleben werden. Es ist ohne weiteres möglich, daß trotz aller Technisierung und Beschleunigung unseres Lebens oder gerade deshalb das Theater, das „gute alte" Kino und natürlich das Buch nicht nur überleben, sondern eine beachtliche Renaissance erleben werden. Es ist überhaupt fraglich, ob sie sich in einer wirklichen Krise befanden oder derzeit befinden, wie oft gesagt wird. Denn gerade auch die herkömmlichen kulturellen Medien sind angesichts der „jungen" Konkurrenz zur inneren Erneuerung und „Blutauffrischung" fähig, sind wertbeständig und doch zeitlos. Darin mag ihr Vorteil gegenüber jenen kulturellen Erscheinungsformen liegen, die man als „trendy" bezeichnet. Doch sollte die Spannung zwischen traditionell und fortschrittlich produktiv und interessant gesehen werden: „alt und jung" schließen sich nicht aus, sondern leben gut miteinander.
Dies ist eine wesentliche Voraussetzung dafür, daß Kultur attraktiv bleibt, gerade auch für junge Leute.
Ein Beispiel für „junge Kultur" ist in Kempten die Kulturwerkstatt, während das frühere Allgäuer Heimatmuseum für die Qualität der Tradition steht. Das neue Allgäu-Museum setzt einerseits den „roten Faden" besonders qualitätvollen kulturellen Engagements aus dem späten 19. und dem 20. Jahrhundert fort, versteht sich andererseits aber ganz bewußt als völlig neues Erlebnismuseum für das 21. Jahrhundert.
Hinter der Kulturwerkstatt steht die „Initiative für Kunst und Kultur in Kempten" (IFKKK), die eine leerstehende Halle (die Autowerkstatt der Post) am Kemptener Bahnhof für kulturelle Veranstaltungen aller Art nutzt. Die Halle steht allerdings zum Verkauf, jede Veranstaltung wird mit der Stadt Kempten einzeln per „Gestattung auf Widerruf" durchgeführt. Die Kulturwerkstatt bietet Konzerte und HipHop-Parties, die derzeit bundesweit besonders gefragt sind und sich über den musikalischen Aspekt hinaus als Kulturbewegung verstehen. Erstklassige Vertreter der Szene gastierten bereits in Kempten. Außerdem wird die Verbindung zu Theaterschaffenden gepflegt.

Das Allgäuer Heimatmuseum – Kunstschätze im Kornhaus

Auf die wertvollen Initiativen von Bürgermeister Adolf Horchler gehen die Anlage einer „Altertumssammlung" als Vorarbeit für das Allgäuer Heimatmuseum und der Aufbau der städtischen Sammlungen seit 1882/83 mit einer ersten Eröffnung als Museum 1891 zurück. Sein Nachfolger Dr. Otto Merkt setzte diese Bestrebungen energisch fort. Zwei Zitate verdeutlichen den hohen Anspruch seiner Kulturpolitik. „Wenn Kempten Anspruch darauf macht, Hauptstadt des Allgäus zu sein, so muß Kempten mehr bieten als das übrige Allgäu... nicht verwehren kann man dem Bürgermeister von Kempten, wenn er in kultureller Beziehung die Führung des Allgäus übernimmt, wir müssen zeigen, daß wir bereits die Hauptstadt des Allgäus sind und beweisen, daß es in Kempten Dinge gibt, die andere nicht haben. Deswegen muß die Stadtbibliothek Allgäuer Heimatbibliothek werden, das Stadtarchiv Allgäuer Heimatarchiv, unser Museum Allgäuer Heimatmuseum bedeuten. Deswegen Häuser her, Räume her!" Schon damals beklagte der Oberbürgermeister, daß „nur ein kleiner Teil der Funde im Museum ausgestellt werden kann, der größere Teil derselben muß wegen Raummangels in Kisten eingeschlossen verborgen bleiben. Dieser Umstand allein macht die Unterbringung unserer Sammlungen in entsprechenden Räumen zur vordringlichen Notwendigkeit. Kempten weiß doch längst, daß es kein Museum, sondern nur eine Sammlung hat!" Die Bürger sollten sich über das gemeinsame kulturelle Bewußtsein mit der Stadt identifizieren und die Stadtgemeinde als Heimat begreifen. Damit hatte Dr. Merkt treffend die stets

Blick in die Bürgerstube im Allgäuer Heimatmuseum

gültige, aber nicht immer verstandene soziale Dimension des Mediums „Museum" erkannt. Gemeinsam und leidenschaftlich appellierten die Altbürgermeister Horchler und Oberbürgermeister Merkt besonders seit 1920 an die Spendenbereitschaft der Bevölkerung für das Museum, wobei geschickt jedem Spender offiziell gedankt wurde. Dem im Grunde privaten Akt des Schenkens wurde so ein öffentlicher Charakter verliehen und der Vorgang als solcher gesellschaftlich erhöht.

Die feierliche Eröffnung des Allgäuer Heimatmuseums am 21. Mai 1925 markierte einen Wendepunkt in der städtischen Kulturpolitik und wurde von den Zeitgenossen auch so verstanden und empfunden. Aus der kleinen, nur zeitweise besuchbaren „Museumsetage" war ein sorgfältig eingerichtetes Museum geworden und damit ein wesentlicher Schritt auf das erklärte Ziel hin getan, der kulturelle Mittelpunkt der Region zu werden. Dennoch sollte Ober-

bürgermeister Dr. Merkt schon 17 Jahre später in seinem politischen Testament weitsichtig äußern: „Das von mir begründete Museum hat zu wenig Platz! Man hat notgedrungen in das Kornhaus zuviel hinein gestopft".
Der zunehmende Druck der NSDAP zwang den Oberbürgermeister allerdings bald zur Aufgabe seiner bevorzugten Politik der „Überparteilichkeit" und veränderte nachhaltig auch das Kulturleben. Der 1938 in „Heimatbund Allgäu" umbenannte Historische Verein mußte sich nun auch „in den Dienst der Gegenwarts- und Zukunftsaufgaben des Nationalsozialistischen Staates stellen". Durch seine „Forschungsarbeit" sollte er jetzt den heimatkundlichen Stoff für die Zwecke der Heimatschule und NS-Volkserziehung sammeln. Die Ergebnisse dürften nicht in ihrer wissenschaftlichen Form festgelegt bleiben, sie müßten in volkstümlicher Fassung auch den einfachen Volksgenossen erreichen und ihm „seinen Heimatboden, sein deutsches Volk, seinen Stamm vertraut machen mit dem Endziel, Blick und Sinn zu schärfen für alles Gewachsene und Gesunde".
Das Allgäuer Heimatmuseum hatte sein Erscheinungsbild in den letzten Kriegsjahren erheblich verändert. Seit 1942 wurden die Sammlungsbestände wegen „erhöhter Luftgefahr" evakuiert und in Gebäuden rund um Kempten eingelagert. Das Museum mutierte bis 1946 beinahe noch zur Suppen- und Kartoffelküche, hätte nicht Dr. Weitnauer, dem auch die Rettung zahlreicher Kunstschätze zu danken ist, energisch eingegriffen und wenigstens das Erdgeschoß ab 1946/47 mit der Abteilung „Kirchliche Kunst" dem Publikum wieder zugänglich gemacht. Gleichwohl fristete das Museum ein Schattendasein. Der Platz für eine ansprechende Präsentation fehlte, demzufolge sank auch das Interesse der Öffentlichkeit, die Haushaltmittel hielten sich in engen Grenzen. In den sechziger und siebziger Jahren gab es wohl verschiedene Anläufe und Versuche zur Verbesserung der Situation. Aber erst 1986 wurde mit dem Beschluß, die Städtischen Museen und Sammlungen unter die Obhut einer wissenschaftlich ausgebildeten Leitung zu stellen, eine wesentliche kulturpolitische Wende eingeleitet. Ein erstes Projekt war die Analyse und konsequente Inventarisierung der fast schon in Vergessenheit geratenen Münzsammlung nach neuesten Gesichtspunkten. Geplant wurde aber auch, das Museum nach grundlegender Sanierung des Kornhauses völlig neu zu präsentieren.

Das Allgäu-Museum – Erlebniswelten in Farbe und Licht

Das am 19. März 1999 eröffnete Allgäu-Museum ist bewußt als neues Museum mit moderner, zeitgemäßer Gestaltung konzipiert worden. Entstanden ist ein „abwechslungsreiches und spannendes Museum, kein ‚Bildungstempel'". Die museale Konzeption sorgt immer wieder für optische und akustische Überraschungen. Ein eigener Kinderpfad zieht sich als „roter Faden" durch das Museum, bunte Stationen laden zum Spielen und Ausprobieren ein und eröffnen den Kindern einen eigenen Zugang zur Geschichte. Das neue Allgäu-Museum betont die Qualität und Aussagekraft der Objekte nach der Maxime „Weniger ist mehr". Vitrinen allein genügen heute nicht mehr den Ansprüchen der Besucher. Es geht vielmehr um „attraktive Erlebniswelten und die Schaffung von Raumtönen." Farbe, Gestaltung und Inszenierung bringen die Hinterlassenschaften unserer Vergangenheit zum Sprechen.

Ausgewählte Objekte zeigen das bäuerliche Leben im Allgäu

Stilvolle Möbel und Gemälde erinnern an die Biedermeier-Zeit

Eine Besonderheit des Museums ist im Erdgeschoß die Verwirklichung einer Zeitreise durch Kempten von der Gegenwart zurück ins Mittelalter. Damit wurde bewußt vom herkömmlichen Weg abgewichen, der in der Regel mit der ältesten Zeitepoche beginnt. Im Allgäu-Museum „tauchen die Besucher also in immer unbekanntere Welten ein, sie gehen vom vertrauten Kempten ins alte Kempten zurück." In der ersten Etage rückt das Allgäu ins Blickfeld mit seinen mannigfachen typischen Merkmalen, mit Begriff und Ausdehnung, mit Mundarten, Trachten und Bauten ebenso wie mit Wirtschaft, Handwerk und Tourismus. Die dritte und vierte Ebene bringen jeweils Wohnen, Arbeit und Freizeit der Menschen im 18. und 19. Jahrhundert nahe. Zum einen die bürgerliche Daseinswelt in der jahrhundertelang konfessionell getrennten Stadt, zum anderen das ländliche „Leben zwischen Arbeit und Andacht" im Allgäu. Dabei wird der Strukturwandel vom „blauen" zum „grünen" Allgäu ebenso erhellt wie die Volksfrömmigkeit der Vorfahren mit ihren Ausdrucksformen. Zusätzlich ist im Dachgeschoß unter dem Motto „Zeit ist Geld" eine Sammlung von Uhren und Münzen aufgenommen.

Im Kunstgewölbe sind historische und moderne Werke der Malerei und Plastik, vor allem aus dem Allgäuer Raum, zu sehen. In Kempten schlossen sich im Juli 1946 einige Künstler zu einem Berufsverband zusammen, und 1948 wurde von diesem „Berufsverband Bildender Künstler Schwaben-Süd" die erste schwäbische Kunstausstellung organisiert. Seither sind die Kunstausstellungen fester Bestandteil der Allgäuer Festwoche und gewähren Einblicke in die zeitgenössische Kunst im Allgäu. Wesentliche Impulse, ideelle und materielle Förderung verdankt das Museum dem 1988 gegründeten Verein „freunde der kemptener museen", der eine beachtliche Anzahl qualitativ hochwertiger Objekte erworben und zur Verfügung gestellt hat. Dieser Dank gilt auch Hanna Leichtle aus der bekannten Kemptener Mäzenatenfamilie, deren Leihgaben das Museum wahrlich bereichern.

Die Stadtarchäologie – von Cambodunum ins Mittelalter

Die Entscheidung, 1982 eine archäologische Abteilung einzurichten, hat sich bereits als Weichenstellung für das 21. Jahrhundert erwiesen, wenn wir Aufgaben und Erreichtes betrachten. Im Mittelpunkt steht neben der Untersuchung des römischen zunehmend die Erforschung des mittelalterlichen Kempten. Eine Attraktion ist der in mehreren Abschnitten errichtete „Archäologische Park Cambodunum" (APC) mit seinen Anlagen und Bauten des gallo-römischen Tempelbezirks, der Kleinen Thermen und Teilen des Forums. Dabei erweisen sich auch die Veranstaltungen des APC-Sommers alljährlich als Zuschauermagnet.

In den letzten Jahren hat die Mittelalter-Archäologie bemerkenswerte Fortschritte gemacht. In Kempten sind bereits 1987 Grabungen auf dem Rathausplatz zu nennen, besonders aber in den Jahren danach „auf der Suche nach dem mittelalterlichen Kloster in Kempten" die Ausgrabungen, Beobachtungen und Funde unter der Basilika St. Lorenz und im Bereich Residenz/Hofgarten. Geradezu sensationell sind aber die jüngsten Funde mittelalterlicher Alltagsgegenstände im Bereich des zum „Haus der Diakonie" umgestalteten Mühlberg-Ensembles. Darunter befinden sich Schuhe, Taschen, Hüte, Mes-

Schutzbau der Kleinen Thermen im Archäologischen Park Cambodunum

ser, Spindeln, Teller, Bälle, Spielkarten und sogar ein Liebesbrief. Diese Gegenstände sind zum Teil in die Abteilung „Zeitreise durch Kempten" des Allgäu-Museums integriert. Die Funde ermöglichen unmittelbare und einmalige Einblicke in den Alltag der Stadt Kempten kurz vor 1500. Andernorts muß man sich weitgehend mit Abbildungen solcher Gegenstände begnügen.

Stadtarchiv und Stadtbibliothek auf dem Weg in die Zukunft

Die traditionellen Einrichtungen Stadtarchiv und Stadtbibliothek mit Zweigstellen sind heute nicht nur in attraktiv sanierten historischen Gebäuden untergebracht, sondern auch inhaltlich auf das 21. Jahrhundert vorbereitet.
Das Stadtarchiv, obschon Hüter historischen Schriftgutes, muß vorausschauend tätig sein, welche Themen denn den Historiker von morgen interessieren könnten. Es ist schwierig, Unterlagen so auszuwählen, aber auch auszusondern, daß die „Summe des städtischen Geschehens" in ihren Dimensionen von Vergangenheit, Gegenwart und Zukunft bruchlos weiter überliefert wird. Mit

Die Stadtbücherei bietet neben Literatur auch aktuelle Medien wie CD´s

einem neuen Magazin, ausgestattet mit einer modernen fahrbaren Regalanlage der neuesten Generation, ist weitere Raumkapazität geschaffen worden. Daneben sind EDV-Einsatz und Archivierung elektronischer Datenträger die Themen der Zeit.
In der Stadtbibliothek sind neben das Buch längst Medien wie Video und CD-ROM getreten. Mehr denn je gilt es, ein Gespür dafür zu entwickeln, was morgen gefragt sein wird, also ohne Identitätsverlust Trends aufzuspüren, die nicht mit kurzlebigen „Modeerscheinungen" zu verwechseln sind. Eine zentrale Aufgabe ist mit der Umstellung der Bestände auf EDV in Angriff genommen worden.

Schulstadt Kempten vor neuen Herausforderungen

Die Schulen allgemein und auch in Kempten stehen angesichts neuer Reformansätze, der Situation auf dem Arbeitsmarkt, Drogenproblematik und Jugendkriminalität vor den schwierigsten Herausforderungen ihrer Geschichte. Ist der gesellschaftliche Bildungsauftrag in Gefahr?
Die historischen Traditionen der Schulstadt Kempten reichen weit in die stiftische und reichsstädtische Zeit zurück. Sie können in ihrer Vielfalt hier nicht annähernd skizziert werden. Dies gilt ebenso für die interessanten schulischen Entwicklungen im 20. Jahrhundert und der Gegenwart. Sehr wohl aber sind Entscheidungen gefällt worden, die auch für das 21. Jahrhundert wesentliche Bedeutung haben. Es folgt deshalb keine Aufzählung schulischer Einrichtungen, sondern es wird vielmehr ein Überblick gegeben, der exemplarisch neue Formen schulischer Entwicklung und schulischen Engagements berücksichtigt.

Die Volksschule an der Sutt besteht seit über 450 Jahren

Der sich schon unter Oberbürgermeister Merkt abzeichnende Aufstieg Kemptens zu einer Schulstadt von Rang geriet in der nationalsozialistischen Zeit durch Vereinheitlichung und Indoktrination zwar ins Stocken, war aber in seiner bemerkenswerten Entfaltung nach 1945 nicht aufzuhalten. Besonders die sechziger Jahre stehen im Zeichen von Neubauten, neuen Schultypen und Reformen. Die Frage war, ob das Bildungssystem mit dem wirtschaftlichen Aufschwung und technischen Fortschritt mithalten kann. Diese Überlegungen brachten 1969 auch in Kempten die Einführung des neunten Pflichtschuljahres und 1970 die Aufteilung der Volksschulen in Grund- und Hauptschulen. Im Zuge des Ausbaus der dreiklassigen Mittelschule entstanden 1965 vierklassige Realschulen: die Maria-Ward-Schule, die Mädchenrealschule in Lenzfried, die Städtische Realschule (Mädchen) und auch noch die Staatliche Knabenrealschule. Gleichzeitig expandierte

Maria-Ward-Schule um 1920

das höhere Schulwesen. Neben dem traditionsreichen humanistischen Carl-von-Linde-Gymnasium entstanden zwei weitere Gymnasien. Die Oberrealschule wurde zum mathematisch-naturwissenschaftlichen Allgäu-Gymnasium und das Mädchenlyzeum zum neusprachlichen Hildegardis-Gymnasium.

Der im September des Jahres 1995 tödlich verunglückte Dr. Reinhard Furrer, Astronaut und Professor für Weltraumwissenschaft, war 1960 Abiturient des Allgäu-Gymnasiums. Der Aufstieg Kemptens zu einer führenden Schulstadt in ganz Bayern und die Entwicklungen besonders in den sechziger Jahren gehen maßgeblich auf die Initiativen von Stadtschulrat und Kulturreferent Otto Zeising (Amtszeit 1938-1944 und 1951-1969) zurück, der sich auch für das Stadtarchiv, die Stadtbibliothek und das -theater einsetzte. Förderer gerade des Theaters und der Museen waren und sind auch seine Nachfolger Franz Felber (Amtszeit 1970-1982) und Hans Grob (seit 1982).

Reinhard Furrer

Von herausragender Bedeutung für Stadt und Region ist die 1977 gegründete Fachhochschule Kempten mit den Fachbereichen Allgemeinwissenschaften und Betriebswirtschaft (einschließlich der Studienrichtung Fremdenverkehr und Hoteladministration), Elektrotechnik und Maschinenbau.

Fachhochschule Kempten

Die Fachhochschule hat eine tragende Funktion für das gesamte Wirtschaftsleben ihres Einzugsbereichs. Über das praxisbezogene Lehrangebot hinaus hat sich auf den Gebieten des Wissens- und Technologietransfers eine fruchtbare Wechselwirkung zwischen Hochschule und Wirtschaft entwickelt.
Mögen sich auch die Hoffnungen auf eine „Alpenuniversität Kempten" Ende

Elektroniklabor *Hörsaal der Fachhochschule*

der sechziger/Anfang der siebziger Jahre zerschlagen haben, so ist Kempten doch noch Hochschulstadt geworden. Die Fachhochschule Kempten krönt ein äußerst vielseitiges Schul- und Bildungsangebot. Neben der Hochschule stehen die Gymnasien, Realschulen, Volks- und Sondervolksschulen, aber auch Berufs- und Fachschulen aller Sparten. Nicht zu vergessen die Fachakademien, die privaten Ersatzschulen und nicht zuletzt die Sing- und Musikschule sowie die Volkshochschule. Gerade in Kempten bewähren sich auch die Möglichkeiten des zweiten Bildungsweges, also der Weg zum Fachabitur über Fachoberschule oder Berufsoberschule nach mittlerer Reife und absolvierter Lehre. Im folgenden werden Herausforderungen für die Schulen, Reformansätze und neue Entwicklungen an einigen Beispielen beleuchtet. Wo ist Kempten an neuen Entwicklungen beteiligt? Was stimmt nachdenklich?

Im Juli 1999 wurde die neue Fach- und Berufsoberschule eröffnet

Schulreformen

Sehr kontrovers diskutiert wird die bayernweit zu Beginn des Schuljahres 1999/2000 geplante Einführung der sechsstufigen Realschule als Alternative zur bisherigen vierstufigen Form. Da die sechsstufige Realschule ihre Schüler überwiegend aus der Hauptschule und nicht aus überbelegten Gymnasien beziehe, befürchten die Gegner der Reform den weitgehenden Untergang vor allem kleinerer Hauptschulen und Teilhauptschulen. Fragwürdig ist ihrer Meinung nach die Lösung, zu „Restschulen" degradierte Hauptschulen zu Schulverbünden zusammenzuschließen, um auf Dauer die notwendigen Klassenstärken zu erreichen. Dies hätte die negative Auswirkung, daß viele Schüler zu Fahrschülern würden, mit entsprechenden Folgekosten. Hier könnten Reformen in den Hauptschulen selbst vorbeugen. Gedacht ist an spezielle Mittlere-Reife-Klassen (M-Züge) sowie an M-Förderzüge ab der 7. Klasse. Ziel ist es, die Hauptschulen insgesamt zu stärken und Schulauflösungen zu vermeiden. Langfristig sollten die Hauptschulen mit M-Zügen die vierstufige Realschule ersetzen. Der befürchtete „Schülertourismus" könne dadurch vermieden werden. Die Gegner der Reformen halten diese Verbesserungsvorschläge allerdings in den meisten Gebieten für nicht umsetzbar. Mehr Flexibilität sei gefragt. Eltern, Lehrer und Kommunen sollten gemeinsam entscheiden können, welche Schulart angebracht sei. Auch seien die immensen Kosten für die Reform nicht vertretbar. Die Reformgegner diskutieren deshalb auch die Möglichkeit eines Volksbegehrens gegen die Schulreform.

In Kempten gewinnt man der Reform auch positive Seiten ab. In einem Schulversuch bieten die Staatliche Knabenrealschule und die Mädchenrealschule Lenzfried bereits seit Jahren mit großem Erfolg die neue Variante an. Die Tendenz zum Besuch der noch vierstufig geführten Klassen ist rückläufig. Ein Argument für die Reform scheint zu stechen: Im Kemptener Modellversuch ist die Durchfallquote gegenüber der vierstufigen Variante deutlich geringer. Dies könnte daraus resultieren, daß die Schüler deutlich mehr Zeit zur Prü-

Carl-von-Linde-Gymnasium

fungsvorbereitung haben. Bereits 1991 hatte das Schul- und Kulturreferat in Kempten eine Elterninitiative zur Beaufsichtigung von Grundschülern der 1. und 2. Jahrgangsstufe bis wenigstens 12 Uhr aufgegriffen. Mit dieser Mittagsbetreuung wurde seinerzeit an der Haubenschloß-, der Wittelsbacher- und der Nordschule begonnen. Nun wurde aufgrund der Beschlüsse des Bayerischen Ministerrates und des Bayerischen Landtages vom 24. März bzw. 8. Juli 1998 die Einführung der kind- und familiengerechten Halbtagsschule angekündigt, die nun ab dem Schuljahr 1999/2000 schrittweise verwirklicht werden soll. Das Modell umfaßt folgende Elemente: Der Schulvormittag soll verläßlich von 7.30 bis 13.00 Uhr dauern. Dem Unterricht soll eine „Komm-Phase", sozusagen um „warm" zu werden, vorangehen. Dabei wird eine kindgerechte Gestaltung des Unterrichts angestrebt. Anschließend an den Schulvormittag soll eine Mittagsbetreuung, wo nötig, fester Bestandteil sein. Kempten hat also die Zeichen der Zeit frühzeitig erkannt.

Sport am Allgäu-Gymnasium

Schulreformen sind seit jeher ein Bestandteil der Bildungsgeschichte, ob sie nun immer notwendig sein mögen oder nicht. Reformen sind Einschnitte, deren Auswirkungen kaum vorhergesehen werden können. Viele einst umstrittene Reformen, wie etwa die Einführung der Kollegstufe 1976, haben sich bewährt, wenngleich eben die Kollegstufe in ihrer heutigen Form wieder auf dem Prüfstand steht.

1995 demonstrierten Schüler am Hildegardis-Gymnasium gegen große Klassen

Europäisches Gymnasium

Am Carl-von-Linde-Gymnasium und am Allgäu-Gymnasium begann 1999 mit Erlaubnis des Bayerischen Kultusministeriums die Einrichtung des neuen Zweiges „Europäisches Gymnasium". Voraussetzung war, daß sich mindestens 25 Schüler für den neuen Zweig anmelden und die Bereitschaft mitbringen, trotz aller Belastung noch ein wenig mehr zu arbeiten. Versuche dieser Art an bayerischen Gymnasien sind bisher durchwegs positiv verlaufen.
Neu im sprachlichen Bereich ist die Einführung von Latein oder Französisch als zweiter Fremdsprache bereits in der 6. Klasse. Im Gegensatz zum humanistischen und neusprachlichen Zweig wird Chemie im Europäischen Zweig jetzt in der 9. statt 11. Klasse unterrichtet. Damit wird die naturwissenschaftliche Ausbildung gestärkt. Neu im musischen Bereich ist schon ab der 5. Klasse ein zweistündiges Wahlpflichtfach, bei dem sich die Schülerinnen und Schüler zwischen differenziertem Sport, Werken, Chor, Orchester, Theater und einem neu einzurichtenden Fach Natur und Technik entscheiden können. Daraus ergibt sich, daß der „Europäische Zweig" wegen der insgesamt verstärkten Förderung der sprachlichen, naturwissenschaftlichen und musischen Ausbildung eine ausgesprochen moderne und zukunftsorientierte Ausbildungsform darstellt, in einer immer mehr zusammenwachsenden Welt.

„Stadtteilschule" und Schule als Übungsfirma

Eine Stadtteilschule ist nicht unbedingt nur rein örtlich bezogen die Schule eines bestimmten Stadtteils.
Ein ungewöhnliches Projekt hat die Robert-Schuman-Volksschule in Sankt Mang gestartet. Bewußt öffnet sie ihre Türen und sucht den Kontakt zu Vereinen, Institutionen und Dienstleistern in ihrem Stadtteil. Ziel ist es, die Schüler intensiver in ihr Umfeld einzubeziehen, der Stadtteil wiederum soll seine Schule besser kennenlernen.
Zur „Schul-Innovation 2000" hat das Kultusministerium aufgerufen. Zahlreiche Schulen versuchen, diese Idee auch in Kempten in die Praxis umzusetzen. Ein beachtenswerter Ansatz.
Die Wirtschaftsschule Kempten legt in ganz besonderer Weise Wert auf Praxisnähe und macht ihre Schüler fit fürs Berufsleben. Wie „richtige" Unternehmer verwalten die Wirtschaftsschüler im Lernunternehmen „Bali-Sunshine Sports GmbH" (benannt nach den Lehrkräften Bach und Liebl) in der mittlerweile vierten Übungsfirma einmal pro Woche ihr eigenes Unternehmen. „Bali" bietet vom Ski bis zum Tennis-Dress eine breite Auswahl an Sportartikeln. Das Lernunternehmen steht in Kontakt zu rund 130 anderen Übungsfirmen in Bayern und Sachsen. Was sie alle gemeinsam haben, ist ihr Arbeitsplatz in den eigens hergerichteten Räumen der jeweiligen Wirtschaftsschule.

Übungsfirma in der Wirtschaftsschule

Alle Arbeitsgänge laufen ab wie in einem richtigen Unternehmen. Mit zwei Ausnahmen: es werden keine Waren verschickt und keine Rechnungen wirklich bezahlt. So ist „learning by doing" die Maxime der Firma. Der Eintritt ins dreijährige „Berufsleben" erfolgt zu Beginn der achten Klasse. Bei den örtlichen Betrieben sind die Übungsfirmen der Wirtschaftsschule Kempten längst bekannt. Nicht zuletzt deshalb haben es Jugendliche mit dieser Zusatzqualifikation leichter, eine Lehrstelle zu finden.

Gewalt an Schulen

Das Thema Gewalt an Schulen ist auch in Kempten kein Tabu mehr. Das tatsächliche Gewaltpotential sollte weder dramatisiert noch verharmlost werden. Eine Umfrage des Schulreferats hat ergeben, daß ein Prozent der Schüler Gewaltdelikte verübt. Körperverletzung, Beleidigung, Sachbeschädigung und Bedrohung/Nötigung stehen an der Spitze der Delikte. Erpressung, Drogenhandel und das Mitführen von Waffen spielen zum Glück eine vergleichsweise untergeordnete Rolle. Die Stadt hat in Gesprächen mit Schulleitern und Schulpsychologen sowie Vertretern von Polizei und Justiz die Initiative ergriffen. Wichtige Aufklärungsarbeit an den Schulen leisten neben der Lehrerschaft auch die entsprechend qualifizierten Streetworker der Stadtjugendarbeit.

Gesundheitsvorsorge in 51 Vereinen

Geliebtes Sport- und Freizeitangebot

Sport wurde früher als die schönste Nebensache der Welt bezeichnet. Heute ist die Bedeutung des Sports größer denn je. Damit ist aber nicht nur die fortschreitende Kommerzialisierung gemeint, bei der immer mehr Menschen durch den Sport und mit dem Sport Geschäfte machen. Vielmehr die problemlose Integration von Ausländern und Behinderten, die in der Gemeinschaft der Sporttreibenden voll akzeptiert werden. Ganz wesentlich ist dabei das Angebot von Vereinen an die nicht wettkampforientierte Bevölkerung, die lediglich dem Bewegungsmangel in unserem Computerzeitalter entgegentreten will und sich im Rahmen der Gesundheitsfürsorge sportlich betätigen möchte.

Seit Jahrzehnten wirbt die Stadt Kempten mit ihrem hohen Freizeitwert, und die Bürger lieben ihr Sport- und Freizeitangebot. „Es ist schon behauptet worden, daß der Boden Kemptens für Vereine besonders günstig sei", notierte Josef Rottenkolber in seinem 1954 erschienenen Buch „Aus Kemptens vergangenen Tagen". Dieses Zitat hat bis heute Gültigkeit. 1976 gehörten dem Stadtverband der Sportvereine 29 Vereine mit 15 000 Mitgliedern an, und bis 1999 steigerte sich die Zahl auf 51 Vereine mit über 26 000 Mitgliedern. Damit gehören rund 43 Prozent der Einwohner Kemptens einem Sportverein an, ein Fünftel der Vereinsmitglieder ist unter 18 Jahre. In den Vereinen werden Jugendliche zu fairem Miteinander und Gemeinschaftssinn erzogen. Die Erfahrungen zeigen außerdem, daß Mitglieder von Sportvereinen weitaus weniger anfällig für Alkohol- und Drogenkonsum sind als andere Heranwachsende.

Sportpark des TVK 1856

Ein wesentlicher Faktor für die Arbeit in den Vereinen ist der Beitrag der Stadt, der im Bau, in der Verbesserung und im Unterhalt der Sportanlagen augenfällig wird. Die Bilanz am Ende des Jahrhunderts liest sich im Vergleich zu anderen bayerischen Mittelstädten ausgesprochen vielfältig: Es gibt 41 Freisportanlagen, 35 Turnhallen, 73 Tennisplätze, 41 Kegelbahnen, 17 Schießanlagen, vier Reitanlagen, drei Minigolf- und 15 Squash-Plätze. Besondere Bedeutung kommt dem städtischen Illerstadion und dem Sportpark des TVK 1856 zu.

TVK 1856 und Stadionumbau

Im Rahmen dieses Buches können nicht alle Vereine vorgestellt werden. Doch der TVK 1856 darf als größter schwäbischer und Kemptens ältester Sportverein nicht fehlen. Anläßlich des 125jährigen Jubiläums stellte Oberbürgermeister Dr. Josef Höß fest, daß 21 Prozent der Kemptener Sportler dem Verein angehören. Entscheidend für die heutige Größe und Bedeutung des TVK sei die mutige Entscheidung zum Bau des zweieinhalb Hektar großen Sportparks am Aybühlweg gewesen, der zu den schönsten Vereinssportanlagen Bayerns zählt. Weit über fünf Millionen Mark investierte der Verein 1970/71 in eine Leichtathletikanlage, Rasenspielfelder, ein Kunststoff-Spielfeld, 14 Tennisplätze, eine Turnhalle, Kegelbahnen und eine Gaststätte.

Turnfest 1905

Zu Beginn des 20. Jahrhunderts drängte es die Menschen, sportliche Betätigungen mehr und mehr ins Freie zu verlegen. Für die TVK-Mitglieder begann deshalb das Jahrhundert mit dem zweiten Bergturnfest auf dem Mariaberg und einer Familienunterhaltung mit gesanglichen und turnerischen Aufführungen im Bürgersaal. Einen Meilenstein in der Kemptener Sportgeschichte markiert das XII. Bayerische Turnfest 1905. Dieses Ereignis war der auslösende Faktor zur Wiedervereinigung von TVK mit Männerturnverein Kempten (1883) und Allgemeiner Turnverein Kempten (1889).
1902 wurde mit Magdalena Korradi die erste Frau aufgenommen, doch bis zum Aufbau einer Turnerinnengruppe in den zwanziger Jahren mußten die Kemptener heftige Widerstände überwinden. 1907 wurde aus dem Turner-Feuerwehr-Verein der TVK, der neben Geräteturnen und den Kraftübungen mit Hanteln neue Sportarten wie Faustball, Fußball, Schlagball, Steinstoßen, Lauf, Sprung und Wurf anbot. Dies führte 1909 zum Bau des Jahnsportplatzes am Augartenweg.
Nach den Wirren des Zweiten Weltkrieges startete der TVK 1948 mit einem Staffellauf „Quer durch Kempten". Diese Idee hat sich bis heute weiter entwickelt, und so gibt es neben einem Silvesterlauf entlang der Iller einen Kemp-

tener Halb-Marathon und einen Festwochen-Staffellauf, bei dem unter anderem eine Stadtratsmannschaft ins Rennen geht.

Die fünfziger Jahre brachten dem TVK in allen Sparten sportliche Erfolge, konnten doch allein die Leichtathleten bis 1955 zwei Bayerische, fünf Schwäbische, zwölf Allgäuer und 18 Bodensee-Titel und sieben Siege in Großstaffelläufen verbuchen. In diese Zeit fällt die Abspaltung des TV Jahn.

Zu den bekanntesten Kemptener Sportlern dieser Tage zählen der zweimalige Deutsche Zehnkampfmeister Herbert Swoboda, Vizeeuropameister Gerhard Wucherer, Olympia-Teilnehmer in Mexico und 1972 Bronzemedaillengewinner mit der 4 x 100 m-Staffel, sowie der Deutsche Dreisprungmeister von 1960, Karl-Heinz Schott.

Heute bezeichnet sich der TVK als Dienstleistungsunternehmen, das rund 4500 Mitgliedern die Möglichkeit zu gesunder und sinnvoller Freizeitgestaltung und Lebensführung in 31 Sportarten bietet. Über 200 Trainer, Übungsleiter und Helfer sorgen in 18 Abteilungen für Erfolge. 1995 beispielsweise errangen 125 TVK-Athleten mindestens einen Allgäuer Titel.

TV Jahn

„Frisch - Fromm - Fröhlich - Frei", das ist das Motto, mit dem der Turnverein Jahn Kempten erfolgreich und groß geworden ist. Mit etwa 1300 Mitgliedern in rund 15 Abteilungen zählt der Verein zu den größten Sportvereinen der Stadt. Vor allem in den Disziplinen Turnen und Fechten steht der TV Jahn erfolgreich im Wettkampfsport.

Im Gründungsjahr 1954 begannen die 164 Mitglieder unter Anleitung von Max Prutscher im Gasthaus Stachus in der Reichlinstraße auf Tischen und Stühlen zu turnen. In den fünfziger und sechziger Jahren wuchs die Bubenriege auf rund 120 an, und bis 1962 folgten viele große und erfolgreiche Turnfeste und Mannschaftswettkämpfe gegen Berlin-Spandau, Düsseldorf oder auch München Ost.

Kurz nach der Sommerolympiade 1972 in München wurde das 1000. Mitglied begrüßt. Dies war die Zeit der großen Erfolge im Gruppenwettstreit der Jugend, die nahezu jedes Jahr mit Titeln im Gepäck heimkehrte. Zum 40. Vereinsjubiläum 1994 zählte Präsi-

Silvesterlauf 1998

dent Karl Sperl vier Deutsche Meistertitel, sechs Vizemeister und zehn Bayerische Titel auf. 1997 wurde Kurt Strohmetz in San Remo Europameister der Senioren mit dem Säbel, und der Verein erhielt vom Deutschen Turnerbund das Prädikat „Pluspunkt Gesundheit DTB" für den hohen Qualitätsstandard seiner gesundheitsorientierten und präventiven Angebote. Großen Zuspruch erfährt der regelmäßige Lauftreff, der Langstreckenläufe in die Partnerstädte Bad Dürkheim, Quiberon, Trient, Sopron und Sligo organisierte. Außerdem veranstaltet Abteilungsleiter Georg Hieble den Festwochen-Staffellauf und den Silvesterlauf.

Die lange Geschichte des Illerstadions

Seit Beginn seiner Amtszeit 1919 bemühte sich Oberbürgermeister Dr. Otto Merkt um ein Sportstadion am Augarten, stieß jedoch auf Schwierigkeiten bei den Grundbesitzern. 1937 wurde deshalb über ein Stadion am Weidacher Weg (heute Arbeitsamt) nachgedacht. Dr. Merkt beklagte sich damals: „Die Stadt Kempten hat keinen eigenen Sportplatz. So hat Kempten auch kein Warmbad, nicht einmal ein Brausebad, kein Altersheim, kein Krematorium usw."
Zwei Bolzplätze bei der Tierzuchthalle und im Weidach sowie der Sportplatz des SV 29 an der Calgeerstraße waren ihm zu wenig.
Doch dann wendete sich das Blatt, und die Stadt erhielt die Augarten-Grundstücke. Das von Stadtbaurat Maximilian Vicari Anfang 1938 entwickelte Illerstadion gefiel den Stadträten: „Auf der Westseite 4000 Steh- und auf der Ostseite Tribüne mit 1600 Stehplätzen, Kleinkaliberschießstand, Vorrichtungen für Hochsprung, Kugelstoßen, Stabhochsprung, Parkplatz für 200 Kraftwagen."

Umbau des Illerstadions im Sommer 1999

Bereits Anfang 1939 waren Spielfeld, Aschenbahn und die „SA-Wehrkampfbahn" sowie Teile der westlichen Zuschauertribüne fertig. Dr. Merkt wollte nun den Jahnplatz des TVK 1856 mit dem Illerstadion zusammenlegen: „An Stelle des Schießplatzes treten jetzt fünf Tennisplätze und drei Korbballfelder. Zwischen dem Jahnplatz und das Hauptfeld schieben sich drei Faustballfelder ein, an die sich gegen die Iller zu eine städtische Turnhalle anschließt. Als Gegenstück zur Turnhalle kann auf der östlich anschließenden Terrasse eine Gaststätte für die Sportler Platz finden." Doch der Zweite Weltkrieg verhinderte diesen Sportpark.

1949 folgte die Fertigstellung der Haupttribüne und 1956 ein großer Stehtribünenwall sowie das sogenannte Marathon-Tor. August Fischer bezeichnete das Illerstadion mit seinen 12 500 Zuschauerplätzen als die schönste und größte Sportanlage Südschwabens. Zwischen 1979 und 1986 wurden zwei Kunststoff-Plätze, zwei neue Rasenfelder und ein Sandrasenplatz angelegt. 1995 folgte der Um- und Ausbau von Hauptplatz und Sandbahn zu einer Leichtathletik-Wettkampfbahn „Typ B" mit sechs Einzelbahnen und einem großen Rasenspielfeld. Im Sommer 1999 begannen die Arbeiten für ein neues Betriebsgebäude mit überdachter Zuschauertribüne für rund 1000 Zuschauer.

FC Kempten

Im Illerstadion feierte der 1908 gegründete Fußballclub Kempten seine Erfolge und empfing vor großer Kulisse prominente Gäste, wie den FC Bayern, TSV 1860 München oder VfB Stuttgart. Vor allem die Spiele gegen den Lokalrivalen TSV Kottern ziehen von jeher große Fangruppen an. Rückblickend präsentierte sich der FC Kempten als stärkere Mannschaft und spielte über Jahre hinweg

Der Rekordmeister FC Bayern München gastierte 1981 im Illerstadion

in höheren Spielklassen als die Vorstädter. Als der FC Kempten 1988 aus der Landesliga abstieg, sank das Zuschauerinteresse merklich. Doch auch nach dem Wiederaufstieg 1994 fand meist nur noch eine eingeschworene Fan-Gemeinde den Weg ins Illerstadion. Zum sportlichen Höhenflug setzte der FC Kempten im Frühsommer 1999 an. Unter Trainer Peter Christl und Vorstand Erwin Bloch stieg die Elf erstmals in der Vereinsgeschichte in die Bayernliga, die vierthöchste deutsche Spielklasse, auf.

Zu den größten Talenten des Vereins zählen Hans Jörg, Dieter Frey und Frank Gerster, die vom FC Bayern unter Vertrag genommen wurden, sowie Stefan Dinauer, der für Berlin die Fußballschuhe schnürte.

August Fischer (links) begrüßt die „Helden von Bern" in Kempten

Fußballfans im Freudentaumel

Zu tumultartigen Szenen kam es im Sommer 1954, als die frischgebackenen Fußball-Weltmeister aus Bern kommend in den Kemptener Sackbahnhof einfuhren. Auf den Bahnsteigen und dem Bahnhofsplatz drängten sich Menschenmassen, um Helmut Rahn, den zweifachen Torschützen beim 3:2-Erfolg über Ungarn, feiern zu können. Unbeschreiblicher Jubel schlug der Nationalelf entgegen, als sie von Oberbürgermeister August Fischer auf dem Bahnhofsplatz begrüßt wurde. Die Mannschaft um Bundestrainer Sepp Herberger und Spielführer Fritz Walter wurde frenetisch gefeiert: Kempten im Freudentaumel.

Während es nach dem Sieg bei der Fußball-WM 1972 in Kempten relativ ruhig blieb, entfachte der dritte Titelgewinn 1990 einen wahren Rausch der Fußballfans. Kurz nach der deutschen Wiedervereinigung führten die Erfolge bei der WM in Italien zu immer größeren Feiern. Nach jedem Sieg zogen sich kilometerlange Autokorsos laut hupend durch Kempten. Schließlich wurde der Residenzplatz in ein schwarz-rotgoldenes Fahnenmeer verwandelt, auf dem Tausende stundenlang ausgelassen den Erfolg der Beckenbauer-Elf bejubelten. Und hupende Autos werden erneut zum Stadtbild gehören, wenn im Sommer 2000 in Belgien und Holland die Fußball-Europameisterschaft angepfiffen wird.

Nach dem Sieg bei der Fußball-WM 1990 feierten die Kemptener

Spiel ohne Grenzen im Hofgarten    *Dr. Josef Höß mit einem Käselaib*

Sport im Wandel

Die Kemptener sind bekannt dafür, Trends sofort aufzugreifen und dem sich rasch wandelnden Zeitgeist zu folgen. Anfang der siebziger Jahre sorgte das „Spiel ohne Grenzen" für große TV-Einschaltquoten. 1974 gelang es Sportamtsleiter Erwin Hartmann, einen Wettstreit in den Hofgarten zu holen, wo sich Kempten für das Finale in Northampton qualifizierte.

Ab Mitte der siebziger Jahre entwickelte sich der Radsport zum Breitensport. 1980 wurde ein 23 Kilometer langer Radweg rund um Kempten eröffnet und 1990 um sieben Kilometer erweitert. Seit 1987 gibt es an der Magnusstraße in Sankt Mang eine BMX-Bahn. Der Radsportclub Kempten veranstaltet jedes Jahr im August ein Radkriterium mit internationalem Spitzenfeld und eine Woche später eine Allgäu-Rundfahrt mit bis zu 1200 Hobbyfahrern.

1983 eröffnete die US-Schauspielerin Sydne Rome an der Feilbergstraße das erste deutsche „Let's move Studio". Aerobic hieß die neue Mischung aus Tanz und Gymnastik. In den neunziger Jahren wurden eine Skateboard-Anlage am Illerdamm übergeben, die der Stadtjugendring später für Inline-Skater ausbaute. Fritz Magdon organisierte vor der Kulisse des Rathauses den Street-

Sydne Rome (Mitte)    *Inline-Skater am Illerdamm*

Soccer-Cup, an dem 150 Jugendliche aus Kempten und dem Oberallgäu teilnahmen, und die Allgäuer Zeitung lockte mit Inline- und Outdoor-Festivals Tausende Freizeitsportler in die ehemalige Prinz-Franz-Kaserne. 1989 wurde das Landesleistungszentrum für Karate fertiggestellt, und 1991 erteilte die Stadt nach langwierigen Untersuchungen die Genehmigung für eine Trial-Motorsportanlage in Ursulasried.

Vom Eislaufplatz zum Eisstadion

Baurat Vicari gestand 1937: „Der Eislaufplatz im Augarten, für welchen nach und nach viel Geld aufgewandt worden ist, hat sich als Spritzeisbahn nicht bewährt. Im Winter 1936/37 wurde eine behelfsmäßige Spritzeisbahn im Hofe der Wittelsbacherschule betrieben. Der Winter war aber so mild, daß nur wenige Tage eine brauchbare Eisdecke erzielt werden konnte. Der endgültige Eislaufplatz soll in Verbindung mit der großen Sportplatzanlage im Augarten in den nächsten Jahren erstellt werden." 1956 wurde ein vorläufiger Eislaufplatz mit Eisschießbahnen am Illerstadion eingeweiht. Als 1977 das Eisstadion an der Memminger Straße mit 4000 Zuschauerplätzen eröffnete, neigten sich die Tage dieser Natureisanlage dem Ende zu.

EA Kempten

Die Kemptener „Eisbären" erzeugten mit ihren Erfolgen sofort eine große Eishockeybegeisterung in Kempten. Vor allem finanzstarke Kaufleute unterstützen die Erfolgswellen des Vereins in der Oberliga und Zweiten Bundesliga. 1999 stieg die Eissport-Athletik Kempten in die zweite Liga Süd des DEB auf und tritt dort gegen die Teams aus den Nachbarstädten Kaufbeuren, Memmingen und Füssen an.

Allgäu Comets

Jahrelang spielte die American Football Mannschaft der Allgäu Comets in der Bundesliga gegen Großstadtvereine. Erst gegen Ende der neunziger Jahre zeigte die Leistungskurve nach unten. Das große junge Team mit zahlreichen Eigengewächsen aus Kempten wurde vor allem in den achtziger Jahren von amerikanischen Spielern verstärkt, die bei der US-Armee im süddeutschen Raum stationiert waren.

Die Allgäu Comets

Kemptner Hütte

Der größte Verein im Allgäu

Mit rund 7500 Mitgliedern ist die Sektion Allgäu-Kempten des Deutschen Alpenvereins der mit weitem Abstand größte Verein der Region. Dieser hatte sich Ende des 19. Jahrhunderts die „Bereisung des gesamten Alpenraumes" zum Ziel gesetzt. Kurz nach der Gründung 1871 durch Dr. Julius Oertel wurden die Wege auf den Nebelhorngipfel und den Grünten angelegt und eine Schutzhütte auf dem Stuiben errichtet. Bis 1898 folgten der Bau von Rappenseehütte, Kemptner Hütte und Heilbronner Weg.
Die Erschließung der Bergwelt schritt damals rasch voran und wurde von immer mehr Bergbegeisterten und Erholungsuchenden in Anspruch genommen. Bereits 1900 mußten die Rappenseehütte und bald darauf die Kemptner Hütte erstmals erweitert werden. Der Vorstand hatte stets ein offenes Ohr für neue Strömungen, und so wurden 1907 erste Skikurse angeboten. Wenig später wurde ein eigener Skiclub in Kempten gegründet, der sich von 1919 bis 1931 mit dem Alpenverein zusammenschloß. 1921 baute die Kemptener Sektion am Bolsterlanger Horn eine eigene Skihütte.
Mitglieder und Übernachtungszahlen sprechen eine deutliche Sprache. Waren es 1872 nur 27 Mitglieder, stieg die Zahl zur Jahrhundertwende auf über 400 und bis 1938 auf 1000. Allein von 1980 bis 1996 meldeten sich 3000 neue Mitglieder an. Echte Bergbegeisterung zeigte sich schon Ende der vierziger Jahre, als die Hütten „rappelvoll" waren. Heute überwandern im Sommer bis zu 20 000 Menschen den Heilbronner Weg. Um den Gästen eine nahrhafte Brotzeit bieten zu können, erhielt die Kemptner Hütte 1969 eine Materialseilbahn, die im Winter 1999 von den Schneemassen zerstört wurde.

Freiluft-Kletterwand geplant

Noch unter alliierter Besatzung rief Fritz Hieber eine Jugendgruppe ins Leben, deren Anziehungskraft bis heute nicht nachgelassen hat. Gerade beim Nachwuchs erfreut sich die Kletterwand, die 1992 in der Königsplatz-Turnhalle entstand, großer Beliebtheit. Zu den Könnern dieser neuen Sportart gehört Armin Spitznagel, der 1998 als 16jähriger an der Jugend-Weltmeisterschaft in Moskau teilnahm. Für das Jahr 2000 plant der Alpenverein eine Freiluft-Kletteranlage im Engelhaldepark. Fritz Hieber war auch der Motor für große Touren, und so stieg 1951 eine Kemptener Gruppe auf den höchsten Gipfel Europas, den Mont Blanc.

Klettern in der Turnhalle

Gemeinsame Unternehmungen und die kameradschaftliche Verbundenheit bilden immer noch die Wesenselemente des Deutschen Alpenvereins. Doch an der Schwelle zum 21. Jahrhundert gilt es, den Massentourismus in geregelte Bahnen zu lenken und den Spagat zwischen Naturschutz und Naturnutz zu finden, so Sektionsvorsitzender Harald Platz.

Skisport etablierte sich in den zwanziger Jahren

Gemeinsam mit den Skisportvereinen aus Oberstdorf, Immenstadt und Oberstaufen zählt der Skiclub Kempten zu den ältesten in Deutschland. Bei der Ende 1908 von Hofrat Dr. Max Madlener geleiteten Gründungsversammlung trugen sich 52 wintersportbegeisterte Bürger in die Mitgliederliste ein. In 75 Jahren stieg die Zahl bis auf 1230 und liegt heute bei rund 1000 Mitgliedern. Zu den ersten Vereinsaktivitäten gehörte 1909 der Bau der ersten Sprungschanze beim Jodbad Sulzbrunn. Nach dem Verlust der Ski-Club-Schanze an der Boleite und einigen schweren heimatlosen Jahren wurde 1960 der Bau der Alfred-Horn-Schanze am Mariaberg begonnen. Nachdem der Aufsprunghügel zweimal abgerutscht war, wurde die Anlage 1970 eingeweiht. Das Springen mit 161 Teilnehmern verfolgten rund 2000 Zuschauer. Willi Schuster, mehrfacher Olympiateilnehmer, sprang gleich Schanzenrekord mit 44,5 Metern. Durch die schneearmen Winter ist die Anlage seit Jahren ungenutzt.
Skifahren gehört heute sicher zu den beliebtesten Wintersportarten im Allgäu. Die Basis dafür wurde schon früh geschaffen. Bereits 1912 fand ein erster al-

piner Skikurs im Gebiet der Alpe Eck statt. Anfang der dreißiger Jahre wurde vor allem der Nachwuchs gefördert. Nach dem Zweiten Weltkrieg begann Bertl Fleischhut seine Skigymnastik mit etwa 30 Aktiven. Bei seinem Ausscheiden in den achtziger Jahren füllten über 200 Aktive die Dreifachsporthalle an der Westendstraße.

Beim Kemptener Skijugendtag 1964 machten über 1100 Brettlfans mit. Elf Jahre später wurde Jürgen Hausegger in die alpine Nationalmannschaft berufen. Sechs Jahre danach folgen Karin Dedler und Monika Henkel in den internationalen Skizirkus. Die gebürtige Dietmannsriederin Karin Dedler gewinnt schließlich bei der Weltmeisterschaft 1989 in Vail die Bronzemedaille im Abfahrtslauf.

Karin Dedler

10 000 Fans bei Langlaufrennen

Während der 1967 gebaute Skilift am Mariaberg seit vielen Jahren stillsteht, wird das Loipennetz rund um Kempten immer weiter ausgedehnt. Damit trägt die Stadt einer Sportentwicklung Rechnung, die ihren Anfang in den zwanziger Jahren nahm. 1935 gab es einen 50-Kilometer-Skidauerlauf, bei dem Julius Hagenmaier als bester Kemptener auf Platz sieben ins Ziel kam. Zur wohl größten Wintersportveranstaltung im 20. Jahrhundert geriet der General-Dietl-Lauf 1941. Die 98 Teilnehmer - darunter der starke Lokalmatador Hans Riedl – wurden von rund 10 000 Zuschauern frenetisch angefeuert.

1966 wurde Rolf Lottes in die nordische Nationalmannschaft berufen und gewann zwei Jahre später die Deutsche Heeresskimeisterschaft im Patrouillenlauf. 25 Jahre später entwickelte sich die erst 16jährige Silvia Vogt zum „Shootingstar" im Nationalteam. Bis 1983 gewann die junge Langläuferin drei deutsche Meistertitel, doch dann wurde es still um sie. In ihre Fußstapfen trat dann Daniela Hörburger, die mit der Nationalmannschaft der Biathleten bei der WM 1989 Bronze und 1990 Silber gewann. Dann trat sie aus gesundheitlichen Gründen überraschend zurück. Zu einem der besten deutschen Ausdauersportler entwickelte sich der Abiturient Stefan Besler, der als Langläufer erste Erfolge verbuchte und am Beginn einer internationalen Karriere steht.

Tennis

Zu den ältesten Kemptener Sportvereinen zählt der Tennisclub Kempten, der 1999 seinen 100. Geburtstag feiern konnte. Aus einer Anlage hinter der Residenz entwickelte sich ein erfolgreicher Verein, der neben dem Hallenbad die größte Kemptener Tennisanlage betreibt. Dort wurde 1989 die Senioren-Weltmeisterschaft ausgerichtet, bei der das australische Team siegte. Im Jubiläumsjahr '99 richtete der TCK die Vorrunde zur Europameisterschaft für Mädchen bis 14 Jahre aus. Den ersten nationalen Meistertitel für den Verein gewann Dr. Rudolf Roßkopf 1991 in der Seniorenklasse. Neben dem TCK gibt es in anderen Vereinen eine Reihe von Tennisabteilungen und seit 1975 in Oberwang eine Tennishalle.

Dr. Rudolf Roßkopf

Billard

Der Billardsport in Kempten ist geprägt von der Familie Steinberger, die über die wohl größte Titelsammlung in Kempten verfügt. Nach dem Gewinn der deutschen Mannschaftsmeisterschaft 1981 setzten die Brüder zu einem sportlichen Höhenflug an, bei dem sie auf nationale Meisterehren abonniert waren. Seine Ausnahmestellung unterstrich Dieter Steinberger, als er nach drei Jahren Wettkampfpause 1998 Deutscher Meister wurde und anschließend als erster Kemptener zu einer Billard-Europameisterschaft fahren durfte.

TSV Kottern

In den beiden Gemeinden St. Lorenz und Sankt Mang entwickelten sich Sportvereine, in denen sich heute noch das Selbstbewußtsein der inzwischen eingemeindeten Kommunen widerspiegelt.
Der 1874 gegründete TSV Kottern weihte bereits 1898 eine eigene Turnhalle ein, die bis heute als Heimstatt für mehrere Abteilungen dient. 1963 begannen die Mitglieder mit dem Bau eines Vereinsheimes neben dem Kieswerk, und das Jahr 1972 zählt zu den Wendepunkten in der Vereinsgeschichte. Das Sportstadion wird vollendet, und der TSV Sankt Mang (TV Schelldorf) schließt sich dem TSV Kottern an. Für Riesenjubel in Sankt Mang sorgt Vereinsmitglied Gerhard Auer. Er gewinnt bei der Olympiade 1972 in München mit dem Konstanzer „Bullenvierer" die Goldmedaille im Rudern.

Die Aushängeschilder des TSV Kottern sind Handballer, Ringer und Fußballer, wobei sich letztere vor allem mit dem FC Kempten leidenschaftliche Duelle liefern. 1953 stieg die Kottern-Elf in die Erste Amateurliga, die heutige Landesliga, auf. 40 Jahre später wurde der TSV Kottern Meister der Fußball-Bezirksoberliga Schwaben und spielte erneut in der Landesliga.
Im Rahmen des 50jährigen Vereinsjubiläums richtete der TSV Kottern 1924 das Allgäuer Gauturnfest aus.

TSV Kottern gegen den FC Kempten

Ein Jahr später holt Hans Schwald den ersten Deutschen Meistertitel im beidarmigen Kugelstoßen nach Kottern. Beim 125jährigen Jubiläum 1999 zählt der Verein 2000 Mitglieder in 16 Abteilungen.
Aus dem TSV Kottern heraus entwickelte sich das Kemptener Eishockey. 1977 endete dort die Natureisära, und auf Kunsteis startete die EA Kempten/Kottern ihren Siegeszug bis in die Bundesliga II/Gruppe Süd im Jahre 1981. Ein Jahr später wurde dem TSV Kottern das finanzielle Risiko zu groß, und die EA Kempten machte sich selbständig.

Schützen

In Kempten gibt es auch eine Vielzahl von Schützen in rund 20 Vereinen. In den Jahren 1985 bis 1994 feierten die Schützenvereine „Hirsch" Lenzfried, Ursulasried und Leubas ihr 100jähriges Bestehen.

Schützenumzug bei der Allgäuer Festwoche

SV Heiligkreuz

In der landwirtschaftlich geprägten Gemeinde St. Lorenz entwickelte sich der Vereinssport spät. Die ersten Nachrichten über den Fußballsport in Heiligkreuz reichen in das Jahr 1923 zurück. Anfang der dreißiger Jahre wurde in Heiligkreuz ein Skiclub gegründet und in Ohnholz eine kleine Sprungschanze eröffnet, die Sprünge bis 13 Meter erlaubte.
Der SV Heiligkreuz wurde erst Ende 1946 unter Remig Kolb ins Leben gerufen. Bis 1960 stieg die Mitgliederzahl auf 185, und wenig später wurde der Sportplatz in Tannach eingeweiht. 1969 folgte der Bau einer Turnhalle für die 335 Mitglieder unter Führung von Hans Wegscheider. 1983 eröffnete Vorsitzender Dr. Holger Bock den Sportplatz Schwabelsberger Weiher und sechs Jahre später die Tennisplätze. In seine Amtszeit fallen noch der Bau eines Betriebsgebäudes und einer Flutlichtanlage. Anfang 1996 wurde Stadtrat Manfred Eiermann zum Vorsitzenden gewählt. Der SV Heiligkreuz zählt heute über 900 Mitglieder

Olympische Fitneßwelle erfaßt Kempten

Das Olympiajahr 1972 markiert einen Wendepunkt in der Kemptener Sportpolitik. Beim Leichtathletik-Sportfest im Vorfeld der Olympiade gastieren 200 Athleten aus 20 Nationen in der Allgäumetropole. Oberbürgermeister Dr. Josef Höß wurde wie viele von der Fitneßwelle erfaßt. Ein Trimm-Dich-Pfad in der Rottach sowie die Einrichtung eines städtischen Sportamtes und eines Sportausschusses im Stadtrat sind nur einige Eckpunkte. Die Sportförderung stieg an, und die Zahl der Sportstätten nahm zu. Im Jahre 1971 gab die Stadt für Sporthallenmieten und an Barzuschüssen an Vereine lediglich 27 000 Mark aus. 1998 waren es etwa 1,25 Millionen. 1970 bestanden 15 Sporthallen, 1999 sind es 35. Seit 1974 werden jährlich zwischen sechs und zwölf Stadtmeisterschaften von den verschiedenen Vereinen ausgerichtet. Daran nahmen bis zu 1400 Breitensportler teil, doch zum Ende des Jahrhunderts zeigen sich die Kemptener wettkampfmüde. Daß Sport fit hält, beweist 1995 der 74jährige Josef Oberhofer, der zum 500. Male das Goldene Sportabzeichen erkegelt.

Erfolgreiche Sportler

Seit dem Jahre 1974 zeichnet die Stadt Kempten ihre erfolgreichen Sportler mit Medaillen aus. Auch Persönlichkeiten, die sich um den Sport besonders verdient gemacht haben, werden durch die Stadt ausgezeichnet. In den ersten Jahren wurden bis zu 160 Sportler zunächst im Rathaus und später im Rahmen eines Sportlerballes im Kornhaus geehrt. Ab 1985 folgte dann ein zusätzlicher Empfang für Jugendsportler. Gar nicht mehr aus dem Händeschüt-

teln heraus kam Dr. Josef Höß 1988, als er 290 Aktiven zu ihren Erfolgen gratulierte. In den neunziger Jahren wurden die Titel-Voraussetzungen zwar modifiziert, doch es blieb bei der Zahl von jährlich rund 200 erfolgreichen Sportlern.
Zu Kemptens Sportgrößen im 20. Jahrhundert zählen sicherlich die beiden Speedwayfahrer Manfred Poschenrieder und der mehrfache Europameister Josef „Wack" Hofmeister. Mit Benzin im Blut wuchsen Johann Abt und sein Sohn Christian auf, die zahlreiche internationale Motorsportrennen gewannen. Radsportlerin Andrea Schrade gewann in 20 Rennjahren unzählige Rennen und nahm als Nationalfahrerin an der Tour de France der Frauen teil. Ihr Teamkollege Hans Siman zählt seit 1990 zu den besten deutschen Amateurfahrern. Der Segler Michael Fellmann nahm 1996 an den Olympischen Spielen teil, gewann 1998 die deutsche Meisterschaft im Finn Dinghi und belegte bei der Weltmeisterschaft Platz sieben.

Bäder in Kempten

Zu Beginn des Jahrhunderts gab es in Kempten drei Bäder. Das Mineralbad Rottach wurde 1854 neben der Rottachbrücke an der Mariaberger Straße erbaut. Während das Bad etwa 1930 geschlossen wurde, bestand die Gaststätte Bad Rottach bis zum Abbruch des Gebäudes 1974 weiter. Das Volksbad wurde 1910 an der Lenzfrieder Straße errichtet. Dieses Bad, das durch seine schattige Lage sehr kalt war, wurde nach der Eröffnung des Stadtbades überwiegend als Militär-Badeanstalt genutzt und 1944 geschlossen. Der 1903 gegründete Verein für Gesundheitspflege legte 1927 in der Rottachschleife am Fuße des Mariabergs das 60 Meter lange „Sonnenbad" an, das bis in die achtziger Jahre bestand.

Über sieben Millionen Badegäste in 66 Jahren

Im Herbst 1932 ließ Dr. Merkt dann das Stadtbad bauen. 50 Jahre später urteilte darüber sein Nachfolger Dr. Josef Höß: „Der Bau wurde zu einer Zeit ausgeführt, in der die allgemeine Arbeitslosigkeit Ausmaße angenommen hatte, wie sie heute kaum mehr vorstellbar sind. Durch diese Baumaßnahme erhielten Hunderte von Kemptener Bauarbeitern für die Dauer von neun Monaten Arbeit und Verdienst. Das Stadtbad galt schon vor 50 Jahren als eines der schönsten in ganz Bayern."
Der erste Sommer war für das Stadtbad ein voller Erfolg, und am 31. Juli 1932 wurden rund 2500 Besucher gezählt. Bis zum 3. Oktober 1932 kamen fast 84 000 Gäste. Leider ertrank am dritten Tage nach der Eröffnung ein Achtjähriger im großen Schwimmbecken, wahrscheinlich infolge eines Herzschlages, und im Juli wurde das Stadtbad dreimal kurz hintereinander durch Hoch-

Sonnenbad

wasser des Stadtbaches überflutet. In den ersten zwei Jahren brachte der Schlangenbach viel Schlamm ins Becken und begünstigte damit das Algenwachstum. Erst der Einbau einer Filter- und Chloranlage schaffte 1934 Abhilfe. Damals wurde das Stadtbad beinahe ganzjährig genutzt: Im Sommer für die Badelustigen und im Winter als Quartier für Fische aus dem Herrenwieser Weiher. 1937 sorgte Dr. Merkt mit der Eröffnung einer Wasserrutschbahn für eine erste Attraktion.

Spucknäpfe am Beckenrand

Die erste Badeordnung schrieb noch vor: „Zum Ausspucken sind die an den Schwimmbecken vorhandenen Spucklöcher und die aufgestellten Spucknäpfe zu benützen. Der Aufenthalt im Stadtbad ist nur für den Zweck und die Dauer des Badens erlaubt." Diese Vorschriften wandelten sich bereits 1933, als die Liegewiesen freigegeben wurden. Die Oberbürgermeister August Fischer und Dr. Höß führten den von Dr. Merkt eingeschlagenen Weg fort und vergrößerten die Liegewiesen von 1962 bis 1979 konsequent zum größtes Freibad Bayerns mit 57 000 Quadratmetern Gesamtfläche und sechs Becken mit über 3000 Quadratmetern Wasserfläche.

1945 beschlagnahmten die US-Besatzer das Bad. Nach der Rückgabe an die Stadt wurden 1952 alle Becken zunächst überholt, zwischen 1965 und 1977 ersetzt und ab 1970 teilweise beheizt. Kletterschiff und 410 neue Fahrradständer folgen, und ab

Volksbad

1981 gibt es einen Mutter-Kind-Bereich. Schwimmeister Adolf Fröhlich sorgt laufend für Neuerungen und organisierte 1982 eine neue Wasserrutsche und ein Stadtbadfest, zu dem in den folgenden Jahren bis zu 12 000 Gäste an den Göhlenbach strömten.

1987 legt Dr. Höß den Stadträten den Plan für ein Mehrzweckbecken mit Sprungturm und einer großen Wasserrutsche auf den Tisch. Doch er findet keine Mehrheit, und so schrumpft sein Plan auf eine Ganzjahres-Wasserrutsche zusammen, die dann im Juni 1990 in Betrieb geht. Mit 102 Metern Länge ist es die längste aufgeständerte und überdachte Wasserrutsche in Bayern. Das Freizeitverhalten der Badegäste veränderte sich in den achtziger Jahren nachhaltig. Die von Bundeskanzler Helmut Kohl postulierte „Spaßgesellschaft im Freizeitpark Deutschland" ließ die Besucherzahlen im Stadtbad auf immer neue Rekordmarken klettern. 1984 wurde das Limit von 6000 Tagesbesuchern erstmals überschritten, im Juni 1990 waren es einmal über 7000 Gäste, und am 31. Juli 1992 strömten 8028 Wasserratten ins Bad. In den Rekordjahren 1991 und 1992 zählte die Bäderverwaltung jährlich bis zu 220 000 Besucher. Von 1932 bis 1998 waren es mehr als sieben sonnenhungrige Millionen Gäste. Zu ihren gehörte auch ein junges Brautpaar, das im Sommer 1996 für große Aufmerksamkeit bei Medien und Badebesuchern sorgte. Die beiden stiegen mit Bleigürteln und Pressluftflaschen ins Sportbecken und blubberten bei der ersten Kemptener Unterwasserhochzeit ihr Ja-Wort.

Eröffnung Stadtbad 1932

Hallenbad

Kurz nachdem Dr. Merkt das Stadtbad eröffnet hatte, machte er sich an die Planung eines Hallenbades: „In Kempten gibt es keine öffentliche Badegelegenheit im Winter, nicht einmal Tuschen." Als Standorte bot er der Berliner Hallenbäderbau das Grundstück Salzstraße 1 (heute Hotel Peterhof), ein Grundstück beim Gaswerk und eines an der Poststraße an, wo er den Feilbergbach als Zuleitung nutzen wollte. Einmal mehr durchkreuzte der Krieg seine Pläne.

Erst Oberbürgermeister August Fischer entschloß sich 1968 zum Bau eines Hallenbades nördlich des Stadtbades und erfüllte auch gleich den Merkt'schen Wunsch nach einem Saunabad: „Die Soldaten, die in Finnland und Rußland waren, schwärmen dafür. Freilich fehlt eine Voraussetzung, nämlich das dort übliche Birkenholz, das zur gesundheitlichen Wirkung das beste sein soll." Doch schon bald nach der Einweihung 1970 entwickelte sich das Hallenbad zum Sorgenkind der Verwaltung. Hohe Betriebskosten und ständige Reparaturen standen im krassen Mißverhältnis zu den Besucherzahlen. Das gilt auch für die Bäder in der Robert-Schuman-Schule und der Lindenbergschule. Das Hallenbad des Bischöflichen Knabenseminars steht seit Jahren leer und soll zu Beginn des 21. Jahrhunderts abgebrochen werden. So richtig voll war das städtische Hallenbad nur 1985, als sich beim 24-Stunden-Schwimmen 1730 Teilnehmer im Wasser tummelten und Kempten so zur Nummer zwei in Deutschland machten.

Hallenbad mit Rutsche

Stadtbad heute

Badelandschaft fürs 21. Jahrhundert

Oberbürgermeister Dr. Ulrich Netzer plant derzeit an einer attraktiven Badelandschaft. Da das Hallenbad nun seit fast 30 Jahren in Betrieb ist und sich das Freizeitverhalten mittlerweile deutlich veränderte, ließ er ein Konzept entwickeln. Bis 2002 könnte auf dem Bäderareal ein kombiniertes Hallen- und Freibad entstehen. Die Pläne sehen ein Freizeitbad mit 25-Meter-Becken und Springerbucht vor. Dazu kommen Nichtschwimmer-, Kinderplansch- und Behindertenbecken sowie ein Freizeitbecken im Freien. Im Stadtbad müssen die Becken weitgehend erneuert und die Wasserrutsche versetzt werden. Als zusätzliche Attraktion könnte ein Beach-Volleyballfeld entstehen.

Das wirklich Neue in der Badelandschaft wäre ein speziell für die Stadt Kempten kreiertes römisch-bretonisches Gesundheitsbad. Darin sollen sich alte römische Badetradition und die Thalasso-Therapie der französischen Partnerstadt Quiberon vereinen. Vor rund 40 Jahren entwickelte der Radrennfahrer Louison Bobet die Heilmethode, die sich an römisch-irische Bäder anlehnt. Dabei wird der Körper in zwei Stufen auf eine höhere Temperatur angehoben, anschließend in einer Algenseifenmassage ein Peeling-Effekt erzielt und durch Massage eine bessere Durchblutung gefördert.

Allgäuer Festwoche

Hier trifft sich seit 50 Jahren das Allgäu

Zu den Höhepunkten im Kemptener Jahreskalender zählt seit 50 Jahren die Allgäuer Festwoche. Jedes Jahr schafft sie aufs neue den Spagat zwischen Wirtschaftsschau, Geselligkeit, Kultur und Sport. An neun Tagen im August strömen bis zu 200 000 Besucher in das phantasievoll dekorierte Festgelände im Herzen der Stadt. Diese größte Veranstaltung in Südschwaben gilt als die Mitte im Allgäuer Jahr. In 19 Zelthallen und festen Gebäuden sowie in einer großen Freilandschau entfalten nahezu 400 Aussteller ihr Angebot. Allgäuer Festwoche bedeutet aber nicht nur Neuheiten auf vielerlei Gebieten, sie bedeutet auch eine Fülle von Sonderschauen, Tagungen, kulturellen, sportlichen und folkloristischen Veranstaltungen, und nicht zuletzt ist sie Treffpunkt des Allgäus bei froher Geselligkeit.

Vorläufer 1923

Einen Vorläufer gab es bereits 1923. Der Gewerbeverein Kempten unter Malermeister und Stadtrat Ferdinand Geißler wagte damals die „Abhaltung der Kemptener Gewerbe-, Industrie- und landwirtschaftlichen Ausstellung". Die Palette der Aussteller in Kornhaus, Residenz und Kolosseum reichte von Schuh- und Uhrmachern über Hafner und Sattler bis zu Möbel- und Wasserturbinenherstellern. Dazu kamen Tagungen des Gewerbebundes, des Schreinerverbandes und der Milchwirtschaft.
Auch das Rahmenprogramm ähnelte der späteren Festwoche: Standkonzerte auf der Burghalde, Festspiele im Stadttheater, große Fliegerschau mit Passagierflügen sowie als Höhepunkt ein Brillantfeuerwerk. Außerdem zeigten die Kinos Industrie-, Gewerbe- und landwirtschaftliche Filme.

Dr. Georg Volkhardt (links) mit Festgästen beim Rundgang 1950

Bunt geschmücktes Freigelände Mitte der fünfziger Jahre

Neue Impulse für die Wirtschaft

1949 entschloß sich Oberbürgermeister Dr. Georg Volkhardt, der Allgäuer Wirtschaft neue Impulse zu verleihen. Er dachte an eine Veranstaltung unter der Bezeichnung „Kemptener Kunst und Können". Die Kulturwoche, die sein Vorgänger Dr. Anton Götz auf die Beine gestellt hatte, klingt in diesem Titel noch mit. Die kühne Idee des damals 63jährigen stieß in einem mit Kaufleuten besetzten Stadtrat auf deutliches Wohlwollen. Mit viel Mut trotzte Dr. Volkhardt dem mageren Stadtsäckel einen Vorschuß von 290 000 Mark für die erste Festwoche ab. Der Organisationsleiter, Bürgermeister Albert Wehr, betonte damals: „Als größte Stadt des Allgäus wollten wir mit gutem Beispiel vorangehen."
Albert Wehr drückte der Festwoche einen Stempel auf, den Oberbürgermeister Dr. Josef Höß nach 1974 so charakterisierte: „Die Allgäuer Festwoche hat von Anfang an eine glückliche Verbindung gefunden zwischen Messecharakter und Geselligkeit, so daß dem ausgeprägten Geschäftssinn des Allgäuers genauso Rechnung getragen wird, wie seinem Wunsch, mit dem von ihm geschätzten Nachbarn gesellig zusammenzukommen."

Bewährtes Strickmuster

Das Strickmuster der Allgäuer Festwoche hat sich über fünf Jahrzehnte erhalten und trägt auch nach zahlreichen Modifikationen die Handschrift von Dr. Volkhardt und Albert Wehr. Bereits bei der ersten Eröffnung – damals noch im Bierzelt – blickte der amtierende Oberbürgermeister in die Zukunft und nutzte die Anwesenheit von Persönlichkeiten aus Politik, Wirtschaft und Gesellschaft, um Werbung für anstehende Projekte der Stadt zu machen. Auf ihrem Rundgang kamen die Festgäste der ersten Festwoche an 362 Ausstellern vorbei, von denen drei Viertel aus dem Allgäu stammten – eine Zahl, die sich

Blick aufs Festgelände 1951   *Glückshafen 1950*

später kaum veränderte. Bis heute registriert die Organisationsleitung jährlich rund 600 Anmeldungen für fast 400 Plätze. Dr. Josef Höß stellte dazu 1988 fest, daß in neun Tagen rund drei Millionen Mark umgesetzt wurden.

Ehrungen für Bürger und Förderer

Es ist schon zur guten Übung geworden, verdiente Bürger und Förderer der Stadt bei der Eröffnungsveranstaltung zu ehren, wie etwa Dr. Dr. Alfred Weitnauer, der anläßlich der 25. Allgäuer Festwoche die Ehrenbürgerwürde erhielt. Die für besondere Verdienste um das Gemeinwohl geschaffene Goldene Bürgermedaille wurde ebenfalls jeweils zum Festwochenauftakt überreicht. Bayerns Ministerpräsident Alfons Goppel kam elfmal nach Kempten, sein Nachfolger Franz Josef Strauß hielt zweimal die Eröffnungsrede. Der amtierende Ministerpräsident Dr. Edmund Stoiber eröffnete bereits viermal und erhielt bei seinem ersten Auftritt 1993 die Goldene Rathausmedaille. Nicht selten wurden auch kommunale Vorhaben zum Festwochentermin feierlich eingeweiht, wie 1994 das Sozialbau-Modellprojekt „Integriertes Wohnen" an der Brennergasse.

Ausstellung in den fünfziger Jahren   *Lebende Litfaßsäulen*

Tagungen und Sonderschauen

Die Allgäuer Festwoche entwickelte sich rasch zum Podium für zahlreiche Gruppen. 1950 tagten Sparkassenleiter, später Einzelhändler oder Bürgermeister. Im Kornhaus wurde vor allem in den achtziger Jahren die Tagungstradition der Festwoche mit Fremdenverkehrs- oder „Allgäu-Tagen" ausgebaut. Seit der ersten Festwoche finden sich zahlreiche Sonderschauen wie „Das Allgäu plant und baut" oder „Leben in Kempten" im Programm. Mit lebenden Werkstätten werben seit Jahrzehnten zahlreiche Innungen, und die Modewelt präsentierte sich erst im Lyzeum und dann im Weinzelt. Die Festwoche bietet auch einen blühenden Rahmen, wie beispielsweise 1958 und 1968, als die Prunkräume der Residenz mit tausenden von Orchideen, Rosen und Nelken dekoriert wurden. 1962 wurde der Hofgarten in eine Freilandgartenschau mit Lichterfest und großem Zapfenstreich verwandelt. Seit 1980 „funkt" es auf der Allgäuer Festwoche mit Bayerischem Rundfunk und den lokalen Stationen.

Blumenschau 1962

Hier feiert man Jubiläen

Einen Meilenstein in der Stadtgeschichte markiert der große Festzug 1950, in dem 2000 Jahre Kempten beschworen und dargestellt wurden. 1984 feierte der Allgäuer Skiverband sein 75jähriges Bestehen auf der Festwoche und sorgte für ein Wiedersehen mit vielen Skistars.

Der Milchwirtschaftliche Verein beging sein 75. und sein 100. Jubiläum auf der Festwoche. Seit 1954 mixen die Landwirte im Milchzelt eine Schau für Auge, Ohr und Magen und weisen auf die Qualität des „weißen Goldes" hin. Als zweiter landwirtschaftlicher Eckpfeiler auf der Festwoche gelten seit 1953 die Tierschauen vor der Allgäuhalle. Dort werden die besten Stiere und weiblichen Tiere mit Staatsprämien ausgezeichnet. Landwirtschaftliche Geräte, Maschinen und Traktoren gehören zwar zum vertrauten Messebild, nehmen aber stetig ab.

Serenade im Residenzhof  *Festzug zu 2000 Jahre Kempten*

Reiches Kulturprogramm

Zu einer festen Einrichtung für im Allgäu lebende oder dort geborene Künstler hat sich die Kunstausstellung im Hofgartensaal der Residenz entwickelt. Bis zu 350 Arbeiten werden jährlich eingereicht, von einer Jury bewertet und prämiert. Neben dem Kunstpreis der Stadt gibt es einen Thomas-Dachser-Gedenkpreis,

August Fischer eröffnet eine Kunstausstellung im Rathaussaal

neuerdings den Alfred-Oberpaur-Kunstpreis und den Förderpreis der Rudolf-Zorn-Stiftung. Zu den Preisträgern gehören namhafte Künstler.
Von den Kulturtagen der Allgäuer Festwoche gehen stets wichtige kulturelle Impulse aus. Aus den Operettenaufführungen und Musicals auf der Burghalde entwickelte sich gegen Ende der neunziger Jahre eine dichte Reihe von Open-Air-Konzerten. Aus dem Testballon Festwochen-Freiluftkino auf der Burghalde wurde inzwischen eine mehrwöchige Reihe mit Kinoerfolgen. Die Orgelkonzerte in den Kirchen und die Serenaden im Residenzhof entwickelten sich zur Institution. Ein Forum für aktuelle kulturelle Strömungen ist die Bühne im Stadtpark, auf der verschiedenste Tanzgruppen, Theaterensembles sowie Nachwuchs- und etablierte Bands auftreten.

Sport darf nicht fehlen

Der Sport ist ein unverzichtbarer Bestandteil der Festwoche. Jahrelang zählten die Speedwayrennen im Illerstadion zu den Publikumsmagneten. Doch 1986 senkte sich letztmals die karierte Zielfahne – Umweltschützer machten diesem Sport in Kempten den Garaus. Dafür zieht das Internationale Festwochen-Kriterium der Radrennfahrer seit Mitte der siebziger Jahre Zweiradfans aus ganz Schwaben an. Zu festen Programmpunkten haben sich auch die Wettbewerbe der Kegler, Sommerstockschützen und Läufer entwickelt. Zu einem Stelldichein großer Namen wurde die Schau „Sport im Allgäu" zur 30. Festwoche. Viel Zulauf erleben auch die alljährlichen Ballonstarts.
Für die ehemalige Lokalchefin der Allgäuer Zeitung, Dr. Jenny Feil, zählten die Schützen zu den Fixpunkten im Ablauf der Festwoche. Zum ersten Nachkriegs-Gauschießen 1951 meldeten sich 553 Sportschützen. Daraus entwickelte sich schließlich das Bildscheiben-Schießen der Königlich Privilegierten Feuerschützengesellschaft 1466. Nach einem Eröffnungsschießen mit Prominenz versammeln sich jährlich rund 250 Sportschützen zum Wettkampf in Rothkreuz. Außerdem gibt es immer wieder Schützenumzüge, wie etwa

Radrennen in der Bodmanstraße *Speedway im Illerstadion*

1982 und 1999 oder 1984 die Fahnenweihe mit Schützenumzug der Königlich Privilegierten Feuerschützengesellschaft 1466.

Geselligkeit im Mittelpunkt

Das vielfältige Ausstellungs- und Rahmenprogramm ist eine Seite der Festwoche, doch was läuft eigentlich abends? Für viele Kemptener steht die Geselligkeit im Mittelpunkt. Man wirft sich ins Allgäuer Häs, geht auf die Festwoche und trifft dort zwanglos Bekannte, die man lange nicht mehr gesehen hat. Das Bierzelt ist der Treffpunkt des Allgäus, bei dem sich Gäste aus allen gesellschaftlichen Schichten fröhlich zuprosten. Lichterfest und Höhenfeuerwerk im Stadtpark sorgen für zusätzliche Stimmung. Wegen des Publikumserfolges wurde Anfang der neunziger Jahre ein „Vorabend" in den Festzelten eingeführt, wo die ersten Maß Festbier gestemmt werden. Nebenan im Weinzelt trafen sich früher die Honoratioren der Stadt und diskutierten bei einem Schoppen Bad Dürkheimer Patenwein über die Zukunft der Stadt. Doch das ist längst Geschichte und wird höchstens von einigen altgedienten Festwochengästen in der neuen Parkschenke unter freiem Himmel erzählt.

Lichterfest im Stadtpark

Raus aus dem Stadtpark?

Die Allgäuer Festwoche hat sich rund um den Stadtpark etabliert und gehört für die Mehrzahl der Kemptener in die Stadtmitte. Seit der zwölften Auflage werden Schulgebäude und Höfe westlich der Salzstraße einbezogen und via Brücken mit dem Stadtpark verbunden. Doch dieser von den Oberbürgermeistern

Festwochenleiter Albert Wehr (links) und August Fischer (rechts)

August Fischer, Dr. Josef Höß und Dr. Ulrich Netzer scharf verteidigte Standort stand immer wieder zur Disposition.
Eine erste ernsthafte Diskussion entstand Mitte der siebziger Jahre, als die Festwoche rote Zahlen schrieb. 1976 wurden Standortuntersuchungen in Auftrag gegeben und die Frage nach der zweckmäßigsten Rechtsform gestellt. Doch die Stadtverwaltung betonte: „Der Erfolg der Allgäuer Festwoche kann nicht nur am bloßen Gegenüberstellen von Zahlen gemessen werden; vielmehr dürfte auch die allgemeine Stimmung bei Besuchern und Ausstellern entscheidendes Kriterium sein".
Eindeutig war die Aussage des 1990 veröffentlichten Innenstadtkonzeptes: „Eine Verlagerung scheint für die Stadtentwicklung aus verschiedenen Gründen notwendig. Eine Vielzahl von Verkehrsproblemen in der Innenstadt sind nur nach einer Verlagerung lösbar. Vor allem der öffentliche Nahverkehr hat unter den Behinderungen sehr stark zu leiden. Darüber hinaus kommt es während des Auf- und Abbaus und insbesondere während der Veranstaltung zu starken Störungen der Umgebung, insbesondere der Wohnbevölkerung. Zudem kommt es zu einer Schädigung des Stadtparks, die nur durch eine langfristig angelegte Sanierung behoben werden kann. Schließlich fehlen der Festwoche in der Innenstadt die notwendigen Entwicklungsmöglichkeiten."
Doch wie sehr die Kemptener an dem Standort hängen, zeigte sich 1991: Statt die Festwoche wegen des Baus der Königsplatz-Tiefgarage zu verlegen, fiel sie aus. 1992 regten die Altstadtfreunde erstmals an, das Festgelände ohne Zäune auf die Altstadt auszudehnen. Doch auch bei ihrer 50. Auflage lebte die Festwoche munter in ihrem unverwechselbaren Ambiente im Herzen der Stadt.

Besucherrekord 1988

Die Besucherzahlen sprechen deutlich für den Standort Stadtpark: Von der ersten Allgäuer Festwoche an strömten jährlich deutlich mehr als 100 000 Besucher nach Kempten, und seit 1970 fiel die Zahl kaum mehr unter 170 000 zurück. Den absoluten Rekord meldete Organisationsleiter Heinz Buhmann

Besuchermassen auf dem Festgelände

anno 1988, als 203 544 Gäste die 40. Allgäuer Festwoche miterleben wollten. Gabriele Schonath faßte 1993 in ihrer Facharbeit zusammen: „Die Allgäuer Festwoche ist wohl das wichtigste jährlich stattfindende Ereignis in Kempten. Die Festwoche ist auch ein großer Werbefaktor für Kempten und das gesamte Allgäu. Über die Festwoche wird zwar immer viel kritisiert, vor allem von einer Minderheit Kemptner Bürger. Ist die Ausstellung jedoch vorbei und alles wieder abgebaut, freut sich jeder schon auf das kommende Jahr."

Mut zu Reformen

Die Festwoche lebt von neuen Angeboten, und so richteten die Organisatoren um den seit 1978 amtierenden Festwochenbeauftragten Dieter Zacherle

Parkschenke *Milchzelt*

am Stadtrand drei Großparkplätze mit Bus-Pendelverkehr ein, verboten Einweggeschirr und stellten einen Wertstoffhof auf dem Festgelände auf. Als Volltreffer entpuppten sich die im Jahr 1994 erstmals angebotene Schnupperkarte und der 1997 eingeführte Familientag.

Durch den Bau der Zentralen Umsteigestelle fiel 1995 das Lyzeum weg, und für das Weinzelt, die Ausstellungsleitung, den Glückshafen sowie diverse Serviceeinrichtungen mußten deshalb neue Standorte gefunden werden.

Nach fast 50 Jahren war die Festwoche in die Jahre gekommen und geriet ins öffentliche Kreuzfeuer. Verwaltung und Oberbürgermeister nahmen die Kritik auf und sorgten 1998 für eine tiefgreifende Reform. Evolution statt Revolution, so die Devise. Vor allem

Auch 2000 gibt es wieder eine Maß

die Gastronomie präsentierte sich neu. Das traditionelle Weinzelt wurde durch eine laubenartige Parkschenke ersetzt, das Milchzelt mit Schaukäserei und Internetanschluß „aufgepeppt" und das Bierzelt in neue Hände gegeben. Um die Festwoche fit zu machen für das 21. Jahrhundert, wurden die verschiedenen Anbietergruppen zusammengefaßt, und so ist beispielsweise die neue Markthalle am Königsplatz das Zentrum für Medien, Computer und Telekommunikation. Deutlich aufgewertet wurde das Rahmenprogramm, das nun mit über 120 Veranstaltungen beinahe jedem Geschmack gerecht wird.

Mit Chip aufs Festgelände

Wie wird wohl die 100. Allgäuer Festwoche aussehen? Hat sich die Messe aus ihrer konzentrierten Lage in der City herausgelöst und nach Süden entwickelt? Die Bebauung des Bereiches Alter Bahnhof/Allgäuer Zeitung bietet in Zusammenspiel mit der benachbarten Tierzuchthalle ganz neue Aspekte. Eintrittskarten werden sicher durch Chipkarten ersetzt und gelten dann für den öffentlichen Nahverkehr und die verschiedenen Messeteile. Wahrscheinlich ist die Landwirtschaft an der Kotterner Straße konzentriert, und in der benachbarten Multifunktionshalle werden große Kongresse abgehalten. Von solchen Visionen würde sicher auch der innerstädtische Einzelhandel profitieren.

Kemptener Jazz-Frühling

Eines des größten Jazzfestivals Deutschlands

Eines der kulturellen Aushängeschilder der Stadt ist zweifelsohne der Kemptener Jazz-Frühling. Das neuntägige Event hat sich in nunmehr 15 Jahren zu einem der größten Festivals seiner Art in Deutschland entwickelt. Auf rund 25 Bühnen quer durch die Stadt finden fast 100 Konzerte, Auftritte und Sessions statt.

Der 1983 gegründete Kleinkunstverein Klecks organisiert diese bemerkenswerte Veranstaltungsreihe, die sich zu einer Institution in der Musikszene mauserte. Serviert wird dabei Leichtverdauliches für den Neuling in Sachen Jazz ebenso wie Avantgardistisches für den Freak. Im Mittelpunkt steht dabei stets der Kontakt zwischen Musiker und Publikum. Der Funke, der sich bei den Konzerten auf Bühnen oder in Clubs entzündet, flammt bei den nächtlichen Sessions in der 1995 eröffneten Vereinsgaststätte „Klecks am Hofgarten" noch einmal richtig auf.

Jazz in Kempten ist aber beileibe nicht nur ein musikalischer Genuß. Der gesellschaftliche Stellenwert ist hoch, und so schickt es sich eben, bei den großen Stars dabei zu sein. Ein wahrer Magnet ist die traditionelle Eröffnung auf dem Rathausplatz. Hier beweisen die „Kleckser" stets einen guten Draht zu Petrus, und so geraten die Märsche der Brass-Bands durch die Fußgängerzone immer wieder zu der Werbung für den Jazz Frühling. Bereits bei der fünften Auflage 1989 strömten 11 000 Gäste in die Säle, Gaststätten und Kneipen. Möglich ist dieser jährliche Kraftakt nur durch die ehrenamtliche Mitarbeit etlicher der insgesamt 700 Vereinsmitglieder.

Eröffnung des Jazz-Frühlings auf dem Rathausplatz

Lionel Hampton 1987 *Jazz-Session im Klecks 1999*

Zwischen Folklore, Blues und Rock

Das Spektrum der Konzerte könnte kaum größer sein und bewegt sich zwischen Folklore, Blues und Rock. Dabei steht die Mehrzahl der Besucher auf traditionellen Jazz. Das zeigten die ausverkauften Konzerte mit Künstlern wie Lionel Hampton, Michel Petrucciani oder dem Dave Brubeck Quartett. Starken Zuspruch erleben stets die Gospelkonzerte in der St.-Mang-Kirche.

Der Erfolg des Klecks mit Mainstream-Jazz ermöglichte die Einrichtung einer eigenen Reihe mit Avantgarde-Jazz. Dabei legten die Programmplaner großen Wert auf die Mischung zwischen etablierten Musikern, solchen, die auf dem Weg dazu sind, und solchen, die noch im Findungsprozeß sind.

Leise Töne zwischen Göttern

Klecks steht aber auch als Motor für den APC-Sommer. Zwischen Tempeln und Götterstatuen hat sich in den vergangenen Jahren im Archäologischen Park Cambodunum eine dreimonatige Reihe etabliert, die einen weiten Bogen spannt zwischen Theater und Jazz, zwischen Avantgarde und Traditionellem. Klangvolle Namen stehen neben Neuentdeckungen, international renommierte Größen wie die Literaten Ernst Jandl und Martin Walser neben der Theaterformation Stupor Mundi aus Kempten. An lauen Sommertagen genießen Künstler und Gäste den Sonnenuntergang im teilrekonstruierten Tempelbezirk, und bei Regen verlegen sie ihren Schauplatz in die große Schutzhalle über den Ruinen der Kleinen Thermen.

Die Kemptener Theatergruppe Stupor Mundi in den Thermen

Große Kunst und begeisterte Amateure

Ein Streifzug durchs Theater- und Musikleben

Was haben die reizenden jungen Kemptenerinnen auf dem von Franz Sales Lochbihler vor gut 160 Jahren gemalten Bühnenvorhang des Kemptner Stadttheaters nicht alles gesehen und gehört! Das Haus, das erstmals anno 1353 als Salzstadel bezeugt ist und in dem man nachweisbar schon 1654 Theater spielte, war zum Beispiel bereits 1894 Stätte einer Gerhart-Hauptmann-Aufführung. Bis 1924 gingen immer wieder ernste Dramen, heitere Possen und Operetten, Aufführungen von Berufsensembles und Amateuren über die Bretter. Lange Jahre war das Gebäude dann kaum mehr als ein Kino. Dr. Dr. Alfred Weitnauer sprach in den dreißiger Jahren vom „Schmerzenskind" Kemptens. Seit dem großzügigen Ausbau 1963/64 aber ist das Theater immer wieder Heimstatt auch bedeutender Aufführungen und gesellschaftlicher Mittelpunkt. Ein Beispiel: Als am 12. März 1999 Lord Yehudi Menuhin starb, erinnerten sich viele Kemptener dankbar daran, daß dieser große Violinvirtuose und Mensch zehn Jahre zuvor, am 28. September 1989, als Dirigent mit dem Münchner Rundfunkorchester hierher gekommen war und mit dem Erlös aus dem Wohltätigkeitskonzert den Grundstock eines Menuhin-Mozart-Fonds für humanitäre Hilfe gelegt hatte.

Menuhin schrieb damals: „Ich bin nur zu gern der Einladung der Stadt Kempten gefolgt. Der Gewinn aus diesem Konzert wird das ‚Saatgeld' für unser Projekt sein." 1994 weilte der Künstler abermals zu einem Sonderkonzert in Kempten, wiederum zugunsten des Hilfe-Fonds. Und 1999, zum 50jährigen Bestehen der Theatergemeinde, wollte er hier erneut gastieren...

Bretter, die die Welt bedeuten

Was gäbe es allein aus dem 19. Jahrhundert über dieses Theater zu berichten, über die Bretter, die so manchem die Welt bedeuten! Von den französischen Revolutionstruppen, die 1800 bei freiem Eintritt ihre Vorstellungen gaben; von bald folgenden Aufführungen einer Kemptner Dramatischen Liebhabergesellschaft; vom Theaterumbau 1812 mit Einbau von zehn Eigentumslogen für reiche Mitbürger (diese Logen bestanden übrigens noch Anfang des 20. Jahrhunderts); von der erneuten Umgestaltung durch den Maler Franz Sales Lochbihler mit Schaffung des erwähnten Bühnenvorhangs, des Musenreigens; von der Anerkennung, die König Ludwig I. nach einer Festvorstellung 1829 zollte...

Zukunftweisend war der Theaterverbund, den Bürgermeister Adolf Horchler 1887 mit Memmingen und Kaufbeuren organisierte: Dem Konstanzer Theaterdirektor Adolf Oppenheim wurde die Leitung der Kemptner Bühne übertragen. Er sorgte mit seinem Ensemble sechs Jahre hindurch für eine beachtliche Vielfalt und Qualität der Aufführungen; Werke von Klassikern waren darunter, Lustspiele, Volksstücke und, damals naheliegend, auch Schnulzen von Eugenie Marlitt. Übel war allerdings das Ende dieser Ära: Eine Hetzkampagne gegen die Person Oppenheims setzte ein, die, laut Brief des Magistrats, „vor allem seiner jüdischen Konfession" galt. Oppenheim mußte sein brotlos gewordenes Ensemble auflösen.

1894 übernahm das Ensemble von Julius und Olga Heydecker aus Augsburg die Leitung in Kempten. Heydecker verfügte über zehn Schauspieler, neun Schauspielerinnen und einen Souffleur. Schon im ersten Jahr brachte er es auf 24 Vorstellungen. Er bot eine Mischung von volkstümlichem und anspruchsvollem Theater an und gewann zu Gastspielen auch gute auswärtige Bühnen. Zudem bespielte er u.a. Lindau, Kaufbeuren und Memmingen. Seit 1901 gewährte ihm die Stadt Kempten einen jährlichen Zuschuß - zunächst 400, später 500 Goldmark.

Nicht ohne „Polizeiorgan"

Aber streng waren damals die Vorschriften: Für jede Vorstellung mußte eine Loge zum beliebigen Gebrauch des Bürgermeisters freigehalten werden. Und jedesmal hatten Vertreter des Stadtbauamtes und der Feuerwehr sowie ein „Polizeiorgan" zur Stelle zu sein.

Heydecker war mit seinem Ensemble sehr beliebt. In seiner letzten Spielzeit zum Beispiel, 1908, bot er nicht weniger als 41 verschiedene Stücke in 45 Vorstellungen. Die Kemptener lernten nun auch Dramen von William Shakespeare, Pedro Calderón und Hermann Sudermann kennen und erlebten hier erstmals Operetten, so die „Lustige Witwe" von Franz Lehár und „Ein Walzertraum" von Oscar Straus. Gespielt wurde montags, mittwochs, freitags, samstags und sonntags, und nachmittags gab es dazu oft Kindervorstellungen.

Statt Gaslicht 200 Kerzen

Am 3. Oktober 1909 wurde die Theatersaison unter einer neuen Direktion eröffnet: Mit Hans Kraft hatte Kempten einen idealistischen Mann gewonnen, der „vom heiligen Ernste" seiner Mission „voll und ganz durchdrungen" war. Das Kemptener Theaterleben erreichte einen Höhepunkt. Mit 21 Schauspielerinnen und Schauspielern gestaltete Kraft in einer nur acht Wochen währenden Saison 40 Vorstellungen und hielt auch in den folgenden Jahren ein bemerkenswertes Niveau, obwohl das Stammpublikum schmolz, nicht zuletzt infolge wirtschaftlicher Probleme.

Kraft hielt durch bis 1922. Im Ersten Weltkrieg zählte seine Truppe nurmehr 16 Mitglieder; und 1916 mußten nach Ausfall der Gasbeleuchtung rund 200

Franz Sales Lochbihler schuf vor 160 Jahren den „Musenreigen" auf dem Bühnenvorhang des historischen Kemptener Stadttheaters.

Kerzen herhalten. 1917/18 wurden vorwiegend Lustspiele aufgeführt, 1918/19 wieder ernstere Stücke. Und als der Krieg zu Ende war, gründete der ehemalige Bürgermeister Horchler einen Verein der Theaterfreunde, allerdings war der Zulauf gering. Es gab andere Sorgen...
Mit einem besonders vielseitigen Spielplan, mit Operetten, mit damals modernen Autoren wie Maxim Gorkij und mit einer veränderten Betriebsform ohne festes Ensemble, dafür mit Gastspielen Münchner Bühnen, versuchte Hans Kraft, mehr Besucher zu gewinnen. 1921 erstrahlte das Stadttheater zudem erstmals in elektrischem Licht.

Kemptenern die Leviten gelesen

Das Bemühen war aber wohl weitgehend vergeblich. Nur bei Schwänken war das Stadttheater voll. Und ein Zeitungskritiker wetterte erbittert am 27. Dezember 1921: „Wir können nicht umhin, unserer Verwunderung über die Wandlungen des Kemptener Geschmacks Ausdruck zu geben, der allmählich so tiefgehend umgestaltet ist, daß ihm am 2. Weihnachtstage e i n e P o s s e vorgesetzt werden muß, wenn anders das Haus nicht die berüchtigte Leere aufweisen soll..."
Ein Unglück kommt nie allein: 1922 mußten die Vorstellungen ab Januar bis zum März wegen Kälte und Mangel an Heizmaterial vollends ausfallen, und für 1923 kürzte die verarmte Stadt den Theater-Etat. Hans Kraft kapitulierte.

Bürgermeister Horchler hatte durch seine kluge Theaterpolitik für ein attraktives Theaterleben gesorgt; das neue Stadtoberhaupt, Dr. Otto Merkt, setzte diese Bemühungen fort. Auf seine Anregung wurde 1924 eine Theatergemeinde Kempten als Zweig des Frankfurter Bühnen-Volksbundes ins Leben gerufen.

Schon 1921 hatte sich eine Bayerische Landesbühne konstituiert. Kempten strebte unverzüglich die Errichtung eines Spielkreises Allgäu unter dem Dach dieser Bühne an; der Spielkreis sollte im Winter in den größeren Städten und im Sommer vorwiegend in Kurorten und Sommerfrischen auftreten. Wie der Verwaltungsbericht der Stadt Kempten für 1925/27 aussagt, scheiterte der Plan aber an der ablehnenden Haltung der anderen Städte. Der Stadtrat beschloß, das Haus zwei Kinounternehmern zu verpachten, die einen entsprechenden Umbau vornahmen.

Eigene Akzente setzte das Dritte Reich. Die Theatergemeinde trat 1933 in den Reichsbund der deutschen Freilicht- und Volksschauspiele ein. Dann wurde eine Ortsgruppe der Deutschen Bühne gegründet, der einzigen Besucherorganisation im Reich. 1933/35 war das Stadttheater an Otto Friedrich Schöpf, den Direktor des Passauer Stadttheaters, verpachtet, der Gastspiele auswärtiger Bühnen und heimisches Laienspiel kombinierte.

„Mahnabende" mit Kraft durch Freude

Zeitbedingt markige Werke standen mit im Vordergrund. So spielte eine Gruppe der örtlichen 20er-Vereinigung das Stück „Verdun", die Nationale Volksbühne brachte „Bauern an der Grenze". „Marsch der Veteranen" von Friedrich Bethge und „Die erste Linie" von Quirin Engasser gemahnten an die napoleonische Zeit.

Auch heimische Autoren kamen zu Wort: 1934 wurde ein heiteres Spiel von Else Eberhard-Schobacher, „Der Kräuterbosche", uraufgeführt, und der örtliche Gesellenverein hatte zuvor schon für die Premiere des Stückes „Der Hexenhammer" gesorgt, ein Werk des einstigen Kemptener Gymnasiasten Benedikt Hummel.

1935 wurde das Stadttheater an die NS-Gemeinschaft Kraft durch Freude (KdF) und an den Ortsverband der NS-Kulturgemeinde verpachtet. Versuche, 1936 ein stehendes Ensemble zu gründen, scheiterten. KdF beschloß daher die Einrichtung eines Theaterspielrings Memmingen-Kaufbeuren-Kempten. Hauptsitz der Spielgruppe wurde Memmingen; die Maustadt war damit führende Kulturstadt im Allgäu geworden. Die Gau-Wanderbühne sollte den Hauptteil der Saison in Memmingen verbringen, regelmäßig aber auch in Kempten und Kaufbeuren spielen.

1937 schließlich wurde die NS-Kulturgemeinde in Kempten mit KdF zusammengefaßt. Auf der Bühne wurden Werke u.a. der deutschen Klassiker, aber auch Opern von Albert Lortzing und W. A. Mozart aufgeführt. Allein 1939/41 war die Memminger Bühne mit 38 Schauspielen, die Bayerische Landesbühne mit elf Operetten und Opern zu Gast in Kempten. Dazu kamen, zeitbedingt, acht sogenannte „Mahnabende".

Von der „Kulturscheune" zum Musentempel

Dr. Merkt regte 1942 in seinem kommunalpolitischen Testament an, das Haus durch einen nördlichen Anbau mit großem „Flur" für die Pausen und mit Toilettenanlagen zu versehen – den Plan hierfür habe das Stadtbauamt bereits 1936 gefertigt.

Gut ein Jahrzehnt später war es so weit. Auf Initiative von Oberbürgermeister August Fischer beschloß der Stadtrat im November 1954 einstimmig den Ausbau der „Kulturscheune" zu einem modernen Theater. Noch im selben Jahre wurde der Zuschauerraum erheblich vergrößert. 1963/64 entstand dann der ersehnte Neubau des schmucken Garderoben- und Foyerhauses nach den Plänen von Sepp Zwerch. Die großzügige Treppe geht auf eine Idee Fischers zurück. Eine

In den Jahren 1963/64 entstand der Anbau des Stadttheaters mit seinem schmucken Foyer.

Modernisierung des Bühnenhauses, Erneuerung der Fassade und, 1973, Verbesserung der Bühnenakustik folgten. Nicht zu vergessen: Dank einer Infrarotanlage ist das Theater seit 1978 auch für Schwerhörige interessant.

Theatergemeinde als Bürgerinitiative

Das Stadttheater erlebte aber nicht nur baulich einen Aufbruch. Schon 1949 hatte Oberbürgermeister Dr. Georg Volkhardt die Gründung einer Theatergemeinde eingeleitet, deren erster Vorsitzender Dr. Karl Gschwend wurde. Diese Vereinigung sorgt auch heute für die in der Satzung verankerte „...Förderung des Kulturlebens in Kempten durch Theater- und Konzertveranstaltungen". Es war, wie der spätere Vorsitzende und langjährige städtische Kulturreferent Dr. Franz Felber formulierte, „...eine Bürgerinitiative, lange bevor der Begriff geboren war".

Es ging gleichsam Schlag auf Schlag. Die enge organisatorische Zusammenarbeit mit dem Allgäuer Reisebüro unter Helmut Reinel bewährte sich. Für einen Schauspiel- und einen Theaterring wurden je rund 230 Abonnenten gewonnen. 1955 bereits trat ein weiterer Ring hinzu. 1956 folgten die ersten

Schüleraufführungen, wenig später ein zweiter Schülerring; seit 1983 wirken übrigens Schülervertretungen von Gymnasien und Realschulen bei der Programmauswahl mit. Schon früh trat ein Konzertring hinzu. Allein in den Jahren 1955 bis 1958 wurden im Hause mehr als 15 000 Theater- und Konzertbesucher gezählt!
Einige weitere Daten: 1981 fanden hier mit sieben Veranstaltungen die 26. Bayerischen Schauspieltage statt und 1982 die Bayerischen Schulspieltage mit 14 Gymnasien. Gleichfalls 1982 wurde ein Theaterring für Kinder ins Leben gerufen, der über Kempten hinaus Beachtung und Nachahmung fand. Inzwischen ist die Zahl der Theaterringe auf sieben gestiegen.

Kam in Kempten auf die Welt: Volksschauspieler Michl Lang

Die Liste der Bühnen, die schon in Kempten gastiert haben, ist imponierend. Sie reicht vom Wiener Burgtheater bis zum Düsseldorfer Schauspielhaus. Schauspielerinnen wie Käthe Gold, Liselotte Pulver, Simone Rethel und Barbara Rütting haben den Weg nach Kempten gefunden und – teils bereits mehrmals – Schauspieler wie Ewald Balser, Hans Clarin, René Deltgen, Götz George, Werner Hinz, Sammy Molcho, Will Quadflieg und Charles Regnier. Marika Rökk war ebenso hier wie Horst Tappert und Willy Millowitsch.

Was ist gefragt?

Immer wieder freilich wurde und wird gefragt: Was wünscht das Publikum? Wie läßt sich der Ruf nach Spitzenqualität mit den finanziellen Möglichkeiten vereinbaren? Wie kann, angesichts der Darbietungen in Funk und Fernsehen, in einem zwar so schönen, aber doch von der Besucher-Kapazität her begrenzten Theater ein auch hohen Ansprüchen entsprechendes Niveau gewahrt bleiben? Als 1974/75 im Theaterring III Josef Meinrad, Paula Wessely und Inge Meysel auftraten, stieg die Abonnentenzahl von 435 auf 562. Aber solche Zugpferde sind nicht immer möglich...
1979 fand eine aufschlußreiche Fragebogen-Aktion bei Theaterbesuchern statt. 351 Formulare wurden ausgefüllt. Das Fazit: 40 Prozent wünschen vom Schauspiel eine geistige Auseinandersetzung, aber 60 Prozent bevorzugen unterhaltende Darbietungen. 20 Prozent begrüßen ein Opern-Angebot, 30 Prozent möchten auch Ballett und Pantomime erleben.
Dr. Erhard Dörr, langjähriger Theaterkritiker, schrieb 1974 (und dies könnte wohl auch für 1999 gelten), daß sich der Publikumsgeschmack auf einer Linie zwischen „gemäßigtem Konservativismus und gedämpftem Fortschritt" be-

wege, aber Experimente kaum gefragt seien. Immerhin waren schon damals Autoren wie Jean Anouilh, Samuel Beckett, Albert Camus, Friedrich Dürrenmatt und Max Frisch durchaus geschätzt. Und indem die Bürger einem „Provinzniveau" der Aufführungen ihr Abonnement versagten, ermunterten sie die Theatergemeinde, bessere Bühnen zu verpflichten, was diese seither auch beherzigt, und sie begeht ihr 50jähriges Bestehen mit einer hochkarätigen Jubiläumsreihe.

Treffpunkt Burghalde

Nicht nur das Stadttheater bietet in Kempten Raum für Theater-, insbesondere Musiktheater-Aufführungen. Vielmehr ist auch die Freilichtbühne auf der Burghalde zu nennen, die 1951 geschaffen wurde und um die sich der damalige Festwochen-Beauftragte und Bürgermeister Albert Wehr verdient gemacht hatte. Vor allem zur Allgäuer Festwoche ist diese Bühne nicht zuletzt dank der großartigen Naturkulisse ein beliebter Treffpunkt: Mehr als 1500 Zuschauer finden hier Platz und erleben in einem besonders stimmungsvollen Rahmen Theater-, Opern- und Operettenaufführungen. 1984 zum Beispiel spielte hier die Theatergruppe des Carl-von-Linde-Gymnasiums „Wallensteins Lager" von Friedrich von Schiller. Heute geht von den Freilicht-Filmvorführungen auf der Burghalde ein eigener Reiz aus: In den Jahren 1994/97 gab es hier jeweils rund 24 Veranstaltungen mit insgesamt etwa 14 000 Besuchern, 1998 überstieg die Zahl sogar 15 000.

Die vor fast einem halben Jahrhundert geschaffene Freilichtbühne auf der Burghalde ist Schauplatz beschwingter Konzert-, Theater-, Opern- und Operettenaufführungen

Der rekonstruierte gallorömische Tempelbezirk des Archäologischen Parks Cambodunum bildet einen stimmungsvollen Rahmen für viele Konzert- und Theaterveranstaltungen. So fand 1999 die Aufführung der Rockoper „Klytaimnestra" durch das Landestheater Schwaben ein begeistertes Echo.

Cambodunum wird wieder lebendig

Mit dem neuen Archäologischen Park Cambodunum (APC) ist droben, auf dem Lindenberg, 1987 eine dritte, von Kemptens früher Geschichte geprägte Aufführungsstätte entstanden, im rekonstruierten gallorömischen Tempelbezirk und in den sorgsam konservierten Kleinen Thermen der einstigen Römerstadt. Viele Veranstaltungen der Stadtarchäologie bzw. des Kleinkunstvereins Klecks in diesem Park sind bewußt auf Kemptens Geschichte bezogen; der APC-Sommer ist inzwischen fast zu einem Markenzeichen geworden.

Alljährliche Cambodunum-Spiele versetzen die Besucher in antike Zeiten. Da erstrahlen „Götter und Tempel im Fackelschein" (1992), da erklingen rekonstruierte antike Melodien, da führt ein Experimentiertheater Kempten die „Taten des Herkules" auf. Die 8. Legion marschiert auf. Die Theatergruppe Stupor Mundi trägt mit vielfältigen Aktionen – von antiken Wettkämpfen bis zur „Hamletmaschine" – zu den Programmen bei.

Die Theatergruppe der Berufsoberschule Kempten bringt Albert Camus' „Caligula". Auch Friedrich Dürrenmatts „Romulus Augustulus" darf nicht fehlen. Daneben geht es um „Götter im römischen Cambodunum", um ein Römisches Weihespiel und um den „Traum des Florus": Besagten Florus hat es tatsächlich gegeben, er hatte im zweiten Jahrhundert nach der Zeitenwende im Tempelbezirk Cambodunum einen Weihestein für die gallorömische Pferdegöttin Epona gestiftet. Aber es geht im APC nicht nur um die Antike. In einem Musikfestival zum Beispiel begegnen sich 1994 alpenländische mit brasilianischen Volksweisen. Das Landestheater Schwaben war bereits wiederholt hier und führte auch eine Rock-Oper auf. Und warum nicht Jazz in den Tempelruinen? Die Spannung zwischen antiken Bauten und modernen

Rhythmen hat ihren eigenen Reiz. Heimisches Laienspiel ist nicht allein in Schulen und Vereinen, sondern auch in eigenen Zusammenschlüssen gepflegt. Hier ist das Theater Projekt Kempten als örtliches Amateurtheater zu nennen, das z. B. im Dezember 1998 im Stadttheater mit zwei Werken von Curt Goetz einen vergnüglichen Abend schenkte, wie auch die schon erwähnte Gruppe Stupor Mundi, die im selben Jahr im Stadttheater – anläßlich der Landesausstellung Bürgerfleiß und Fürstenglanz – eine reizende Uraufführung brachte: „Der Abt und sein Weinhändler" von Klaus Altmayer.

So klingt's in Kempten

So wie zum Kemptener Theaterleben nicht allein Gastspiele auswärtiger Ensembles gehören, sondern vor allem heimische Spielgruppen, wird auch das Musikleben sehr weitgehend durch Chöre und Instrumentalgruppen der Stadt geprägt. Man denke nur an die Vielfalt kirchenmusikalischer Aufführungen: Alljährlich finden hier 20 bis 40 Kirchenkonzerte statt. Fast jede Pfarrei verfügt über einen eigenen Chor, um Gottesdienste festlich zu gestalten; und sehr häufig werden an besonderen Feiertagen auch anspruchsvolle Messen mit Solisten und Instrumentalisten aufgeführt.

Ein musikalisches Miteinander

Gerade hier wird ein Miteinander der Konfessionen deutlich. Die Kirchenmusiker Gerhard Weinberger (St.-Lorenz-Basilika) und Emil Wendler (St.-Mang-Kirche), hoben die ökumenischen Kirchenmusikwochen aus der Taufe, die seit 1974 stattfinden und die Aufführung herausragender Sakralwerke vermitteln. 1994 traten die Ökumenischen Orgelwochen hinzu.
In St. Lorenz leitete von 1924 bis 1954 Dr. Franz Lehrndorfer, gebürtiger Kemptener und Vater des Münchner Domorganisten Professor Franz Lehrndorfer, die Kirchenmusik. Er prägte auch das weitere Kemptener Musikleben, war er doch zugleich Dirigent im Liederkranz und im Orchesterverein.
Seit 1976 wirkte hier bis zu seinem Tode 1998 Chordirektor Hans Gurski, der das Kemptener Vokalensemble gründete und sich um die Entdeckung und Wiederbelebung von Werken bedeutender Kapellmeister im früheren Stift Kempten verdient machte. So wurden zahlreiche bisher vergessene Kompositionen von Franz Xaver Richter aufgeführt, beispielsweise ein „Te Deum" und das Oratorium „Der Mensch vor Gottes Gericht", dies vor allem im Rahmen der neu eingeführten Basilika-Konzerte (bzw. Fürststift-Konzerte). 1999 hat Harald Geerkens die Nachfolge Gurskis angetreten.
Für St. Mang hatte 1898 Kirchenmusikdirektor Gustav Hornberger den Evangelischen Kirchengesangverein gegründet und um die Jahrhundertwende bereits große Oratorien aufgeführt; er hatte eigens für diese Aufführungen ein

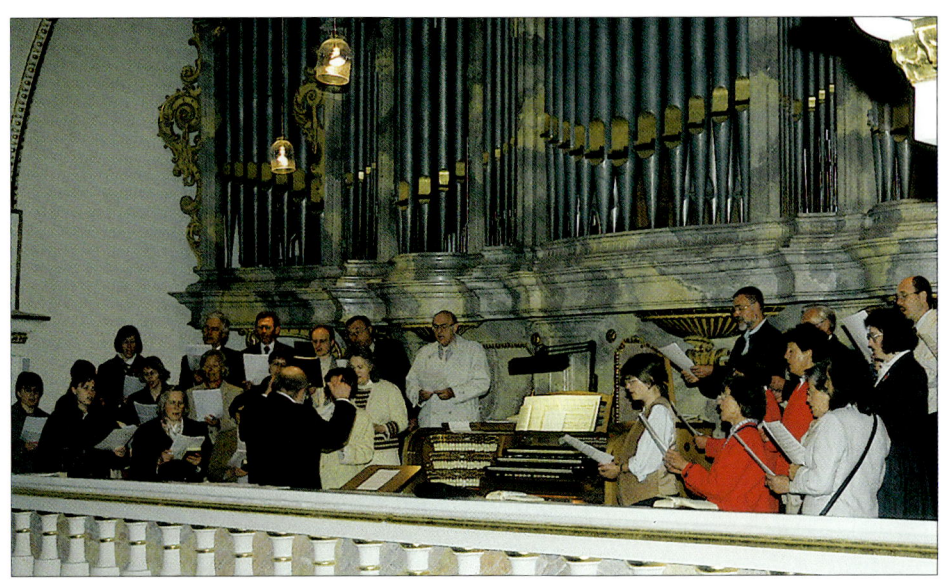

In der Basilika St. Lorenz werden seit Jahrzehnten bedeutende sakralmusikalische Werke aufgeführt. Unser Foto zeigt den Kirchenchor unter Leitung von Hans Gurski im Frühjahr 1995

hölzernes Podium herstellen lassen, das nach 1944 zur Instandsetzung des von Bomben beschädigten Kirchendachs verwendet wurde... Und gleichfalls St. Mang war für den inzwischen berühmten Orgelvirtuosen Viktor Lukas 1955 die erste Kantorenstelle nach dem Examen und zugleich Sprungbrett für seine weitere Laufbahn.

Mit Kirchenmusikdirektor Emil Wendler, der die Kantorei von 1960 bis 1984 leitete, nahm dann das kirchenmusikalische Leben in St. Mang einen bedeutenden Aufschwung durch die Aufführung klassischer und insbesondere auch modernerer Werke. Und sein Nachfolger Ulrich Knörr setzte diese Tradition erfolgreich fort. Seit 1994 wirkt hier Bezirkskantor Frank Müller, der 1999 mit einem Oratorium von Frank Martin besonders große Anerkennung fand.

Auch die evangelische St.-Mang-Kirche ist immer wieder Stätte herausragender Konzerte. Zum Beispiel trat hier 1992 der Carl-Orff-Chor auf

Neben St. Lorenz und St. Mang sind die kirchenmusikalischen Leistungen in der Stadtpfarrei St. Anton hervorzuheben. Hier hatte insbesondere Chordirektor Hans Senge, ab 1953 erster hauptamtlicher Leiter, für zahlreiche gediegene Aufführungen von Sakralmusik gesorgt. Seit 1994 setzt David Wiesner in St. Anton die junge kirchenmusikalische Tradition fort. Als jüngste Reihe haben Markus Utz und Dr. Gerhard Hölzle 1996 die Heiligkreuzer Konzerte ins Leben gerufen. Die Vielfalt zeitloser großer Werke sakraler Musik, die in Kemptener Gotteshäusern in den vergangenen Jahrzehnten erklungen sind, ist erstaunlich. Oratorien von Joseph Haydn, Georg Friedrich Händel oder Felix Mendelssohn-Bartholdy gehören ebenso dazu wie das „Te Deum" von Marc-Antoine Charpentier,

Der Chor der Stadtpfarrkirche St. Anton tritt gleichfalls durch besondere Leistungen hervor

Kantaten von Johann Sebastian Bach, das Requiem von Wolfgang Amadeus Mozart, das Deutsche Requiem von Johannes Brahms oder das Te Deum von Anton Bruckner. Aber auch modernere Komponisten wie Charles Tournemire, Arthur Honegger und Frank Martin fehlen keineswegs. Und zum ersten Ökumenischen Kirchentag im Allgäu steht noch 1999 u.a. die Uraufführung eines Musicals zur St.-Mang-Legende von Ralf Grössler auf dem Programm. Ein interessantes Experiment waren 1993 und 1996 in Kempten Tage alter Musik. Hier war es gelungen, so bedeutende Gruppen wie das Hilliard Ensemble aus London zu gewinnen oder die Musica antiqua aus Köln. Ein besonderes Erlebnis vermittelten 1998 mehrere Konzerte im Thronsaal der Residenz anläßlich der Landesausstellung Bürgerfleiß und Fürstenglanz.
In den vergangenen Jahren sind weitere Vereinigungen – unterstützt durch die Stadt – vor die Öffentlichkeit getreten, so das Vokalensemble von St. Lorenz, das Ensemble Cantissimo und die bereits seit langem etablierte Capella Campidonensis.

Laienchöre führend in Südschwaben

Das weltliche Musikleben Kemptens hat eine reiche Tradition. Man sagt sogar, daß das Kemptener Laienchorwesen in Südschwaben nach der Säkularisation führend war. Kompliziert allerdings, daß lange Zeit parallele Vereine in der einstigen Reichs- und Stiftsstadt bestanden. Die Vielfalt ist schier verwirrend. Da ist der Liederkranz zu nennen, der als ältester bayerischer Sängerverein südlich der Donau auf das Jahr 1829 zurückweist; dann der Sängerbund und die Bürgerliche Sängergesellschaft zur Brach von 1845; der Volks-Chor Kempten von 1866; der Musikverein Harmonie von 1878... Die Sängergesellschaft zur Brach wurde 1847 in „Bürgersängerverein" umbenannt und richtete 1910 das 9. Schwäbische Sängerfest in Kempten aus. Dieser Verein probte im Zweiten Weltkrieg gemeinsam mit dem Männergesangverein, der 1904 aus dem Zusammenschluß von Liedertafel und Liederhort hervorgegangen war. Ein Neubeginn erfolgte 1945 unter Dr. Franz Lehrndorfer. 1951 vereinigten sich der Bürger-Sänger-Verein und der Männergesangverein zum Sängerbund; 1952 fand in Kempten das 14. Sängerfest statt. Hans Hartmannsberger und Ernst Bestfleisch leiteten eine neue Blütezeit des Chores ein, an dessen Spitze heute Wolfgang Schelbert steht.

Auch Volksmusik wird im Allgäu gepflegt. 1998 spielte das Kerber-Ensemble zum „Advent im Allgäu"

Als weiterer Klangkörper tritt der Kemptener Volks-Chor hervor. Eine jüngere Gemeinschaft bildet der 1978 gegründete Kemptener Kammerchor. Zu nennen sind ebenso u.a. die Unterillertaler, die beispielsweise im Dezember 1998 das Weihnachtssingen in der Pfarrkirche Lenzfried gestalteten, der Kolpingchor Kempten, die Chorgemeinschaft Sankt Mang, der Liederhort Schelldorf und der Männerchor Heiligkreuz. Erinnert sei zudem an den Sudetenchor Kempten und an das Chorfest des Sudetendeutschen Sängerbundes, das hier 1985 stattfand.

Volksmusik hat im Allgäu seit je einen besonderen Rang. Neben den bereits genannten Vereinen sind in den vergangenen Jahrzehnten in Kempten zahlreiche Gruppen hervorgetreten – von der Familienmusik Kutter, von Ludwig Völk und seinen Bergmusikanten bis zu Friedrich Finkels Hackbrettmusik.

Die bunte Vielfalt heimischer Musikgruppen wurde beim Kemptener Weihnachtsmarkt 1998 deutlich. Da wirkten unter anderem folgende Kemptener Ensembles mit: Kolpingchor, Jugendchor der Sing- und Musikschule, Chor-

Der Orchesterverein Kempten ist seit fast einem Jahrhundert dank seinen gediegenen Sinfoniekonzerten aus Kemptens Kulturleben nicht wegzudenken

gemeinschaft Sankt Mang, Chor des Hildegardis-Gymnasiums, Musikverein Sankt Mang mit Jugendgruppe, Kolpingbläser Heiligkreuz, Männerchor, Jugendkapelle und Musikkapelle Heiligkreuz (sie besteht seit 175 Jahren!), Blechbläser-Ensemble und Querflötengruppe der Musikschule Hingerl, Instrumentalgruppen und Chor der Mädchenrealschule Lenzfried, Bläsergruppe der Neuapostolischen Kirche, die Bläsergruppe des Kreisjagdverbandes Kempten, sowie das Blechbläser-Quartett der Pfarrei Christi Himmelfahrt.

Fast hundert Jahre Orchesterverein

Zu Beginn des scheidenden Jahrhunderts, 1901, wurde in Kempten der Orchesterverein als Vereinigung von Musikfreunden zur Pflege der Orchestermusik gegründet, Karl Nast war ihr erster Dirigent. Angehörige verschiedenster Berufsgruppen und auch Schüler fanden und finden sich hier zusammen und begeistern bei ihren zahlreichen Konzerten und Serenaden das Publikum. Von 1926 bis 1951 leitete und schulte Dr. Franz Lehrndorfer diesen überraschend leistungsfähigen Klangkörper. Allein unter Lehrndorfer gab der Verein schon rund 60 Sinfoniekonzerte! Seine Nachfolge trat Friedrich Reithinger an und 1964 Hannes Triebe, der den Taktstock 1991 an Mary-Ellen Kitchens übergab. Die Freude, mit der hier musiziert wird, und die geschickte Programmauswahl mit Werken von Barock und Klassik bis zu Bizet, Wagner und Gershwin sind ebenso hervorzuheben wie die Gepflogenheit, daß der Dirigent bzw. die Dirigentin vor jedem Vortrag in einer kurzen Plauderei auf die angekündigten Werke eingeht.

Mit Militärkapellen fing es an

Gerade vier Jahre älter als der Orchesterverein ist die Stadtkapelle Kempten. Der Magistrat hatte zur Gründung gleichsam Pate gestanden mit der Entscheidung vom 9. Januar 1897 über die „Gründung einer Musikkapelle in der Stadt Kempten und Besserung der Musikverhältnisse überhaupt". Auslöser war die Tatsache, daß das hier musizierende 1. Jäger-Bataillon verlegt werden sollte, so daß es in der Stadt keine Berufskapelle mehr gab.
Der erste Leiter der jungen Kapelle, Musikdirektor Andreas Kohn aus Dillingen, inserierte im Tag- und Anzeigeblatt: „Ich halte mich...zur Abhaltung von Konzerten, Bällen und Hochzeiten sowie bei Leichen und anderen Gelegenheiten...angelegentlich empfohlen." Schon 1899 trat die Vereinigung mit einem großen Konzert vor die Öffentlichkeit.
Dann verfügte die Garnison erneut über Militärmusik der hier stationierten Einheiten; Kapellen, die zeitweise von zivilen Musikern und vom Orchesterverein unterstützt und von der Stadt finanziell gefördert wurden, so daß man hier von einer Stadtkapelle sprechen konnte. Vor dem Zweiten Weltkrieg gab

es dann eine sogenannte Kreiskapelle.
Nach 1945 taten sich erneut Musikliebhaber zusammen; das Adreßbuch von 1949 nennt z. B. nicht weniger als 13 Kapellen, unter ihnen die Gruppe Hans Synderhauf. Auch Heimatvertriebene wirkten an der Neubelebung musikalischer Einrichtungen mit. Am 27. April 1949 erfolgte mit 41 Musikern die eigentliche Neugründung der Kemptener Stadtkapelle. An ihrer Spitze stand lange der aus Komotau/Egerland stammende Hugo Schmith, der bereits im Mai mit einem ersten Standkonzert im Pavillon des Stadtparks eine beliebte Tradition einleitete und den herausragenden Ruf des Klangkörpers begründete.

Die Stadtkapelle Kempten mit Helmut Müller an der Spitze

Die Stadtkapelle ist im vergangenen halben Jahrhundert im In- und Ausland, in Europa und Übersee mit großem Erfolg hervorgetreten. Sie musizierte unter Schmiths Nachfolger Helmut Müller u.a. in der Schweiz und Spanien, in Frankreich, Italien und Irland. Ihre Teilnahme am German Alp Festival 1985 in Hunter im US-Staat New York wurde zu einem Triumphzug, so daß 1987 und 1991 weitere Konzertreisen in die USA folgten. Als einzige deutsche Kapelle wirkten die Kemptener zudem beim Internationalen Musik-Festival in Villefranche (Südfrankreich) mit. Seit 1997 ist nun Thomas Frasch Stadtkapellmeister.
Im Jahre 1985 fand in Kempten das Landesmusikfest mit 131 Kapellen bzw. 5360 Aktiven aus acht Nationen statt – schon der Festzug dauerte zwei Stunden! Das Bezirksmusikfest 1995 in Kempten erinnert daran, daß in der Stadt noch weitere Vereinigungen erfolgreich Blasmusik pflegen. Zugleich mit diesem Fest konnte nämlich der Musikverein Sankt Mang sein Hundertjähriges feiern: Aus der Seele-Musik Kottern bzw. den Musikkapellen Neudorf und Kottern hervorgegangen, gehören zu diesem Blasorchester auch eine Jugend- und eine Alphorngruppe, die sich erstmals 1992 vorstellte. Dazu bestehen in der Stadt u.a. der Musikverein Lenzfried und die Musikkapelle Heiligkreuz. Einen eigenen Reiz haben die Residenzhof-Serenaden, in denen – meist zur Allgäuer Festwoche – u.a. das Allgäuer Blechbläser-Ensemble von Ulrich Köbl auftritt. 1998 hatten sich hierzu fast 400 Besucher eingefunden.

Reiche Tradition der Singschule

Daß insbesondere Kemptner Schulen eine entscheidende Voraussetzung für das Weiterbestehen eines regen Musiklebens bilden, ist kein Geheimnis. Die Pflege von Gesang und Instrumentalmusik wird immer wieder in öffentlichen Auftritten und sogar Konzertreisen von Chören und Orchestern vor allem der Gymnasien und der Fachoberschule deutlich. Vor über zwei Jahrzehnten zum Beispiel führte das Hildegardis-Gymnasium die Jugendoper „Der Mann im Mond" von Cesar Bresgen auf und hatte solchen Erfolg, daß das Werk noch sechsmal wiederholt wurde.

Einen besonderen Beitrag leistet hier die städtische Sing- und Musikschule mit rund 1500 Mädchen und Buben durch effiziente Unterrichtsarbeit und zahlreiche Auftritte der verschiedensten Gesangs- und Instrumentalgruppen. Diese Bildungsstätte ging aus dem von Ferdinand Schwaiger 1896 gegründeten Neustädtischen Gesangskurs hervor, der 1911 in die städtische Singschule umgewandelt wurde.

Nach dem Zweiten Weltkrieg nahm diese Schule einen bedeutenden Aufschwung. Erster hauptamtlicher Leiter war von 1947 bis 1951 Professor Josef Lautenbacher, der binnen vier Jahren ein leistungsfähiges Institut aufbaute. Sein Nachfolger Otmar Wirth stellte Gesangserziehung und Stimmbildung in den Vordergrund und sorgte auch für die Uraufführung zeitgenössischer Werke. Neue Impulse setzte Karl Faller (seit 1966 Schulleiter). Er gründete den gemischten Chor, und in seiner Amtszeit erhielt die Schule eine Instrumental- und eine Malabteilung. Der Unterricht wurde schließlich in 14 verschiedenen Filialen erteilt, bis die Schule 1981 in der von Grund auf sanierten einstigen Stiftsmälzerei eine Heimstatt erhielt und damit zugleich den Schönen Saal, in dem seither zahlreiche Schulkonzerte und öffentliche Musizierstunden stattfinden. Der Nachfolger Fallers, Wolfgang Heichele, führt u.a. große kirchenmusikalische Werke auf und hat 1987 mit dem Besuch von Harald Genzmer eine neue Veranstaltungsreihe ins Leben gerufen: Komponisten zu Gast bei der Sing- und Musikschule. In Konzert und Gespräch werden Wege zum Verständnis zeitgenössischer Musik gewiesen. Genzmer war inzwischen wiederholt in Kempten zu Gast; gleich ihm kamen in den vergangenen Jahren auch die Komponisten Günter Bialas, Franz R. Miller und Bertold Hummel.

Die städtische Sing- und Musikschule (links ihr derzeitiger Leiter Wolfgang Heichele) leistet wertvolle Unterrichtsarbeit und tritt in zahlreichen Konzertveranstaltungen auf

Neue Wege der Theatergemeinde

Was aber wäre das Kemptener Musikleben ohne die Konzertringe der Theatergemeinde! Zwar fanden nach dem Kriege schon viele Konzertveranstaltungen vor allem im großen Saal des Kornhauses statt. Bereits 1949 bestand ein Konzertring, und in den Jahren danach gab es immer wieder herausragende Konzerte, zum Beispiel mit den Münchner Symphonikern.

1967 ergriff Dr. Franz Tröger die Initiative, um dem Konzertleben Kemptens einen festen Rahmen zu geben. Sein Grundgedanke war es, teure sinfonische Konzerte und preisgünstigere kammermusikalische und solistische Aufführungen innerhalb eines Abonnement-Rings zu koppeln. Zunächst bestand eine gewisse Zweigleisigkeit. Doch 1968 organisierte die Theatergemeinde unter Trögers Federführung einen Konzertring. Das Programm reichte vom Klavierabend mit Adrian Aeschbacher und dem Trio di Trieste bis zu den Musici di Roma und den Festival Strings Lucerne. Dazu gab es einen Klavierabend mit Martha Argerich und ein Sonderkonzert mit den Bamberger Symphonikern. Neu für die Kemptener: Die Konzerte fanden nun im Stadttheater, also nicht mehr im Kornhaus statt. Zwar erschien die Akustik im Theater etwas schwächer, und auf der Bühne bestehen Platzprobleme, wenn ein ausgewachsenes Sinfonieorchester gastiert. Doch gab die besondere Atmosphäre des Hauses den Ausschlag.

Sir Yehudi Menuhin dirigierte in Kempten das Münchner Rundfunkorchester

Die Musikprogramme weiteten sich alsbald aus. 1977 trat ein zweiter Konzertring hinzu; ein dritter Ring in Form von Fürstensaal-Konzerten erwies sich auf die Dauer zu teuer. Seit 1981 gibt es nun weiterhin zwei Zyklen unter dem Motto Kemptener Meisterkonzerte. Doch ist man beweglich geblieben, um eine Angebotsvielfalt zu er-

In Kemptens Stadttheater 1996 gefeiert, der bekannte Tenor René Kollo

Herbert Grönemeyer vor der Basilika St. Lorenz

möglichen und den Wünschen des Publikums entgegenzukommen. Erinnert sei an den Versuch eines eigenen Ballett- und Musikrings, eines Musiktheaterrings, an die Konzertreihe Vielsaitiges und an das vom Kulturamt angeregte Podium junger Künstler im Fürstensaal.

Sehr namhafte Ensembles und Solisten sind seither in Kempten aufgetreten, dies insbesondere auch in Sonderkonzerten, die zusätzlich zu den Abonnement-Veranstaltungen stattfanden. Unmöglich, auch nur die wichtigsten zu nennen. Erinnert sei beispielhaft an das Amadeus-Quartett, die Academy of St. Martin-in-the-Fields, an den Concentus Musicus mit Nikolaus Harnoncourt, an das Moskauer Kammerorchester mit Rudolf Barschai, an Instrumentalkünstler wie Maurice André, Stefan Askenase, Swjatoslaw Richter, Claudio Arrau, Igor Oistrach, Henry Szeryng sowie an Sänger wie Nikolai Gedda, Hermann Prey und Peter Schreier.

Zum Kemptener Musikleben gehören freilich – mit einem besonders starken Zuspruch des Publikums – Veranstaltungen des Kleinkunstvereins Klecks und alljährlich der Kemptener Jazz-Frühling mit einer Vielzahl von Konzerten. Hierauf wird gesondert eingegangen. Erwähnt seien aber Popkonzerte auf der Burghalde und im Eisstadion und besonders das Open-Air-Konzert, das der Rockstar Herbert Grönemeyer 1998 auf dem Hildegardplatz, vor der Basilika St. Lorenz, bot: Nicht weniger als 12 000 Fans hatten sich zu diesem Ereignis eingefunden!

Kulturszene aktuell

Das Jahr 1998 bescherte im Zusammenhang mit der Landesausstellung Bürgerfleiß und Fürstenglanz eine Vielfalt kultureller Veranstaltungen, wie sie bisher wohl kaum in Kemptens Geschichte zu verzeichnen war. Doch was wird die Zukunft bringen? „Je mehr Film, Funk, Fernsehen und Schallplatte den ‚Kulturmarkt' beherrschten, desto schwerer wurde es, den steigenden Erwartungen der Bürger zu entsprechen," stellte Dr. Franz Felber schon 1989 fest und verwies auf das besondere Sorgenkind der Theatergemeinde, den Freiverkauf von Karten für Oper, Operette, Ballett.

1998 wurde deutlich, daß unter den Abonnenten für die beiden Meisterkonzert-Zyklen junge Leute verhältnismäßig dünn gesät sind. Kein Wunder allerdings, wenn man bedenkt, daß in Kempten – bezieht man auch die zahlreichen Schulkonzerte ein – ein überaus reiches Musikleben und Musikangebot zu verzeichnen ist – und dies nicht nur hier, sondern auch in der gesamten Region. Dabei ist Dr. Tröger bemüht, ein besonders attraktives Konzertprogramm mit konservativ geprägten Werken zu bieten, aber auch unbekanntere Werke vorzustellen.

Im der Spielzeit 1999/2000 will die Theatergemeinde vorläufig zwei Theaterringe zu einem zusammenlegen, aber zu ihrem 50jährigen Bestehen einen Jubiläumszyklus mit besonderen Glanzpunkten anbieten. Der deutschlandweit zu beobachtende schleichende Rückgang an Abonnenten spiegelt sich auch in Kempten. Die Kinderringe, der Schülerring und der Theaterring 2 waren in der jüngsten Saison ausgebucht, andere Ringe hingegen weniger gefragt.

Operettenklänge im Stadttheater – „Der Bettelstudent" 1999 in einer Aufführung des Kirchenchors Seeg

Etwas ins Hintertreffen geraten ist das Landestheater Schwaben (LTS) aus Memmingen, das in früheren Zeiten regelmäßig in den Theaterringen vertreten war, zuletzt aber, abgesehen von Gastspielen im APC-Park, nur mehr in den Schülerringen; das Ensemble aus der Maustadt lockte nicht genügend Besucher an. Auch im Erwachsenenbereich sollen die Memminger aber nun wieder in Kempten präsent werden.

1978 summierte eine Kemptener Abiturientin in ihrer Facharbeit, daß in Kemptens Musikleben mit einheimischen Kräften eigentlich fast alles geboten sei, vom Kammer- zum Sinfoniekonzert, von Chorauffühungen bis zum großen Oratorium, von Volks- und Blasmusik bis zum Jazz. Genau genom-

men, fehle nur eines: die Oper. Dies aber würde eine enge Zusammenarbeit „...möglichst aller musikalisch Tätigen" voraussetzen. Hier zeichne sich eine Aufgabe für die Zukunft ab. Allerdings würde ein solches Vorhaben besonders hohe Anforderungen stellen, sowohl was das Engagement der Beteiligten wie auch die Finanzierung betrifft.
Ein besonderes Problem im Kulturleben Kemptens aber ist nach wie vor das Fehlen einer großen Stadthalle. Gerade bei aufwendigen Konzerten mit besonders bekannten Künstlern übersteigt die Nachfrage erheblich das Angebot der jeweils rund 600 Plätze im Stadttheater oder im Kornhaus. In der näheren Umgebung Kemptens sind in den vergangenen Jahrzehnten große Veranstaltungsräume entstanden, die auch Aufführungen ermöglichen, von denen Kempten nur träumen kann. Memmingen, Marktoberdorf und Immenstadt beispielsweise verfügen über weit größere Säle als die Allgäu-Metropole.
Das Bemühen um den Bau einer Kemptener Stadthalle geht schon auf die Zeiten von Oberbürgermeister Dr. Merkt zurück, war aber bislang nicht von Erfolg gekrönt. Zeichnet sich mit dem nun entstehenden Forum Allgäu am August-Fischer-Platz ein Wandel ab? Eine große Multifunktionshalle ist hier fest eingeplant; sie dürfte sich – und dies ist angesichts der Nachfrage junger Leute durchaus bedeutsam – mit 3500 Sitz- bzw. 6000 Stehplätzen insbesondere für Rock- und Pop-Konzerte anbieten; ob auch für Sinfoniekonzerte, erscheint indes fraglich.
Vorrangig aber ist eine Sanierung des Stadttheaters. Der derzeitige Vorsitzende der Theatergemeinde und städtische Kulturreferent Hans Grob ist zuversichtlich, daß dieses vermutlich recht aufwendige Werk bald nach der Jahrtausendwende angegangen werden kann. Er erinnert dankbar an die Initiative von August Fischer, der vor nahezu einem halben Jahrhundert durch einen großzügigen Umbau den heutigen liebenswerten Musentempel gestalten ließ. Jetzt seien vor allem technische Erneuerungen unumgänglich – von der Heizung bis zur Lüftung, von der Beleuchtung bis zu den Künstlergarderoben und Toiletten: „Wir möchten das kulturelle Leben fördern, günstige Rahmenbedingungen auch für Vereine und Kirchen schaffen. Wir begrüßen auch, wenn andere Veranstalter Ensembles verpflichten und sind bemüht, uns nicht nur auf die eigene Stadt zu konzentrieren, sondern ebenso die Region zu sehen: Die große Landesausstellung 1998 mit ihren Veranstaltungen im Verbund von Kempten und Memmingen war hierfür ein gutes Beispiel."
Hochaktuell schließlich ist das umfangreiche Programm, das Kempten zur Jahrtausendwende vorbereitet. Zahlreiche Millenniums-Aktivitäten stehen fest; sie erstrecken sich von einer Sonderausstellung Jahrhundert*Blicke* im Allgäu-Museum bis zur Aufführung des historischen Spiels „Heinrich der Kempter" auf der Burghalde und zu einem Gemeinschaftskonzert des Orchestervereins Kempten mit dem Symphonieorchester Franz Liszt aus der Patenstadt Sopron.

Kirchen und religiöse Gemeinschaften in Kempten

Tief im Glauben verwurzelt

Kirche und Glauben sind seit Jahrhunderten bestimmender Faktor im Allgäu. Deshalb soll an dieser Stelle ein Blick in die Pfarreien und Gemeinden geworfen werden. Eine Darstellung und kunstgeschichtliche Betrachtung von Kirchen, Kapellen und Bildstöcken in Kempten liegt in Form der Denkmalsliste vor.
Nach dem großen Kauf von 1525 standen sich protestantische Reichs- und katholische Stiftsstadt feindlich gegenüber. Der Glaube trennte die beiden Kempten, die sich auch nach der Säkularisation reserviert zeigten. Erste Impulse zu einer Ökumene gingen vom Fabrikvorort Kottern aus, wo sich ab 1888 Katholiken und Protestanten eine Kindergartenkapelle teilten. Im 20. Jahrhundert entwickelte sich dieses zarte Pflänzchen immer weiter, und nach dem Ende des Zweiten Weltkrieges fielen auch die letzten konfessionellen Schranken. Hand in Hand beteiligten sich die Kirchen am Aufbau des modernen Kempten. In Thingers beispielsweise liehen die evangelischen Gläubigen den katholischen Nachbarn jahrelang ihre Notkirche. Die beiden Dekane Johann Ev. Götz und Karl Nagengast lebten Ökumene, und so war es geradezu konsequent, daß 1971 erstmals seit 1525 ein katholischer Geistlicher in der St.-Mang-Kirche predigte. Ein Jahr später versammelten sich Katholiken, Protestanten und Baptisten zu einem Gottesdienst in St. Michael. Gute Nachbarschaft bewiesen die Dekane Dr. Albert Lupp und Hans Gerhard Maser 1998, als sie im Rahmen einer Landesausstellung einen ökumenischen Gottesdienst auf der Freitreppe, der Nahtstelle zwischen den beiden Kempten, feierten. Die große Zahl von Gläubigen zeigte, daß zum Ende des zweiten Jahrtausends die Ökumene in den Köpfen der Bürger Einzug gehalten hat.

Christi Himmelfahrt, St. Mang und St. Lorenz

Jahrhundert der Kirchenbauten

Handel und Industrie verursachten im ausgehenden 19. Jahrhundert ein rasches Ansteigen der Bevölkerung. Zur Jahrhundertwende zählte die Stadtverwaltung knapp 15 000 Katholiken und annähernd 4000 Protestanten. Eine verschwindend geringe Rolle spielten die 234 Alt-Katholiken, 68 Juden und 49 Andersgläubigen. Aufgrund der starken Zuwanderung wandte sich der Augsburger Bischof Maximilian von Lingg 1903 an das Pfarramt St. Lorenz mit der Anregung, für die Katholiken Kemptens eine zweite Kirche zu bauen. Dies war auch notwendig, da sich deren Zahl innerhalb von fünf Jahren um fast 2000 erhöhte hatte.

Das 20. Jahrhundert kann als die Zeit der Kirchenbauten in Kempten bezeichnet werden. Aus den Stammpfarreien St. Lorenz und St. Mang heraus teilte sich die immer größer werdende Schar der Gläubigen in zahlreiche Tochterpfarreien und -gemeinden auf. Außerdem etablierten sich neue Glaubensrichtungen, deren Anhänger eigene Gotteshäuser und Versammlungsräume mieteten oder bauten.

Evangelischer Anteil steigt

Statistisch gesehen bewegte sich der Anteil der katholischen Bevölkerung im 20. Jahrhundert zwischen 76 und 82 Prozent; der protestantische Teil lag zwischen 15 und 20 Prozent. Das Zahlenverhältnis verschob sich erst durch die Aufnahme von rund 10 000 Heimatvertriebenen in der Stadt, als sich der evangelische Bevölkerungsanteil sprunghaft von 4500 auf 10 000 erhöhte. Dies gilt auch für den Stadtteil Sankt Mang. Zwischen 1935 und 1955 erhöhte sich der

Allgäuer Kirchentag 1926 mit Pater Rupert Mayr

Allgäuer Kirchentag 1953 mit Prälat Johann Evangelist Götz (rechts)

Anteil der Katholiken um gut ein Viertel auf 6600, während sich die Zahl der Protestanten mit knapp 1100 fast vervierfachte. Die Neuapostolischen verringerten sich von 450 auf 330.

Allgäuer Kirchentage

Die St.-Lorenz-Kirche war Schauplatz für die Allgäuer Kirchentage 1913, 1923, 1926 und 1953. In der ehemaligen Stiftskirche und der evangelischen St.-Mang-Kirche finden seit 1975 regelmäßig von Kennern geschätzte Kirchenmusikwochen mit überregionaler Bedeutung statt. Sie gelten als Zeichen gelebter Ökumene und bürgerschaftlicher Harmonie.
Als wichtige Treffpunkte katholischer Gruppen gelten neben den Pfarrzentren das 1990 an Stelle des einstigen Katholischen Vereinshauses erbaute Kolpinghaus, das neue Kolpingheim St. Michael und das 1982 eingeweihte Kolpingheim Heiligkreuz.

Kolpinghaus in der Linggstraße

Erzbischof aus Kempten

Der aus Kempten stammende Domkapitular Dr. Karlheinz Braun wurde 1984 zum Bischof von Eichstätt ernannt. Nach 112 Jahren trug damit wieder ein gebürtiger Kemptener die Mitra. 1872 wurde der aus Tannen bei Lenzfried stammende Abt von St. Bonifaz in München, Dr. Daniel Bonifaz von Haneberg, Bischof von Speyer. 1995 berief Papst Johannes Paul II. Dr. Karlheinz Braun zum Erzbischof von Bamberg.

Katholische Kirchen

Stammpfarrei St. Lorenz

Die Pfarrgeschichte von St. Lorenz ist eng verbunden mit der Fürstabtei. Sie beginnt vermutlich im 8. Jahrhundert, als ein erster Kirchenbau mit Friedhof entstand. Als die Fürstabtei 1803 aufgehoben wurde, zählte sie rund 6000 Seelen. Sie war damit die größte Pfarrei in der Diözese Augsburg und einzige katholische Gemeinde in Kempten. 1910 zählte die Pfarrei über 20 000 Seelen, von denen rund 900 auf die damalige Kuratie Heiligkreuz entfielen.
Eine Entlastung bedeuteten die Bauten weiterer Kirchen. Lediglich der Be-

St.-Lorenz-Kirche mit altem Pfarrhof vom Hofgarten aus vor 1900

reich Mariaberg, inzwischen zur Enklave geworden, verblieb auf eigenen Wunsch bei St. Lorenz. 1985 umfaßte die Pfarrei rund 8000 Katholiken und war damit immer noch die größte Kirchengemeinde Kemptens und eine der stattlichsten in der Diözese.

Grundsteinlegung kurz nach dem 30jährigen Krieg

Der frühbarocke Kirchenbau des ältesten Klosters im Allgäu ist in verschiedener Hinsicht eine Leistung hohen Ranges. Der Grundstein wurde 1652 gelegt. Auf die Fertigstellung 1670 folgten zahlreiche Ergänzungsbauten, bis 1900 die beiden Türme nach den Plänen von Baurat Hugo von Höfl ausgebaut wurden. 1969 folgte die Erhebung der St.-Lorenz-Kirche zur Basilica minor, zur Päpstlichen Basilika, durch Papst Paul VI.

Bau der Zwiebeltürme 1899/1900

Prälaten mit Weitblick

Die Nachkriegszeit der Pfarrei ist geprägt von den Prälaten Johann Ev. Götz, Siegfried Schindele und Dr. Albert Lupp, die weit über St. Lorenz hinaus wirkten. Dem wohl bekanntesten von ihnen widmete der Stadtrat eine Straße nördlich der Kirche: Johann Evangelist Götz. Er rief das Margaretha- und Josefinenheim für alte und pflegebedürftige Menschen ins Leben, feierte 1978 sein goldenes Priesterjubiläum und starb 1986.
1981 wurde das alte Pfarrhaus abgebrochen und durch ein Pfarrzentrum ersetzt. Zu einem Novum der Kemptner Kirchengeschichte kam es im Herbst 1982, als wohl erstmals bei einem Gottesdienst in der Basilika ein hebräisches Lied in der Originalsprache gesungen wurde.

Johann Ev. Götz bei seiner Primiz

... und noch eine Renovierung

Die zweite Innenrenovierung des 20. Jahrhunderts begann 1990 mit einer archäologischen Sensation: Bei Fußbodenarbeiten im Langhaus kamen über 100 Bestattungen aus dem siebten Jahrhundert, Mauerwerk romanisch-gotischer Vorgängerbauten und Scherben einer römischen Terra-Sigillata-Schüssel zutage. Bei der Renovierung entschieden die Experten, das frühbarocke Erscheinungsbild des Raumes wiederherzustellen. Im Herbst 1994 wurde der Abschluß der Innenrestaurierung mit Festakt im Fürstensaal und Festgottesdienst mit Bischof Dr. Viktor Josef Dammertz gefeiert. Aus der Basilika wurden von Prälat Dr. Albert Lupp zahlreiche Rundfunkpredigten übertragen. Über den Äther ausgetragen wurde auch ein humoriger Streit zwischen den Pfarreien Irsee und St. Lorenz, bei dem es um ein Faß Wein ging, das Fürstabt Giel von Gielsberg um 1641 seinem Nachbarn Abt Maurus entwendete. Der Irseer Pfarrer Dr. Dr. Anton Losinger – einst Kaplan in St. Lorenz – forderte die 400 Liter Wein aus Kempten zurück, was mit der symbolischen Übergabe einer Flasche geschah.

Blick in die renovierte Kuppel

Kapellen

Zur Pfarrei gehören auch zwei bedeutende Kapellen. Fürstabt Rupert von Bodman errichtete 1680 die Seelenkapelle, die rund 180 Jahre lang als Friedhofskapelle genutzt wurde. Eigentlich sollte sie 1807 in eine Schulhaus umgewandelt werden, aber dazu fehlten damals die Mittel. 1929/30 wurde sie in einer Art Neubarock restauriert und diente überwiegend für Schul-Gottesdienste. Nach der Außenrenovierung 1968 zog die Alt-Katholische Gemeinde ein. 1989 erfolgte eine grundlegende Sanierung, und 1997 wurde auf dem neugestalteten Kirchplatz ein Brunnen aufgestellt. Am Kanalweg liegt eine Backstein-Kapelle, die 1898/99 von der Verlegerfamilie Huber errichtet wurde und den bekannten Magmannshofer Altar beherbergt.

Restaurierter Magmannshofer Altar in der Marienkapelle im Huberpark

Klosterkirche St. Anton

Die Ausweitung der Stadt war verbunden mit neuen Gemeinden. Anfang 1904 wurde der Kirchenbauverein Kempten-Süd ins Leben gerufen, und acht Jahre später zogen die ersten Kapuziner in das Kloster ein und verfolgten den Bau der Kirche, die 1914 feierlich konsekriert wurde. Erst nach zähen Verhandlungen mit dem Bischöflichen Ordinariat erhob Bischof Joseph Kumpfmüller im Mai 1938 St. Anton zur Pfarrei.

Pater Odilo

Neben Stadtpfarrer Pater Corbinian stand damals ein Kaplan, welcher der Pfarrei einen ganz besonderen Stempel aufdrücken sollte: Pater Odilo. 40 Jahre wirkte er als Seelsorger in St. Anton, davon 35 Jahre als Stadtpfarrer. Der Kapuziner bot seine Hilfe an, wo er nur konnte. Sei es, daß er mit eigener Hand am Ende des Krieges zerstörte Hausdächer decken half, wie er auch sein bombengeschädigtes Kirchendach selbst wieder flickte, sei es, daß er in der Nachkriegszeit Mittellosen Nahrung und Kleidung besorgte, oder sei es, daß er bis zuletzt Bettler und Tippelbrüder nie leer ausgehen ließ. Dafür erhielt er das Bundesverdienstkreuz 1. Klasse, den Päpstlichen Kreuzorden und die goldene Residenzmedaille der Stadt. Für eine neue Orgel spendete Pater Odilo den Rest seines elterlichen Erbes. Oberbürgermeister Dr. Josef Höß nannte den 1978 verstorbenen Hirten „die personifizierte Güte".

Kloster schrumpft

Die Stabübergabe an Stadtpfarrer Pater Konrad – einen Mann des Glaubens, der Güte und der Tatkraft – erfolgte Anfang 1977. Er versteht es immer wieder aufs neue, sein Gotteshaus vor allem mit Familien zu füllen, und hält gerne an Faschingssonntagen humorige Predigten. In den achtziger Jahren umfaßte der Konvent noch fünf Patres und zwei Brüder. Doch diese Zahl schrumpfte bis 1999 auf zwei Klosterbewohner zusammen. Aus der Pfarrei gingen unter anderem die Geistlichen Salvian Wildegger und Matthias Effhauser hervor. Als Mittelpunkt des Kemptener Südens gilt das Antoniushaus, das 1988 von Bischof Josef Stimpfle eingeweiht wurde.

Die Pfarrkirche St. Anton im Süden der Stadt wurde 1914 eingeweiht

Teilung der Pfarrei

1976 wurde ein Kreuz am Weg nach Adelharz errichtet und 1992 die Dreifaltigkeitskapelle grundlegend renoviert. Doch diese reichte bei weitem nicht für die Gläubigen in Steufzgen, die ab Ende der sechziger Jahre durch zahlreiche Neubauten sprunghaft zunahmen. Deshalb begann die Diözese mit den Vorbereitungen zum Bau des Pfarrzentrums St. Franziskus.

St. Franziskus in Steufzgen

Die neue Pfarrei entstand somit aus der Pfarrei St. Anton heraus. Die grundlegenden Schritte stammen von Pater Odilo. Die erste Behelfskirche an der Feichtmayrstraße wurde bereits im Sommer 1968 eingeweiht, doch mehr als acht Jahre mußten die Katholiken rund um den Stadtweiher warten, ehe der erste Spatenstich für die Kirche und das Gemeindezentrum erfolgen konnte.
Nach dem Richtfest 1977 fiel die überraschende Entscheidung, auf Glockenturm und Geläut zu verzichten. Weihbischof Rudolf Schmid konsekrierte die Kirche St. Franziskus und das Gemeindezentrum im Oktober 1978. Fünf Jahre später übernahm Dr. Hermann Wohlgschaft die Pfarrei, die zur Jahrhundertwende vom ehemaligen Kaplan der Pfarrei St. Lorenz, Bernhard Ott, geführt wird.

Blick in die 1978 geweihte Stadtpfarrkirche St. Franziskus

Maria-Hilf in der Eich

1836 ließ Bauer Joseph Hörmann auf seinem Grund eine Kapelle erbauen, die zwei Jahre später eingeweiht wurde. Doch die Bevölkerung in der Eich nahm stetig zu und zählte 1929 rund 675 Katholiken, für welche die Kapelle zu wenig Platz bot. Als Übergangslösung feierte der Guardian von St. Anton die Messen in der Hauskapelle des Mädchenheimes des Fabrikanten Hoefelmayr. 1928 folgte die Gründung des Kirchenbauvereins Eich, der 1930 einen Bauplatz kaufte, auf welchem 1937 der Grundstein gelegt wurde. Die Pläne entwarf der Kemptener Architekt Andor Ákos.
Die Einweihung der Kirche Maria Hilfe der Christen nahm Ende 1938 Bischof Joseph Kumpfmüller von Augsburg vor. Mit der Erhebung von St. Anton zur Stadtpfarrkirche wurde das Eicher Gotteshaus 1940 eine Filialkirche. 1962 wurde eine erste Orgel eingebaut. Auf die erste Innenrenovierung 1976 folgte 1991 ein neues Außenkleid und 1998 eine zweite Innenrenovierung mit der Installierung eines Kreuzweges aus Bronzereliefs. 1988 reagierten die Kapuziner auf die Veränderung in der Bevölkerungsstruktur und feierten erstmals einen Gottesdienst in polnischer Sprache.

Zweimal Christi Himmelfahrt in der Altstadt

Neben der Pfarrei St. Anton entwickelte sich zu Beginn des Jahrhunderts die Pfarrei Christi Himmelfahrt an der Iller. Der früh gegründete Kirchenbauverein Kempten-Ost sammelte bereits vor dem Ersten Weltkrieg Spenden, die aber durch die Inflation wertlos wurden. Im Sommer 1927 wurde an der Iller eine Notkirche nach den Plänen des Kemptener Architekten Andor Ákos fertiggestellt, und ein Jahr später trennte St. Lorenz die Expositur mit 4300 Seelen ab. Unter Leitung von Pfarrer Ulrich Felber wurde Christi Himmelfahrt 1931 zur Stadtpfarrei erhoben. Ziel des Kirchenbauvereins blieb aber weiterhin ein großes würdiges Gotteshaus. Durch die Besiedelung des Gebietes am Ostbahnhof entstand nach 1945 die Pfarrei St. Ulrich, welche einen Kirchenneubau unter der Burghalde erneut verzögerte. Schließlich baute die Pfarrei Christi Himmelfahrt im Freudental auf dem ehemaligen Gelände der Gärtnerei Heiler eine vom Augsburger Architekten Robert Gerum entworfene moderne Kirche. Das durch große Glasfassaden geprägte Bauwerk wurde 1971 unter Pfarrer Max Knorr geweiht und das dazugehörende Pfarr- und Jugendheim 1982.

Die neue Pfarrkirche Christi Himmelfahrt im Freudental

Die leerstehende Notkirche machte 1973 zunächst einer Grünanlage Platz, ehe dort die Sozialbau ihr Projekt Integriertes Wohnen umsetzte. Zu den gestaltenden Geistlichen der Pfarrei gehörte Dr. Peter Neher, der im Jahre 1993 Subregens in Augsburg wurde und sein Amt an den gebürtigen Kaufbeurer Walter Merkt abgab.

Weihnachtliche Stimmung an der Notkirche Christi Himmelfahrt an der Brennergasse

Pfarrei St. Ulrich auf dem Lindenberg

Die ständig wachsende Besiedlung des Gebietes östlich der Iller führte nach dem Zweiten Weltkrieg zu einer neuen Situation. Vor allem Heimatvertriebene fanden am Ostbahnhof und auf dem Lindenberg ein neues Zuhause. Bei der Einweihung der Ulrichsiedlung Ende 1955 gab Bischof Dr. Joseph Freundorfer den Auftrag, einen Platz für ein Gotteshaus zu suchen.

Rasch wurde der Lerpscher Hof ins Auge gefaßt, welchen die Stadt schließlich kostenlos der Pfarrei überließ. Die Kirchenverwaltung wollte den Rohbau bis 1960 fertigstellen, doch mußten zahlreiche Verzögerungen in Kauf genommen werden, ehe Weihbischof Dr. Joseph Zimmermann die Kirche im Herbst 1963 weihen konnte. Anfang 1964 wurde die Stadtpfarrei St. Ulrich durch Bischof Dr. Josef Stimpfle errichtet und Xaver Weiher zum ersten Seelsorger ernannt.

Die architektonische Gestaltung des Kirchenschiffes wurde von Regierungsbaumeister Willy Hornung aus Ottobeuren bewußt einfach gehalten und läutete die Reihe von Stahlbeton-Kirchen in Kempten ein. Die Einrichtung wurde erst im Herbst 1978 komplettiert, als Weihbischof Manfred Müller eine Orgel weihte, deren Planung zwölf Jahre zuvor begonnen hatte. 1986 verabschiedete sich nach 22jähriger Tätigkeit Geistlicher Rat Xaver Weiher. Oberbürgermeister Höß überreichte dem Pfarrer, der auch eine Amtsperiode im Stadtrat saß, für sein Wirken die Goldene Residenzmedaille.

In die Amtszeit von Pfarrer Heribert Denzle, der von 1970 bis 1974 als Kaplan in der Pfarrei St. Michael wirkte, fällt die Neugestaltung des Platzes vor der Kirche, der sich schnell als ein idealer Festplatz entpuppte. Ende der neunziger Jahre erwies sich das Gotteshaus als nicht sanierungswürdig, und so soll im kommenden Jahrhundert neben dem bestehenden Turm ein deutlich kleinerer Neubau entstehen.

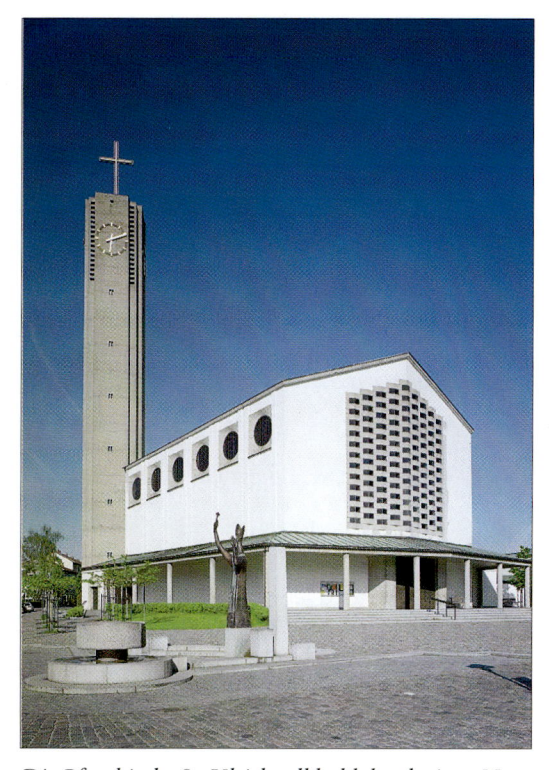

Die Pfarrkirche St. Ulrich soll bald durch einen Neubau ersetzt werden

Innenraum der Pfarrkirche St. Michael

Pfarrei St. Michael

Die Stadt wuchs nach 1945 auch nach Norden, und die Siedlungen jenseits der Rottach erforderten eine eigene Kirchengemeinde. 1950 wurde eine Expositur von St. Lorenz errichtet, welche als erstes Gotteshaus eine Flugzeughalle aus Durach als Notkirche erhielt. Sie wurde von Diözesanbischof Joseph Freundorfer zu Ehren des hl. Michael geweiht. Gleichzeitig übernahm der ehemalige Wehrmachtsoberpfarrer Anton Kuhn den Aufbau der Gemeinde und ließ Kindergarten, Pfarrhaus und Jugendheim errichten. 1956 wurde St. Michael zur Stadtpfarrei erhoben und Anton Kuhn zum Wehrbereichsdekan ernannt. Seinem Nachfolger Ulrich Hertle fehlte aber immer noch eine Kirche.

Der Grundstein für den zweiten Kemptener Kirchenneubau nach 1945 wurde erst 1964 gelegt. Nach den Plänen des Kemptener Architekten Georg Bartelt wurde beispielsweise als Erinnerung an die Notkirche ein Glasfenster mit dem hl. Michael in die Taufkapelle eingebaut. Im Frühjahr 1966 konsekrierte Bischof Dr. Josef Stimpfle das neue Gotteshaus mit 630 Sitzplätzen für die rund 4000 Pfarreiangehörigen. Es folgten 1968 die Orgelweihe und 1972 der Bau des Pfarr- und Kolpingheimes.

Diese Aufbauphase wurde von Pfarrer Ulrich Hertle bestimmt, der auch weitblickend die Errichtung der Nachbarpfarrei St. Hedwig betrieb. Im Sommer 1975 übernahm Berthold Spägele die Pfarrei, die inzwischen auf 3500 Gläubige geschrumpft war. Anknüpfend an die alte Tradition der Bittage und der Friedenswallfahrten (1948 bis 1973) lädt er zusammen mit dem Pfarrgemeinderat seit 1980 wieder zu Friedenswallfahrten nach Heiligkreuz ein. In seine Amtszeit fällt auch die Sanierung des 55 Meter hohen Turmes.

St. Hedwig in Thingers

Ende der fünfziger Jahre begann in Thingers eine rege Wohnbebauung. Geistlicher Rat Ulrich Hertle (gest. 1985) erkannte die Notwendigkeit eines Kirchenneubaus und erwarb 1971 ein Grundstück für ein neues Pfarrzentrum. So zählte 1975 die Pfarrei St. Michael rund 6000 Seelen, was eine Teilung erforderlich machte. Erster Pfarrkurat wurde Franz Heumann, bis dahin Kaplan in Kempten-St. Ulrich. Für seine zwei Gottesdienste am Wochenende versammelte er die Katholiken in der Notkirche der evangelischen Markusgemeinde. Die jahrelange sogar kostenlose Überlassung des Gotteshauses zählt als Beispiel für gelebte Ökumene in Kempten. Im Juni 1980 wurde die Tochtergemeinde St. Hedwig zur Stadtpfarrei erhoben. Doch viele Hindernisse standen dem

Pfarrkirche St. Hedwig

Vorhaben, ein Pfarrzentrum am Drosselweg in Kempten zu bauen, entgegen. Es hagelte Einsprüche gegen die Größe der Kirche, den Turmbau oder das Glockengeläut. Die juristischen Auseinandersetzungen, die bis zum Verwaltungsgerichtshof in München getrieben wurden, waren im Februar 1984 zu Gunsten der Pfarrei entschieden. Noch im Sommer desselben Jahres begannen die Arbeiten für die vier zusammenhängenden Baukörper Kirche, Pfarrheim, Pfarrhaus und Kirchturm.

Die Pläne für das zehn Millionen Mark teure Bauwerk lieferte der Kemptener Architekt Dieter Heiler. Im Herbst 1986 weihte Diözesanbischof Dr. Josef Stimpfle die neue Kirche mit 350 Sitzplätzen. Zu diesem Zeitpunkt zählte der Stadtteil Thingers rund 5200 Einwohner, von denen sich ungefähr 3500 zum katholischen Glauben bekannten. Dekan Dr. Albert Lupp stellte bei der Einweihung 1986 die heilige Hedwig heraus: „Kirchenbauten sind Ausdruck eines konkreten Gegenwartsbewußtseins. Wenn die katholische Kirche seit den Anfängen unter den Heiligen als ihren Leitbildern Männer und Frauen auswählt, so ist es gewiß an der Zeit, daß nunmehr in Kempten unter den großen Pfarreipatronen auch eine richtungsweisende Heilige ihren Platz hat."

Nun geht die Pfarrei mit einer neuen Orgel ins 21. Jahrhundert, das im Mai 2000 mit der Primiz von Simon Rapp einen ersten Höhepunkt erfahren soll.

Kapelle auf dem Mariaberg

Hoch über Kempten steht seit 1783 die Kapelle Mariä Heimsuchung. Das beliebte Ausflugsziel auf dem Mariaberg wurde von Fürstabt Honorius Roth von Schreckenstein erbaut und gehörte von jeher zur Pfarrei St. Lorenz. Erst durch das Wachsen der Stadt und die Abtrennung neuer Pfarreien in den achtziger Jahren wurde sie zur Enklave. Doch die Familien auf dem Mariaberg stehen fest zu ihrer Mutterpfarrei und wirken dort in verschiedenen Gremien mit. 1937 wurde auf dem Mariaberg die Primiz von H. Riepp unter freiem Himmel gefeiert. Die Rokokokapelle wurde 1932 und 1968 restauriert und mit Deckenfresken ausgestattet. Im 200. Jahr seines Bestehens erhielt das vor allem bei Hochzeitspaaren beliebte Gotteshaus eine fünf Register umfassende Orgel. Seit 1998 führt vom Pulvermühlweg aus ein neuer Kreuzweg mit 14 Stationsbildern zur Kapelle.

Primiz auf dem Mariaberg

Wallfahrtskirche Heiligkreuz

Die Blutsäule in der Wallfahrtskirche von Heiligkreuz erinnert an die Entstehungsgeschichte von Kirche und Ort. An der Stelle, wo 1691 vor den Augen erschrockener Bauern Blut aus einer Wiese quoll, wurde von 1711 bis 1730 das heutige Gotteshaus erbaut.
Zu Beginn des 20. Jahrhunderts war Heiligkreuz mit rund 900 Gläubigen noch

Die Friedenswallfahrt 1999 führte von den Pfarreien St. Michael, St. Hedwig und Markus zur Wallfahrtskirche in Heiligkreuz

Kuratie der Pfarrei St. Lorenz und wurde erst 1948 zur Pfarrei erhoben. Die Nachkriegsjahre in der Vorortgemeinde wurden von Geistlichem Rat Franz Xaver Schleibinger bestimmt, der 1976 sein Amt an Markus Notheis abgab. In dessen Schaffensperiode fiel die Gesamtrenovierung der Pfarrkiche. Dabei wurde 1987/88 der Innenraum nach 83 Jahren erstmals umfassend restauriert. Die Arbeiten mündeten 1990 in ein Gedenkjahr zum 300jährigen Bestehen der Wallfahrten, eröffnet mit einem Pontifikalamt des Abtes von Weingarten.

Kirchplatz neu gestaltet

Im Sommer 1991 wurde auf dem umgestalteten Kirchplatz in Heiligkreuz der neue Brunnen von Max Schmelcher aus Lindenberg neu aufgestellt. Höhepunkte der Jubiläumsfeierlichkeiten waren ein von Diözesanbischof Dr. Josef Stimpfle zelebriertes Pontifikalamt und ein Festakt mit einem Vortrag über Fürstabt Rupert von Bodman, gehalten von Wilderich Graf von und zu Bodman. Den Schlußpunkt setzte ein Gottesdienst im Ritus der Ostkirche, gefeiert vom griechisch-katholisch-melkitischen Patriarchalvikar von Jerusalem, Erzbischof Dr. Lutfi Laham.
Eine große Lücke entstand im Sommer 1992, als Markus Notheis aus gesundheitlichen Gründen in den Ruhestand ging und seine Stelle nicht mehr besetzt werden konnte. Als nebenamtlicher Pfarradministrator für die rund 2000 Katholiken fungiert Franz Heumann von St. Hedwig und als Hilfe Studiendirektor i.R. Josef Herz.

Bischof Dr. Lutfi Laham in Heiligkreuz

St. Magdalena in Hirschdorf

Zu den ältesten Gotteshäusern in Kempten gehört die Kapelle St. Magdalena in Hirschdorf. Sie wurde bereits 1394 erwähnt. 1774 wurde sie unter Fürstabt Honorius Roth von Schreckenstein durch einen Neubau ersetzt. Nach einem verheerenden Brand 1830 bauten die Bürger das Gotteshaus neu auf. Die Hirschdorfer bewahrten bei der Renovierung zwischen 1989 und 1991 in 1600 frei-

Kapellenweihe in Bahnholz

willigen Arbeitsstunden nicht nur ein Denkmal der Kunst und Kultur, sondern nahmen auch das Glaubenserbe der Vorfahren erneut auf. Weitere Denkmäler in der ehemaligen Gemeinde St. Lorenz sind die Kapelle St. Michael in Hohenrad aus dem Jahre 1705, die 1927 erbaute Kapelle Obergrünenberg, die 1953/54 errichtete Schulkapelle in Leinschwenden und die 1998 geweihte Kapelle in Bahnholz sowie die Bildstöcke in Hirschdorf, Kollerbach und Schwabelsberg.

Mariä Himmelfahrt in Sankt Mang

Kurz nach der Jahrhundertwende wurde die Expositur Kottern-Neudorf errichtet, der aber eine Kirche fehlte. Die Gottesdienste wurden in der Kapelle der „Kleinkinder-Bewahranstalt" gefeiert, welche auch von den evangelischen Christen genutzt wurde. Außerdem gab es die Antonius-Kapelle in Schelldorf, die vermutlich aus dem 17. Jahrhundert stammte. Durch eine Stiftung von Karl Karg konnte 1905 das baufällige Kirchlein saniert werden, mußte aber 1967 dem Straßenbau weichen. Geistlicher Rat Johann Gebhart bettelte unermüdlich für seine Gemeinde, und als die Arbeiten für den Bau der Kirche gerade vergeben waren, brach der Erste Weltkrieg aus und verzögerte die Arbeiten nach den Plänen von Johann Müller, München, um sieben Jahre. Überhaupt ist die Kirche im wesentlichen auf Spenden aufgebaut. Das unterstrich der „Bettelpfarrer" bei der Weihe der Kirche 1922 durch den Augsburger Weihbischof Dr. Carolus Reth. Mit humorvollen Worten berichtete er, daß die Innenausstattung aus vielen verschiedenen Allgäuer Gotteshäusern stammt.

Fünf Jahre später war der Pfarrhof bezugsfertig, 1928 wurde die Pfarrei offiziell errichtet, und kurz vor seinem Tod 1955 erlebte Johann Gebhart noch den Beginn der Bauarbeiten zum 52 Meter hohen Kirchturm, der Mariä Himmelfahrt zu einer vollständigen Kirche machte. Wenn auch damals nicht viel von Ökumene die Rede war, so setzte sich das gute Einvernehmen fort. Stadtpfarrer Helmut Doll erklärte dazu 1976: „Mit Stolz können wir darauf verweisen, daß beide Gemeinden immer

Mit diesem Turm wurde die Kirche Mariä Himmelfahrt geplant

Diözesanbischof Dr. Viktor Josef Dammertz weihte 1997 einen neuen Altar

wieder für die Zusammenarbeit in dem einen Kindergarten, in der einen Schule, in dem einen Krankenverein eintraten." Den ersten Gottesdienst in polnischer Sprache feierte Stadtpfarrer Helmut Doll 1984. Das Jahr 1997 wurde zu einem Festjahr: Die Pfarrei feierte das 100jährige Bestehen des Kirchenbauvereins, den 75. Weihetag des Gotteshauses, den Abschluß der Kirchenrenovierung und die Konsekration des neuen Altares durch Diözesanbischof Dr. Viktor Josef Dammertz.

Franziskaner in Lenzfried

Anläßlich des 350. Geburtstages der Pfarrei St. Magnus erklärte Oberbürgermeister Dr. Wolfgang Roßmann: „Noch heute ist Lenzfried ein Klosterdorf – es ist bestimmt von den in der Barockzeit erstellten Klosterbauten, der einstigen Franziskanerkirche, seit 1642 Pfarrkirche, dem der Kirche angefügten ehemaligen Franziskanerkloster und dem früheren Franziskanerinnenkloster St. Anna." Der Orden der Armen Schulschwestern zog 1857 mit drei Nonnen in das Kloster Lenzfried ein. Sie übernahmen die Mädchenvolksschule und widmeten sich der Erziehung armer, verwaister und verwahrloster Jugendlicher aus Kempten und Umgebung. Das Mädcheninstitut Lenzfried erhielt um 1900 die staatliche Anerkennung. 1961 baute der Orden ein neues Schulhaus für 220 Schülerinnen, und Mitte der neunziger Jahre wurde die Mädchenschule als Pilotprojekt für eine sechsstufige Realschule ausgewählt.
In dem Gotteshaus St. Magnus fand 1921 eine Restaurierung der alten, teilweise aus dem 17. Jahrhundert stammenden Stukkaturen statt. Dabei wurden

Das Klosterdorf Lenzfried mit Pfarrkirche St. Magnus, mit Kloster und Schule

die Deckenbilder mit Szenen aus dem Leben des heiligen Franziskus wiederhergestellt. 1979/81 wurde der Innenraum renoviert und 1987 der neugestaltete Kirchplatz eingeweiht. Zu einem besonderen Ereignis geriet 1985 die Seligsprechung der Gründerin der Armen Schulschwestern, M. Theresia Gerhardinger, welche die ersten Schwestern nach Lenzfried entsandt hatte.

Kapellen und Bildstöcke

Die Pfarrei Lenzfried ist gesegnet mit Kirchen, Kapellen, Bildstöcken und Wegkreuzen. Dies drückt eine tiefe Hoffnung auf die Hilfe Gottes und die feste Verwurzelung im Glauben durch die Vorfahren aus. Ein Schmuckstück ist die aus dem Jahr 1795 stammende Kapelle in Sommers mit dem hl. Florian. Die von Johann Georg Reichart gestiftete Kapelle wurde 1991 renoviert. Die Familie Fischer in Steig sanierte ihre aus dem Jahr 1650 stammende Hofkapelle ebenfalls umfassend. Die Wegkapelle in Leupolz mit der Bildsäule des gegeißelten Heilands, genannt der Kerker, wurde 1934 abgebrochen und 1950 neu gebaut. Die Kapellenweihe in Reinharts fand 1996 statt.

Heilige Ursula in Ursulasried

In einer Urkunde von 1378 wird die der heiligen Ursula geweihte Kapelle erstmals erwähnt. Damit dürfte sie eine der ältesten in Kempten sein. Um das Jahr 1922 übernahmen die Kapuziner aus St. Anton den Sonntagsgottesdienst. Als Entschädigung erhielten sie im ersten Jahr Naturalien. 1936 übernahm der

Kaplan von Lenzfried die Gottesdienste. Von 1969 bis 1982 gehörte die Kirche zwar zum Pfarrsprengel St. Ulrich, wurde aber von den Salesianern Don Boscos seelsorgerisch betreut. 1985 weihte Weihbischof Rudolf Schmid den Volksaltar. Mit der Aufgabe des Schülerheimes Stella Maris gaben die Salesianer die Filialgemeinde an die Pfarrei Lenzfried zurück. Die Sonntagsgottesdienste übernahm ab 1999 der frühere Lindauer Dekan Johannes Egger.

Mariä Heimsuchung in Leubas

Zu Beginn des 20. Jahrhunderts hatten die Leubaser nur die St. Magnus-Kapelle direkt an der Straße. Die kleine Kapelle gehörte seit der ersten Erwähnung im Jahr 1735 bis 1924 zur Adlerwirtschaft, ehe sie die Lenzfrieder Kirchenverwaltung übernahm.

Ebenfalls aus dem 18. Jahrhundert stammt die Marienkapelle im angrenzenden Leupratsried. Die im Privatbesitz der Familie Heinrich befindliche Kapelle aus dem Jahr 1777 wurde in einer großen Gemeinschaftsleistung 1988 restauriert.

Zu diesem Zeitpunkt trafen sich die Katholiken von Leubas in einer betagten Notkirche auf der Wiggenhöhe. Josef Mayr und Johann Hemmerle waren 1995 die treibenden Kräfte für die neue Filialkirche Mariä Heimsuchung, zu der 1996 der Grundstein gelegt wurde. Nach den Plänen des Augsburger Architekten Adolf Zach entstand das 2,7 Millionen Mark teure Gotteshaus mit 165 Sitzplätzen. Im Oktober 1997 konsekrierte Bischof Dr. Viktor Josef Dammertz die Kirche, die von Johannes Egger betreut wird.

Mariä Heimsuchung in Leubas

Klöster in Kempten

Die Schwesterngemeinschaft *„Christliche Jugendhilfe – Schwestern der Liebe Christi"* übernahm 1953 das neu erbaute Lehrlingsheim St. Georg in Kempten und 1954 den ebenfalls neu erbauten Kinderhort St. Elisabeth in der Pfarrei St. Lorenz. 1956 wurde unter ihrer Leitung das Kindergärtnerinnenseminar errichtet, die heutige Fachakademie für Sozialpädagogik, welche seit 1974 über ein eigenes Schulhaus auf der Halde verfügt. Generaloberin M. Rosa Häring setzte im Mai 1987 den ersten Spatenstich für das Mutterhaus am Bischof-Freundorfer-Weg. Seit 1989 ist es Heimat für die älteren Schwestern und Mittelpunkt für die jährlichen Exerzitien der Gemeinschaft, die 1999 aus 29 Nonnen bestand. Im Bildungszentum St. Raphael finden Gruppen aus nah und fern Aufnahme und Betreuung im Sinne der Schwestern.

Der Name der *Armen Franziskanerinnen Mallersdorf* ist eng mit den Kemptener Krankenhäusern und dem Kindergarten an der Ludwigstraße verbunden. Seit 1889 wirkten sie segensreich in Kempten. Doch der Nachwuchsmangel machte sich in den achtziger Jahren bemerkbar, und so entschloß sich die Ordensführung, sich auf pastorale Aufgaben zu beschränken. 1986 verließen die letzten sieben Schwestern das Stadtkrankenhaus.

Im Juli 1853 nahmen sechs Mitglieder des Ordens der *Barmherzigen Schulschwestern* ihre Tätigkeit am damaligen Distriktspital auf. Während der Weimarer Republik stockte der Orden seine Abordnung auf 19 Schwestern auf, die auch während des Dritten Reiches ihre Arbeit im Spital an der Memminger Straße erfüllen durften. Nach 1945 wirkten sie im Kreiskrankenhaus fort, bis der Nachwuchsmangel keine weitere Entsendung von Barmherzigen Schwestern nach Kempten erlaubte.

1952 errichtete die Diözese Augsburg am Bischof-Freundorfer-Weg das *Bischöfliche Knabenseminar St. Magnus*, welches 1972 erweitert wurde und ein Hallenbad erhielt. Doch die steigende Mobilität der Schüler drückte auf die Belegung des Hauses. Mit dem Ende des Schuljahres 1987 mußte das von Bischof Dr. Joseph Freundorfer gegründete Haus wegen ständig rückläufiger Schülerzahlen geschlossen werden.

Das Studienseminar wurde 1990 durch eine Doppel-Sporthalle ergänzt, diese wird heute von der *Maria-Ward-Realschule* genutzt. Die Englischen Fräulein waren im 19. Jahrhundert nach Kempten gekommen und bauten an der Fürstenstaße ihr weithin bekanntes Institut mit Internat auf. Nachwuchsmangel veranlaßte die Ordensleitung Anfang der achtziger Jahre zu einem Rückzug. Das Schulwerk der Diözese Augsburg übernahm die Mädchenrealschule, die im 21. Jahrhundert in ein grundlegend saniertes Seminar umziehen möchte.

Bei der Erweiterung des Schülerheimes *Stella Maris* wurde 1928 nach den Plänen des Kemptener Architekten Paul Mayr eine Kapelle gebaut. 70 Jahre lang wurden darin Gottesdienste gehalten – seit 1956 von den Salesianern Don Boscos. Im Juli 1998 feierten sie ihren Abschiedsgottesdienst – das Schülerheim wurde geschlossen und das Haus an die Augsburger Gesellschaft für Lehmbau, Bildung und Arbeit übergeben. Die ehemalige Heimkapelle ist inzwischen in das Verzeichnis der Denkmäler aufgenommen worden.

Evangelische Kirchen

St.-Mang-Kirche

Die St.-Mang-Kirche ist die Keimzelle der protestantischen Bewegung in Kempten. Den Sprung über die früheren Stadtmauern schaffte die Gemeinde nach der Säkularisation aber nur sehr zögerlich. Zu sehr waren die Familien mit der ehemaligen Reichsstadt verbunden. Zu Beginn des Jahrhunderts wuchsen katholische und evangelische Familien aber langsam zusammen. Erst die Folgen des Zweiten Weltkrieges ließen die konfessionellen Schranken endgültig fallen, und Dekan Nagengast war zusammen mit seinem katholischen Kollegen Johann Ev. Götz Wegbereiter für eine beispielhafte Ökumene. Ende Mai 1971 predigte mit Dekan Götz der erste katholische Geistliche seit der Reformation 1525 in der St.-Mang-Kirche. In den Gottesdienst eingebunden waren auch die evangelisch-freikirchliche und die alt-katholische Gemeinde.

Die 1426/28 erbaute Stadtpfarrkirche erlebte im 20. Jahrhundert zahlreiche Handwerker. Nach der Errichtung des Jugenstilbrunnens 1905 auf dem ehemaligen Friedhof vor der Kirche wurde 1911 der Außenbau restauriert und mit einem Portalvorbau ergänzt. Die

Jugendstilbrunnen aus dem Jahre 1905 vor der St.-Mang-Kirche

nächste Außenrenovierung folgte 1959, und 1970 feierten die Gläubigen die Wiedereinweihung der restaurierten St.-Mang-Kirche. Die Apostelkreuze, ein Engel und gotisches Rankenwerk an den Gewölberippen wurden freigelegt und zählen zum wertvollsten Kunstbestand der Stadt.

Neue Orgel mit 4194 Pfeifen

1972 erhielt die Kirche eine neue Chororgel, und sieben Jahre später gründete Roland Glöckler einen Orgelbauverein. 1987 erfüllte dann die fünfte Hauptorgel seit 1480 das Langhaus mit ihrem Klang. In den folgenden vier Jahren wurde die Königin der Musikinstrumente auf 51 Register mit 4194 Pfeifen ausgebaut. Die Akustik der St.-Mang-Kirche und das virtuose Spiel

Innenraum der St.-Mang-Kirche mit Blick zur 1991 vollendeten Orgel

der Organisten wird von jeher von vielen Kirchenmusikfreunden geschätzt. Die zweite Hälfte des 20. Jahrhunderts ist geprägt von drei Dekanen in drei Gemeindezentren. Hermann Kornacher wirkte im 1929 eröffneten Haus an der Ecke Gerberstraße/In der Brandstatt. Karl Nagengast weihte 1963 den grundlegenden Umbau ein, und Johannes Scholz gab 1983 grünes Licht für einen fünf Millonen Mark teuren Neubau an der Reichsstraße, der 1988 seiner Bestimmung übergeben wurde.

1978 wurde mit Inge Nimz die erste Pfarrerin in Kempten begrüßt. Zu einem engen Kontakt zwischen Kempten und der Arusha-Synode in Tansania trug Johannes Scholz wesentlich bei. Wiederholt begrüßte er zwischen 1983 und 1997 den afrikanischen Bischof Thomas Laiser in der St.-Mang-Kirche. Dann trat er nach 24 Jahren als Dekan in den Ruhestand und übergab die Führung an Hans Gerhard Maser. Dieser eröffnet im September 1999 das erste ökumenische Jahr unter dem Motto: „Mutig ins Jahr 2000".

Christuskirche in Sankt Mang

Die Kapelle in der 1887 erbauten Kleinkinder-Bewahranstalt in Kottern ist die Keimzelle der Kemptener Ökumene. Jahrzehntelang teilten sich Katholiken und Protestanten den Raum. Pfarrer Lohmeyer feierte dort 1888 den ersten evangelischen Gottesdienst mit Mitarbeitern der Textilfabrik Kottern, die aus der Schweiz stammten. Anschließend notierte er im Protokollbuch der Gemeinde: „Auch viele Katholiken wohnten demselben bei." Dieser Friede ist nie gestört worden, und das Zusammenleben wurde immer enger und freundschaftlicher. 30 Jahre später gründeten die 420 Gemeindeglieder um Pfarrer Werner Limpert einen Kirchenbauverein. Ungefähr auf halbem Wege zwischen Kottern und Schelldorf legte das evangelische Vikariat Kempten, Sitz Kottern, zum Reformationsfest 1926 den Grundstein für die erste Kirche im Pfarrsprengel Kottern, Neudorf, Schelldorf, Durach, Sulzberg und Waltenhofen. Die Zahl der Gemeindeglieder lag bei der Weihe im Juli 1927 bei 544. Die Pläne für den ovalen, äußerlich einfach gehaltenen Bau mit steilem Dach und kupfergedecktem Glockentürmchen in Zwiebelform lieferte der Kemptener Architekt Otto Heydecker. An der Kanzel vereinigte er die beiden Reformatoren Luther und Zwingli.

1952 wurde dann die Gemeinde zur Pfarrei erhoben und zwei Jahre später das Gemeinde- und Pfarrhaus an der Westseite angebaut. Zwischen 1967 und 1975 sank die Zahl der Gläubigen von 3000 auf 2300. Doch die Ökumene lebte weiter und wurde durch gemeinsame Gottesdienste mit den Pfarreien Maria Himmelfahrt, St. Joseph in Weidach sowie der Pfarrgemeinde in Oy untermauert. Ab dem Sommer 1973 erhielten alle Neubürger in Kottern ein von den beiden Geistlichen gemeinsam abgefaßtes Begrüßungsschreiben. Durch den Zuzug von Aus- und Übersiedlern bis 1997 stieg die Zahl der Protestanten auf rund 3400 in den Gemeinden Sankt Mang, Durach, Sulzberg und Oy-Mittelberg.

Christuskirche in Sankt Mang

Johanneskirche

Mit der Aufnahme der Heimatvertriebenen nach 1945 wuchs die Zahl der Gemeindeglieder in Kempten auf 10 000 an und machte die Errichtung evangelischer Kirchen in den einzelnen Stadtteilen notwendig, wie beispielsweise im Haubenschloßgebiet. Die Anfänge der Johannesgemeinde in dem stark aufstrebenden Stadtteil gehen auf eine Bibelstundengemeinde zurück, die sich zu Beginn der fünfziger Jahre unter Leitung von Pfarrer Erich Karl im Haubenschloß traf und von Pfarrer Helmut Alt fortgeführt wurde.
Auf einem Areal am Braut- und Bahrweg entstanden ab 1956 ein Kindergarten und ein Pfarrhaus. 1959 wurde die

Johanneskirche

Tochtergemeinde Kempten-Südwest gebildet und ein Jahr später ein Kirchenbauverein gegründet. Nach den Plänen des Kemptener Architekten Wolfgang Molitor entstand die Kirche, welche 1964 nach Johannes, dem Lieblingsjünger Jesu, geweiht wurde. Heimatpfleger Dr. Dr. Alfred Weitnauer bezeichnete den Innenraum als „eine erfreuliche Synthese von moderner Sachlichkeit und Geborgenheit". Leider sank der Gottesdienstbesuch bis Ende der sechziger Jahre um 40 Prozent auf 121 Gläubige.
Mit Pfarrer Hans-Georg Gunsenheimer, der 1970 nach Kempten kam, zog auch eine neue Orgel in die Johanneskirche ein. 22 Jahre lang sorgte der Geistliche für ein reges Gemeindeleben. Ab 1980 gab er beim heiligen Abendmahl Traubensaft statt Wein aus. Sein Nachfolger Reinhard Friedrich ließ 1994 den Turm und 1997 den Gemeindesaal renovieren.

Matthäuskirche

Mitte des 20. Jahrhunderts wuchs die Stadt über den Lindenberg in Richtung Osten. Dieser Entwicklung mußte auch die evangelische Kirche Rechnung tragen und plante bereits 1961 den Bau einer zweiten Tochtergemeinde. Pfarrer Wilhelm Renner, der 1966 Gemeindesaal, Sakristei und Pfarrhaus weihte, betreute damals rund 2500 Seelen in Kempten-Ost, Lenzfried, Betzigau und Wildpoldsried.
Im Frühsommer 1965 begannen die Bauarbeiten für die 250 Sitzplätze umfassende Kirche an der Lenzfrieder Straße. Die Pläne dazu lieferte der Münche-

ner Architekt Kurt Hofmann. Als Patron für die Weihe 1968 entschieden sich die Gläubigen für den Evangelisten Matthäus, den Jesus als „Zöllner vom Baume herab" in seine Nachfolge rief. In der neuen Kirche stellte sich auch gleich hoher Besuch ein: Landesbischof Dr. Hermann Dietzfelbinger, Ratsvorsitzender der EKD und damit höchster Würdenträger der evangelischen Kirche Deutschlands.

Der Kirchenneubau fiel in eine Zeit, in der in Kempten konfessionelle Grenzen überwunden wurden. Die intensive Förderung des Ökumene-Denkens half nach langer Entfremdung, den Weg der Begegnung, des Ausgleichs und Zueinanderfindens der beiden christlichen Konfessionen zu beschreiben. Wilhelm Renner kümmerte sich bis 1978 um Kindergartenbau, Glockenweihe und Orgelbau. Sein Nachfolger Klaus

Vor der Matthäuskirche flattern bunte Bänder, mit denen Kindergartenkinder ihren Garten gestaltet haben

Seyboth wirkte 15 Jahre lang und ließ 1987 den Gemeindesaal umbauen. Mit Elke und Dr. Volker Pröbstl übernahm 1994 erstmals ein Ehepaar eine evangelische Gemeinde in Kempten.

Markuskirche

Die jüngste evangelische Gemeinde in Kempten ist die Markusgemeinde. Pfarrer Hans Braun betreute ab 1968 die Gläubigen in den Stadtteilen Thingers, Halde und Breite in einer Notkirche. Nach den Plänen des Münchener Architekten Franz Lichtblau entstanden 1971 Pfarrhaus und Kindergarten. Im Dezember 1976 wurden die Kirche mit 200 Sitzplätzen und das Gemeindezentrum am Bussardweg eingeweiht.

Vor dem Bau der Kirche St. Hedwig gewährte der evangelische Geistliche den Katholiken regelmäßig „Unterschlupf" für ihre Gottesdienste und gilt seitdem als Garant für ökumenische Zusammenarbeit im Kemptener Nordwesten. Die Pfarrer zeigten sich – wahrscheinlich wegen der sozial schwächer gestellten Bevölkerung im Thingers – besonders engagiert. Hanns-Ewald Fehr schenkte 1979 erstmals Traubensaft statt Wein beim Abendmahl aus.

1982 rief Pfarrer Fehr einen „Freundeskreis" ins Leben, der versuchte, die Suchtprobleme im stillen zu lösen.

Ende 1985 erhielt die Pfarrei mit Pfarrer Wolf Hennings nicht nur einen missionserfahrenen Pfarrer, sondern auch noch einen Glockenträger mit einer 1706 gegossenen Glocke der heute nicht mehr bestehenden Gemeinde in Friedeberg, Kreis Woldenberg, in Pommern. Nach dem Vorbild der Mutterpfarrei St. Mang gründete sich Ende 1991 ein Orgelbauverein, und drei Jahre später erklangen die 714 Pfeifen des neuen Instruments.

Die Gläubigen in der Markuskirche verstehen sich auch als Integrationsfaktor für Minderheiten

Wolf Hennings kümmerte sich ab 1986 besonders um Arbeitslose und setzte sich ab Mitte der neunziger Jahre stark für die Integration der Aussiedler aus der ehemaligen Sowjetunion ein.

Keckkapelle

Ein Teil der Pfarrei St. Mang ist die im 13. Jahrhundert erbaute und in gotischer Zeit erweiterte Kapelle St. Stephan an der Kaufbeurer Straße. Dieses Kleinod gehörte vom 14. bis zum 18. Jahrhundert zur Kemptener Lepra-Kolonie, wurde von Konsul Kluftinger zwischen 1898 und 1940 restauriert und wäre gegen Ende des Zweiten Weltkrieges beinahe Brandbomben zum Opfer gefallen. Dem Einsatz von Heimatpfleger Dr. Dr. Alfred Weitnauer und beherzten Anwohnern ist die Rettung der Kapelle zu verdanken. Der Mindelheimer Kirchenrestaurator Toni Mayer konservierte 1976 die erst nach 1900 wieder aufgedeckten Fresken der Memminger Strigelwerkstatt um 1460.

Keckkapelle

Neuapostolische Kirche Bayern

Nach den beiden Amtskirchen gehört die Neuapostolische Kirche zu den bestimmenden konfessionellen Gruppen in Kempten. Die über 1200 Mitglieder haben sich in der zweiten Hälfte des 20. Jahrhunderts in vier Gemeinden etabliert. Als ihre wichtigsten Aufgaben bezeichnen sie die Verkündigung der Lehre Jesu und die Vorbereitung der Gläubigen auf die biblisch verheißene Wiederkunft Jesu Christi.
Die Neuapostolische Kirche finanziert sich selbst und setzt auf Ehrenamtlichkeit. Sie erhebt weder Kirchensteuern noch sonstige Pflichtbeiträge. Die anonym und freiwillig gegebenen Opfer werden traditionell in den Opferkasten gelegt. Dabei können sich die Mitglieder an dem in der Bibel erwähnten zehnten Teil des Einkommens orientieren. Die seelsorgerischen und organisatorischen Aufgaben in den Gemeinden werden ehrenamtlich erfüllt und alle kirchlichen Handlungen und Segnungen unentgeltlich durchgeführt.
Wie in den ersten apostolischen Gemeinden haben die Seelsorger keine theologische Ausbildung. Ihren Auftrag erfüllen sie neben ihren Aufgaben in Familie, Beruf und Gesellschaft. Zu Beginn des 20. Jahrhunderts breitete sich die in Hamburg entstandene Neuapostolische Kirche, die in England und Schottland ihre Wurzeln weiß, über Ulm illeraufwärts aus und fand in unserer Gegend in Dietmannsried erste Anhänger. Priester Michael Emslander hielt 1922 in einem Kotterner Privathaus einen ersten Gottesdienst, ehe die Gemeinde in der Kemptener Gaststätte Bavaria an der Bodmanstraße ein erstes Zuhause fand. Die Gemeinde wuchs innerhalb von vier Jahren auf über 300 Mitglieder an und zog ins Landhaus am Residenzplatz, wo in einem Nachbarraum die jü-

Neuapostolische Kirche an der Immenstädter Straße

dische Gemeinde ihre Gottesdienste abhielt. Doch schon Mitte Mai 1927 erfolgte der Spatenstich für ein eigenes Gotteshaus an der Immenstädter Straße, in dem nach den Plänen von Architekt Otto Heydecker etwa 600 Gläubige Platz finden. Gegen Ende des Zweiten Weltkrieges wurde ein Teil der Gottesdienste gestrichen, um Strom- und Heizkosten zu sparen. Nach Kriegsende verzeichnete die Kirche in Kempten ein früher nie erreichtes Wachstum. Bis 1948 kamen 110 und 1949 nochmals 132 neue Mitglieder hinzu. Bis 1951 stieg die Zahl auf über 1000 neuapostolische Christen, was eine Teilung der Gemeinde erforderte.

Im Nachbarort Kottern wurde Anfang 1952 der erste Gottesdienst im Gasthaus Eisernes Kreuz gefeiert. Zwei Jahre später weihten die damals 360 Mitglieder ihre Kirche an der Kremserstraße ein. Sie bietet etwa 550 Personen Platz. Doch schon bald wurde es wieder zu eng in der Kirche an der Immenstädter Straße, und so kam es 1956 zur Gründung der „Tochtergemeinde" Kempten-Nord. Die Mitglieder feierten ihre Gottesdienste jahrelang im Gasthaus Engel, ehe sie nach einigen Wirren einen Bauplatz am Neuhauser Weg erwerben konnten und dort 1971 ihre Kirche mit etwa 200 Plätzen einweihten. Die dritte „Tochtergemeinde" entstand 1957 in einer Behelfskirche auf dem ehemaligen Lerpscher Weiher am Brodkorbweg, welche 1965 durch einen Neubau für etwa 400 Besucher ersetzt wurde.

Das Wachsen und Wirken der neuapostolischen Gemeinden in Kempten ist eng verbunden mit der Schaffenskraft des Gemeindeältesten Josef Anton Prestel, der von 1925 bis 1958 die Geschicke lenkte. Die Zahl der Mitglieder in Kempten blieb bis zum Ende des 20. Jahrhunderts konstant bei rund 1200, trotz der Gründung von Nachbargemeinden, wie etwa 1994 in Lanzen. Besonders große Gottesdienste feierten die Gläubigen in Kornhaus, Tierzuchthalle sowie in Hallen der Allgäuer Nachbarstädte. Seit 1984 kümmern sie sich verstärkt um Asylbewerber und ausländische Mitbürger, für die Gottesdienste in englischer, französischer und italienischer Sprache angeboten werden. Nach der Renovierung der vier Gotteshäuser zwischen 1981 und 1996 liegen wieder Neubaupläne auf dem Tisch. An der Schwelle ins 21. Jahrhundert planen die Gläubigen einen Neubau in Sankt Mang.

Alt-Katholische Gemeinde

Die Geschichte der Alt-Katholischen Gemeinde, die nach 1870 aus Ablehnung der vatikanischen Dogmen über die Unfehlbarkeit des Papstes entstand, ist in Kempten eng mit führenden Köpfen der Stadt verbunden. An vorderster Front stand dabei Oberbürgermeister Dr. Otto Merkt, der zeitlebens überzeugter Anhänger war und durch sein Vermächtnis den Bau der Kirche Maria von Magdala an der Lindauer Straße ermöglichte.

Nach der Anfangseuphorie, die über 1000 Mitglieder bescherte, konzentrier-

Weihe der Kirche Maria von Magdala

te sich die Gemeinde zu Beginn des 20. Jahrhunderts auf 305 Mitglieder, die von Erwin Kreuzer, dem späteren alt-katholischen Bischof, betreut wurden. Ihm zur Seite stand mit Architekt Adolf Leichtle ein großer Gönner der Gemeinde. Die Gottesdienste wurden im Fürstensaal der Residenz gefeiert. Während des Ersten Weltkrieges kam mit Friedrich Hacker ein Pfarrer nach Kempten, der sich gemeinsam mit Dr. Merkt stark für die Geschichte der Stadt und das Büchereiwesen einsetzte. Pfarrer Hackers Einsatz ließ die Gemeinde während der Weimarer Republik auf 274 anwachsen. Im Frühjahr 1934 feierte die Gemeinde die Primiz von August Friedrich Herrmann, dem späteren Dekan in Stuttgart.

Mit dem Ende des Zweiten Weltkrieges war Kempten für ein halbes Jahr Bischofssitz. Ende 1946 zählte der Seelsorgebericht 380 Mitglieder, die sich durch die große Zahl der Heimatvertriebenen laufend erhöhte. Die fünfziger Jahre waren geprägt von mehreren Pfarrerwechseln, ehe Pfarrer Fritz Kraeling die Gemeinde übernahm. Anfang der sechziger Jahre kam es zu Streitigkeiten über die Satzung, die mit zunehmender Erbitterung geführt wurden und die am Ende viel Verbitterung zurückließen, so daß einige Mitglieder die Gemeinschaft aufkündigten. Als der Fürstensaal aus statischen Gründen geschlossen wurde, bot der katholische Stadtpfarrer von St. Lorenz, Johann Evangelist Götz, die Seelenkapelle an, welche 1968 feierlich bezogen wurde und im Jahr darauf einen ersten ökumenischen Gottesdienst erlebte. Im Sommer 1969 verließ Pfarrer Kraeling überraschend die Gemeinde, die deutliche Ermüdungserscheinungen zeigte und bis 1985 auf 166 Personen (davon 85 in Kempten) zusammenschmolz und von Kaufbeuren aus betreut wurde. Neue Hoffnung kam 1986 auf, als Studiendirektor Franz Kramer, der am Allgäu-Gymnasium unterrichtete und seit 1982 Alt-Katholik war, zum Priester geweiht wurde. 1993, also 122 Jahre nach Gründung der drittältesten christlichen Kemptener Gemeinde, wurde die Kirche Maria von Magdala im Beisein der katholischen und evangelischen Dekane geweiht. Als Franz Kramer die Gemeinde 1996 verließ, war sie wieder im Aufschwung begriffen.

Weitere kirchliche Gemeinschaften

Neben den katholischen und evangelischen Kirchen entwickelten sich eine Reihe weiterer Kirchen und Glaubensgemeinschaften in Kempten. Zu den ältesten zählt die Advent-Mission. Die Gemeinschaft der *Siebenten-Tags-Adventisten* hat ihren Mittelpunkt in der Immenstädter Straße, dem ehemaligen „Judenhaus".

Eine beachtliche Entwicklung nahmen die Baptisten, die sich zuerst in einem kleinen Versammlungsraum an der Vogtstraße trafen und später ihre Gottesdienste in der evangelischen Friedhofskapelle feierten. 1959 errichteten sie anstelle des ausgebombten „Posthörnle" eine Kapelle. 1998 bauten sie das ehemalige Sägewerk Bürckle an der Eicher Straße zu Kirche und Gemeindezentrum um. Die *Evangelisch-Freikirchliche Gemeinde* lehnt jede Abhängigkeit vom Staat ab. Deshalb werden alle Bedürfnisse ihres Gemeinde- und Missionshaushaltes aus freiwilligen Beiträgen ihrer Mitglieder bestritten.

Daneben gibt es die *Christliche Gemeinde*, die *Freie Evangelische Gemeinde*, die *Gemeinschaft in der Landeskirche*, die *Kirche Jesu Christi der Heiligen der letzten Tage* und die *Missionsgemeinde Kempten*.

Die *Zeugen Jehovas* meldeten sich Anfang 1947 bei Bürgermeister Albert Wehr an. Sie verstehen sich als gläubige Christen, die sich ausschließlich auf Gottes Wort, die Bibel, stützen und diese zur Richtschnur ihres Lebens machen. Die Ortsgruppe Kempten wurde von Theodor Specht geführt und hielt ihre Zusammenkünfte und Gottesdienste in der damaligen Sedanstraße ab. 1967/87 erfolgten unter dem langjährigen Versammlungsdiener Dietrich Fickert die Schaffung einer Satzung und die Eintragung ins Vereinsregister. 1996 bauten die 450 Mitglieder aus Kempten und dem Altlandkreis in nur 15 Tagen einen neuen Königreichsaal in Stielings. Heute sind die Zeugen Jehovas sehr aktiv und gliedern sich immerhin in die fünf Versammlungen Kempten-Nord mit einer türkischen Gruppe, Kempten-Süd, Kempten-Ost, Kempten-West und Kempten-Italienisch.

Der *Islam* nimmt in Kempten inzwischen einen sehr breiten Raum ein. Durch die Vielzahl der türkischen Familien hat sich die Zahl der Gebetsstätten auf drei erhöht. Die wohl größte Gemeinde entwickelte sich an der Füssener Straße.

Blick in den Saal der Evangelisch-Freikirchlichen Gemeinde in der Eich

Jüdische Gemeinde in Kempten

Die Geschichte der Juden in Kempten im 19. Jahrhundert beginnt Ende der sechziger Jahre, als die Juden die schwäbischen Dörfer und Marktflecken verlassen können. Den Beginn in Kempten machen 1869 drei Bankiers, die alle in Osterberg bei Babenhausen zur Welt kamen. In Bayern gibt es seit 1813 die Bestimmung, daß sich die Juden eines Ortes oder einer Region zusammenschließen müssen. 1872 drängt die Regierung von Schwaben und Neuburg die beiden kleinen Judengruppen in Memmingen und Kempten, sich zu einer eigenen Kultusgemeinde zusammenzuschließen, was drei Jahre später vollzogen wird.

Auf Synagoge verzichtet

Die Kemptener Filialgemeinde kauft 1876 einen Begräbnisplatz am westlichen Rande des katholischen Friedhofes, verzichtet aber auf den Bau einer Synagoge und beschränkt sich auf die Einrichtung eines Betsaales im Landhaus. Mit dem Wachsen der Stadt steigt die Zahl der Juden bis auf 91 (1910) an. Mit Sigmund Ullmann zieht 1912 erstmals ein Jude in den Magistrat ein.
Im Frühjahr und Sommer 1919 kommt es auch in Kempten zu einer ersten öffentlichen Hetze gegen Juden. Im Stadtgebiet werden zahlreiche Flugblätter ausgestreut, in denen Juden als „Kriegsanstifter, Kriegsgewinnler und Drückeberger" bezeichnet werden. Der Kemptener Magistrat verurteilt die Flugblätter scharf und weist die Stadtpolizei an, „Drucker und Verbreiter ausfindig zu machen". In den zwanziger Jahren lebt die jüdische Gemeinde gesellschaftlich gleichberechtigt in der Stadt. Die Weimarer Republik bringt die langersehnte gesetzliche Gleichstellung und Gewerbefreiheit.

Boykott gegen Geschäfte

Kurz nach den Reichstagswahlen 1933 treten SA-Leute vor die jüdischen Geschäfte und fordern die Ladenschließung, was von der Bevölkerung gesehen und offenbar toleriert wird. Tags darauf patrouillieren SA- und SS-Leute durch die Stadt. Diese Aktionen verurteilt Dr. Otto Merkt in der nächsten Stadtratssitzung scharf.
Bis 1942 kommt es auch zur systematischen Zerstörung der Existenzgrundlage für die jüdischen Mitbürger. Die Reichspogromnacht vom 9. November 1938 gipfelt in Kempten in einem Anschlag auf das Haus des Viehhändlers Löw in der Bahnhofstraße. Betsaal und Friedhof der israelitischen Gemeinde bleiben in dieser Nacht unangetastet. Anschließend werden alle jüdischen Geschäfte geschlossen. Die israelitischen Kultusgemeinden werden zu eingetragenen Vereinen herabgesetzt.

Im Amtszimmer versteckt

Mit Dr. Otto Merkt einigt sich Sigmund Ullmann offensichtlich, daß die religiösen Gebrauchsgegenstände der Kultusgemeinde nicht eingeschmolzen werden, sondern ins Heimatmuseum wandern. Damit die NS-Fanatiker die heiligen Geräte nicht finden, versteckt sie der Oberbürgermeister in seinem Amtszimmer. Außerdem übernimmt die Stadt den jüdischen Friedhof in ihre Obhut.
Bei der Machtübernahme der Nationalsozialisten leben in Kempten 55 Juden, sieben Halbjuden und sieben christliche Familienmitglieder, sowie ein zu den Adventisten konvertierter Jude mit Familie. Bis Ende 1939 wandern 20 Juden/Halbjuden nach Australien, Chile, England, Kolumbien, Liechtenstein und in die USA aus. Die ganze Brutalität der NS-Todesmaschinerie bekommen 21 Kemptener Juden/Halbjuden und ein Christ zu spüren, als sie von der Gestapo zur Deportation gezwungen werden. 16 von ihnen sterben oder sind im Gedenkbuch der NS-Opfer als verschollen geführt.

Jüdisches Leben nach Kriegsende

Das Kriegsende am 27. April 1945 erleben in Kempten nur zwei Jüdinnen sowie acht Halbjuden. In den Monaten nach Kriegsende kommt eine Reihe von heimatvertriebenen Juden nach Kempten. Im Stadtarchiv findet sich zwar ein Hinweis auf insgesamt 54 Juden im Jahr 1947, doch diese dürften sich kaum alle zum regelmäßigen Kultus getroffen haben.
Die jüdischen Gottesdienst-Gegenstände bleiben bis Mitte der achtziger Jahre im Besitz der Stadt, dann werden sie an die Synagoge Augsburg abgegeben. Der jüdische Friedhof wird 1955 dem Landesverband der Israelitischen Kultusgemeinden überlassen und ist heute Teil des katholischen Friedhofes. Zwei Gedenksteine erinnern an die Opfer der NS-Verfolgung.
Das Dritte Reich und der damit verbundene Holocaust wird auch in Kempten lange Zeit totgeschwiegen. Erst der Stadtjugendring unternimmt 1988 mit einem Fackelzug einen ersten Anlauf für eine öffentliche Diskussion. Für die Opfer des Kemptener Holocaust stellt der Landesverband der Israelitischen Kultusgemeinden einen Gedenkstein am Friedensplatz auf, und 1997 wird der Platz vor dem Müßiggengelzunfthaus in Sigmund-Ullmann-Platz umbenannt.

Jüdischer Friedhof in Kempten

Natur, Abfallbeseitigung, Energie

In Kempten schon Umweltpolitik als es das Wort noch nicht gab

Das muß man sich einmal vorstellen: Zu Beginn unseres scheidenden Jahrhunderts, anno 1902, gab es weder in Meyers Lexikon noch im altbekannten Rechtschreib-Duden die Worte „Umwelt" und „Naturschutz". 1937, als Duden immerhin diese beiden Begriffe kennt und sogar „Umwelteinfluß" und „Ökologie" registriert, fehlt immer noch das Wort „Biotop". 1957 verzeichnet Duden zwar das „Naturschutzgebiet"; doch von Umweltschäden ist keine Rede. Erst seit etwa 1970 ist der Begriff „Umweltschutz" im Bewußtsein der Bevölkerung: Meyers Lexikon von 1971/81 widmet den Themen Umwelt und Natur Sonderbeiträge, und der Duden 1991 kennt die ganze Skala aktueller Begriffe, vom Naturlehrpfad zum Umweltauto, Umweltsünder und zur Umweltkriminalität. Ein sprachlicher Weg durch Jahrzehnte, der irgendwie auch ein Licht auf tatsächliches Geschehen wirft, nicht zuletzt in und um Kempten.
Diese Entwicklung spiegelt der Jahresbericht der Stadt Kempten für 1982: „Der Umweltschutz hat weltweit zentrale Bedeutung erlangt." 1984 tritt ein Umweltschutz-Ingenieur die neu geschaffene Stelle bei der Stadtverwaltung an. Im selben Jahr wird ein eigener Ausschuß für Umweltschutz gebildet, und eine Kemptener Arbeitstagung der Bürgermeister Schwabens steht unter dem Motto Umwelt. 1989 entsteht beim Amt für öffentliche Ordnung eine Abteilung für Umweltschutz, die seit 1992 ein selbständiges Amt für Umwelt- und Naturschutz ist. Die Stadt veranstaltet etwa alle zwei Jahre einen „Tag der Umwelt" mit vielbeachteten Aktivitäten. 1996 finden im Rathaus und im Verwaltungsgebäude Ausstellungen zum Thema „Luftreinhaltung" und „Bauen und Ökologie" statt, und Ende 1996 wird die jährliche Vergabe eines Umweltpreises an Kemptener Unternehmen beschlossen.

Bei der Luft fängt's an

Alles Bemühen um eine intakte Umwelt ist von einem immer stärkeren Feinempfinden der Bevölkerung geprägt. Sorge vor zunehmender Luftverschmutzung wurde nicht erst 1972 im Zusammenhang mit der Müllverbrennung deutlich. Vielmehr führten Emissionen einiger Kemptener Betriebe bereits viel früher zu massiven Beschwerden, so daß sich betroffene Unternehmen verstärkt um Filteranlagen bemühten oder um eine Verlegung ihrer Werke. Auch die Stadtverwaltung wurde tätig. So erfolgte im Vollzug einer „Technischen Anleitung zur Reinhaltung der Luft" 1988 eine Überprüfung zahlreicher Altanlagen. Zwei Jahre später wurde an 77 Meßstellen ein Immissionsschutz-Kataster fürs Stadtgebiet erstellt. Messungen 1992 ergaben verhältnismäßig hohe Konzentrationen von Stickstoffoxiden; man hoffte, daß durch Autos mit geregeltem Katalysator allmählich eine Erleichterung eintreten würde. Doch 1993 empfahl ein eigens eingeholtes toxikologisches Gutachten des Landesuntersuchungsamtes Südbayern eigene Maßnahmen, um diese Konzentrationen zu reduzieren.

Ein unter Oberbürgermeister Dr. Roßmann entwickeltes Innenstadtkonzept sollte den Individualverkehr als Hauptursache dieser Belastung mindern. Aber wie läßt sich dies mit den Ansprüchen der Kraftfahrer und den Anliegen der Geschäftswelt in Einklang bringen? Fußgängerzonen, Parkmöglichkeiten und nicht zuletzt die Verwendung umweltfreundlichen Treibstoffs für städtische Fahrzeuge sind Schritte auf diesem Wege.

Der Stadtverkehr stellte 1999 die ersten neuen emissionsarmen Linienbusse vor; im Jahre 2000 sollen sämtliche Busse mit dieser schadstoffarmen Technik fahren. Schon seit 1998 rollen alle dieselbetriebenen Stadtverkehrsbusse mit schwefelfreiem Greenergy-Diesel, ebenso die Fahrzeuge weiterer Verkehrsunternehmen (Schattmeier, RBA, RVA) und die meisten Kemptener Taxis. Und bereits seit 1997 betankt der Stadtbauhof 17 Fahrzeuge mit dem emissionsarmen Raps-Bio-Diesel.

Stadtpark, Kalbsangst, Cambodunum

Selbstverständlich gab es praktischen Natur- und Umweltschutz schon lange, bevor man die Worte kannte. Die Beseitigung von Abfall und Abwasser war bereits im 19. Jahrhundert aktuell. Im Jahre 1883 wurde in Kempten ein Verschönerungsverein gegründet, der vor allem Spazier- und Wanderwege anlegte, zuerst auf den Mariaberg, dann u.a. in den Bereichen Feilberg, Boleite, zum Reichelsberg, durch den Göhlenbachtobel, entlang der Iller und durch den Kalbsangsttobel. Gleichfalls vor dem Ersten Weltkrieg sorgte ein eigener Verein für die Erhaltung der Anlagen auf der Burghalde. Unter dem Bürgermeister Adolf Horchler wurde 1885 der Stadtpark geschaffen; ein Problem stellt hier seit 1949 die Allgäuer Festwoche dar, die die Freiflächen Jahr für Jahr beeinträchtigt.

Wanderwege haben jüngst wieder an

Der restaurierte Pavillon im 1986 hergerichteten Chapuis-Park

Bedeutung gewonnen: Im Frühjahr 1982 verfügte Kempten bereits über 111 Kilometer markierter Wege. Inzwischen ist z.B. der Alpenvereinsweg am Mariaberg restauriert und ein Wanderpfad am Iller-Westufer bis zur Hirschdorfer Brücke angelegt worden, heute zugleich Teil des Radwegs Oberstdorf-Ulm. Anno 1986 bot die Stadt auf zahlreichen Orientierungstafeln 14 Rundwanderungen an und 1999 zusätzlich unter dem Motto „Natur erleben" neun verschiedene Natur- und Landschaftsführungen.

Nach dem Zweiten Weltkrieg trat das Bemühen um innerstädtische Grünanlagen vermehrt in den Vordergrund. Erinnern wir an die Zumsteinwiese, die zuvor ein Exerzierplatz war, oder an den Hofgarten der Residenz. Zu Oberbürgermeister August Fischers Zeiten entstand der Cambodunum-Park, heute ein Teil des sehenswerten Archäologischen Parks. Jüngst wurde der unmittelbar angrenzende Chapuis-Park rekultiviert und erschlossen; der Lions-Club hatte hierfür mit einem Gartenfest 1994 den Anstoß gegeben.

Unter Oberbürgermeister Dr. Höß wurde das Konzept aktuell, vom Weichbild der Stadt aus Grünzüge in die freie Landschaft zu führen; ein Vorhaben, das aber nur im Süden verwirklicht werden konnte: Der Weg vom Haubenschloßpark durch den (leider zum großen Teil nur ehemaligen) Hoefelmayrpark und über den Mittleren Ring nach Adelharz. Der Gedanke einer ähnlichen Grünschneise vom Stadtpark gen Westen in Richtung Calgeer-Anlagen blieb Utopie. Aktuell ist die Erwägung, vom Hofgarten aus einen parkartigen Zug durch ehemaliges Kasernengelände zu gestalten.

Wer weiß noch, daß sich hier einmal eine Kiesgrube befand! Fast viermal so groß wie der Stadtpark ist der 1989 eröffnete reizvolle Engelhaldepark im Osten den Stadt

Landschaftspark Engelhalde

Unter der Burghalde, auf dem ehemaligen Gaswerk-Gelände, wurde 1987/88 ein kleiner Altstadtpark angelegt. Er sollte zugleich Teil jenes Grünzuges sein, der sich weiter nach Osten durch die Engelhalde in Richtung Bachtelweiher erstreckt. Aus dem hierfür geplanten Illersteg ist zwar bisher nichts geworden. Wohl aber stellt der am 24. Juni 1989 eröffnete Landschaftspark Engelhalde, mit zwölf Hektar viermal so groß wie der Stadtpark einschließlich des Königsplatzes, ein Paradies für jung und alt dar. Er bildet gleichsam ein Gegenstück zum großen Sport- und Badezentrum im Westen der Stadt. Kern des Parks ist ein Weiher mit Spielufer, Stegen und Feuchtbiotop. Spielwiesen, eine kleine Freilichtbühne und eine Kneippanlage gehören dazu.

Kaum mehr vorstellbar, daß die Engelhalde – bis 1979 Kiesgrube – zuvor eine wie mit Kratern übersäte Wüste mit hohen Steilwänden war. 1981 beschloß der Stadtrat, die Fläche zu rekultivieren. Nach einem Ideen- und Gestaltungswettbewerb erfolgten umfangreiche Aufschüttungen; und nach Modellierung des Geländes wurden rund 2300 Bäume und 10 000 Sträucher gepflanzt sowie Wildblumenwiesen angelegt.

Schwabelsberger Weiher wird gerettet

Ein besonderes Werk der Umwelterhaltung stellt – etwa um die gleiche Zeit – die Rettung des Schwabelsberger Weihers dar. Schon im 17. Jahrhundert befanden sich hier Fischweiher, die nach der Säkularisation verfielen. Eine neue, 1907 geschaffene Anlage wurde zur Heimstatt seltener Pflanzen und Tiere. Nach 1980 aber war das Gewässer teilweise verlandet und drohte nach Aufschüttungen vollends zu verschwinden.

Der Schwabelsberger Weiher: Idylle, wertvolles Biotop und Naherholungsgebiet zugleich

Die Stadt erwarb 1982 die rund 18 Hektar große Fläche. Dr. Höß setzte sich zunächst heftiger Kritik aus, als er diesen Erwerb – und damit die Rettung des bedeutenden Biotops – durch einen umstrittenen Grundstückstausch ermöglichte. Bis 1987 entstand hier ein Landschafts- und Naturpark von besonderem Reiz. Staumauer, Auslaufbauwerk, Dämme und Zuflüsse wurden saniert, ein Rundweg angelegt und ein kleiner Aussichtsturm errichtet. Was besonders überraschte: Pflanzen, die in Deutschland südlich der Donau nur noch hier vorkommen – so die Seekanne, ein Enziangewächs – hatten die Trockenheit überstanden. Und Tiere, die hier einst heimisch gewesen waren, kehrten wieder zurück. 1993 wurde beim Weiher übrigens der erste Kemptener Tunnel für Kröten und Frösche angelegt und 1997 ein Wildbienenstand, 1999 wurden dann seltene Waldameisen angesiedelt.

Tschernobyl und der Stadtweiher

Und im Westen von Kempten? Das 1936 angelegte Stadtbad wurde in den Jahrzehnten nach dem Zweiten Weltkrieg vergrößert und ausgebaut; es erreichte eine Gesamtfläche von 57 000 Quadratmetern, das Hallenbad kam noch dazu. 1986 erforderte der Reaktor-Unfall von Tschernobyl das Auswechseln der Sandflächen (auch in den Kästen der Kemptener Kinderspielplätze wurde damals der Sand ausgetauscht). Als weitere Konsequenz aus dem Reaktorunglück erwarb die Stadt ein Gerät zur Messung der Gammastrahlen. 1997 startete Oberbürgermeister Dr. Ulrich Netzer übrigens das neue Blockheizkraftwerk für die städtischen Bäder.
Etwas weiter südlich ist am Stadtweiher bis 1980 ein vielbesuchtes Naherholungsgebiet mit mehreren Spazierwegen gestaltet worden. Unmittelbar benachbart entstand eine Kleingartenanlage, für die Kempten beim Bundeswettbewerb 1984 „Gärten im Städtebau" die Goldmedaille erhielt. Gleichsam von allein bildete sich zwischen Stadtweiher und Mittlerem Ring im Zuge der Bebauung des Gebietes unvermutet ein weiterer See, der Steufzger Weiher.
Und da wir beim Wasser sind: Immer mehr zeichnet sich die Tendenz ab, verrohrte Wasserläufe – etwa den Stadtweiherbach oder Schlangenbach – wieder zu öffnen und damit das Stadtbild zu bereichern. Freilich, die Wasserqualität der Bäche hat nachgelassen. 1984 erging wegen der Verschmutzung für die Rottach ein Badeverbot. Andererseits haben sich Bemühungen verstärkt, auch hier für eine Verbesserung zu sorgen. So übernahmen zum Beispiel Jugendliche des TV Kempten 1987 die Patenschaft zur biologischen Pflege des Göhlenbachs, ein Jahr später die Wittelsbacherschule die Patenschaft für 3,5 Kilometer der Rottach und 1994 die Tom-Mutters-Schule der Lebenshilfe die Patenschaft für den Weiherbach.
Zur Erhaltung der Umwelt zählen auch Maßnahmen am einst zu Sankt Mang gehörenden Bachtelweiher. Die Flurbereinigung ermöglichte der Stadt hier,

einige Flächen zur Anlage von Feuchtbiotopen zu erwerben. Bund Naturschutz und Stadt erwägen neue Maßnahmen, um den sogenannten Nährstoffeintrag des Weihers herabzusetzen. Und nordöstlich des Weihers wurde 1989 in der Aktion „Jede junge Familie pflanzt einen Baum" ein kleiner Mischwald angelegt.

Antworten aufs Waldsterben

Schreckensmeldungen vom Waldsterben machten nämlich die Runde. So wurde 1983 über tückische Erkrankungen von Fichten und Tannen im Kempter Wald berichtet, über verdächtige Verfärbungen beim Laubholz auch innerhalb der Stadtgrenzen und darüber, daß auf dem Blender kaum mehr ein gesunder Baum stehe.
Zwei Baumpflanzaktionen erfolgten im Süden nahe dem Jägerdenkmal: 1977 unter dem Motto Junge Ehepaare und fünf Jahre später, von der Allgäuer Zeitung veranlaßt, unterm Schlagwort Bürgerwald. 1991 nahmen junge Erwachsene aus Kempten und Mayenne eine größere Baumpflanzung an der Daimlerstraße vor. Die Stadtgärtnerei aber sorgt mit vielen tausend jungen Bäumen – vom Oberstdorfer Knoten des Mittleren Rings bis zum Gewerbepark Ursulasried – alljährlich für eine durchgrünte Stadt. Und aus den Äpfeln städtischer Streuobstwiesen, insbesondere am Stadtweiher, wird ein schmackhafter Saft hergestellt, der bei städtischen Empfängen anstelle von Sekt ausgeschenkt wird.
Die Stadt setzte in mehrfacher Weise Zeichen: Wegen des Waldsterbens wurden 1983 und 1984 statt zuvor 17 nur vier öffentliche Christbäume aufgestellt, und zwar Bäume, die bereits leicht geschädigt waren. 1986 erfolgte eine Aufforstung städtischer Grundstücke bei Moosers, Bucharts, Eppenried und am Mariaberg mit dem Ziel, später über Ersatz-Forstflächen mit widerstandsfähigeren Bäumen zu verfügen. Allein bei Elmatried wurden rund 10 000 Bäumchen gepflanzt. Und eine Gestaltungssatzung, die auf das Jahr 1976 zurückgeht und 1997 noch etwas erweitert wurde, gilt in historischen und homogenen Bereichen der Stadt nicht zuletzt auch dem Schutz des Baumbestandes.

Stadtbiotope und Ökomobil

All das soll beitragen, die gefährdete Natur angesichts schwer über- und vorhersehbarer Belastungen zu erhalten. Dieser Absicht galt auch die sogenannte Stadtbiotop-Kartierung: 1989 waren insgesamt 403 erhaltenswerte Biotope erfaßt – u.a. Wälder und Weiher, Büsche und Bäche, Grünanlagen und alte Baumbestände vom Kanalweg bis zur Mozartstraße; Gesamtfläche: 472 Hektar. Derzeit bestehen in Kempten zudem folgende Landschaftsschutzgebiete:

Schwabelsberger Weiher, Iller und Rottach, Betzigauer Moos und Herrenwieser Weiher.

Am 1. März 1985 startete ein ehrgeiziges Projekt von Stadtjugendpflege, Stadtjugendring, Wasserwirtschaftsamt und Stadtgärtnerei unter dem Motto Ökomobil: Als neue Arbeitsbeschaffungsmaßnahme kümmerten sich sieben arbeitslose Jugendliche mit einem Flußmeister und einem Sozialpädagogen um den ökologischen Ausbau von Gewässern im Bereich der Iller und ihrer Zuflüsse und um die Neuanlage oder Pflege von Feuchtgebieten. 1989 trat eine zweite, weibliche Ökomobilgruppe hinzu, die etliche Biotope anlegte, zum Beispiel am Stadtweiher. Mangels kontinuierlicher Förderung durch das Arbeitsamt ging das Ökomobil 1993 zu Ende. Doch stand 1994 ein Zivildienstleistender der Stadtgärtnerei für Biotop-Pflege zur Verfügung, und das Ökomobil feierte 1996 eine Wiederauferstehung. Bereits seit 1977 besteht in Kempten eine Naturschutzwacht, deren ehrenamtliche Helfer in Streifengängen bemüht sind, Verstöße gegen den Umweltschutz zu verhüten und zu einem stärkeren Umweltbewußtsein beizutragen.

Seit anderthalb Jahrzehnten gibt es in Kempten das Ökomobil, ein Gemeinschaftsprojekt zur Pflege von Biotopen und zum ökologischen Ausbau von Gewässern

Vom Trinkwasser zum Abwasser

Wer heute vom Kemptener Fernwasser spricht, könnte auch daran denken, daß es schon weit früher etwas ähnliches gab: Die Fürstäbte hatten bereits im 15. Jahrhundert die Wasserversorgung aus dem Wirlinger Gebiet mit dem heutigen Stadtweiher als Auffangbecken gesichert und 1693 den Bereich um den Escharcher Weiher einbezogen. Das Wasser wurde dort angestaut und über Wegscheidel/Masersmühle zur Rottach geleitet. Zu Beginn des 20. Jahrhunderts erhielt Kempten sein Trinkwasser besonders aus Quellen im Raum Buchenberg (Wirlings und Auf der Halde). 1956/57 entstand in Burggratz bei Sulzberg eine neue Wassergewinnungsanlage.

Kostbares Naß aus 20 Metern Tiefe

Aber 1962 trat eine alarmierende Wasserknappheit ein, so daß die Stadt unverzüglich nach neuen Quellen suchte. Im Januar 1965 hatte man Erfolg: Bei Ortwang, unweit des Grünten, erschloß eine Versuchsbohrung das größte

Grundwasser-Reservoir des ganzen Allgäus. Binnen einer Sekunde ließen sich bis zu 180 Liter Wasser aus etwa zwanzig Metern Tiefe heraufpumpen! Die Stadt erwarb das Grundstück, erklärte sich aber bereit, diese Versorgungsmöglichkeit auch auf den heutigen Landkreis Oberallgäu und den Kreis Lindau auszudehnen. 1969 wurde hierfür ein Zweckverband gegründet. Ein Jahr später begann der Bau der 25 Kilometer langen Fernleitung nach Kempten. Im Juni 1972 war die Pipeline fertig; seither erhält die Stadt ein Trinkwasser von herausragender Qualität.

Im Jahre 2000 soll, zusätzlich zur Fernleitung westlich der Iller, eine vier Kilometer lange Verbindungsleitung östlich des Flusses ab Durach zum Hochbehälter Lenzfried verlegt werden, um auch diese Lücke in der Ringleitung um Kempten zu schließen.

Großes Klärwerk für eine saubere Iller

Und wie sieht es mit dem Abwasser aus? Eine Kanalisation gab es bereits vor dem 20. Jahrhundert, eine zentrale mechanische Kläranlage aber erst seit 1960. Nahe der Memminger Straße war sie, noch unter August Fischer, erbaut worden und sollte später auch eine biologische Reinigungsstufe erhalten. Anfang der siebziger Jahre aber stand die Novellierung des Wasserhaushaltsgesetzes an. Der Freistaat forderte von allen Kommunen, ihre Abwasserreinigungsanlagen auf den Stand der Technik zu bringen. Die Iller war damals bereits besorgniserregend verschmutzt, und die bestehende Kläranlage – auf nur 40 000 Einwohnerwerte ausgerichtet – hatte ihre Kapazitätsgrenze erreicht. Die Stadt mußte Bauverbote befürchten.

Eine Erweiterung der bestehenden Anlage schied aus: Das Grundstück war zu klein, eine Geruchsbelästigung im nahen Wohngebiet nicht auszuschließen. Das Wasserwirtschaftsamt Kempten schlug den Bau eines neuen Klärwerks vor, um möglichst auch den Altlandkreis Kempten einzubeziehen. Die Stadt und neun Gemeinden bildeten daher im August 1978 den Zweckverband Abwasserverband Kempten (inzwischen sind noch zwei Gemeinden hinzugekommen). Nach eingehenden Voruntersuchungen wurde der Bau des Gruppenklärwerks nahe dem Weiler Gries am Westufer der Iller auf Laubener Flur beschlossen. Am 8. Juni 1983 erfolgte der erste Spatenstich – drei Jahre später war die erste Ausbaustufe für 250 000 Einwohnerwerte fertig, ebenso der Hauptsammler vom ehemaligen Kemptener Klärwerk zur neuen Anlage mit dem sogenannten Hirschdorf-Stollen, der teilweise 40 Meter tief unter der Erde verläuft.

Im Oktober 1986 ging das Klärwerk in Betrieb, in den darauffolgenden Jahren wurde das Sammlernetz ausgebaut. Allein für den ersten Bauabschnitt von Klärwerk und Sammlern errechneten sich Gesamtkosten von 235 Millionen Mark; der Staat sicherte eine Beteiligung von knapp 60 Prozent zu. Oberbür-

Das hochmoderne Gruppenklärwerk am Westufer der Iller, auf Laubener Flur, gewährleistet eine weitestgehende Reinigung der Abwässer Kemptens und des Altlandkreises

germeister Dr. Höß betonte anläßlich der Inbetriebnahme, „...daß damit die wohl größte und in ihrem finanziellen und wirtschaftlichen Ausmaß bedeutendste infrastrukturelle Maßnahme in die Wege geleitet werden konnte". Schon 1987 wurde die mechanisch-biologische Reinigung durch eine Phosphatabscheidung ergänzt. Zwei Jahre später wurde das alte Klärwerk an der Memminger Straße abgerissen. Weitere Investitionen folgten. 1996 ging es um eine Erweiterung des Gruppenklärwerks; dann wurde ein Denitrifikationsbecken angelegt, das dem Abwasser den Stickstoff entzieht. Die Kapazität der Kläranlage erhöhte sich auf 300 000 Einwohnerwerte.

Die Iller ist bald nach Inbetriebnahme des Gruppenklärwerks spürbar sauberer geworden. Dies um so mehr, als im südlichen Oberallgäu, bei Seifen, ein weiteres Klärwerk in Betrieb ging. Rätselhaft aber ist es noch 1999, warum ausgerechnet in der Iller bei Kempten ein gegen Wasserverschmutzung besonders empfindlicher Fisch, die Äsche, nahezu ausgestorben ist. Für die Ursachenforschung werden nun erhebliche Geldmittel aufgewendet, zumal die Äsche, die Barbe und die Bachforelle auch in anderen Gewässern, so in der Ammer, gefährdet erscheinen.

Das Bemühen um weitere Verbesserung der Abwasser-Situation wird nicht zuletzt daraus deutlich, daß das Wasserwirtschaftsamt Kempten 1999 vom Freistaat fast 40 Millionen Mark Zuschuß für Klärwerk-Investitionen erhalten wird. Der Leiter des Amtes, Karlheinz Kraus, kann hier von einem deutlichen Impuls für den Gewässerschutz im Allgäu sprechen.

Abfall bringt neue Energie

Aus dem Jahre 1901 stammt eine Postkarte, auf der Karikaturist Eugen Felle das Kemptener Rathaus nebst Müllanfuhr darstellt und dazu unter dem Motto Zukunftsbild schreibt: „Kempten macht Fortschritt, das muß jeder sagen. Aber eines ist sicherlich sehr zu beklagen: Es gibt keinen Platz für Kehricht und Schutt, doch Verbote fürs Abladen von Kehricht genug. Wird die Sache der Rath nicht bald regulieren, muß Schutt man und Kehricht vor dem Rathaus plazieren."
Immerhin gab es schon zu Beginn des 20. Jahrhunderts an der Memminger Straße einen Schuttplatz, und seit 1906 bestand eine Städtische Kehrichtabfuhranstalt, die die Abfuhr von Haus- und gewerblichen Abfällen regelte (von Müll sprach man erst nach 1945). Ebenfalls 1906 wurde verboten, Abfälle in öffentliche Gewässer zu werfen, in Gärten oder an Straßen zu lagern. Dabei blieb's im wesentlichen jahrzehntelang. Regelmäßig waren an der Memminger Straße Ratten, Mäuse und Krähen zu vernichten; und mit den Geruchsbelästigungen häuften sich die Beschwerden.
Ab 1960 war die Müllabfuhr endlich staubfrei. Als die Fläche an der Memminger Straße nahezu voll war, wurde über der Iller bei Ursulasried eine neue Deponie mit Papierverbrennungsplatz eingerichtet. Hier aber wurde die Lage am Ende schier unhaltbar: Zündeleien traten immer häufiger auf, fast täglich war die Feuerwehr im Einsatz, die Müllmenge stieg beängstigend an. Die beinahe allabendliche stinkende Fackel im Norden der Stadt, älteren Kemptenern in widerlicher Erinnerung, wurde unerträglich. Die Rekultivierung dieses Platzes sollte später runde 8,5 Millionen Mark erfordern...

„Am besten, wir verbrennen den Dreck"

Seit 1962 machte man sich Gedanken über eine Problemlösung. Oberbürgermeister August Fischer informierte sich bereits damals mit benachbarten Bürgermeistern über Verbrennungsanlagen in der nahen Schweiz. Ein Jahrzehnt später fiel die Entscheidung: Am 27. Februar 1972 konstituierte sich der Zweckverband Müllverbrennungsanlage (heute Zweckverband für Abfallwirtschaft Kempten - ZAK).
Angesichts schwerer Bedenken fand im Frühjahr 1973 ein öffentliches Hearing statt, bei dem Fachleute über die verschiedenen Methoden der Müllverarbeitung diskutierten. Dabei stellte sich heraus: Bei der Kompostierung wie auch bei der geordneten Deponie bestand Sorge um die Reinhaltung der nahen Gewässer und bei der Verbrennung Sorge um die Reinhaltung der Luft. „Niemand kann uns einen vernünftigen Rat geben," seufzte ein Stadtrat und fügte hinzu: „Am besten, wir verbrennen den Dreck." Und Oberbürgermeister Dr. Höß: „Vielleicht gibt es in zehn Jahren eine andere, bessere Lösung."

Die 1975 eingeweihte Müllverbrennungsanlage im Norden der Stadt ist dank umfangreichen Um- und Ausbauten zu einem modernen Müllheizkraftwerk geworden

Kempten wird Müllmetropole

1974 entschied sich der Zweckverband für die Verbrennungsanlage bei Ursulasried. (Die Stadt Kempten hatte für diesen Standort plädiert – im Gespräch waren auch Herzmanns und Seifen gewesen). Im April begann der Bau, am 7. November 1975 wurde die Anlage eingeweiht, und bis 1976 waren zwei Öfen in Betrieb; Kosten bis dahin 24 Millionen Mark, davon 20 Prozent Staatszuschuß. Kempten wurde damit Müll-Metropole auch für die Abfälle aus dem Landkreis Oberallgäu, später auch aus dem Landkreis Lindau. Ebenfalls 1976 entstand als eine Pilotanlage die Container-Entladestation für den Transport auf der Schiene.

Mit dem weiteren Ausbau der Verbrennungsanlage gingen erneute Investitionen einher, die Filter zu verbessern, die entstehende Wärme zu nutzen und die Restmüllmenge durch weitgehende Wiederverwertung zu begrenzen. So wurden bereits zahlreiche Altglas-Sammelcontainer angeschafft. Mit der sogenannten dritten Ofenlinie wurde bis 1984 eine Station zur Fernwärme- und Stromerzeugung mit einem Verteilungsnetz geschaffen, dazu eine Rauchgas-Reinigung. Aus der Verbrennungsanlage wurde so ein Müllheizkraftwerk. Schon 1981 hatte ein Privatunternehmen eine Anlage zur Schlackenverwertung eingerichtet, und wenige Jahre später nahmen Grünabfall-Kompostierungsanlagen in Wiggensbach und Weitnau ihren Betrieb auf.

Die Kritik an der Verbrennungsanlage und ihrem weiteren Ausbau verstummte jedoch nicht und kennzeichnete die Auseinandersetzungen vor der Oberbürgermeisterwahl 1990. Angesichts des Widerstandes gegen den Bau einer vierten Ofenlinie mußte zeitweise ein erheblicher Teil des Abfalls in andere Landkreise oder gar nach Frankreich gekarrt werden. 1991 beschloß dann die Verbandsversammlung, in allen größeren Orten Wertstoffhöfe und flächendeckend Wertstoffinseln zu errichten, um eine weitgehende Mülltrennung zu bewirken. Allein im Stadtgebiet gibt es heute über 120 Wertstoffinseln. 1992 wurde zudem die Biomüll-Kompostierungsanlage Schlatt eröffnet. Die dezentrale Trennung des Abfalls in wiederverwendbare Wertstoffe und Restmüll bewährt sich seither zunehmend. Motto: Vermeiden, verwerten und nur den Rest entsorgen. Erfolg: Die sogenannte Restmüllmenge im gesamten Verbandsgebiet betrug 1989 noch 115 880 Tonnen. 1998 aber wanderten nur mehr etwas über 54 000 Tonnen in den Ofen. Die Recyclingquote liegt derzeit bei etwa 66 Prozent!
Heute sind Kemptens Wertstoffhöfe so begehrt, daß klevere Interessenten bis aus dem Raum Stuttgart versuchen, hier ihre alten Fernsehgeräte kostenfrei loszuwerden.
Seit 1991 erfolgen Betrieb und Investitionen der Anlagen privatwirtschaftlich in Form einer GmbH. 1994 begann der Bau eines neuen Kompaktofens, der die thermische Energie des Restmülls freisetzt und in Fernwärme und Strom umwandelt und mit einer modernen Abgasreinigung ausgestattet ist. Am 4. Oktober 1996 nahm Ministerpräsident Edmund Stoiber die neue Ofenlinie symbolisch in Betrieb, übrigens eine der modernsten Anlagen Europas.

Strom für 11 000 Haushalte

Hatten bereits 1984 die ersten Betriebe im Gewerbegebiet von der Abwärme des Müllheizkraftwerks profitiert, so wurde nun die Nutzung der heißen Rauchgase einbezogen: Der Hochdruckdampf betreibt eine Turbine, der so erzeugte Strom wird ins Netz des Allgäuer Überlandwerks eingespeist.
Schon einen Monat nach Inbetriebnahme des Kompaktofens wurde als erste Kemptener Schule das Carl-von-Linde-Gymnasium an das Fernwärmenetz angeschlossen. Inzwischen führt die Fernwärmeleitung zum August-Fischer-Platz und weiter bis zum gleichfalls angeschlossenen Berufsschulzentrum.
Seit 1997 verfügt der Zweckverband über eine weitere Energiequelle: Der frühere Ofen 3 wurde in einem Modellprojekt zu einem Holzheizkraftwerk mit modernster Rauchgas-Reinigung umgerüstet. Vorsitzender Landrat Gebhard Kaiser: „Damit stützt der ZAK auch die heimische Landwirtschaft." Dieses Kraftwerk ist weitgehend ausgelastet. Allein im Jahr 1998 wurden über 12 000 Tonnen Altholz aus den Wertstoffhöfen (Möbel, Kisten, Paletten usw.) und ebensoviel Schwachholz von Waldbesitzern und Sägewerken verfeuert.

Zuvor mußte man das Material zu teuren Holzverwertern ins Ausland transportieren.

Ein paar interessante Zahlen: Der Energieverbund vom Müllheiz- und vom Holzheizkraftwerk versorgt umgerechnet rund 12 000 Haushalte mit Strom und umgerechnet rund 5000 Haushalte mit Fernwärme. Damit wird der Region der Einsatz von 21 Millionen Litern Heizöl oder 21 Millionen Kubikmetern Erdgas erspart.

Abschied vom Autofriedhof

Ein möglichst großer Anteil des Abfalls soll nicht verbrannt, sondern nun umweltgerecht wiederverwertet werden. Hier ist das im April 1997 durch Umweltminister Dr. Thomas Goppel eröffnete, für 22 Millionen Mark errichtete Demontage-Zentrum der Allgäu-Recycling GmbH hervorzuheben. Dieses hochmoderne Demontagewerk nahe der Müllverbrennungsanlage wertet gleichsam am Fließband Altautos aus; auch Kühlgeräte werden hier recycelt. „Abschied vom Autofriedhof" war zur Eröffnung des Werks ein Kom-

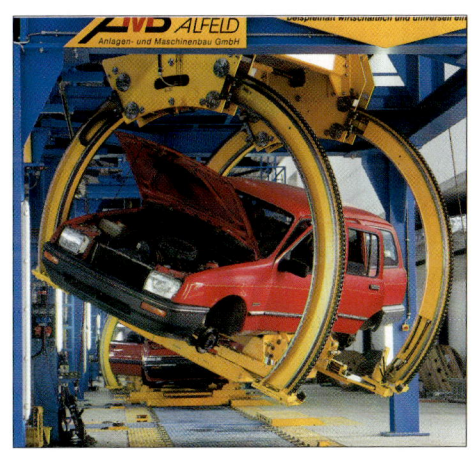

Nicht nur Altautos, sondern auch Kühlgeräte werden im neuen Demontage-Zentrum der Allgäu-Recycling GmbH verwertet

mentar überschrieben. In der Tat lag schon bei Gründung der Kemptener Anlage der Wiederverwertungsanteil je Kraftfahrzeug bei ungefähr 75 Prozent und soll in absehbarer Zeit auf 95 Prozent steigen. Im Allgäu fallen übrigens – bei steigender Tendenz – jährlich rund 20 000 stillgelegte Kraftfahrzeuge und 8000 ausgediente Kühlgeräte an. Die Allgäu Recycling GmbH wurde 1990 von der Firma Dorr Städtereinigung gegründet. Vordergründiges Aufgabengebiet war zunächst die Sammlung und Entsorgung von Wertstoffen wie u. a. Glas, Papier, Blech und Kunststoff.

Heute führend in der Energieversorgung

Etwa 350 Meter nördlich der heutigen Autobahn-Brücke über die Iller liegt der Weiler Au. Er ist gleichsam die Keimzelle des Allgäuer Überlandwerks, des heute führenden Energieversorgungs-Unternehmens im Allgäu. Ingenieur Adolf Böhm hatte hier seit 1907 die Wasserkraft der Iller genutzt, um die eigene Holzschleiferei und die nähere Umgebung mit Strom zu versorgen. Zwölf Jahre später, nach dem Ende des Ersten Weltkriegs, übernahm sein

Mit modernen Wasserkraftturbinen wird an der Iller Strom erzeugt

Sohn Karl Böhm die Anlagen. Ebenfalls 1919 fand Kemptens neuer Bürgermeister, Dr. Otto Merkt, einen unterschriftsreifen Vertrag vor, wonach die Versorgung der Stadt – und damit des Allgäus – durch die Lech-Elektrizitätswerke erfolgen sollte. Merkt unterschrieb nicht, sondern rief zusammen mit Karl Böhm weitsichtig ein neues Unternehmen ins Leben, die dann am 1. Januar 1920 gegründete Allgäuer Überlandwerk GmbH. Gesellschafter wurde neben dem Geschäftsführer Karl Böhm und der Stadt die Spinnerei- und Weberei Kottern.

Karl Böhm schuf insbesondere eine Iller-Stromsammelschiene, d.h. eine 15 000-Volt-Leitung, um die Stromerzeugung aller an der Iller und ihren Zuflüssen zwischen Kempten und Fischen gelegenen Wasserkraftwerke zusammenzufassen. Und Otto Merkt blieb weiter initiativ: 1928 wurde das kleine städtische Elektrizitätswerk in der Stadtsäge an der Iller, das am Ende seiner Leistungsfähigkeit stand, und 1938 das städtische Gaswerk in die Gesellschaft eingebracht.

Jahrzehnte des Aufbaus

Mit etlichen Bombenschäden in den Werkanlagen Kemptens und Immenstadts überstand das AÜW den Zweiten Weltkrieg. Jüngste Aufbau-Daten: 1967 wurde zur Versorgung des Gewerbegebiets Ursulasried ein neues Umspannwerk gebaut, 1969 das Verwaltungsgebäude am Eck der Iller- und Gerberstraße errichtet, 1978 das neue Spitzen-Stromkraftwerk in Veits (bei Waltenhofen) in Betrieb genommen; bis 1990 folgten neue Umspannwerke in Krugzell, Kempten Ost und Seifen. Danach ersetzte man das alte Freiluft-Umspannwerk am einstigen Blatternhaus in Kempten am Augartenweg durch eine moderne 110-Kilovolt-Innenraumanlage. 1995 wurde die Modernisierung und Erweiterung des AÜW-Gebäudes an der Illerstraße vollendet, ein Jahr darauf das Kraftwerk der ehemaligen Spinnerei Momm (Kaufbeuren) erworben. Weitere Investitionen: Eine

Das vor drei Jahrzehnten errichtete Verwaltungsgebäude des Allgäuer Überlandwerkes

neue 110-Kilovolt-Leitung führt vom Umspannwerk Seltmanns zum Umspannwerk Kempten West, eine 110-Kilovolt-Kabelanlage vom Umspannwerk Rauhenzell zum Umspannwerk Rubi. Bestehende Freileitungen im Ostallgäu wurden erneuert.
1998/99 hat das AÜW mit der Errichtung seiner Netzleitstelle in Au die Zentrale für seine Versorgungsleitungen auf modernsten Stand gebracht. Die Netzmeister überwachen von dieser Kommandozentrale aus alle Hoch- und Mittelspannungsleitungen, die Kraftwerke und die 1450 Ortsnetz-Stationen. Außerdem wurden in der einstigen Stadtsäge an der Iller neue Räume zu einem Informations-Center für Kunden gestaltet.

Von Nesselwang bis ins Walsertal

Die ursprüngliche Aufgabe des AÜW war es gewesen, die Überschußenergie aus den Wasserkraftwerken an der Iller besser zu verbinden. Infolge einer rasant steigenden Stromnachfrage trat ein Wandel ein. Heute erstreckt sich das unmittelbar vom Überlandwerk versorgte Gebiet praktisch auf den gesamten Landkreis Oberallgäu, Teile des Ostallgäus mit Nesselwang, Roßhaupten und Lechbruck sowie aufs Kleine Walsertal.
Topographie und Klimabedingungen im Allgäu sowie die Versorgung der zahlreichen Weiler und Einzelgehöfte erfordern einen besonders hohen technischen Aufwand für die Freileitungs- und Kabelnetze. Das Stromverteilungsnetz des AÜW mißt rund 4100 Kilometer; zu etwa 60 Prozent handelt es sich dabei um Erdkabel, im übrigen, vor allem bei felsigem Untergrund, um Freileitungen. Das AÜW verfügt derzeit über vier Wasserkraftwerke an Iller und Lech sowie 14 Umspannwerke. Zwei Wärmekraftwerke kommen hinzu (ein Dieselaggregat mit 18 Megawatt sowie ein Gasturbinenaggregat mit 25 Megawatt Leistung); sie decken besondere Belastungsspitzen, beispielsweise an kalten Wintertagen, ab.
Die Eigenerzeugung des AÜW beträgt etwa acht Prozent, einschließlich der Überschuß-Energie aus Allgäuer Industriebetrieben rund zwölf Prozent des gesamten Stromaufkommens. Die übrigen 88 Prozent werden vor allem im Rahmen des Bezugsvertrages aus dem westdeutschen Verbundnetz über die Lech-Elektrizitätswerke AG eingespeist.

Seit 1857 Gasversorgung

Ein eigenes Kapitel ist die seit fast anderthalb Jahrhunderten bestehende Kemptener Gasversorgung: 1857 nämlich hatte der Augsburger Industrielle L.A. Riedinger an der Brennergasse die Kemptener Gasfabrik ins Leben gerufen, die zunächst ausschließlich Beleuchtungszwecken diente und 1860 in eine Aktiengesellschaft für Gasbeleuchtung umgewandelt wurde. Bis 1870 wurde Holzgas, danach Steinkohlengas erzeugt. Das Unternehmen florierte, Gas wurde zunehmend auch für Koch- und Heizzwecke verwendet. 1897 erwarb die Stadt den Betrieb. Noch im Ersten Weltkrieg entstanden umfangreiche Neubauten – vom Maschinenhaus bis zur Ammoniakfabrik. 1932 waren bereits über 5100 Haushalte von Kempten, Sankt Mang und St. Lorenz ans Städtische Gaswerk angeschlossen. Allerdings arbeitete man zuletzt mit Verlust, und 1938 übernahm das AÜW das Unternehmen.

1961 ging das Kohlezeitalter fürs Gaswerk zu Ende: Eine neue Flüssiggas-Spaltanlage wandelte Butan in Stadtgas um. Die wuchtigen Gaskessel an der Brennergasse konnten 1977 verschwinden.

Das Ofenhaus des einstigen Gaswerks an der Iller

Erdgas auf dem Vormarsch

Die Stadtgas-Epoche endete 1976 mit Einführung des Erdgases. Die Erdgas Schwaben GmbH (EGS), Augsburg, übernahm die Gasversorgung und das vorhandene Rohrnetz im Stadtgebiet, das AÜW wurde Mitgesellschafter der EGS. Die Umstellung von Stadt- auf Erdgas war eine Sache von ganzen sechs Wochen! Im Oktober 1985 wurde die Erdgas-Betriebsstelle in Ursulasried eingeweiht; um diese Zeit waren bereits 12 000 Kemptner Haushalte an diese Gasversorgung angeschlossen. Und 1996 eröffnete die EGS für ihre Betriebsfahrzeuge die erste Erdgas-Tankstelle Kemptens.

1999 haben nun das Allgäuer Überlandwerk und Erdgas Schwaben eine neue Gesellschaft, die Erdgas Kempten-Oberallgäu GmbH (EKO), gegründet, um ab 1. Oktober die Stadt Kempten und den Landkreis Oberallgäu gemeinsam mit Erdgas zu beliefern. Für den technischen Bereich wird Erdgas Schwaben zuständig sein, für den kaufmännischen das Überlandwerk.

Photovoltaik und Umweltzentrum

Die Energie- bzw. Stromversorgung auch im Allgäu steht vor neuen Herausforderungen. Dabei geht es nicht nur um ein vertieftes Umweltbewußtsein und um den sparsamen Umgang mit der Energie, sondern auch um die Erschließung neuer Energiequellen. Ja, ein neues Energie- und Umweltzentrum soll in Kempten schwabenweiter Mittelpunkt für alternative Energien und einschlägige Sparmaßnahmen werden.

Energie aus Sonnenlicht

Schon 1992 richtete das Allgäuer Überlandwerk in Veits bei Waltenhofen eine Photovoltaik-Versuchsanlage ein. Es geht hier um die Erzeugung von Strom unmittelbar aus Sonnenlicht; die in Veits gewonnenen Daten werden von Professoren und Studenten der Kemptener Fachhochschule im Rahmen ihrer laufenden Praktika ausgewertet.

Im Jahre 1998 wurde nun die erste Allgäuer Gemeinschafts-Photovoltaik-Anlage auf dem Dach des Kemptener Handwerkerhofs bei Ursulasried mit einer 150 qm großen Kollektorfläche nach und nach montiert. Hans Mangold und Walter Morasch hatten diese Anlage in Zusammenarbeit mit dem Verein renergie Allgäu initiiert. Walter Morasch rechnet vor, daß damit jährlich zwischen 15 000 und 17 000 Kilowattstunden Strom erzeugt werden; dies reiche theoretisch für fünf Durchschnitts-Haushalte aus. Das AÜW hat hierfür einen Zuschuß gegeben und speist den Strom ins Netz ein. Die Anlage wird von Sonnenstrom für Bürger, einer Gesellschaft bürgerlichen Rechts mbH mit 31 Gesellschaftern, betrieben.

Strom aus der Sonne gewinnt diese Photovoltaik-Anlage auf dem Dach des Handwerkerhofs bei Ursulasried

Brandneu sind die Sonnenkollektoren am Jugendzeltplatz bei Rothkreuz zur Warmwasserbereitung; diese Anlage wurde im Juni 1999 eröffnet.

Eine zukunftweisende Neugründung

Zukunftsträchtig ist in diesem Zusammenhang ebenso die am 30. November 1998 erfolgte notarielle Gründung einer gemeinnützigen Gesellschaft namens Energie- und Umweltzentrum Allgäu (EZA), zu deren (zahlenden) Gesellschaftern die regionalen Unternehmen der Energieversorgung sowie die Landkreise und kreisfreien Städte gehören. Bereits im August hatte Kemptens Stadtrat die Beteiligung des AÜW genehmigt. Oberbürgermeister Dr. Ulrich Netzer wurde dann zum Vorsitzenden der Gesellschafterversammlung gewählt. Arbeitsbereiche der EZA sind insbesondere die Energieberatung, Weiterbildung und Projektförderung. Zudem geht es um den Ausbau einer dezentralen Beratung in den Gemeinden. Ein erklärtes Ziel der neuen Gesellschaft ist auch der Bau eines Energieinformations-, Demonstrations- und Anwendungszentrums (EDA) in Kempten. Ob dieses Ziel in absehbarer Zeit erreicht werden kann, hängt freilich von der erhofften staatlichen Förderung ab; immerhin sind für das Projekt rund sechs Millionen Mark veranschlagt.

Neue Initiativen und alte „Sünden"

Einerseits sorgen gesetzliche Vorgaben für Verbesserungen auf dem Umwelt-Sektor, so etwa zur Reinhaltung der Luft oder – noch vor wenigen Jahren undenkbar! – die Verpflichtung, in Neubaugebieten Ausgleichs- bzw. Ökoflächen mit einzuplanen. Auch auf örtlicher Basis tut sich einiges. Erinnert sei an die Umweltaktion „Kemptener gegen Energieverschwendung" im Jahre 1995. Zu nennen ist vor allem die 1997 gegründete „Kemptener Agenda 21", die sich in fünf Arbeitskreisen mit einschlägigen Themen befaßt, z.B. „Energie und Klimaschutz" oder „Nachhaltiges Wirtschaften in der Region". Die Aktivitäten reichen vom Malwettbewerb für Schulen bis zur Verleihung der grünen Hausnummer an Hausbesitzer für energiesparende Maßnahmen.
Von der Agenda kam auch der Ende 1998 vom Umweltausschuß gutgeheißene Gedanke, eine Beratung der Betriebe über kostensparende Schonung der Umwelt einzurichten. Den Zuschlag für das Management dieses Vorhabens erhielt ÖKOPROFIT, ein Modell, mit dem die Stadt Graz vor fast einem Jahrzehnt Furore gemacht hat. Schon bis zum März 1999 meldeten sich in Kempten acht Betriebe für dieses Projekt an.
Ein günstiges Echo hat, weit über die Grenzen der Region hinaus, eine Umwelt-Messe für Energie- und Umwelttechnik 1998 im Gewerbepark Ursulasried gefunden. Eine zweite Messe fand hier 1999 im neuen Biomassehof der Waldbesitzervereinigung statt; der Biomassehof im Iller-Auwald gilt als bayernweit einzigartige Einrichtung zur Brennholz-Vermarktung.
Schon 1996 hatte sich der Zweckverband für Abfallwirtschaft für eine dosenfreie Zone im Allgäu eingesetzt und damit die Zustimmung der Allgäuer Brauereien gefunden: Ging es doch um den Abfall von Bier-Blechdosen, wie sie insbesondere von entfernteren Betrieben geliefert werden. 1999 rief der ZAK gemeinsam mit elf heimischen Brauereien zu einer neuen Schlacht gegen die Dose und für die Flasche unter dem Motto Pro(st) Allgäu - Pro Mehrweg auf und verknüpfte die Aktion mit einer Kronkorken-Sammlung: Der fleißigsten Gemeinde (Wildpoldsried) winkte ein beachtlicher Bier-Preis.
Das Wasserwirtschaftsamt Kempten, das 1999 sein neues Domizil im Gelände der ehemaligen Prinz-Franz-Kaserne bezog, hat anläßlich des „Tages des Wassers" im März 1999 eine neue Infothek eröffnet und hält vor allem in Kempten an der Iller nördlich der St.-Mang-Brücke zusätzliche Maßnahmen zum Hochwasserschutz für notwendig; an den Kosten hierfür (rund 1,8 Mil-

lionen Mark) muß sich allerdings die Stadt beteiligen. Das Amt bedauerte kürzlich, daß die Stadt Kempten trotz mehrfachen Hinweisen diesem Vorhaben bisher nicht nähergetreten sei: Das Jahrhunderthochwasser am 22. Mai 1999 hatte ja im Bereich Rottachstraße erhebliche Schäden verursacht.
Weiter plant das Wasserwirtschaftsamt insbesondere, den gesetzlichen Schutz natürlicher Wasser-Rückhalteflächen voranzutreiben.
Trotz aller Erfolge, trotz aller Initiativen – heil ist auch die Kemptner Umwelt keineswegs überall. Da wurde zum Beispiel im März 1999 einem Kupferwerk am Feilbergbach eine Umweltverschmutzung vorgeworfen, die den Boden belastete. Und die Stadt will nun bei umweltrelevanten Betrieben insbesondere durch Stichproben für gezieltere Überwachung sorgen.
Geplante Windräder und sogenannte Handy-Spargel (Sender) in und um Kempten lösen bei der Bevölkerung immer wieder Besorgnis aus. Einmal ganz abgesehen von der Frage, ob solche Anlagen die Natur verschönern: Sind bei den Sendeanlagen irgendwelche Folgen für die menschliche Gesundheit ganz auszuschließen?
Auch Beschwerden über Lärm- oder vor allem Geruchsbelästigung werden immer wieder laut. So haben Anwohner nach der Inbetriebnahme des neuen Krematoriums beim städtischen Friedhof kritisch auf eine unangenehme Geruchsentwicklung hingewiesen.
Aber Umweltschutz ist nicht nur Ringen um neue Energien, Ausweisen von Naturschutzgebieten, Nutzung öffentlicher statt privater Verkehrsmittel, Schonung und Pflege von Biotopen. Umweltschutz fängt bei ganz kleinen Dingen an. Zum Beispiel bei der Sauberkeit in der Natur. Und gerade bei letzterem fehlt es noch weit.
Um so erfreulicher, wenn beispielsweise der Arbeitskreis Stadtteil-Entwicklung Thingers im März 1999 eine Säuberungsaktion am Schwabelsberger Weiher durchführte, mit Unterstützung des städtischen Umweltamtes, versteht sich.
Kürzlich traf der Schreiber dieser Zeilen einen bekannten Allgäuer Geschäftsmann, der mit seiner Frau von einer Wanderung aus den Wäldern südlich Kemptens heimkehrte. Beide waren beladen mit Tüten voller alter Flaschen, diverser Abfälle und Papierreste. „Wir machen das immer so," sagte der Geschäftsmann, „es ist gräßlich, wie achtlos manche Mitmenschen unsere schöne Natur verschandeln!" Zur Nachahmung empfohlen...

Nach wie vor gültiger Appell: „Halte Deine Stadt sauber!"

Nachwort

Der Rückblick auf das zu Ende gehende Jahrhundert hat eine Entwicklung Kemptens aufgezeigt, die trotz mancher Fehler dank weitblickender Bürgermeister und Stadträte im wesentlichen konsequent gewesen ist. Aktuelle Entscheidungen lassen erwarten, daß diese Konsequenz auch in Zukunft walten wird.

Der Wandel vom Obrigkeitsstaat zur Demokratie ist noch deutlicher geworden. Demokratie ist nicht mehr nur eine Maßnahmenabfolge kraft Volksmehrheit, sondern zum Beispiel auch der oft zeitraubende Versuch, mannigfache, nicht immer von Mehrheiten getragene Bürgerinitiativen zu respektieren und, soweit möglich, zu berücksichtigen.

Noch in den sechziger Jahren dieses Jahrhunderts konnte Kemptens Oberbürgermeister öffentlich auf die Forderung eines einzelnen Stadtrats nach Schaffung einer Prioritätenliste lapidar kontern: „Die Prioritäten muß man im Kopf haben!" Er fand dafür keinen Widerspruch. Schon zehn Jahre später war die gesetzlich geforderte jährliche Bürgerversammlung geradezu überholt: Seither finden jeweils gleich mehrere Bürgerversammlungen statt, und zwar in den verschiedenen Stadtteilen und mit Berücksichtigung der Probleme und Anliegen eben dieser Stadtteile. Aus der jährlichen sterilen Pflichtübung im Kornhaus ist ein lebendiges Miteinander geworden.

Doch welche Probleme wird das kommende Jahrhundert bringen? Es gilt, das Wohnen im innerstädtischen Bereich so attraktiv zu gestalten, daß die Ausweisung zusätzlicher landschaftsraubender Baugebiete auf das wirklich Notwendige beschränkt werden kann. Hiermit hängt auch die derzeitige Neugestaltung der Fußgängerzonen und das fortgesetzte Bemühen zusammen, durch einen attraktiven öffentlichen Nahverkehr und durch Betriebsansiedlungen im modernen Gewerbepark den Stadtkern von störenden Faktoren zu entlasten. Freilich ist all dies nur möglich, wenn Handel und Wandel ein weiteres Aufblühen der Stadt gewährleisten und ein investitionsfreudiges Klima besteht.

In Kempten wird eben – dies ist der vielleicht wichtigste Punkt überhaupt – nicht nur über Umwelt geredet, sondern engagierte Umweltpolitik betrieben. Und hierzu können alle Bewohner und Besucher dieser Stadt durch umweltfreundliches Verhalten beitragen.

Möge die Schul-, Sport-, Einkaufs- und Kulturstadt Kempten ihre Anziehungskraft stärken, um weiterhin als Mittelpunkt für einen weiten Umkreis zu gelten. Möge die Stadtentwicklung das – trotz einiger Bausünden – noch immer anheimelnde Bild der City bewahren. Und mögen die Menschen hier, ob in Kindergärten und Schulen, ob in Betrieben, daheim oder in Betagtenstätten, glücklich und in Frieden nach vorn schauen. Und nicht zuletzt: Möge es auch gelingen, das christliche Erbe der Stadt zu erhalten.

Oberbürgermeister der Stadt Kempten (Allgäu) im 20. Jahrhundert

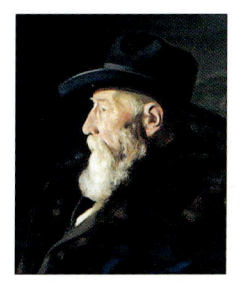

Adolf Horchler
(parteilos)
3.11.1881 - 31.1.1919

Dr. Otto Merkt
(DDP/Bayerischer
Bauern- und Mittel-
standsbund/
NSDAP)
1.2.1919 - 26.11.1942

Anton Brändle
(NSDAP)
27.11.1942 -
27.4.1945

Dr. Otto Merkt
(parteilos)
24.5.1945 - 21.7.1945
(kommissarisch)

Dr. Dr. Alfred Weitnauer
(parteilos)
21.7.1945 - 3.8.1945
(1. ehrenamtlicher Bürgermeister)

Bernhard Stirnweiß (parteilos),
3./23.8.1945 -
30.9.1946 (kommissarische Leitung der Stadtverwaltung)

Dr. Anton Götz
(parteilos)
1.10.1946 -
30.6.1948

Dr. Georg Volkhardt
(parteilos)
1.7.1948 - 30.4.1952

August Fischer
(parteilos)
1.5.1952 - 30.4.1970

Dr. Josef Höß
(CSU)
1.5.1970 - 30.4.1990

Dr. Wolfgang Roßmann
(SPD)
1.5.1990 - 30.4.1996

Dr. Ulrich Netzer
(CSU)
seit 1.5.1996

Der Kemptener Stadtrat (Stand 30.06.1999)

Oberbürgermeister und Vertreter

Oberbürgermeister: Dr. Ulrich Netzer (CSU)
2. Bürgermeister: Josef Leonhard Schmid (CSU)
3. Bürgermeister: Dieter Zacherle (FW/ÜP)

Fraktions-/Ausschußgemeinschaftsvorsitzende

CSU: Josef Mayr
SPD: Ludwig Frick
FW/ÜP: Helmut Pilz
BÜNDNIS 90/DIE GRÜNEN-Kempt'ner Frauenliste: Elisabeth Brock
F.D.P./ÖDP: Ullrich Kremser

Stadtratsmitglieder

CSU-Fraktion:
Helmut Allgeier, Kurt Blaschke, Susanne Blechschmidt, Wulfhart Buck, Manfred Eiermann, Walter Freudling, Hildegard Greiter, Erwin Hagenmaier, Helga Hautmann, Thomas Kreuzer, Josef Mayr, Michael Reiter, Edgar Rudolf Rölz, Dr. Ulrich Rupp, Josef Leonhard Schmid, Karl Straub, Peter Wagenbrenner, Erika Winkler, Christof Zeiler

SPD-Fraktion:
Rüdiger Baumgärtner, Hermann Ebner, Ludwig Frick, Ingrid Jähnig, Siegfried Oberdörfer, Stephan Rauscher, Dr. Wolfgang Roßmann, Ingrid Vornberger, Klaus Wacker, Siegfried Wehrmann, Christa Weiß

FW/ÜP-Fraktion: Hans Endras, Sibylle Knott, Helmut Pilz, Dieter Zacherle

BÜNDNIS 90/DIE GRÜNEN:
Eduard Bühler, Irene Dumler, Peter Höflinger

Kempt'ner Frauenliste: Elisabeth Brock, Lisl Zach

F.D.P.: Ullrich Kremser, Bruno Steinmetz

ÖDP: Michael Hofer, Hans Josef Mangold

Ohne Zugehörigkeit zu einer Fraktion/Ausschußgemeinschaft: Gert Frings

Die Ehrenbürger der Stadt Kempten (Allgäu)

Verliehen am:

Peter Gries   03.12.1847
Regierungsbaurat in Augsburg (vom Stadtmagistrat Kempten für seine Verdienste beim Bau der Illerbrücke vorgeschlagen, aber nach Rückfrage bei der Regierung wegen „der schlechten finanziellen Verhältnisse" des Kandidaten zurückgezogen).

Dr. Joseph Völk (1819-1882)   31.05.1880
Kgl. Advokat in Augsburg. 1855-1882 Mitglied des Bayer. Landtags (Fortschrittspartei). 1871-1881 Mitglied des Deutschen Reichstags (Liberale Reichspartei, Nationalliberale Partei). Politischer Führer des Allgäus, Vorkämpfer für die deutsche Einheit.

Winfried Hörmann von Hörbach (1821-1896)   08.11.1885
Bayer. Staatsminister des Innern 1868/69, Regierungspräsident von Schwaben und Neuburg 1870-1887. 1871 Mitglied des Deutschen Reichstags (Nationalliberale Partei). 1871-1883 Mitglied des Bayer. Landtags (Liberale Partei). Als Regierungspräsident besonderer Einsatz für das Allgäu. Gemeinsame Verleihung mit Memmingen und Lindau.

Fürst Otto von Bismarck (1815-1898)   04.03.1895
Reichskanzler 1871-1890. Gemeinsame Verleihung mit Kaufbeuren, Neuburg und Nördlingen anläßlich seines 80. Geburtstages.

Adolf Horchler (1849-1929)   27.01.1919
Bürgermeister der Stadt Kempten 1881-1919. Anläßlich seines Abschiedes vom Amt für seine Verdienste um Kempten.

Johann Leonhard Kluftinger (1843-1930)   04.05.1923
Großkaufmann und Kaiserlicher Konsul in Bologna. Anläßlich seines 80. Geburtstages für seine Verdienste um Kempten, besonders den Erhalt der Keckkapelle.

Max Förderreuther (1857-1933)   03.04.1925
Oberstudiendirektor an der Oberrealschule und Heimatforscher in Kempten. Für seine Verdienste als Heimatforscher und Museumsleiter (Aufbau des Heimatmuseums).

Emil Blenk (1861-1941)   23.08.1929
Großkaufmann und Spediteur in Genf. Förderer der Stadt Kempten für caritative Zwecke (ansehnliche Geldsummen für die Waisenhäuser).

Hermann Esser (1900-1981) 28.04.1933
Bayer. Staatsminister für Wirtschaft 1933-35 02.08.1946 gestrichen

Martin Kellenberger (1857-1939) 04.05.1937
Rechtsrat in Kempten 1885-1917. Für seine Verdienste als Heimatforscher (zum 80. Geburtstag).

Dr. Max Madlener (1868-1951) 09.01.1938
Chirurg, Chefarzt des Stiftskrankenhauses. Für seine Verdienste als Arzt, aber auch um die Einführung des Skilaufs im Allgäu (zum 70. Geburtstag).

August Fischer (1901-1986) 16.04.1970
Oberbürgermeister der Stadt Kempten 1952-1970. Für seine Verdienste als Stadtoberhaupt.

Dr. Dr. Alfred Weitnauer (1905-1974) 26.07.1973
1935-1970 Bezirksheimatpfleger von Schwaben. Für seine Verdienste um die Heimatpflege, als Autor über Allgäuer und Kemptener Geschichte und als Verlagsleiter.

Albert Wehr (1895-1987) 19.12.1974
Zweiter Bürgermeister der Stadt Kempten 1946-1972. Für seine Verdienste als Bürgermeister und um die Einführung und weitere Organisationsleitung der Allgäuer Festwoche.

Die Bürgermedaillenträger der Stadt Kempten (Allgäu)

Überreichung anläßlich der
Eröffnung der Allgäuer Festwoche:
Hans Schnitzer (1878-1964) Kommerzienrat 17.08.1957
Albert Wehr (1895-1987) Zweiter Bürgermeister 15.08.1958
Dr. Rudolf Zorn (1893-1966) 15.08.1959
   Bayer. Staatsminister für Wirtschaft 1946/47
Dr. Heinrich Nicolaus (1897-1964) Unternehmer 13.08.1960
Paul Strenkert (1899-1989) 12.08.1961
   Bayer. Staatsminister für Arbeit und Soziale Fürsorge 1962-1964
Dr. Michael Fellner (1901-1998) 13.08.1966
   Regierungspräsident von Schwaben 1956-1966
August Fischer (1901-1986) 14.08.1971
   Oberbürgermeister der Stadt Kempten 1952-1970
Dr. h.c. Alfons Goppel (1905-1991) 12.08.1978
   Ministerpräsident des Freistaates Bayern 1962-1978

Ignaz Kiechle (*1930)   14.08.1992
   Bundesminister für Ernährung, Landwirtschaft und Forsten 1983-1993
Paul Diethei (1925-1997)   12.08.1995
   Mitglied des Bayer. Landtags 1966-1994
   Stadtrat (CSU) Kempten 1956-1997

Die Bürgermeister der Gemeinde Sankt Mang im 20. Jahrhundert

Johann Hartmann	1898-1903
Johann Hummel	1903-1912
Franz Xaver Riedle	1912-1918
Basilius Schegg	1919-1934
Karl Reichle	1934-1945
Josef Weiher	1945-1946
Franz Xaver Eberspacher (CSU)	1946-1960
Ludwig Jaud (SPD)	1960-1972

Die Ehrenbürger der Gemeinde Sankt Mang

Verliehen am:

Otto Saumweber (1858-1939) Oberlehrer	30.12.1922
Thaddäus Köberle (1867-1953) Geistlicher Rat	21.01.1928
Johann Gebhard (1873-1955) Geistlicher Rat	02.06.1928
Basilius Schegg (1871-1934) Bürgermeister 1919-1934	07.02.1931
Robert Stadelhofer (1877-1956) Geistlicher Rat	27.07.1951
Franz Xaver Eberspacher (1894-1985) Bürgermeister 1946-1960	17.02.1964
Andreas Immler (1904-1976) Geistlicher Rat	15.07.1967
Anton Huber (1899-1973) Geistlicher Rat	15.07.1967

Die Bürgermeister der Gemeinde St. Lorenz im 20. Jahrhundert

Georg Brack	1888-1913
Josef Weinhart	1913-1933
Hans Wegscheider	1933-1945
Josef Herb	1945-1951
Josef Rist	1951-1952
Josef Kammerlander (F.D.P.)	1952-1972

Die Ehrenbürger der Gemeinde St. Lorenz

Verliehen am:

Max Glock (1862-1944) Hauptlehrer über 27 Jahre	1925
Josef Weinhart (1867-1952) Bürgermeister 1913-1933	1946

Anna Eckle (1888-1951) 1949
    Hauptlehrerin an der Schule Heiligkreuz 1909-1951
Engelbert Albrecht (1875-1967) 2. Bürgermeister 1913-1933   13.08.1953
Michael Wenz (1889-1970)   28.01.1959
    Hauptlehrer und Leiter der Schule 1927-1952, Gemeindechronist
Jakob Zeller (1891-1971) Kreisrat, „Schulvater" von Hirschdorf   03.05.1961
Josef Herb (1888-1974) Bürgermeister 1945-1951   06.03.1968
Josef Kammerlander (1908-1981) Bürgermeister 1952-1972   13.06.1972

Die Einwohnerzahlen der Stadt Kempten (Allgäu) im 20. Jahrhundert

1900:	18 864	1960:	44 156
1910:	21 001	1970:	44 844
1919:	20 498	1972:	57 315
1930:	23 498	1980:	57 376
1940:	28 016	1990:	62 282
1950:	40 357	1998:	61 469

Zeitschiene 20. Jahrhundert der Stadt Kempten

1898   Der erste Dieselmotor der Welt läuft in der Zündholzfabrik Kempten
1901   Inbetriebnahme des städtischen Elektrizitätswerkes
1905   In der Bierhalle des Gasthauses „Rose am Rank" wird das erste „Kinematographentheater" in Kempten eröffnet
1918   Ausbau-Beginn des Gebietes Ostbahnhof als Kemptener Industriegelände
1921   Eröffnung der Allgäuer Butter- und Käsebörse
1925   Eröffnung des Allgäuer Heimatmuseums
1932   Eröffnung des Stadtbades
1935   Kempten wird zum Stadtkreis erhoben
1942   Deportation und Ermordung Kemptener Juden
1943   Einrichtung der KZ-Außenlager Kempten und Kottern-Weidach
1945   Amerikanische Truppen besetzen Kempten (27.April)
1945-50   Aufnahme von über 10 000 Heimatvertriebenen
1949   Erste Allgäuer Festwoche
1958   Erste Sanierungsmaßnahmen in Kempten
1961   Bau des neuen Stadtkrankenhauses
1963   Kemptener Altstadtsanierung in Modellvorhaben des Bundes zur Stadt- und Dorferneuerung einbezogen
1969   Der neue Durchgangsbahnhof wird in Betrieb genommen
1970   Die Fischerstraße wird als erste ausgebaute Fußgängerzone in Bayerisch-Schwaben eröffnet

1972 Eingliederung der Gemeinden St. Lorenz und Sankt Mang im Zuge der Gebietsreform
1975 Müllverbrennungsanlage in Ursulasried in Betrieb genommen
1976 Kempten wird Sitz einer Polizeidirektion
Der Anschluß Kemptens an die Autobahn A7 ist fertiggestellt
1977 Der Bayerische Landtag beschließt die Errichtung der Fachhochschule in Kempten
1982 Das Kulturamt der Stadt Kempten erhält eine archäologische Abteilung zur Fortsetzung der Grabungen auf dem Cambodunumgelände
1983 Auflösung der Polizeiwache im Rathaus
1985 Mit den Sendungen der Kabelgesellschaft Allgäu beginnt das private Radiozeitalter in Kempten
1987 Das renovierte Rathaus wird seiner Bestimmung übergeben
1989 Der 12 ha große Engelhaldepark ist fertiggestellt
1990 Mit Lisl Zach wird erstmals eine Frau zur Bürgermeisterin gewählt
1992 Die Spinnerei und Weberei Kempten stellt nach 140 Jahren ihren Betrieb ein
1993 Die Prinz-Franz-Kaserne schließt ihre Tore
1994 Der Schwabelsberger Weiher wird als Landschaftsschutzgebiet ausgewiesen
1995 Das neue Verwaltungsgebäude der Stadt Kempten wird der Öffentlichkeit vorgestellt
1996 Einweihung der „Villa Viva"
1997 Das Gründerzentrum „Cometa Allgäu" nimmt den Betrieb auf
1998 Wiedereröffnung des Kornhauses
Der Allgäuer Zeitungsverlag siedelt ins Gewerbegebiet Leubas über
Das „Haus Lichtblick" des Diakonischen Werkes wird im historischen Mühlberg-Ensemble eröffnet
1999 Das neue „Allgäu-Museum" im Kornhaus wird eröffnet
Kempten erlebt nach 1910 erneut ein Jahrhunderthochwasser

Bildnachweise:
Erika Bachmann (Seite 28, 31, 56, 75, 82, 150, 151, 167, 179, 218), Norbert Bachmann (27, 198, 205), Bischofberger (222), Albert Bösel (8, 19, 84, 116, 145, 161), Eder & Sohn (273), Rudolf Geiss (234), Herbert Hübner (47, 51, 70, 75, 80, 122, 207, 229, 266), Peter Kolbe (11, 146, 178, 192, 193, 194, 196, 222, 273), Archiv Lienert (30, 44, 55, 76, 88, 89, 112, 119, 127, 166, 188, 195, 208, 229, 233, 235, 268), Ralf Lienert (alle weiteren Fotos), Hugo Naumann (212), Navratil (273), Rauch (150), Josef Schäffler (273), Jörg Schollenbruch (129), Adolf Simmelbauer (195), Josef Sienz (24, 46, 52, 53, 81, 95, 169, 221), Werner Sienz (54, 71, 80, 99, 167, 243, 273), Stadtarchiv Kempten (43, 67, 68, 80, 87, 90, 103, 108, 113, 146, 166, 188, 189, 224, 225), Friedrich Unsöld (50).

Kempten im Internet: www.kempten.de

Quellen und Literatur (Auswahl)

Stadtarchiv Kempten
Quellen, Reihen, Überblicksdarstellungen
Adreßbücher der Stadt Kempten 1866-1996
Allgäuer Zeitung Kempten und ihre Vorgänger
Bonin, Bernd Volker von: Die Geschichte des Bahnhofs Kempten in volks- und betriebswirtschaftlicher Hinsicht, Diplomarbeit Universität München 1971
30 Jahre Stadtumbau in Kempten im Allgäu, 1988
Jahresberichte des Stadtmagistrats/der Stadtverwaltung Kempten 1871-1941, 1976-1998
Jahresberichte Statistik der Stadt Kempten 1976-1998
Jahreschronik der Stadt Kempten 1975-1998
Jubiläumsbroschüren und Festschriften
Nachlässe der Oberbürgermeister Fischer und Merkt, Bezirksheimatpfleger Weitnauer
Personenarchiv
Sankt Mang – Bilanz einer Gemeinde, 1972
Stadtbild und Stadtlandschaft. Planung Kempten/Allgäu, 1977
Studien- und Facharbeiten
Testament Dr. Otto Merkt, Kempten 1942
Uhlig, Heinrich: Sankt Mang. Geschichte einer Allgäuer Gemeinde, Kempten 1955
Umweltschutzberichte der Stadt Kempten 1992-1998
Unsere Stadt Kempten, 1990
Weitnauer, Alfred: Allgäuer Chronik. Daten und Ereignisse, 3 Bde., Registerbd., Bildbd., Kempten 2. Aufl. 1981/1982, 1984
Wenz, Michael: Die Geschichte der Gemeinde St. Lorenz, in: Teure Heimat. Wochenbeilage zum Lokalanzeiger Dietmannsried, Jg.1958
20 Jahre im Leben einer Stadt. Die Ära Dr. Josef Höß. Kempten (Allgäu) 1970-1990

Neuere Literatur zur Geschichte Kemptens

Bicker, Hans: Dachser. Chronik einer unternehmerischen Leistung in bewegter Zeit 1930-1990, Kempten 1998
Bienen, Klaus: Von der Jugendverbandsarbeit zur Interessenvertretung der Jugend. Der Stadtjugendring Kempten von 1946 bis 1998, Kempten 1996
Böck, Franz Rasso: Kempten im Umbruch. Studien zur Übergangsphase von Reichsabtei und Reichsstadt zur bayerischen Landstadt unter besonderer Berücksichtigung von Kontinuität und Wandel in Verfassung und Verwaltung 1799-1818, Augsburg 1989
Czysz, Wolfgang/Dietrich, Hanns/Weber, Gerhard (Hrsg.): Kempten und das Allgäu. Führer zu archäologischen Denkmälern in Deutschland Bd.30, Stuttgart 1995
Diakonisches Werk/Johannisverein Kempten/Förderkreis „Haus der Diakonie Kempten" (Hrsg.): Lichtblick-Haus der Diakonie, Kempten 1998
Dotterweich, Volker u.a. (Hrsg.): Geschichte der Stadt Kempten, Kempten 1989
Fuchsenthaler, Martin u.a. (Bearb.): Heimatbuch der Gemeinde St.Lorenz, Kempten o.J. (1989)
Gemeinde Durach (Hrsg.): Geschichte der Gemeinde Durach, Kempten 1995
Haberl, Wolfgang: Kempten. Führer durch unsere Stadt. Bewahrtes und Verborgenes, Kempten 1980
Haertle, Clemens Maria: Die Münzen und Medaillen des Stiftes und der Stadt Kempten (= Bestandskataloge der Museen der Stadt Kempten Bd.2), Kempten 1993

Hefele, Peter: Wirtschaftspolitik in Bayern im Spannungsfeld von Staat, Kommunalverwaltung und Bürgerschaft. Empirische Studien zu den Städten Ingolstadt und Kempten im Zeitraum 1818-1868, St.Katharinen 1998

Herrmann, Norbert: Kempten und das Oberallgäu. Bilder aus der Geschichte der Stadt und des Landkreises, Kempten 1984

Jahn, Wolfgang u.a. (Hrsg.): Bürgerfleiß und Fürstenglanz. Reichsstadt und Fürstabtei Kempten, Katalog zur Landesausstellung in Kempten 1998, Augsburg 1998

Kramer, Franz: Geschichte der Alt-Katholischen Gemeinde Kempten 1871-1996, Kempten 1996

Landkreis Oberallgäu (Hrsg.): Dokumentation über die Eingliederung und das Wirken der Flüchtlinge und Heimatvertriebenen im Landkreis Oberallgäu, Sonthofen 1997

Lienert, Ralf: Die Chapuis-Villa. Vom Fehr'schen Lusthaus zur Villa Viva, Kempten 1996

Lienert, Ralf: Die Geschichte der Juden in Kempten, Kempten 1998

Ott Meßtechnik Kempten (Hrsg.): Eine Reise durch Technik und Zeit. 125 Jahre Ott, Kempten 1998

Müller, Herbert: Parteien- oder Verwaltungsvorherrschaft? Die Kommunalpolitik der Stadt Kempten (Allgäu) zwischen 1929 und 1953, München 1988

Müller, Herbert: Aufnahme, Ablehnung und Anpassung. Die Flüchtlinge und Vertriebenen in Kempten (Allgäu) 1945-1950, in: Allgäuer Geschichtsfreund 87 (1987), S.144-162

Oberbürgermeister der Stadt Kempten (Hrsg.): Das Rathaus zu Kempten im Wandel der Geschichte. Eine Dokumentation, Kempten 1987

Petz, Wolfgang: Zweimal Kempten. Geschichte einer Doppelstadt (1694-1836), Kempten 1998

Riepertinger, Rainhard/Heitele, Thomas (Hrsg.): Allgäu-Museum mit Kunstgewölbe. Kurzführer (=Kataloge und Schriften der Museen der Stadt Kempten Bd.12), Kempten 1999

Sienz, Werner/Weigel, Joachim: Kempten. Bilder und Geschichte der lebendigen Stadt, Kempten 1994

Stadtarchäologie Kempten (Hrsg.): „Alles zu einem lauteren Steinhaufen gemacht". Auf der Suche nach dem mittelalterlichen Kloster in Kempten (= Begleitheft zur Ausstellung im Zumsteinhaus 17.6.-8.11.1998), Kempten 1998

Waibl, Siegfried: Studien zur Industrialisierungsgeschichte des Raumes Kempten im 19. Jahrhundert, Kempten 1999

Walter, Maximilian: Das Fürststift Kempten im Zeitalter des Merkantilismus. Wirtschaftspolitik und Realentwicklung 1648-1802/03, Stuttgart 1995

Weber, Gerhard: APC – Archäologischer Park Cambodunum. 1. Abschnitt: Der Gallorömische Tempelbezirk, Kempten 1989

Weigel, Joachim: Kempten. Eine faszinierende Geschichte, Kempten 1998

Weiß, Thomas (Hrsg.): In Bronze gegossen. Zur Geschichte des Kemptener Rathausbrunnens, (= Kataloge und Schriften der Museen der Stadt Kempten Bd.9), Kempten 1993

Württemberg, Alexander von: Stadt Kempten (=Denkmäler in Bayern, Reihe VII, Bd.85), München/Zürich 1990

Personenregister in Auswahl

Abt, Christian	104, 187
Abt, Hans-Jürgen	104
Abt, Johann	104, 119, 122, 187
Ákos, Andor	44, 57, 229, 230
Albrecht, Engelbert	278
Alt, Helmut	243
Althaus, Johann	105
Altmayer Klaus	211
Anhegger, Fritz	127
Auer, Gerhard	184
Auzinger, August	107
Bachschmid, Ferdinand	126
Bartelt, Georg	232
Baur, Heinrich	98
Bayern, Rupprecht von	105
Beltinger, Monika	65, 83
Besler, Stefan	183
Bestfleisch, Ernst	214
Betz, Fridolin	103
Beutmüller, Max	123
Biechteler, Johann	92, 127
Bismarck, Otto von	154, 275
Blenk, Emil	275
Bloch, Erwin	177
Bobet, Louison	191
Bock, Dr. Holger	186
Böck, Xaver	104
Bodenmüller, Josef	72
Bodman, Rupert von	227, 235
Bodman, Wilderich Graf von und zu	235
Böhm, Adolf	265
Böhm, Karl	9, 99, 266
Botzenhardt, Friedrich	101
Brack, Georg	277
Brand, Dr. Andreas	94
Brand, Hans	94
Brändle, Anton	273
Braun, Dr. Karlheinz	223
Braun, Hans	244
Breidenstein, Hans	48
Buchenberg, Robert	102
Buhmann, Heinz	198
Bürckle, Adolf	104
Bürgle, Wilhelm	61
Büschel, Friedrich	105
Christl, Peter	177
Corbinian, Pater	227
Dachser, Thomas	86, 134, 135, 196
Dammertz, Dr. Viktor Josef	226, 237, 239
Dazert, Dr. Franz Josef	130
Dedler, Karin	183
Denzle, Heribert	231
Denzler, Friedrich	89
Denzler, Heinrich	89
Dierig, Christian	89
Diethei, Paul	147, 148, 277
Dietzfelbinger, Dr. Hermann	244
Dinauer, Stefan	177
Döbler, Friedrich	114
Doll, Helmut	236, 237
Dörr, Dr. Erhard	208
Duchart, Wolfgang	92
Durst, Johann	119, 120
Düwell, Heinrich jun.	88
Eberhard-Schobacher, Else	206
Eberl, Barthel	10
Eberle, Ludwig	113
Eberspacher, Franz Xaver	20, 26, 27, 33, 277
Eckle, Anna	278
Edele, Frank und Herbert	132
Effhauser, Eugen	88
Effhauser, Matthias	228
Egger, Johannes	238, 239
Eiermann, Manfred	186
Emslander, Michael	246
Endras Hans	134
Esser, Hermann	25, 276
Falk, Dr. Hans	130
Faller, Karl	217
Fehr, Hanns-Ewald	244
Feil, Dr. Jenny	196
Felber, Dr. Franz	167, 207, 220
Felber, Ulrich	230
Felle, Eugen	262
Fellmann, Michael	187
Fellner, Dr. Michael	276
Feneberg, Hans	122, 125
Feneberg, Peter	122, 125
Feneberg, Theodor	121, 122, 123, 126 ff.
Finkel, Friedrich	214
Fischer, August	12, 14, 27, 33, 48, 50, 69, 71, 76, 77, 79, 84, 88, 92, 96, 118, 122, 177, 178, 188, 190, 196, 198, 207, 221, 255, 260, 262, 273, 276

Fischer, Familie	238
Fleischhut, Bertl	183
Förderreuther, Max	275
Frasch, Thomas	216
Frenzel, Curt	130, 131
Freundorfer, Dr. Joseph	231, 232, 240
Frey, Dieter	177
Friedrich, Reinhard	243
Fries, Familie	88
Furrer, Dr. Reinhard	167
Gebhard, Johann	277
Gebhart, Johann	236
Geerkens, Harald	212
Gehring, Max	112
Geiger, Josef	136
Geiger, Ludwig	119, 121, 123, 125
Geißler, Ferdinand	192
Geppert, Birgit und Bruno	105
Gerhardinger, M. Theresia	237
Gerster, Frank	177
Gerum, Robert	230
Gielsberg, Giel von	227
Glatthaar, Johannes	127
Glock, Max	277
Glöckler, Roland	241
Goppel, Alfons	194, 276
Goppel, Dr. Thomas	265
Götz, Dr. Anton	121, 193, 273
Götz, Johann Evangelist	222, 224 226, 241, 248
Greiter, Sylvester	104
Gries, Peter	275
Grill, Hermann	120
Grob, Hans	167, 221
Grönemeyer, Herbert	219
Gschwend, Dr. Karl	207
Gunsenheimer, Hans-Georg	243
Gurski, Hans	212
Haag, Walter	26, 96
Haas, Heinrich	36
Haberl, Dr. Wolfgang	34
Hacker, Friedrich	249
Hagenmaier, Julius	103, 183
Haggenmüller, Fritz	119
Hamm-Brücher, Hildegard	31
Haneberg, Dr. Daniel Bonifaz von	223
Häring, M. Rosa	239
Hartmann, Erwin	179
Hartmann, Johann	277
Hartmannsberger, Hans	214
Haslach, Johann	72
Hausegger, Jürgen	183
Hebel, Hans	103
Hebel, Josef	103
Heel, Helmut	98
Heichele, Wolfgang	217
Heigl, Franz	105
Heiler, Dieter	233
Heinrich, Familie	239
Hemmerle, Johann	239
Henkel, Monika	183
Hennings, Wolf	245
Herb, Josef	277
Herberger, Sepp	178
Herrmann, August Friedrich	248
Hertle, Ulrich	232, 233
Herz, Josef	235
Herz, Willibald	102
Heumann, Franz	233, 235
Heydecker, Julius	204
Heydecker, Olga	204
Heydecker, Otto	104, 243, 247
Hieber, Fritz	182
Hieble, Georg	176
Hirnbein, Carl	105, 107
Hoefelmayr, Karl	45, 110, 229
Höfl, Hugo von	224
Hofmann, Kurt	244
Hofmeister, Josef	187
Hold, Karl	124
Hölzle, Dr. Gerhard	213
Hönig, Adam	95
Hörbach, Winfried Hörmann von	275
Hörburger, Daniela	183
Horchler, Adolf	7, 8, 9, 10, 42, 67, 80, 87, 91, 115, 160, 161, 203, 205, 206, 254, 273, 275
Hörmann, Joseph	229
Hornberger, Gustav	212
Hornung, Willy	231
Höß, Dr. Josef	14, 19, 31, 35, 36, 39, 62, 71, 77, 94, 97, 99, 100, 114, 122, 124, 174, 179, 186, 187, 188, 189, 193, 194, 198, 228, 231, 255, 257, 261, 262, 273
Huber, Anton	277
Huber, Donatus	120
Huber, Paul	133, 227
Hummel, Johann	277
Hummel, Benedikt	206
Immler, Andreas	277
Jacobowitz, Herbert	96

Jaud, Ludwig	27, 28, 33, 34, 36, 277	Levinger, Leo	125
Johannes Paul II.	223	Lichtblau, Franz	244
Jörg, Hans	177	Limpert, Werner	243
Kaiser, Gebhard	110, 264	Lisson, Peter	72
Kammerlander, Josef	29, 31, 36, 277, 278	Lochbihler, Franz Sales,	203, 205
Karg, Karl	236	Losinger, Dr. Dr. Anton	227
Karl, Erich	243	Lottes, Rolf	183
Kellenberger, Martin	276	Löw, Albert	250
Kepler, Johannes	91	Lübke, Heinrich	28
Kesel, Georg	67, 98, 99, 119	Ludwig I.	7, 68, 203
Kiechle, Ignaz 34, 106, 107, 110, 111, 115, 277		Ludwig, Dieter	92
		Lukas, Viktor	212
Kitchens, Mary-Ellen	214	Lupp, Dr. Albert	222, 226, 233
Klein, Ernst	39	Mader, Fritz	124
Kluftinger, Johann Leonhard	245, 275	Madlener, Dr. Max	155, 156, 182, 276
Knorr, Max	230	Magdon, Fritz	179
Knörr, Ulrich	212	Mair-Waldburg, Dr. Heinrich	109
Köberle, Thaddäus	277	Maly-Motta, Albert	92
Köbl, Ulrich	216	Mangold, Hans	269
Kohl, Dr. Helmut	189	Martin, Andreas	126
Kohn, Andreas	215	Maser, Hans Gerhard	222, 242
Kolb, Remig	186	Mattox, Jim	99
Kölbl, Gottfried	133	Mayer, Toni	245
Konrad, Pater	228	Mayr, Familie	118, 119
Korradi, Magdalena	174	Mayr, Georg	119, 122
Kösel, Josef	98, 99, 105, 133	Mayr, Josef	239
Kraeling, Fritz	248	Mayr, Paul	240
Kraft, Hans	204, 205	Mayr, Rupert	223
Kramer, Franz	248	Menuhin, Sir Yehudi	203, 218
Kraus, Karlheinz	261	Merk, Dr. Bruno	34, 78
Krawielitzki, Familie	94	Merkt, Dr. Otto	9, 10, 20, 23, 24, 25, 26, 31, 33, 44, 45, 46, 47, 68, 69, 71, 77, 81, 84, 87, 88, 91, 92, 94, 106, 107, 108, 109, 111, 114, 115, 118, 137, 140, 143, 155, 156, 161, 162, 166, 176, 177, 187, 188, 190, 206, 207, 221, 247, 248, 250, 251, 266, 273
Kremser, Alfred	88, 89		
Kremser, Simon	104		
Kreuzer, Erwin	248		
Kuhn, Anton	232		
Kumpfmüller, Joseph	227, 229		
Kunz, Alfred	103		
Kurtz, Heinz A.	133	Merkt, Walter	230
Kutter, Familienmusik	214	Messner, Reinhold	15
Laham, Dr. Lutfi	235	Möldner, Gustav	95
Laiser, Thomas	242	Möldner, Hans	95
Landwehr, Dr. Peter	158	Molitor, Wolfgang	243
Lang, Michl	208	Morasch, Walter	269
Lauritzen, Dr. Lauritz	28	Müller, Dr. Gerd	147
Lautenbacher, Josef	217	Müller, Frank	212
Lebert, Franz	135	Müller, Helmut	216
Lehrndorfer, Dr. Franz	211, 213, 214	Müller, Ingrid	85
Lehrndorfer, Franz	211	Müller, Johann	236
Leichtle, Adolf	248	Müller, Kurt	85
Leichtle, Hanna	164	Müller, Manfred	231
		Nagengast, Karl	222, 241, 242

Nast, Karl	214	Riegert, Vitus	27
Neef, Familie	90	Riepp, H.	234
Neher, Dr. Peter	230	Rist, Josef	277
Netzer, Dr. Ulrich	18, 58, 59, 65, 83, 86, 88, 97, 98, 109, 118, 127, 128, 136, 191, 198, 257, 269, 273	Romanski, Anna	86
		Rome, Sydne	179
		Roßberger, Peter	105
Nicolaus, Dr. Heinrich	45, 86, 91, 92, 96, 276	Roßkopf, Dr. Rudolf	184
		Roßmann, Dr. Wolfgang	17, 61, 77, 97, 114, 124, 148, 237, 254, 273
Nieberle, Anselm	134		
Nimz, Inge	242	Rottenkolber, Josef	173
Notheis, Markus	235	Rühmann, Heinz	68
Notz, Gertrud	126	Sachse, Helmut	97
Notz, Wolfgang	126	Salzmann, Adam	126
Oberhofer, Josef	186	Saumweber, Otto	277
Oberpaur, Alfred	122, 196	Saurer, Adolph	94
Oberpaur, Max	119 ff.	Sauter, Emil	127
Oberpaur, Richard	123	Schädler, Georg	25
Odilo, Pater	227, 228, 229	Schaidhauf, Dr. Max	93
Oertel, Dr. Julius	181	Schattmeier, Josef	72, 73
Oppenheim, Adolf	203, 204	Schegg, Basilius	277
Orner, Ludwig	79	Schelbert, Wolfgang	214
Osterrath, Einhard	95	Schießl, Dr. Richard	88
Ott, Albert	45, 86, 98, 99	Schindele, Siegfried	226
Ott, Bernhard	229	Schleibinger, Franz Xaver	234
Peuker, Toni	120	Schmelcher, Max	235
Pfahler, Adam	72	Schmid, Rudolf	229, 239
Platz, Harald	182	Schmith, Hugo	215
Poschenrieder, Manfred	187	Schneider, Hans	130
Präg, Adolf	126	Schnetzer, Erwin	94
Pröbstl, Dr. Volker	244	Schnitzer, Hans	88, 99, 276
Pröbstl, Elke	244	Scholz, Johannes	242
Prutscher, Max	175	Schonath, Gabriele	199
Pustet, Friedrich	133	Schöpf, Otto Friedrich	206
Rahn, Helmut	178	Schott, Karl-Heinz	175
Rall, Joachim	127	Schrade, Andrea	187
Rapp, Simon	233	Schreckenstein, Honorius Roth von	234, 235
Rathgeb, Dr. Caspar	130	Schuster, Willi	182
Reich, Uschi	41	Schwaiger, Ferdinand	217
Reichart, Johann Georg	238	Schwald, Hans	185
Reichle, Karl	25, 277	Schwappacher, Dieter	157
Reinel, Helmut	207	Schwarz, Dr. Alfons	112
Reiser, Max	111	Schwarz, Traudl	55
Reithinger, Friedrich	214	Schwiegelshohn, Dr. Karl	97
Renner, Wilhelm	243, 244	Sebald, Josef	135
Renz, Franz	111	Senge, Hans	212
Reth, Dr. Carolus	236	Seyboth, Klaus	244
Richter, Franz Xaver	212	Siman, Hans	187
Riedinger, L.A.	267	Spägele, Berthold	232
Riedl, Hans	183	Specht, Karl Theodor	120, 121, 123, 124
Riedle, Franz Xaver	277	Specht, Theodor	249

Sperl, Karl	176
Spitznagel, Armin	182
Stadelhofer, Robert	277
Staehlin, Familie	126
Steinberger, Dieter	184
Steinhauser, Josef	133
Steinmetz, Bruno	71
Stier, Eugen	88
Stimpfle, Dr. Josef	228, 231, 232, 235
Stirnweiß, Bernhard	273
Stoiber, Dr. Edmund	109, 194, 264
Strauß, Franz Josef	194
Strenkert, Paul	276
Strohmetz, Kurt	176
Swoboda, Herbert	175
Synderhauf, Hans	215
Triebe, Hannes	215
Tröger, Dr. Franz	218, 220,
Tröger, Franz	122, 126
Tröger, Leopold	133
Trunzer, Mario	88
Ullmann, Sigmund	250, 251
Utz, Markus	213
Vergho, Dietrich	116
Vicari, Maximilian	74, 75, 79, 176, 180
Vogt, Silvia	183
Völk, Dr. Joseph	275
Völk, Ludwig	214
Volkhardt, Dr. Georg	11, 33, 121, 192, 193, 207, 273
Wahl, Karl	26, 45,
Waldburg zu Zeil, Georg Fürst von	130, 131
Waldmann, Max	85
Walter, Fritz	178
Wegscheider, Hans	186
Wehr, Albert	11, 73, 193, 198, 209, 250, 276
Weiher, Josef	277
Weiher, Xaver	231
Weinberger, Gerhard	211
Weinhart, Josef	277
Weitnauer, Dr. Dr. Alfred	10, 133, 162, 194, 203, 243, 245, 273, 276
Weitnauer, Jakob	127
Weixler, Familie	99
Weixler, Robert	156, 157
Wendler, Emil	211, 212
Wenz, Michael	278
Wichern, Johann Hinrich	158
Widmann, Josef	107, 112
Wiesner, David	213
Wild, Heinrich	133
Wildegger, Salvian	228
Wilhelm I.	154
Wirth, Otmar	217
Wohlgschaft, Dr. Hermann	229
Wolff, Otto	127
Wörner, Dr. Dietrich	156
Wucherer, Gerhard	175
Zach, Adolf	239
Zach, Lisl	15
Zacherle, Dieter	199
Zeising, Otto	167
Zeller, Jakob	29, 32, 278
Zimmermann, Dr. Joseph	231
Zorn, Alfred	127
Zorn, Dr. Rudolf	196, 276
Zwerch, Sepp	207

Jahrhundert *Blicke* 5

Leitlinien politischer Gestaltung 7

Der lange Weg zum größeren Kempten 19
- Geburtsstunde zweier Gemeinden 20
- Beispiel Sankt Mang 21
- Bürger-Engagement in St. Lorenz 29
- Rund um die Gebietsreform 33
- Gestern, heute, morgen 37

Moderne Siedlungen umgeben die historische Stadt 42
- Notzeiten verschärfen den Wohnungsmangel 43
- Stadtsanierung und „Großkampf gegen die Wohnungsnot" 48
- Ganze Stadtteile wachsen empor 61

Verkehrsgeschehen im Zeichen eines Jahrhundertwandels 66
- Vom Sackbahnhof zur Neigetechnik 68
- Fünfzig Jahre Stadtverkehr 72
- Statt Horrorvision ein zukunftweisendes Straßenprojekt 74
- Flugplatz am Tor der Alpen 84

Weichen der Handelsmetropole auf Europa stellen 86
- Beginn mit Massenproduktion 87
- Handwerk – Wer kennt noch Hafner und Säckler? 101
- Landwirtschaft – Die Milch macht's 105
- Arbeitsmarkt 115
- Handel und Wandel – Metropole für 500 000 Kunden 117
- Kempten ist das Medienzentrum der Region 129
- Dienstleistung – Vom Fuhrunternehmen zur Spedition 134
- Ausblick ins 21. Jahrhundert – Quo vadis, Kempten? 138

Stadtverwaltung und Behörden 139
- Die Stadtverwaltung Kempten im Spiegel von Tradition und Fortschritt 139
- Die Behördenstadt Kempten 143
- Alte Garnisonsstadt 145
- Polizei und Feuerwehr 149
- Gesundheitswesen und soziale Fürsorge 153

Kunst und Bildung für alle 160
- Schulstadt Kempten vor neuen Herausforderungen 166

Geliebtes Sport- und Freizeitangebot 173
- Bäder in Kempten 187

Hier trifft sich seit 50 Jahren das Allgäu 192

Eines der größten Jazzfestivals Deutschlands 201

Ein Streifzug durchs Theater- und Musikleben	203
Bretter, die die Welt bedeuten	203
So klingt's in Kempten	211
Kulturszene aktuell	220
Tief im Glauben verwurzelt	222
Katholische Kirchen	224
Evangelische Kirchen	241
Neuapostolische Kirche Bayern	247
Alt-Katholische Gemeinde	248
Weitere kirchliche Gemeinschaften	250
Jüdische Gemeinde in Kempten	251
In Kempten schon Umweltpolitik, als es das Wort noch nicht gab	253
Stadtpark, Kalbsangst, Cambodunum	254
Vom Trinkwasser zum Abwasser	259
Abfall bringt neue Energie	262
Heute führend in der Energieversorgung	265
Photovoltaik und Umweltzentrum	268
Neue Initiativen und alte „Sünden"	270
Nachwort	272
Anhang	273
Oberbürgermeister, Stadträte, Ehrenbürger, Bürgermedaillenträger	273
Bürgermeister und Ehrenbürger von Sankt Mang	277
Bürgermeister und Ehrenbürger von St. Lorenz	277
Zeitschiene	278
Quellen und Literatur	280
Personenregister	282

Die Autoren sind:

Dr. Franz-Rasso Böck, geboren 1957 in Pfronten-Ried, Studium (Bayerische und schwäbische Landesgeschichte, Geschichte, Politikwissenschaft), seit 1992 Stadtarchivar in Kempten (Allgäu):
    Leitlinien politischer Gestaltung.
    Stadtverwaltung und Behörden.
    Kunst und Bildung für alle.

Ralf Lienert, geboren 1963, stammt aus einer alteingesessenen Allgäuer Familie, Ausbildung zum Fotografenmeister und Journalist, seit 1991 Redakteur bei der Allgäuer Zeitung:
    Weichen der Handelsmetropole auf Europa stellen.
    Geliebtes Sport- und Freizeitangebot.
    Hier trifft sich seit 50 Jahren das Allgäu.
    Eines der größten Jazzfestival Deutschlands.
    Tief im Glauben verwurzelt.

Joachim Weigel, geboren 1925 in Berlin-Charlottenburg, Studium (Deutsch, Geschichte), seit 1963 in Kempten, jahrzehntelang Redakteur bei der Allgäuer Zeitung:
    Der lange Weg zum größeren Kempten.
    Moderne Siedlungen umgeben die historische Stadt.
    Verkehrsgeschehen im Zeichen eines Jahrhundertwandels.
    Ein Streifzug durchs Theater- und Musikleben.
    In Kempten schon Umweltpolitik, als es das Wort noch nicht gab.

Kempten im Jahre 1899

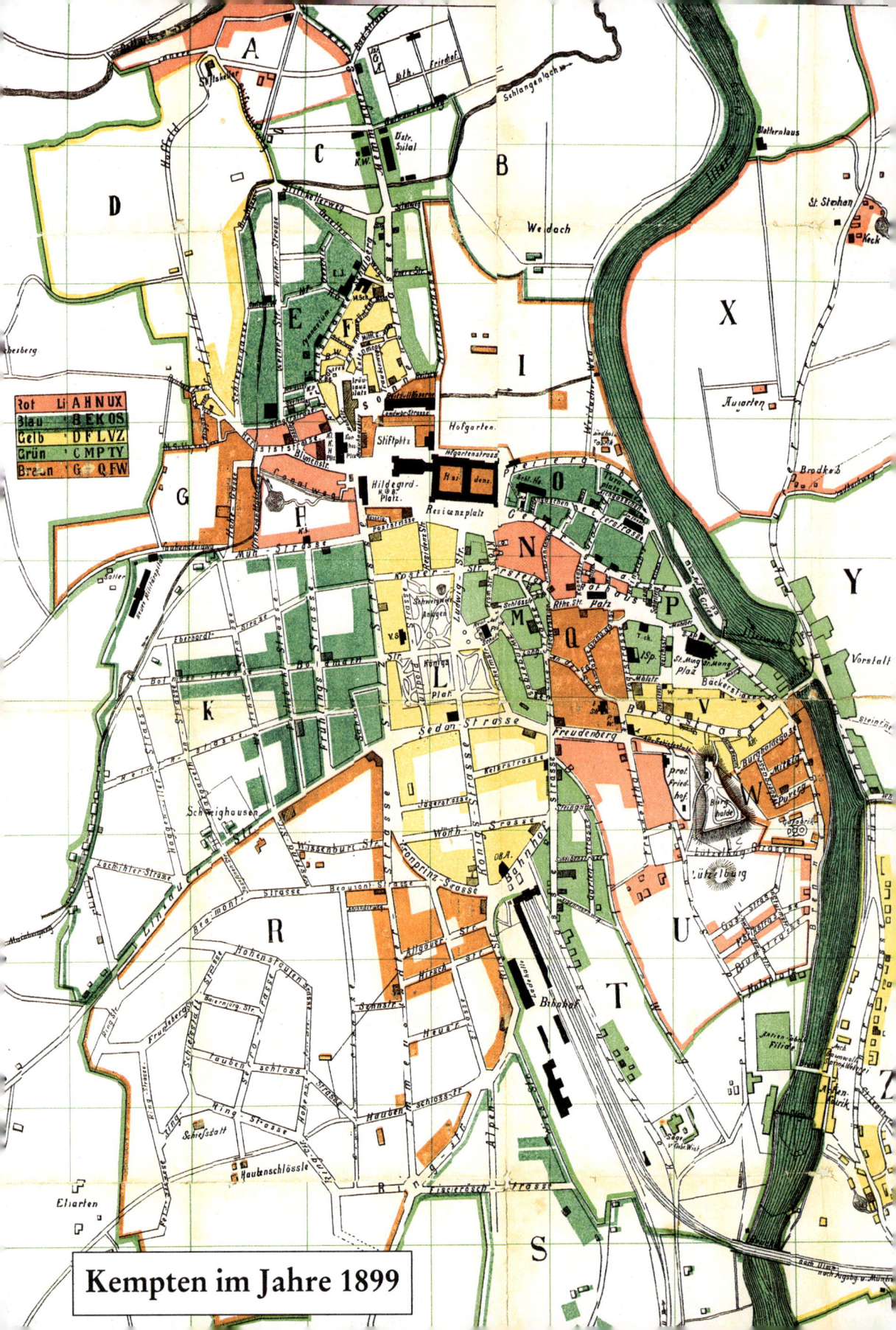

Rot	A H N U X
Blau	B E K O S
Gelb	D F L V Z
Grün	C M P T Y
Braun	G Q F W

Kempten im Jahre 1998